말소리장애 ^{제2판}

Speech Sound Disorders, Second Edition

말소리장애 ^{제2판}

김수진, 신지영 지음

Σ시그마프레스

말소리장애, 제2판

발행일 | 2020년 1월 30일 1쇄 발행
2020년 11월 20일 2쇄 발행
2021년 8월 5일 3쇄 발행
2022년 11월 10일 4쇄 발행

지은이 | 김수진, 신지영
발행인 | 강학경
발행처 | (주)시그마프레스
디자인 | 김은경
편 집 | 류미숙

등록번호 | 제10-2642호
주소 | 서울특별시 영등포구 양평로 22길 21 선유도코오롱디지털타워 A401~402호
전자우편 | sigma@spress.co.kr
홈페이지 | http://www.sigmapress.co.kr
전화 | (02)323-4845, (02)2062-5184~8
팩스 | (02)323-4197

ISBN | 979-11-6226-247-4

✽ 책값은 책 뒤표지에 있습니다.

이 도서의 국립중앙도서관 출판예정도서목록(CIP)은 서지정보유통지원시스템 홈페이지(http://seoji.nl.go.kr)와 국가자료공동목록시스템(http://www.nl.go.kr/kolisnet)에서 이용하실 수 있습니다.
(CIP제어번호 : CIP2020000718)

필자가 처음 언어병리학이란 학문에 입문한 것은 1995년이었다. 그때는 언어병리학이란 분야가 도입된 초기여서 국내에서 출간된 교재와 논문이 양적으로 많지 않았고, 지금처럼 해외의 논저들을 빠르고 쉽게 보기도 어려웠다. 또한 '한국어'라는 언어를 다루어야 하고 임상을 통한 경험과 실험 등 자료의 축적이 필수적인 상황에서 채워 가야 할 일이 너무 많아 보였다. 그러던 중 다행히 국어음성학자인 신지영 교수와 의기투합한 결과로 2007년 조음음운장애를 낼 수 있었다. 이를 기반으로 다시 국내외에서 정리된 연구결과물을 보충해서 말소리장애 제1판을 2015년에 출판할 수 있었다. 말소리장애를 출판한 이후 많은 독자들이 읽고 의견을 주셨고, 강의시간에 교재로 사용하면서 책에서 부족한 부분을 스스로 확인할 수 있었다. 그뿐만 아니라 말소리장애 분야에서 쏟아지는 다양한 연구와 임상결과들은 더 이상의 게으름을 허용할 수 없는 상황으로 제2판을 서두르게 하였다.

인간과 인간의 장애를 주제로 하는 언어치료의 복잡성과 그 범위는 항상 필자를 불안하게 한다. 부족함을 채워야 한다는 마음은 연구를 계속하게 하는 원동력이 되었고, 동시에 다양한 분야의 전문가에게 도움을 구하게 하였다. 전공 분야뿐 아니라 음성학, 음운론, 음성공학 등 많은 연구자 분들의 가르침과 조언을 책에 담으려 노력해 왔다. 그러나 책을 낸 후에도 부족함과 불안감은 여전히 남아 있고, 앞으로도 그럴 것이다.

말소리장애 제1판에서 정한 세 가지 원칙을 개정판에서도 그대로 따랐다. 첫째, 우리 말소리 연구결과물을 충실히 담을 것. 둘째, 국제적인 연구결과와 분류기준을 적극 수용할 것. 셋째, 말소리장애를 처음 접하는 대학생을 위한 입문서인 동시에 관련 전문가들을 위한 전문서로 말소리장애 분야의 기본적이면서 필수적인 내용을 모두 담기 위해 노력할 것.

개정판의 제1장부터 제4장까지는 이전 판의 골격을 그대로 유지하였고, 제5장 이후는 체계와 내용이 많이 달라졌다. 제5장의 한국어 말소리의 발달은 옹알이 시기부터 말소리의 완성에 이르는 시기까지 보다 정교하고 새롭게 정리된 연구결과들을 담았다. 제6장은 내용면에서 가장 크게 바뀌었다. 보다 효율적인 중재를 위한 말소리장애의 하위집단을 구분하고자 하는 다양한 노력을 정리하고 소개하였다. 제7장에서는 말소리장애의 진단과 분류에 있어서 다차원적인 접근방법을 제시하였으며, 제8장에서는 제7장과 관련지어 어떻게 진단평가를 진행할 것인지 구체적인 진단절차를 설명하였다. 제9장은 일반적인 치료 원리로 장단기 회기 목표 설정 및 종결기준에 대한 조언을 보완하였다. 마지막으로 제10장에서는 심각한 수준의 말소리장애, 특히 언어장애와 지적장애를 동반한 경우나 비일관성을 동반한 아동의 치료기법에 대한 탐색과 그 효과에 대한 내용을 추가하였다.

다시 책을 써야 한다는 조바심으로 힘들어할 때 가족들이 보내준 격려에 고맙다는 말을 전하고 싶다. 무엇보다 20여 년을 함께해 준 공저자 신지영 교수와 선후배 동료들의 지지는 가장 큰 힘이었다. 책을 쓰는 동안 함께 공부하고 새로 쓴 원고를 읽고 날카로운 지적을 해준 박사과정의 서은영, 고유경, 오경아, 이루다를 비롯한 제자들이 필자의 미래 동료로 성장하고 있음을 보면서 큰 보람을 느꼈다. 책이 출판되게 성심껏 도와주신 (주)시그마프레스의 관계자 모두에게 진심으로 감사드린다.

필자 대표로 김수진 씀

학생들의 조음음운장애 수업에 적합한 교재가 필요하다는 생각으로 조음음운장애를 쓴 것이 2007년이다. 그동안 부족하지만 많은 학생들뿐 아니라 선생님들께서 봐주셨고 지속적으로 좋은 의견을 제시해 주셨다. 독자들이 주시는 의견을 받아 깁고 고치는 작업을 통해 '부족'을 채워 나가겠다고 약속드리고는 이제야 새 책을 내게 되었다.

이 책을 내면서 제목을 무엇으로 해야 할지가 가장 큰 고민이었다. 국제적으로 장애와 질병의 진단 및 분류기준 역할을 하고 있는 DSM-5에서 '아동기 의사소통장애'를 '언어장애'와 '말소리장애'로 발표한 것을 계기로 '조음음운장애'보다는 '말소리장애'라는 제목이 좋겠다고 생각했다. 국내외 문헌에서 말소리장애는 이미 일반적으로 사용되고 있는 용어이며, 일반 사람들에게 '말소리'가 훨씬 쉽다는 점도 매력적이었다. 제목만큼 책의 내용에도 많은 변화가 있었다. 새롭게 내용을 추가하거나 변화시킬 때 필자들이 정한 원칙은 크게 세 가지이다. 첫째, 한국어 말소리의 장애를 다루는 책이다. 그러므로 우리 말소리로 연구된 결과들 중 임상에서 말소리 진단과 치료에 응용할 수 있는 결과물을 포함한다. 둘째, 국제적인 연구결과와 변화되는 장애 분류 기준의 변화와 치료 경향의 변화를 적극 수용한다. 그리고 마지막으로 세 번째 원칙은 조음음운장애를 출판할 때부터 유지했던 것으로 말소리장애 진단과 치료를 위한 입문서이지만, 다학문적인 접근이 가능할 수 있도록 관련 분야의 전문가들도 읽을 수 있는 가장 기본적이고 필수적인 내용을 담는다.

제1장부터 제4장까지 한국어 말소리의 이해와 관련된 부분은 손을 보았다. 하지만 제5장부터 제10장은 많은 내용이 바뀌었다. 특히 제5장 말소리의 발달은 가장 변화가 많다. 한국어 말소리 발달 연구가 많이 축적되었기에 가능한 일이었다. 제6장에는 2013년 발표된 DSM-5의 원인을 모르는 말소리장애 등 새롭게 추가된 진단 준거 등

을 포함하였으며, 기존의 청각장애와 구개파열 및 청각장애의 원인에 따른 고려사항도 추가하였다. 제7장과 제8장에서는 임상에서 평가하기에 앞서 고려해야 할 다양한 요인들과 평가지표들에 대한 내용이 새롭게 포함되었다. 이전 책에서 소개했지만 임상이나 연구에서 많이 사용되지 않는 부분은 과감하게 삭제하였으며, 연구가 지속적으로 나오고 임상현장에서 필요한 내용은 상세하게 소개하면서 연습문제를 통해 현실적으로 응용할 수 있도록 했다. 제9장과 제10장에서는 새롭게 정립된 치료 접근 방법들을 소개하였다.

서문을 쓰는 일은 여전히 낯설고 어렵지만, 한편 설렌다. 우선 공저자인 신지영 교수와는 책을 인연으로 만났고, 잠시 동료로 일했으며 지금은 모든 것을 나눌 수 있게 되어 정말 든든하다는 마음을 전하고 싶다.

이 길을 걷는 동안 만난 모든 분에 대해 감사드리고 싶다. 故 이승환 교수님과 존경하는 김영태, 심현섭, 신문자, 배소영, 김향희, 윤혜련 선생님은 언어병리학의 길을 시작할 수 있도록 해주셨다. 지금도 인생의 선후배로 또 동료로 늘 함께해 주시는 윤미선, 김정미, 이봉원, 홍경훈, 이수향, 최현주 선생님께 감사드리고 싶다. 말소리장애 분야에서 좋은 논문도 내주시고, 격려해 주신 권미선, 김민정, 김시영, 박상희, 승혜경, 신혜정, 이희란, 장선아, 하승희, 하지완, 한진순 선생님과 응원해 주신 모든 선생님께도 감사드린다. 필자들과 함께 7년째 구어 공부모임을 하면서 서로의 영감을 자극하고 지원해 주는 차재은, 장문수, 유혜원 선생님을 비롯하여 이 모임에서 함께 했던 선생님들께 감사의 마음을 전한다.

책을 쓰는 동안 국내외 문헌을 모으고 정리하는 과정을 도와준 박사과정의 최민실을 비롯한 나사렛대학교의 대학원과 학부 제자들에게도 특별히 고마운 마음을 전하고 싶다. 또한 꼼꼼하게 원고를 편집하고 출판을 해준 (주)시그마프레스의 관계자분들도 헌신적인 도움을 주었다.

마지막으로 의사소통장애가 있는 사람과 그 사람을 돕고자 하는 모든 선생님과 가족에게 조금이라도 도움이 될 수 있기를 바라는 간절한 마음이 이 책을 쓰는 진짜 원동력이었음을 부끄럽지만 고백한다.

2015년 1월
필자 대표로 김수진 씀

차례

제**1**장   의사소통 과정과 말소리장애

    1.1   의사소통 과정과 언어 연쇄   2

    1.2   의사소통장애   4

    1.3   말소리장애 : 조음음운장애   5

제**2**장   말소리의 생성

    2.1   말소리의 정의   10

    2.2   말소리를 만드는 데 사용되는 기관   12
      2.2.1   개관   12   2.2.2   후두   12
      2.2.3   혀   13   2.2.4   입천장   15

    2.3   말소리 생성에 사용되는 공간   15

    2.4   기류의 두 가지 통로   16

    2.5   말소리 생성의 세 과정   17
      2.5.1   발동   18   2.5.2   발성   20
      2.5.3   조음   21

제**3**장   말소리를 적는 기호

3.1   말소리 듣고 적기   32

3.2   국제음성기호   33

3.3   장애 음성을 위한 추가 IPA 기호   44

제**4**장   한국어를 구성하는 소리들

4.1   한국어의 모음   48

4.2   한국어의 자음   51

4.3   한국어의 음운 자질   53

4.4   한국어의 음절 구조   56
      4.4.1 한국어의 운율 구조 56   4.4.2 한국어의 음절 구조 57

4.5   한국어의 음운변동   60
      4.5.1 대치 62   4.5.2 탈락 69
      4.5.3 첨가 72   4.5.4 축약 : 격음화 74

4.6   한국어 말소리의 사용빈도   74

제**5**장   말소리발달

5.1   말소리발달 연구방법   82
      5.1.1 종단연구 82   5.1.2 횡단연구 83
      5.1.3 지각연구 83   5.1.4 산출연구 84

5.2   말소리 지각의 발달   85
      5.2.1 초기 지각발달 85   5.2.2 말소리 변별능력의 발달 86

5.3 말소리 산출능력의 발달 88

5.3.1 옹알이 시기 : 0~1세 89   5.3.2 초기 음운 발달기 : 1~2세 전반 91

5.3.3 후기 음운 발달기 : 2세 후반~6세 93

5.4 음운인식의 발달 104

5.4.1 음운인식의 수준 104   5.4.2 음운인식의 평가 105

5.4.3 음운인식의 발달 105

제**6**장   말소리장애의 분류 : 원인 및 관련 요인

6.1 말소리장애의 분류체계 113

6.1.1 잠재적 원인에 따른 분류 115   6.1.2 증상에 따른 분류 117

6.2 원인을 모르는 말소리장애 118

6.2.1 원인을 모르는 말소리장애의 진단기준 및 특징 118

6.2.2 원인을 모르는 말소리장애의 출현율 119

6.2.3 원인을 모르는 말소리장애의 관련 요인에 따른 분포 121

6.3 조음기관 구조장애 121

6.3.1 혀 121   6.3.2 경구개 123

6.3.3 연구개 123   6.3.4 치아의 부정교합 125

6.3.5 입술 126

6.4 신경계 조절장애 126

6.4.1 발달성 마비말장애 126   6.4.2 아동기 말실행증 128

6.5 청각장애 130

6.5.1 청각장애의 특성 130   6.5.2 청각장애인의 말 특성 132

6.6 말소리장애의 관련 요인 133

6.6.1 말소리 지각의 문제 133   6.6.2 구강감각 기능의 문제 134

6.6.3 환경적인 요인 134   6.6.4 음운인식 136

6.6.5 음운처리 137   6.6.6 언어발달 138

6.6.7 인지능력 140   6.6.8 문해력과 학업수행 140

제**7**장   말소리장애 평가 개관

7.1   평가방법 선택에 영향을 미치는 요인   144
　7.1.1   말소리장애의 유형과 중증도   144
　7.1.2   연령 요인   145
　7.1.3   말소리장애의 하위 분류 및 동반 문제   146
　7.1.4   언어 특수성   146

7.2   평가 맥락   148
　7.2.1   음소수준   148　　　　　7.2.2   무의미 음절수준   149
　7.2.3   일음절 낱말수준   149　　7.2.4   다음절 낱말수준   150
　7.2.5   유도 문장 및 따라말하기 문장수준   150
　7.2.6   자발화수준   151

7.3   말소리장애 지표의 종류   154
　7.3.1   단어단위 음운지표   154　　7.3.2   자음정확도   158
　7.3.3   말명료도   159　　　　　　7.3.4   말용인도   161
　7.3.5   표준화검사 점수   163　　　7.3.6   자극반응도   165
　7.3.7   비일관성   165

7.4   말소리 분석수준   167
　7.4.1   독립분석   168　　　　　7.4.2   조음의 오류 유형   169
　7.4.3   음소목록 분석   172　　　7.4.4   오류패턴 분석 : 음운변동 분석   173

7.5   자발화 분석 연습   176

제**8**장   말소리장애 검사와 진단평가

8.1   말소리장애 검사의 종류   182
　8.1.1   선별검사와 심화검사   182　　8.1.2   표준화검사와 비표준화검사   184
　8.1.3   정적 평가와 역동적 평가   187　　8.1.4   검사의 선택   188

8.2   표준화검사의 실시와 해석   191
　8.2.1   표준화검사 결과 해석에 필요한 기초   191
　8.2.2   표준화검사 결과 해석 적용   194

8.3 음운오류패턴 분석 : 음운변동 분석 195

8.3.1 전체단어변동 : 단어단위변동 196   8.3.2 분절대치변동 : 음소대치변동 198

8.3.3 기타변동 : 특정음소 선호 200   8.3.4 음운변동 분석 비교 200

8.3.5 그림자음검사로 연습하기 205

8.4 말소리장애 진단평가 절차 212

8.4.1 청각 및 청지각 선별검사 213   8.4.2 조음기관구조 및 기능 선별검사 214

8.4.3 표준화검사 및 심화평가 실시 216   8.4.4 자발화를 이용한 평가 216

8.4.5 자극반응도와 문맥검사 217   8.4.6 언어발달검사 및 관련 요인 검사 218

8.5 말소리장애 아동 자발화 오류패턴 분석과 보고서 작성 연습 219

8.5.1 오류패턴 분석 연습 219   8.5.2 진단보고서 작성 연습 219

제**9**장 말소리장애 치료의 원리 1

9.1 말소리 치료를 할 것인가 224

9.1.1 말소리장애 심각도 : 자음정확도 224

9.1.2 말명료도 225

9.1.3 자극반응도 225

9.2 치료를 시작할 때 고려할 요인 226

9.2.1 자극반응도 226   9.2.2 문맥분석 227

9.2.3 말소리의 사용빈도 및 개인과 가족의 요구 229

9.2.4 발달상의 적절성 229   9.2.5 말소리장애의 원인 230

9.3 치료과정에서 고려할 요인 231

9.3.1 치료의 기본 요소 231   9.3.2 목표접근 전략 233

9.3.3 치료스케줄과 치료강도 234   9.3.4 부모참여 235

9.3.5 학교에서의 언어치료/통합 및 분리 상황 236

9.3.6 치료스타일 238   9.3.7 치료접근법 238

9.3.8 일반화 241

9.4 치료종결 시점에 고려할 요인 242

9.4.1 유지 242   9.4.2 종결기준 243

제10장　말소리장애 치료의 원리 2

10.1　음성적 치료접근법　247

10.1.1　전통적 치료 절차　248

10.1.2　조음지시법　251

10.1.3　짝자극 기법　254

10.1.4　감각운동 기법　255

10.1.5　다중감각 접근법　255

10.1.6　운동기술 학습 접근법　257

10.1.7　바이오피드백을 이용한 접근법　257

10.2　음운적 치료접근법　259

10.2.1　음소대조를 이용한 접근법　260

10.2.2　음소 자질대조를 이용한 접근법　261

10.2.3　음운변동 접근법　264

10.2.4　주기법　264

10.2.5　상위음운지식 접근법　266

10.3　의사소통적 치료접근법　268

10.3.1　핵심어휘 접근법　268

10.3.2　언어기반 접근법　270

10.3.3　아동중심 접근법　270

10.4　혼합 치료접근법 : 사례　271

부록

1. 한국어 자음 음운과 주요 변이음　276

2. 각종 음운 빈도　277

3. 연령별 음절 빈도　282

4. 5~6세 아동을 위한 놀이동산 따라말하기 선별검사　284

5. 말 · 언어 평가 보고서 (예)　290

6. 국내 조음음운치료 연구 : 2000~2014년까지　295

7. 상위음운치료 훈련 활동 예　305

참고문헌　317

찾아보기　337

제 1 장

의사소통 과정과 말소리장애

1.1 의사소통 과정과 언어 연쇄

1.2 의사소통장애

1.3 말소리장애 : 조음음운장애

인간은 언어 사용에 있어서 화자로서의 역할과 청자로서의 역할을 동시에 수행한다. 동시에 수행한다는 말이 의미하는 바는 인간이 타인의 발화를 듣는 데 있어서만 청자의 역할을 수행하는 것이 아니라, 사실은 자신이 산출하는 발화를 듣는 데 있어서도 청자의 역할을 수행한다는 것이다. 청자로서의 역할을 수행할 수 있는 능력은 타인의 발화를 듣고 이해하는 데 있어서만 필요한 능력이 아니라, 자신의 발화를 산출하는 데 있어서도 꼭 필요한 능력이다.

다시 말해서 자신의 발화를 듣고 그 발화의 산출 결과가 적절한가를 모니터링할 수 있는 능력, 즉 자신의 발화에서 청자로서의 역할을 수행할 수 있는 능력은 올바른 발화를 산출하는 데 있어서도 필요하다는 얘기다. 언어 연쇄(speech chain)라는 표현은 이러한 발화의 산출(production)과 지각(perception)의 전반적인 과정을 적절히 나타낸 것이라고 할 수 있다. 그럼, 이제 언어 연쇄의 큰 고리가 어떻게 연결되어 있는지를 좀 더 구체적으로 알아보자.

1.1   의사소통 과정과 언어 연쇄

[그림 1-1]은 화자가 발화를 산출하고 청자가 이를 지각하는 전체 과정을 간략하게 나타낸 것이다. 말소리를 만들기 위해서 우리가 가장 먼저 하는 일은 무엇일까? 물론 두말할 나위도 없이 무슨 말을 할 것인가를 생각하는 일이다. 우리는 이러한 일을 '발화의 기획'이라고 부른다. 발화의 기획은 머릿속에서 이루어진다. 발화를 기획하기 위해서는 해당 언어에 대한 '언어학적 지식(linguistic knowledge)'이 필요하다. '언어학적 지식'이란 기획한 발화를 성공적으로 전달하기 위해 어떤 단어들을 어떤 순서로 연결하여 사용할 것인가, 그 단어들은 어떠한 소리의 연쇄를 이용해야 하는가, 그 소리의 연쇄들을 어떻게 연결시킬 것인가 등을 의미한다. [그림 1-1]에서 화자는 /아버지/라는 발화를 기획하였다.

말하고자 하는 내용이 결정되고 나면 그 발화가 어떤 소리의 연쇄로 구성되는가가 결정되고, 뇌에서는 기획된 발화가 적절히 산출될 수 있도록 신경체계를 통해 해당 발화에 필요한 근육의 움직임을 지시한다. 기획된 발화가 수행되는 이 과정은 모두 생리적인 것이다. 따라서 언어적 차원(linguistic level)에서 기획된 발화가 생리적 차원

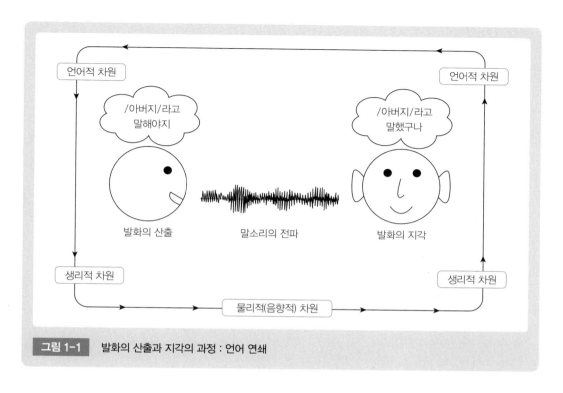

그림 1-1 발화의 산출과 지각의 과정 : 언어 연쇄

(physiological level)으로 바뀌게 되는 것으로 이해할 수 있다.

생리적 차원을 거친 후에 화자의 발화는 입 밖으로 나오게 된다. 입 밖으로 나온 발화는 공기 입자를 진동시키면서 공기 중에 전파되어 **물리적(음향적) 차원**(physical level)으로 바뀌게 된다. 공기 입자의 진동이 공기 중에 전파되면서 말소리가 청자의 귀로 전달된다.

귀는 공기 중에 전달된 음향 신호를 모으고, 증폭시키고, 분석하는 과정과 함께, 그 신호를 청신경을 통하여 뇌로 전달한다. 음향적 차원을 거쳐 전달된 공기 입자의 움직임은 이렇게 청자의 **생리적 차원**을 거쳐 뇌로 전달되는 것이다. 생리적 차원을 거쳐 뇌로 전달된 청각 신호는 **언어학적 차원**을 거치면서 해석된다. 즉 청자의 뇌는 전달된 청각 신호를 자신의 언어학적 지식을 바탕으로 해석하고, 그 해석 결과에 따라서 화자의 발화가 어떠한 내용인지를 이해하게 되는 것이다.

결국 발화의 산출과 지각의 전체 과정은 화자의 언어학적 차원에서 시작하여 청자의 언어학적 차원으로 끝나는 커다란 연쇄(chain)로 이해할 수 있으며, 언어 연쇄라는 말은 발화의 산출과 지각의 과정, 즉 의사소통 과정(communication process)의 특징을 잘 반영한 표현이라고 할 수 있다.

1.2   의사소통장애

의사소통장애[1]를 언어 연쇄와 연결하여 이해하면 여러 가지로 수월하다. 간단하게 말해서 어떤 이유로든지 언어 연쇄의 고리가 끊기게 되면 화자와 청자 사이의 의사소통에는 문제가 생기게 된다.

예를 들어 뇌 손상으로 인하여 언어를 관장하는 뇌 부위에 문제가 생긴 경우를 생각해 보자. 이 경우는 화자의 언어학적 차원에 문제가 생긴 경우로 이해할 수 있다. 이런 경우 연쇄의 나머지 부분에 아무런 문제가 없다고 하더라도 원활한 의사소통이 이루어질 수 없다. 화자의 발음기관에 아무런 문제가 없고, 음향 신호를 전달해 줄 공기가 존재하고, 청자의 청각체계에도 문제가 없으며, 청자의 언어학적 차원에도 문제가 없지만, 그 고리를 연결시켜 줄 화자의 언어학적 차원이 존재하지 않기 때문에 의사소통의 고리는 완성되지 못하여, 결국 의사소통은 이루어지기 어렵게 된다.

이번에는 일본어를 전혀 모르는 한국어 화자가 한국어를 전혀 모르는 일본어 화자를 만나서 의사소통을 하는 경우를 생각해 보자. 두 화자 모두 뇌나 발음기관, 청각체계에 문제가 없지만 의사소통이 어렵다. 이러한 의사소통장애가 생기는 원인은 두 화자의 언어학적 차원이 맞지 않는다는 데 있다. 결국, 화자나 청자의 언어학적 차원에 문제가 없어도 화자의 언어학적 차원과 청자의 언어학적 차원이 서로 맞지 않으면, 즉 서로 다른 언어학적 지식을 가지고 있다면 의사소통은 원활하게 이루어질 수 없다.

그럼 이번에는 한국어를 말하고 듣고 이해하는 데 문제가 전혀 없던 사람이 불행히도 후두암 진단을 받고 성대를 적출하는 수술을 받았다고 가정해 보자. 이 사람은 여전히 언어를 듣고 이해하는 데 문제가 없지만, 성대가 없으므로 말소리를 생성하는 데 문제가 있다. 따라서 말소리 산출의 생리적 차원에 문제가 생겨서 의사소통의 전체 고리가 이어지지 못한 것으로 이해할 수 있다.

---

1   물론 의사소통의 도구에는 음성언어만이 존재하는 것은 아니다. 하지만 인간과 인간 사이의 의사소통의 가장 큰 비중을 차지하는 것은 음성언어를 통한 것이며, 이 책의 초점은 음성언어를 통한 의사소통과 그 장애에 있다.

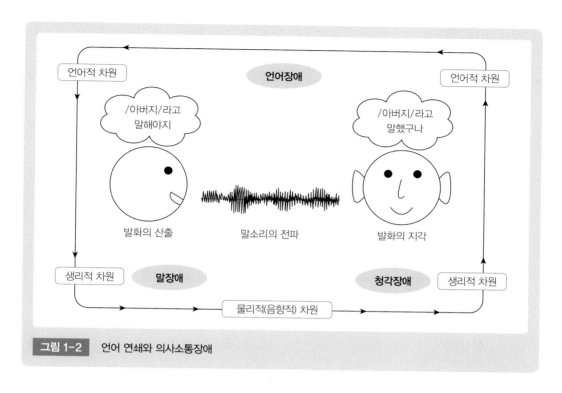

그림 1-2 언어 연쇄와 의사소통장애

마지막으로 한국어를 말하고 듣고 이해하는 데 전혀 문제가 없던 사람이 갑자기 사고로 청력을 잃게 되었다고 가정해 보자. 이 사람은 여전히 언어를 산출하는 데는 문제가 없지만, 다른 사람의 말을 듣는 생리적인 차원에 문제가 생김으로 해서 의사소통의 전체 고리가 이어지지 못한 경우라고 할 수 있다.

의사소통장애는 그 원인에 따라서 크게 언어학적 차원에 문제가 생긴 **언어장애** (language disorder)와 말의 산출을 수행하는 데 문제가 생긴 **말장애**(speech disorder), 그리고 듣는 데 문제가 생긴 **청각장애**(hearing disorder)로 나눌 수 있다.

[그림 1-2]는 의사소통의 각 과정과 그 과정에서 일어날 수 있는 장애의 종류를 보여주고 있다.

1.3 말소리장애 : 조음음운장애

말소리장애는 말장애 가운데 발음에 문제가 있는 경우인데, 특히 지속적인 말소리 산출 문제로 구어 의사소통의 효율성이 떨어지는 것을 말한다. 구어 의사소통의 효율성 저하는 학업, 직업 등 개인의 사회적 참여에 지장을 주게 된다.

'말소리장애(speech sound disorder)'는 최근 들어 사용되기 시작한 표현인데, 이전에는 '조음음운장애(articulation and phonological disorder)'로 지칭되었다. 이 책의 초판 제목이 '조음음운장애'였으나 개정판에서 '말소리장애'로 제목을 바꾼 데는 이러한 배경이 있다.

조음음운장애는 장애의 원인에 따라서 크게 조음장애(articulation disorder)와 음운장애(phonological disorder)로 나누는 것이 일반적이다. 조음장애는 장애의 원인이 주로 화자의 운동적, 생리적 차원에 있는 경우를 말하며, 음운장애는 장애의 원인이 주로 화자의 언어적 차원에 있는 경우를 말한다. 부적절한 말소리의 산출 결과 생기는 장애라는 이유 때문에 1960년대부터 전통적으로는 '조음장애'라고 해 왔으나, 1970년대 중반 이후에 언어병리학자들이 이론 언어학에 관심을 가지게 되면서 일부 부적절한 조음의 원인이 음운론적 문제, 즉 언어적 문제라는 사실을 발견하였고, '음운장애'라는 용어가 도입되었다. 그러나 1990년대부터 임상현장에서 조음장애와 음운장애를 엄밀하게 나누는 것이 어렵다는 것이 일반적인 견해가 되면서 두 가지를 합하여 '조음음운장애'라는 용어를 사용하게 되었다. 그 후 2010년경 이후에는 조음음운장애보다 말소리장애가 선호되는 추세이다.

조음음운장애보다 말소리장애라는 용어를 선호하는 이유는 크게 두 가지로 볼 수 있다. 첫 번째는 증상에 기반을 둔 말소리장애가 원인에 기반을 둔 조음음운장애보다 더 현실적이기 때문이다. 여기에서 현실적이라고 한 것은 너무나 다양한 원인을 정확히 진단하는 데 한계가 있음을 인정하는 것이다. 진단 과정에서 말소리 산출 오류가 관찰되면 조음의 운동적 측면에 문제가 있는 것인지, 머릿속의 음운적 체계에 문제가 있는 것인지 그 원인을 판단하는 것이 어렵다. 뿐만 아니라 조음운동적인 문제와 음운적 문제 이외에도 다른 요인으로 인해 말소리 산출에 어려움이 생길 수 있기 때문에 증상에 기반을 둔 말소리장애가 원인에 기반을 둔 조음음운장애보다 현실적이며 보다 합리적이라는 생각 때문이다.

두 번째 이유는 기존의 '기능적 조음음운장애'에 대한 개념을 확대하기 위한 것이다. 조음음운장애는 전통적으로 '기질적 조음음운장애'와 '기능적 조음음운장애'로 나누어 본 반면에, 말소리장애는 '원인이 분명한 말소리장애'와 '원인을 모르는 말소리장애'로 나눈다. 과거에 '기능적 조음음운장애'는 잘못된 습관이나 학습의 결과로 추정되는 경우에 국한된 것이었는데, 이에 반해 원인을 모르는 말소리장애는 잘못된 학습의 영향뿐 아니라 인지적·언어적·사회심리학적 변인들이 광범위하게 영향을 미치는 경우, 혹은 한두 가지 변인의 조합으로 인한 말소리 문제 등 아직까지 원인을 추정하지 못하는 모든 경우를 포함하는 것이다. 원인이 분명한 말소리장애는 전통적으로 기질적 조음음운장애라고 분류되었던 영역으로 청각장애, 조음구조장애, 신경계조절장애 등이 여기에 속한다.

말소리장애의 진단과 치료과정은 말소리장애를 초래하게 된 원인을 찾아내는 것은 물론, 원인을 모르는 경우에는 관련된 변인을 평가하고 증상을 파악하여 적절한 조치를 내리는 과정을 모두 포함한다. 이 책의 목적은 이러한 진단과 중재 과정에 필요한 지식을 제공하는 것이다.

이를 위해 이 책의 제1장부터 제5장까지는 장애 말소리를 이해하는 데 선행되어야 하는 기본적인 지식들을 제공하는 데 할애하였다. 제1장은 의사소통의 본질과 의사소통장애 그리고 말소리장애의 기본 개념을 소개하였다. 이어 제2장에서는 정상 말소리 산출 과정에 대해 기술하였고, 제3장에서는 말소리를 받아 적는 전사방법에 대해

잠깐! DSM-5에서의 말소리장애(SSD) 용법

DSM-5(Diagnostic and Statistical Manual -5)는 정신 관련 장애나 질병에 대한 진단 매뉴얼로 미국정신의학회(APA, 2013)에서 발간하고 전 세계적으로 사용된다. 신경발달장애(Neurodevelopmental Disorders)의 7가지 분류 안에 의사소통장애(Communication Disorders)가 있고, 의사소통장애는 언어장애(Language Disorder, LD)와 말소리장애(Speech Sound Disorder, SSD)로 분류된다. DSM-5에 말소리장애라는 진단명이 포함되기 이전인 2010년부터 이미 미국 언어청각임상학회(ASHA, 2010)에서도 공식적으로 조음음운장애를 말소리장애(SSD)로 변경하여 표현해 왔다. DSM-5에서 제시한 말소리장애(SSD)의 진단기준은 이 책의 제6장에서 자세히 살펴볼 것이다.

우선 말소리장애라는 용어를 처음 접하는 독자

들을 위해서 그 내용을 요약하여 소개하면 다음과 같다. DSM-5에서 '말소리장애(SSD)'라는 진단명은 '원인을 모르는 말소리장애(Speech Sound Disorders with unknown origin)'에 국한하여 사용한다. '원인이 분명한 말소리장애'의 경우에는 말소리장애의 원인을 그대로 진단명에 기록한다. 즉, 청각장애, 구개파열, 발달성마비말장애나 뇌성마비라고 진단명을 기록할 수 있다. 따라서 진단 평가를 모두 끝내고 진단명을 쓸 때, 원인이 분명한 경우에는 해당 원인을 '청각장애, 구개파열, 발달성마비말장애, 뇌성마비' 등과 같이 그대로 기록하고, 원인을 모르는 경우에는 '원인을 모르는 말소리장애' 혹은 '말소리장애'라고 기록한다. 이렇게 DSM-5의 말소리장애는 이 책에서 규정하는 것보다 훨씬 좁은 개념이다.

소개하였다. 말소리장애 아동의 발화를 전사하여 그 특징을 파악하기 위해서는 교재 내용을 숙지하고 이를 기반으로 다양한 음성을 전사하는 실습을 꼭 해 볼 것을 권한다. 정확한 전사는 올바른 분석과 진단의 기초가 되기 때문에 전사 훈련은 매우 중요하다. 이어 제4장에서는 한국어의 말소리 특징을, 제5장에서는 일반적인 아동의 말소리 습득 과정을 정리하였다. 특히 말소리 습득 과정에서 나타나는 말소리 발달 특성은 이후에 이루어지는 말소리장애의 진단절차에서 중요한 기준으로 활용된다.

　　제6장부터 제10장에는 본격적인 진단과 치료를 위해 필요한 내용이 기술되어 있다. 제6장에서는 말소리장애의 원인을 살펴보았고, 제7장에서는 평가에 필요한 요소들을 소개하였으며, 제8장에서는 실제로 검사를 수행하는 과정에 필요한 지식을 정리하였다. 유용하게 사용되고 있는 다양한 평가지표와 분석방법을 소개하기 위해 노력하였고, 임상현장에서 분석해야 하는 상황과 유사한 예제를 제공하고자 하였다. 제9장에서는 말소리장애 치료에서 고려해야 할 요소들을 기술하였다. 그리고 끝으로 제10장에서는 대표적인 치료접근법을 소개하였다.

제 **2** 장

말소리의 생성

2.1   말소리의 정의

2.2   말소리를 만드는 데 사용되는 기관

2.3   말소리 생성에 사용되는 공간

2.4   기류의 두 가지 통로

2.5   말소리 생성의 세 과정

앞에서 살펴본 바와 같이 **말소리장애**란 의사소통의 전체 과정 중에서 특히 말소리의 생성과정과 관련된 여러 가지 종류의 문제들(장애들)을 말한다. 따라서 말소리장애와 관련된 문제들을 이해하는 데 있어서 말소리의 산출과정을 정확하게 이해하는 것은 매우 중요하다. 말소리가 만들어지는 과정을 정확히 이해한다면, 산출된 결과물인 말소리가 왜, 어떤 이유 때문에 이상하게 들리는가를 알아보는 작업이 훨씬 수월해질 것이기 때문이다.

2.1   말소리의 정의

말소리란 '인간의 발음기관을 통하여 만들어지는 언어학적 의미를 가진 소리'라고 정의할 수 있다. 언어학적 의미를 갖는다는 것은 그 소리가 혼자서든, 혹은 다른 소리들과 함께든 단어를 만드는 데 적극적으로 사용된다는 것을 의미한다. 언어가 달라지면 단어를 만드는 데 사용되는 소리들도 달라지므로, 한 언어에서 말소리라고 해서 다른 언어에서도 반드시 말소리가 될 수 있는 것은 아니다.

예를 들어서 영어의 말소리 중 하나인 [f]¹라는 소리를 생각해 보자. 이 소리는 영어에서 말소리라고 할 수 있다. 그 이유는 이 소리 혼자서는 단어를 만들지 못하지만, 이 소리가 [u]라는 소리와 [t]라는 소리와 함께 한국어의 '발'에 해당하는 단어, 즉 'foot[fut]'을 만들기 때문이다. 이 단어 말고도 영어 단어 중에는 이 [f] 소리가 들어간 단어가 많다. 그럼, 이 [f] 소리는 한국어에서도 말소리일까? 이 소리가 들어간 한국어 단어를 생각해 보자. 물론, 한국어 단어 중에는 이 소리가 들어간 단어가 없다. 따라서 한국어에서는 이 소리가 말소리가 아니다.

우리가 보통 '말소리'라고 하는 데는 두 가지 의미가 있다. 물리적으로 존재하는 소리와 심리적으로 존재하는 소리가 그것이다. 물리적으로 존재하는 소리는 구체적인 것이고, 심리적으로 존재하는 소리는 추상적인 것이다. 예를 들어 돌이가 '아버지'라고 한 말과 순이가 '아버지'라고 한 말은 물리적으로는 다른 소리이지만, 심리적으로 같은 소리로 인식된다. 언어적 의미를 가진 소리들은 이렇게 물리적으로 달리 존재해도 심리적으로는 같은 소리로 인식되는 특징을 갖는다.

---

1   [ ]는 이 괄호 안에 들어가 있는 기호가 말소리를 나타내는 기호라는 것을 의미한다.

앗, 그런데 잠깐! 한국어 단어 중에서 [f] 소리가 들어간 단어가 없다는 필자의 말에 독자들이 던지는 의문의 눈초리가 느껴진다. 그럼, 우리 대화를 한번 시작해 보자.

독자 : "정말 없나요? 그럼, '거실의 가장 좋은 자리를 차지하고 있는 물건'을 가리키는 단어에서, 혹은 '약간 쓰지만 향기가 좋은 검은 액체 기호음료'를 가리키는 단어에서 들리는 그 소리는 뭔가요?"

필자 : "그것이 한국어 단어인가요?"

독자 : "물론이지요, 국어사전에도 나와 있는 걸요? 표준국어대사전에는 '등받이와 팔걸이가 있는 길고 푹신한 의자'와 '커피나무의 열매를 볶아서 간 가루'라고 분명히 정의되어 있어요!"

필자 : "그런데 그 단어를 영어식으로가 아니라 한국어식으로 말해 보세요. 한국어 단어라면 한국어식으로 말해야 하지 않을까요?"

독자 : "어, 한국어식으로 읽으니까 그 소리가 안 들어가네요!"

필자 : "네, 맞습니다. 이렇게 원래는 외국어 단어였는데 한국어 속으로 들어와서 한국어처럼 쓰이는 단어들을 묶어서 '외래어'라고 한답니다. 한국어의 단어들은 그 조상에 따라서 크게 고유어, 한자어, 외래어로 나눌 수가 있답니다. 고유어란 원래 조상이 한국어였던 단어들을, 한자어란 한자에서 온 단어들을, 외래어란 외국어에서 온 단어들을 말한답니다.

앞에서 말한 '등받이와 팔걸이가 있는 길고 푹신한 의자'를 나타내는 단어인 '소파'와 '커피나무의 열매를 볶아서 간 가루'를 의미하는 단어인 '커피'를 발음하는데 [f] 소리를 넣어서 말하는 것은 외래어를 말한 것이 아니라 외국어를 말한 것이라고 할 수 있지요. 외래어는 한국어지만, 외국어는 한국어가 아니죠."

말소리를 연구하기 위해서는 이 두 가지 소리를 구분하여 지칭하고 표시할 필요가 있다. 말소리를 연구하는 사람들은 이 둘을 음성(phone)과 음운(혹은 음소, phoneme)으로 구분하여 지칭한다. 즉 물리적인 존재로서의 말소리를 '음성', 심리적인 존재로서의 말소리를 '음운'이라고 구분하여 지칭한다. 따라서 음성학(phonetics)이란 물리적인 존재로서의 말소리를 연구의 대상으로 삼는 학문을, 음운론(phonology)이란 심리적인 존재로서의 말소리를 연구의 대상으로 삼는 학문을 의미한다.

또한, 말소리를 연구하는 사람들은 서로 다른 종류의 괄호 안에 말소리 기호를 넣음으로써 그 소리가 음성인지 음운인지를 구분하여 표기한다. 해당 말소리 기호가 물리적인 소리를 나타내는 경우에는 그 기호를 각진 괄호인 '[ ]' 안에 넣어 표시하고, 심리적인 소리를 나타내는 경우에는 두 개의 사선 '/ /' 안에 넣어 표시한다. 예를 들어 [i]는 물리적인 소리를 의미하는 반면에 /i/는 심리적인 소리를 의미한다.

여러분 중에는 '아수라 백작'을 모르는 사람도 있을 것이다. 아수라 백작은 1970년대 제작된 일본의 텔레비전용 만화 영화인 '마징가 Z'에 나오는 악당이다. 우리나라에서도 이 만화 영화가 텔레비전에서 방영된 적이 있지만, 워낙 오래전에 방영되었기 때문에 필자와 세대차이가 나는 사람들은 잘 모를 수도 있다. 따라서 말소리가 왜 아수라 백작인가를 말하기 위해서는 먼저 아수라 백작에 대한 소개가 필요할 것 같다.

아수라 백작은 세계 정복을 꿈꾸는 악당의 우두머리인 헬 박사의 부하로, 헬 박사가 바도스 섬에서 발견된 미케네인 부부 미라를 섞어 만든 인물이다. 이러한 이유 때문에 아수라 백작은 반은 여자, 반은 남자의 모습을 하고 있다. 위에 보인 그림이 바로 만화 영화에 나오는 아수라 백작의 얼굴이다.

그렇다면 아수라 백작은 여자인가, 남자인가? 여러분은 아수라 백작의 어떤 얼굴을 보았는가에 따라서 '아수라 백작은 여자다'고도, '아수라 백작은 남

마징가 Z의 아수라 백작

자다'고도 말할 수도 있다. 물론, 아수라 백작의 앞모습을 봤다면, '아수라 백작은 여자이기도 하고 남자이기도 하다'고 말할 수도 있다.

말소리도 아수라 백작처럼 두 얼굴인 '음성'과 '음운'을 가지고 있다. 따라서 돌이와 순이가 함께 입을 맞추어 '아버지'라고 한 말에 대하여 같은가, 다른가를 물었을 때, 여러분은 말소리의 어느 쪽 얼굴을 보는가에 따라서 두 소리가 '같다'고도, 또 '다르다'고도 말할 수 있다. 물론 두 얼굴을 다 고려했다면 여러분은 두 소리가 '같기도 하고 다르기도 하다'고 말할 수도 있을 것이다.

2.2 말소리를 만드는 데 사용되는 기관

2.2.1 개관

[그림 2-1]은 말소리 생성에 관여하는 기관들을 전체적으로 보인 것이다.

그럼 이제 폐에서 올라온 기류가 가장 먼저 만나게 되는 발음기관인 후두부터 자세히 살펴보기로 하자.

2.2.2 후두

후두(larynx)란 아래로는 기관(trachea)의 맨 위쪽에 있는 **반지연골**[2](cricoid cartilage)로부

---

2 이 책에서 사용하고 있는 발음기관의 명칭은 신지영(2000, 2014ㄱ)을 따른다. 요약하면 해부학적 용어는 대한해부학회에서 공인된 용어를 사용하는 것을 원칙으로 하되, 성대주름, 성대문, 잇몸, 단단입천장, 물렁입천장, 목젖은 예외로 하고, 각각 성대, 성문, 치경, 경구개, 연구개, 구개수라는 용어를 사용하였다. 발음기관 명칭에 대한 자세한 논의는 신지영(2000 : 30쪽, 2014ㄱ : 20쪽)을 참조하기 바란다.

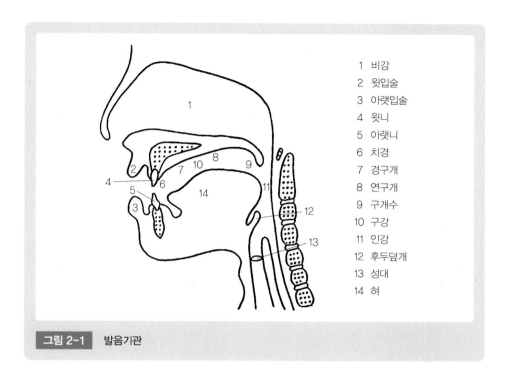

1 비강
2 윗입술
3 아랫입술
4 윗니
5 아랫니
6 치경
7 경구개
8 연구개
9 구개수
10 구강
11 인강
12 후두덮개
13 성대
14 혀

그림 2-1 발음기관

터 위로는 혀뿌리에 붙어 있는 **목뿔뼈**(hyoid bone)까지의 부분을 통칭하여 일컫는 말
이다. 후두는 다섯 개의 주요 연골이 골격을 이루고 있다. **방패연골**(thyroid cartilage),
반지연골(cricoid cartilage), **후두덮개**(epiglottis), 한 쌍의 **모뿔연골**(arytenoid cartilage)이
그것이다.

[그림 2-2]는 후두를 위에서 본 그림이다. 성대(vocal folds)는 성대 인대와 근육, 점
막 등으로 구성되어 있다. 성대의 한쪽 끝은 모뿔연골과 다른 한쪽 끝은 방패연골과
연결되어 있다. 모뿔연골의 모음(adduction)과 벌림(abduction) 운동을 통하여 두 성대
는 붙었다 떨어졌다 한다. 성대의 벌림 운동을 통하여 만들어지는 두 성대 사이의 틈
을 **성문**(glottis)이라고 한다.

2.2.3 혀

말소리를 생성하는 과정에서 성대 다음으로 가장 바쁘게 움직이는 기관은 아마 혀
(tongue)일 것이다. 말소리의 생성을 이해하는 데는 혀의 부위별 명칭을 아는 것이 필
요하다. [그림 2-3]은 혀의 부위별 명칭을 나타낸 것이다.

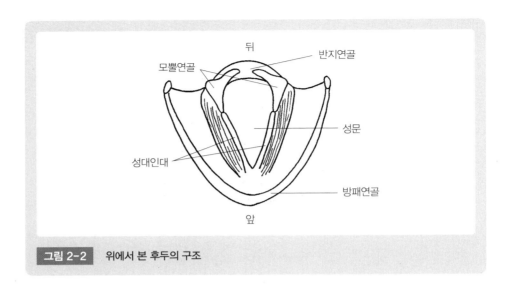

그림 2-2   위에서 본 후두의 구조

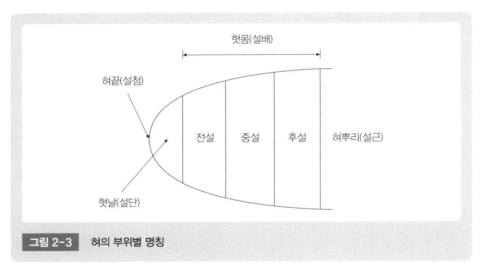

그림 2-3   혀의 부위별 명칭

혀의 가장 앞부분을 **혀끝**[설첨(舌尖), tongue tip]이라고 하고, 그 뒤로 보통 입을 다문 자연스러운 휴식 상태에서 치경(잇몸)부와 닿아 있는 부분, 즉 혀끝에서 약 10~15mm 정도 되는 부분을 **혓날**[설단(舌端), tongue blade]이라고 한다. 나머지 혀의 위 표면을 통틀어 **혓몸**[설배(舌背), tongue body]이라고 한다. 혓몸은 다시 그 위치에 따라서 **전설**(front), **중설**(central), **후설**(back)로 삼분되기도 하며, 전설과 후설로만 이분되기도 한다. 전설과 후설로 이분할 경우 전설부는 보통 경구개와 접촉하여 조음되는

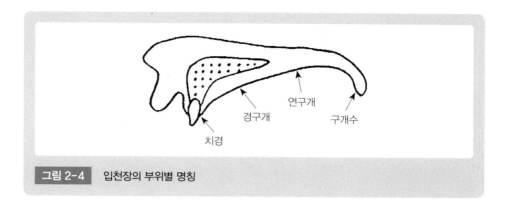

그림 2-4 입천장의 부위별 명칭

부분을, 그리고 후설부는 연구개와 접촉하여 조음되는 부분을 지칭한다. 후설부 뒤로 혀의 깊숙한 부분을 **혀뿌리**[설근(舌根), tongue root]라고 한다. 혀뿌리는 보통 인두의 뒤쪽 벽에 면해 있는 혀의 부위이다.

2.2.4 입천장

[그림 2-4]는 입천장의 부위별 명칭을 보여주고 있다. 그림에서 보듯이 입천장은 윗니 뒤쪽으로 약간 불룩한 **치경**(잇몸, alveolar ridge)을 시작으로, 그 뒤쪽으로 뼈가 있어서 딱딱한 **경구개**(단단입천장, hard palate), 뼈가 없어 물렁물렁한 **연구개**(물렁입천장, soft palate, 혹은 velum), 연구개의 끝부분이며 구강 쪽으로 드리워져 있는 **구개수**(목젖, uvula)로 나뉜다.

2.3 말소리 생성에 사용되는 공간

[그림 2-5]에서 보듯이 성대 위쪽에는 혀, 인두벽, 입천장을 경계로 **인(두)강**(pharyngeal cavity), **구강**(oral cavity), **비강**(nasal cavity)과 같은 공간이 생기게 된다. 성대를 통과한 기류는 성대 위쪽의 공간을 울린 후 대기로 나오게 되므로, 후두를 통과할 때까지는 똑같았던 소리도 이후에 어떠한 공간을 만난 후에 대기로 나오게 되는가에 따라서 아주 다른 소리가 될 수 있다. 말소리를 다양하게 만드는 작업은 대체로 인강, 구강, 비강에 변화를 주는 것과 유관하다. 발음기관의 다양한 움직임은 공간의 변화를 가져오게 되므로, 성대까지 똑같았던 소리도 서로 다른 울림이 만들어지는 까닭

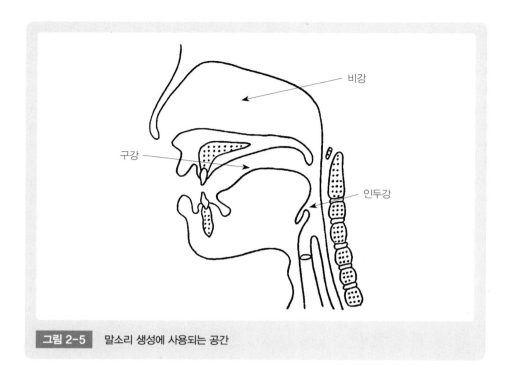

그림 2-5 말소리 생성에 사용되는 공간

에 대기로 나온 이후에 서로 다른 소리로 들리게 되는 것이다.

2.4 기류의 두 가지 통로

보통 숨을 쉴 때 우리는 입을 닫고 코로 기류를 들이마셨다가 내쉬었다가를 반복한다. 즉 폐에서 올라온 기류는 코를 통하여 대기로 나가게 된다. 하지만 입을 벌리면 폐에서 나온 기류는 코로도 나갈 수 있고, 입으로도 나갈 수 있다.

[그림 2-6]은 입을 열고 숨을 쉬는 경우, 코와 입으로 모두 기류가 소통되는 모습을 보이고 있다.

하지만 말을 할 때 내는 소리의 대부분은 **구강음**(oral sound)이므로, 코로 가는 통로를 막은 상태로 산출된다. 코로 가는 기류를 막기 위해서는 입천장의 뒤쪽, 즉 연구개에 있는 **입천장올림근**(levator veli palatini)의 수축이 필요하다. 이 근육이 수축하면 입천장이 들리면서 인두벽에 붙게 된다. 이렇게 되면, 성대를 통과한 기류는 비강으로

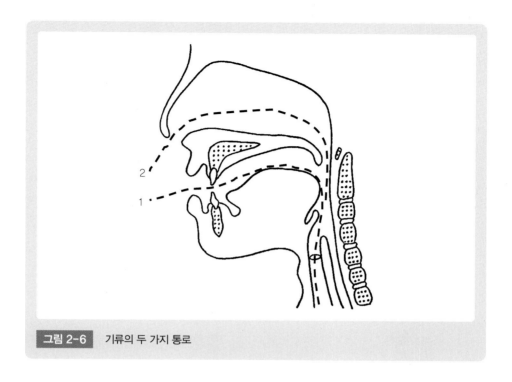

그림 2-6 기류의 두 가지 통로

가는 길이 차단되어 구강으로만 흐르게 된다. 결국 연구개의 움직임으로 폐에서 올라온 기류가 구강으로만 갈 것인가 비강으로도 갈 것인가 정해지게 되는 것이다.

요약하면, 연구개를 올려서 인두벽에 대면 비강 통로가 차단되면서 허파에서 올라온 기류가 비강으로 흐르지 못하고 구강으로만 흐르게 되어 구강음이 생성된다. 반면에 연구개가 내려진 상태로 허파에서 조달된 기류가 올라오게 되면 비강으로 기류가 흐르게 되어 비(강)음(nasal sound)이 생성된다. 발화에 쓰이는 소리는 구강음이 그 주류를 이루므로 발화 시에는 가끔씩 나타나는 비음을 낼 때를 제외하고는 연구개가 들려서 인두벽에 닿아 있게 된다.

2.5 말소리 생성의 세 과정

말소리 산출과 관련된 기본적인 사항들을 공부했으니, 이제 말소리가 어떠한 과정을 거치면서 만들어지는지 좀 더 자세히 단계별로 알아보자.

말소리의 대부분은 폐에서 내뿜어진 기류가 성대와 성도를 거치면서 만들어진다. 말소리가 생성되는 이 과정은 크게 세 가지로 나뉜다. 우선 말소리를 내기 위하여 필요한 기류를 조달하는 과정과 조달된 기류를 조절하는 과정, 그리고 조절된 기류를 변형시키는 과정이 그것이다. 이 세 과정을 전문 용어로는 각각 발동(initiation), 발성(phonation), 조음(articulation)이라고 한다.

2.5.1 발동

그럼 우선 **발동** 과정부터 차근차근 알아보도록 하자. 대부분의 경우 말소리에 쓰이는 기류는 폐에서 조달되고, 기류의 방향은 안쪽에서 바깥쪽이다. 이러한 소리를 부아[3] 날숨소리(pulmonic egressive sound)라고 한다. 한국어에 존재하는 모든 소리는 부아 날숨소리이다. 영어, 일어, 중국어, 불어, 독어 등 여러분이 쉽게 생각할 수 있는 언어들은 그 언어를 구성하는 말소리가 모두 부아 날숨소리인 경우가 많다.

잠깐! 🔊)))   **우리가 쉽게 낼 수 있는 들숨소리들**

갑자기 놀랐을 때 혹은 어떤 사람이 측은하고 불쌍할 때 여러분은 어떤 소리를 내는가? 그때 내는 소리들을 이제부터 아주 꼼꼼히 관찰해 보자.

● **놀랄 때 내는 소리**
우선 갑자기 놀라면 여러분은 [어] 비슷한 소리를 낸다. 하지만 보통의 [어]와는 그 소리가 매우 다르다. 이 소리를 낼 때 여러분의 호흡을 잘 관찰해 보라. 이 소리를 낼 때 여러분은 숨을 들이마시는가, 내뿜는가? 숨을 들이마시면서 소리를 내는 것이 분명하다. 폐까지 통로가 뚫려 있는 것은 보통의 [어]와 같지만, 보통의 [어]는 숨을 내쉬면서 소리를 내지 들이마시면서 소리를 내지는 않는다. 그러니까 놀랐을 때 여러분은 부아 날숨소리가 아니라 부아 들숨소리를 낸 것이다.

부아 들숨소리는 이처럼 여러분들이 흔히 낼 수 있는 소리이다. 그런데 재미있는 것은 세상에 존재하는 어떤 언어에도 이 부아 들숨소리가 말소리로 사용되는 경우가 없다는 점이다.

왜 그럴까? 자, 그 답이 궁금하다면 '나는 지금 조음음운장애 책을 읽고 있어요'를 부아 날숨소리가 아니라 부아 들숨소리로 내 보아라. 아마 이 문장을 읽다가 숨이 넘어가는 줄 알았을 것이다. 불과 한 문장을 말하는 것이 이렇게 힘들 줄이야! 부아 들숨소리는 한 숨으로 오래 말하기에 매우 부적절한 소리이므로 언어음에 사용되는 일이 없다는 것이 오히려 매우 자연스럽다.

● **혀 차는 소리의 재발견**
이번에는 어떤 사람이 측은하고 불쌍할 때 내는 소리인 혀 차는 소리를 내 보자. 지금까지 여러분은 별다른 생각 없이 이 소리를 내 왔을 것이다. 하지만 이번에는 기류의 방향을 잘 생각하면서 이 소리를 내 보도록 하자. 이 소리를 낼 때 안에 있는 기류가

---

3   폐의 고유어이다.

밖으로 나가는가, 아니면 밖에 있는 기류가 안으로 들어오는가? 안에 있는 기류가 밖으로 나가면서 소리가 나는 것이 아니라, 밖에 있는 기류가 안으로 들어오면서 소리가 난다는 것을 발견할 수 있다.

좀 더 쉽게 들숨소리임을 확인하는 좋은 방법을 한 학생이 알려 주었다. 그 학생은 수업 시간에 혀 차는 소리가 들숨소리인지 확인해 보는 데 실패했다고 한다. 그래서 집에 가서 그 소리가 진짜 들숨소리인지를 확인해 보기 위해 여러 가지 실험을 해 보았다고 한다. 그러다가 손바닥으로 입을 막고 혀를 차 보았더니 손바닥 안쪽으로 빨려 들어가는 느낌을 받게 되어 확실히 혀 차는 소리가 들숨소리임을 확인했다고 한다. 이 실험 정신이 투철하고 똑똑한 학생 덕분에 앞으로는 혀 차는 소리가 들숨소리라는 것을 설명하는 일이 훨씬 쉬워질 것 같다.

그럼, 이번에는 혀 차는 소리를 낸 다음에 바로 코를 막아 보자. 입을 벌리고 있는 것 같은데 이상하게 숨이 쉬어지지 않는다는 것을 발견할 것이다. 코를 막았으니 숨을 코로 쉴 수 없다는 건 이해가 가는데, 왜 입으로는 숨이 쉬어지지 않는 것일까? 그 이유는 혀의 앞부분은 내려와 있지만, 혀의 뒷부분이 입천장의 뒷부분에 닿아서 기류의 소통을 막고 있기 때문이다. 이렇게 혀 차는 소리를 낼 때는 혀의 앞부분(혓날)만 입천장의 앞부분(치경)에 대고 기류를 막는 것이 아니라 동시에 혀의 뒷부분(혓몸)도 입천장의 뒷부분(연구개)에 대어서 기류가 입천장의 뒷부분과 입천장의 앞부분 사이의 작은 공간에 갇히도록 한 다음에 이 기류를 이용하여 소리를 낸다.

● **두 들숨소리의 차이**

놀랄 때 내는 소리나 혀 차는 소리나 모두 들숨소리라는 공통점을 갖지만, 몇 가지 아주 중요한 차이가 있다. 앞에서도 말했듯이 놀랄 때 내는 소리는 소리를 낸 다음에 코를 막아도 자연스럽게 숨이 쉬어지는 반면에 혀 차는 소리는 소리를 낸 다음에는 코를 막으면 숨을 쉴 수 없다. 숨을 쉴 수 없는 이유는 이 소리를 낼 때 구강의 두 곳이 막혔다가 한 곳만 터지기 때문이다. 따라서 소리를 내고 난 다음에도 여전히 구강의 일부가 막혀 있기 때문에 기류가 입 밖으로 나들지 못한다.

또한, 놀랄 때 내는 소리는 이 소리를 내기 위해 숨을 의식적으로 들이쉬는 반면에 혀 차는 소리를 낼 때는 자연스럽게 숨이 들이쉬어진다. 혀 차는 소리를 낼 때 숨을 의식적으로 들이쉬지 않는데도 숨이 자연히 들이쉬어지는 것은 이 소리를 낼 때의 기류역학적 조건이 자연스럽게 들숨을 쉴 수 있도록 되어 있기 때문이다. 혀를 찰 때 우리는 혀의 앞과 뒤로 입천장의 앞과 뒤를 막아서 그 사이에 작은 공간을 만들고 기류를 그 공간에 가둔다. 그리고 혀를 차기 직전에 혀의 중간 부분을 약간 내려서 기류가 갇혀 있는 그 공간을 약간 늘린다. 공간이 늘어나게 되면 압력은 떨어지게 되고, 압력이 떨어진 상태에서 앞쪽 혀를 내리게 되면 입 안쪽의 압력이 입 바깥쪽의 압력보다 낮아서 기류가 입안으로 자연스럽게 들어오게 된다.

물론 그렇다고 해서 세상에 존재하는 모든 말소리가 부아 날숨소리인 것은 아니다. 여타의 발동 과정을 통해서 기류를 조달하여 말소리가 만들어지기도 한다. 여타의 발동 과정을 통해서 만들어지는 말소리에는 **방출음**(성문 날숨소리), **내파음**(성문 들숨소리), **흡착음**(연구개 들숨소리) 등이 있다.[4]

---

4   발동 과정에 대한 상세한 내용은 신지영(2000, 2014ㄱ) 3장을 참조하기 바란다.

2.5.2 발성

발동 과정을 거쳐 조달된 기류는 성대에서의 조절 작용을 거치게 된다. 성대에서 이루어지는 이러한 기류 조절 과정을 발성이라고 한다.

성대는 모음(adduction)과 벌림(abduction) 운동을 통하여 폐로부터 올라온 기류를 조절하는 역할을 담당하게 된다. 성대를 닫아 기류를 흐르지 못하게 할 수도 있고, 성대를 열어서 기류를 계속 흐르게 할 수도 있으며, 또한 성대를 진동시켜서 기류를 막았다 텄다를 반복할 수도 있다. 말소리는 발성 과정을 기준으로 크게 유성음과 무성음으로 나뉜다(그림 2-7 참조). 유성음이란 성대의 진동을 동반하는 소리이며, 무성음이란 성대의 진동을 동반하지 않는 소리이다.

유성음은 성대 진동의 유형에 따라 보통 유성음 외에 숨소리(breathy voice)와 짜내기소리(creaky voice)로 세분된다. 숨소리는 보통 유성음과는 달리 [그림 2-8ㄱ]에서 보

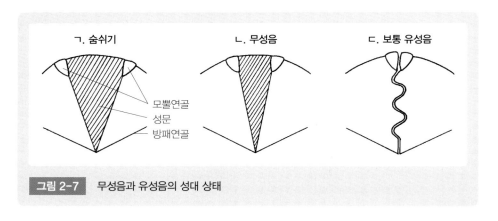

ㄱ. 숨쉬기   ㄴ. 무성음   ㄷ. 보통 유성음

모뿔연골
성문
방패연골

그림 2-7   무성음과 유성음의 성대 상태

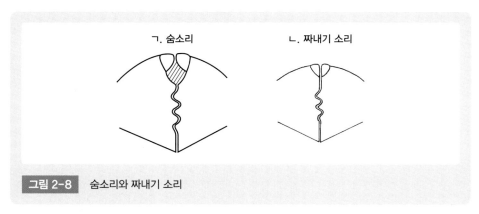

ㄱ. 숨소리   ㄴ. 짜내기 소리

그림 2-8   숨소리와 짜내기 소리

듯이 성대의 뒤쪽은 열고, 앞쪽만 진동시켜 내는 소리이다. 성대의 뒤쪽, 즉 모뿔연골 쪽은 벌어져서 기류가 새기 때문에 보통 유성음과는 달리 숨이 많이 섞인 소리가 난다. 작은 소리로 소곤소곤 속삭일 때 이런 발성을 이용한다. 물론 극단적으로 작은 소리를 내어 속삭일 때는 성대의 진동을 전혀 동반하지 않고도 말을 한다. 여러분이 수업 시간 중에 옆 사람과 속삭일 때 주로 이런 방법을 이용하여 발화를 한다. 성대의 진동을 동반하지 않으면 않을수록 말소리는 작아지고, 숨소리는 많이 섞이게 된다.

한편, 짜내기 소리는 [그림 2-8ㄴ]에서 보듯이 모뿔연골 쪽을 꼭 붙인 상태에서 성대의 앞쪽만 진동하면서 내는 소리이다. 짜내기 발성을 하면 좀 꺽꺽거리고 삐꺽거리는 소리가 난다. 극단적인 저음을 낼 때 이러한 발성으로 소리가 나는 경향이 있다.

2.5.3 조음

발성 과정을 거치면서 조절된 기류는 성도(vocal tract)를 통과하면서 변형된다. 소릿길이라고도 불리는 성도는 성대를 통과한 기류가 대기로 나가기 전에 통과하는 코와 입안의 통로를 의미한다. 우리는 기류가 통과하는 이 공간의 모양을 여러 가지로 변형시킴으로써 다양한 소리를 만들어 낸다. 조음 과정을 기준으로 말소리는 크게 두 가지 부류로 나뉜다. 기류가 구강 통로의 중앙부, 즉 정중시상부(正中矢狀部, midsagittal region)에서 방해를 받으면서 나는 자음(consonant)과 아무런 방해를 받지 않고 나는 모음(vowel)이 그것이다. 정중시상부란 사람의 몸통을 좌우로 대칭이 되게 나눌 때 생기는 한가운데 면 부근을 말한다.

(1) 자음

앞에서도 언급했듯이 자음이란 조음 과정에서 기류가 구강 통로의 중앙부, 즉 정중시상부에서 방해를 받으면서 만들어지는 소리들이다. 따라서 자음은 (1) 기류가 구강의 중앙 통로 중 특히 어디서 방해를 받았는가, 즉 방해 장소가 어디인가, (2) 기류가 어떤 종류의 방해를 받았는가, 즉 방해 종류가 무엇인가, 그리고 (3) 이때의 성대 상태는 어떠했는가에 따라서 그 소리가 다양하게 분화된다. 이 세 가지 변수를 전문용어로는 각각 조음위치(place of articulation), 조음방법(manner of articulation), 발성유형(phonation type 혹은 voice type)이라고 한다.

자음은 조음위치에 따라서 양순음(bilabial), 순치음(labiodental), 치음(dental), 치경음(alveolar), 후치경음(postalveolar), 전경구개음(치경경구개음)(prepalatal 혹은 alveolopalatal), 권설음(retroflex), 경구개음(palatal), 연구개음(velar), 구개수음(uvular), 인두음(pharyngeal), 성문음(glottal) 등으로 나뉜다. 조음위치는 아래 조음기관과 위 조음기관을 따라서 지칭된다. 예로 아래 조음기관이 아랫입술이고, 위 조음기관이 윗입술인 경우는 순순음(labiolabial)이라고 명명하고, 아래 조음기관이 아랫입술이고, 위 조음기관이 윗니인 경우는 순치음(labiodental)이라고 명명한다. 물론 순순음은 결국 두 입술로 만들어지는 소리이기 때문에 보통 양순음(bilabial)이라고 부른다. 단, 아래 조음기관이 혀(舌)인 경우는 아래 조음기관의 명칭을 생략하고 위 조음기관의 명칭만으로 자음을 명명한다. 따라서 치음은 아래 조음기관이 혀이고, 위 조음기관이 이이며, 치경음은 아래 조음기관이 혀이고, 위 조음기관이 잇몸인 경우이다. 각 조음위치에 관여하는 아래 조음기관과 위 조음기관을 정리해 표로 나타내면 〈표 2-1〉과 같다.

표 2-1　자음의 조음위치별로 관여하는 아래 · 위 조음기관

조음위치	아래 조음기관	위 조음기관
양순음	아랫입술	윗입술
순치음	아랫입술	윗니
치음	혀(혀끝 혹은 설단)	윗니
치경음	혀(혀끝 혹은 설단)	치경(잇몸)
후치경음	혀(혀끝 혹은 설단)	후치경
전경구개음(치경경구개음)	혀(혀끝 혹은 설단)	경구개(전경구개)
권설음	혀(혀끝)	경구개
경구개음	혀(전설)	경구개
연구개음	혀(후설)	연구개
구개수음	혀(후설)	구개수
인두음	혀(혀뿌리)	인두벽
성문음[5]	성대	성대

5　성문음의 경우는 성대가 조음기관의 역할을 하게 된다. 따라서 여타의 조음위치와는 달리 위 · 아래 조음기관의 개념으로 설명하는 것이 적절하지는 않다. 단지 두 성대가 조음에 관여한다는 사실을 알아두기 바란다.

자음은 조음방법에 따라서 폐쇄음(stop 혹은 파열음 plosive), 비음(nasal), 전동음 (trill), 탄설음(tap 혹은 flap), 마찰음(fricative), 설측 마찰음(lateral fricative), 접근음 (approximant), 설측 접근음(lateral approximant), 파찰음(affricate) 등으로 분류된다. 이 소리들은 우선 구강의 완전 폐쇄를 동반하는가, 그렇지 않은가에 따라서 크게 나뉘는 데, 폐쇄음, 비음, 전동음, 탄설음은 구강의 완전 폐쇄를 동반하며 산출되는 소리인 반면에 마찰음과 접근음은 구강의 완전 폐쇄를 동반하지 않고 나는 소리이다. 구강의 완전 폐쇄를 동반하면서 나는 소리를 다막음 소리라고 하고, 그렇지 않은 소리를 덜막 음 소리라고 한다.

① 구강의 완전 폐쇄 여부를 기준으로 한 자음의 분류
▶ 구강 통로 막힘–다막음 소리(폐쇄음, 비음, 전동음, 탄설음)
▶ 구강 통로 열림–덜막음 소리(마찰음, 접근음)

구강의 완전 폐쇄를 동반하면서 산출되는 다막음 소리인 폐쇄음, 비음, 전동음, 탄 설음 가운데, 비음은 나머지 폐쇄음, 전동음, 탄설음과는 달리 연구개를 내려서 비강 으로 기류를 흐르게 한다는 점에서 큰 차이를 가진다. 결국, 다막음 소리는 비강 통로 가 닫힌 상태로 산출되는가, 비강 통로가 열린 상태로 산출되는가에 따라서 두 무리 로 나눌 수 있다. 구강 통로는 막혔지만, 비강 통로는 열린 상태로 산출되는 비음이 한 무리를 이루고, 구강과 비강 통로 모두가 막힌 상태로 산출되는 폐쇄음, 전동음, 탄설음이 다른 한 무리를 이룬다(그림 2-9 참조).

② 비강 통로 개폐 여부를 기준으로 한 다막음 소리의 분류
▶ 비강 통로 닫힘–폐쇄음, 전동음, 탄설음
▶ 비강 통로 열림–비음

구강과 비강 통로가 모두 막힌 상태로 만들어지는 폐쇄음, 전동음, 탄설음은 구강 폐쇄의 횟수에 따라서 다시 두 무리로 나뉜다. 즉, 구강 폐쇄가 1회적인 폐쇄음과 탄 설음의 무리와 구강 폐쇄가 2회 이상 반복되는 **전동음**의 무리가 그것이다. 그럼 폐쇄 음과 탄설음은 어떻게 구분될까? 폐쇄음과 탄설음은 폐쇄의 지속 시간이 어느 정도인 가에 따라서 구분된다. **폐쇄음**은 폐쇄의 지속 시간이 상대적으로 긴 반면에 **탄설음**은 폐쇄의 지속 시간이 아주 짧다(그림 2-10 참조).

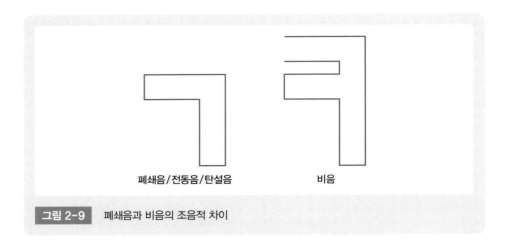

폐쇄음/전동음/탄설음   비음

그림 2-9   폐쇄음과 비음의 조음적 차이

③ 구강과 비강의 완전 폐쇄로 만들어지는 자음의 분류

  ▶ 구강 폐쇄의 1회성 기준-1회적(폐쇄음과 탄설음), 2회 이상(전동음)
  ▶ 구강 폐쇄의 지속 시간-긺(폐쇄음), 짧음(탄설음, 전동음)

마찰음과 접근음은 모두 산출 시에 구강의 완전 폐쇄가 동반되지 않는다는 공통점이 있지만, 이 두 소리는 소음이 동반되는가에 있어서 차이가 있다. 통로가 일정 정도 이상 좁아져서 난기류가 생성되고, 이로 인하여 마찰 소음이 동반되면서 산출되는 소리가 바로 **마찰음**이다. 이와는 달리 기류가 빠져나가는 통로가, 난기류가 생성될 만큼 좁아지지 않으면서 산출되어, 소음이 동반되지 않는 소리가 바로 **접근음**이다(그림 2-11 참조).

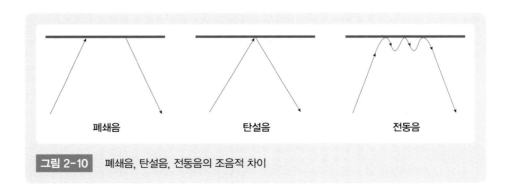

폐쇄음   탄설음   전동음

그림 2-10   폐쇄음, 탄설음, 전동음의 조음적 차이

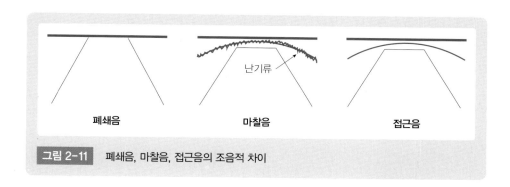

그림 2-11 폐쇄음, 마찰음, 접근음의 조음적 차이

마찰음과 접근음은 기류가 빠져나가는 통로가 가운데인가, 혹은 옆쪽인가에 따라서 정중 마찰음(median fricative)과 설측 마찰음(lateral fricative), 정중 접근음(median approximant)과 설측 접근음(lateral approximant)으로 나뉜다. 일반적으로 마찰음과 접근음은 중앙 통로에서 만들어지기 때문에 정중 마찰음과 정중 접근음은 '정중'을 생략하고 마찰음, 접근음으로 부른다. 이와는 달리 측면 통로를 열어 내는 소리를 지칭할 때는 '설측'을 반드시 붙여서 설측 마찰음, 설측 접근음이라고 해야 한다(그림 2-12 참조).

④ 구강 통로가 열리면서 만들어지는 자음의 분류
    ▶ 난기류 생성으로 인한 소음 발생 여부 : 발생(마찰음), 미발생(접근음)
    ▶ 측면 통로 형성 여부 : 형성(설측 마찰음, 설측 접근음)
                                미형성(정중 마찰음, 정중 접근음)

파찰음은 산출 시 완전 폐쇄와 불완전 폐쇄가 연이어서 일어나는 특징을 갖는다. 따라서 파찰음의 앞부분은 폐쇄음처럼 구강의 완전 폐쇄가 만들어지지만, 파찰음의 뒷

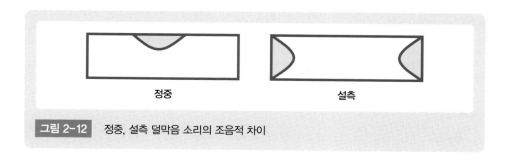

그림 2-12 정중, 설측 덜막음 소리의 조음적 차이

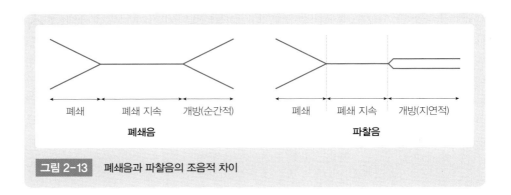

그림 2-13 폐쇄음과 파찰음의 조음적 차이

부분은 마찰음처럼 구강의 통로가 좁아지면서 난기류에 의한 소음이 동반되면서 만들어진다.

[그림 2-13]은 폐쇄음과 파찰음의 조음적 차이를 도식적으로 보인 것이다. 그림에서 보듯이 폐쇄음은 폐쇄의 지속 이후에 순간적인 개방이 이루어지는 반면에, 파찰음은 폐쇄의 지속 이후에 마찰을 통한 지연적 개방이 이루어진다는 데 차이가 있다.

이상의 논의를 바탕으로 자음의 조음방법별 특성을 요약하여 정리하면 〈표 2-2〉에 보인 것과 같다.

표 2-2   자음의 조음방법별 특성 요약

조음방법	구강 완전 폐쇄		비강 통로의 차단	구강 폐쇄의 일회성	구강 폐쇄 지속 시간		소음 동반		측면 통로 사용
폐쇄음	○		○	○	길다		–		–
비음	○		×	○	길다		–		–
전동음	○		○	×	짧다		–		–
탄설음	○		○	○	짧다		–		–
마찰음	×		○	–	–		○		×
설측 마찰음	×		○	–	–		○		○
접근음	×		○	–	–		×		×
설측 접근음	×		○	–	–		×		○
파찰음	○	×	○	○	○	–	길다	–	–	○	–	×

자음은 조음위치와 조음방법 외에 발성유형의 차이에 의해서도 서로 다른 소리로 분화된다. 자음은 발성유형에 따라서 유성음(voiced)과 무성음(voiceless), 유기음(aspirated)과 무기음(unaspirated) 등으로 분류된다. 우선 유성음과 무성음의 구분은 성대의 진동 여부에 따른 것이다. 자음의 조음 시 성대의 진동이 동반되는 소리가 **유성음**이고, 그렇지 않은 소리가 **무성음**이다. 성대의 진동 여부와는 별도로 기식성에 따라서 유기음과 무기음으로 나뉘기도 한다. 유기음의 조음에는 두 성대 사이의 거리가 멀어서 성대 사이로 기류가 빠지면서 성문 마찰이 동반되는 반면에 **무기음**의 조음에는 두 성대가 거의 붙어 있어서 성문 마찰이 동반되지 않는다(그림 2-14 참조).

자음은 일반적으로 유성성과 기식성에 의하여 유성 유기음(voiced aspirated), 무성 유기음(voiceless aspirated), 유성 무기음(voiced unaspirated), 무성 무기음(voiceless unaspirated)으로 나눌 수 있다. 성대가 진동하려면 두 성대 사이가 가까워야 하기 때문에 유기음은 유성음보다는 무성음으로 나는 것이 보통이다. 또한 같은 이유로 유성음은 무기음으로 나는 것이 일반적이다.

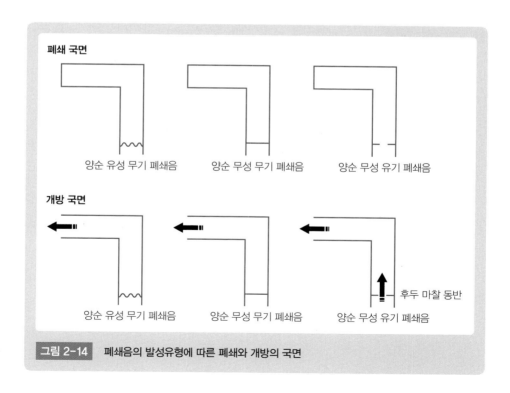

그림 2-14 폐쇄음의 발성유형에 따른 폐쇄와 개방의 국면

하지만 한국어의 경우는 같은 조음위치에서 같은 조음방법을 가지고 만들어지되, 발성유형에서 차이를 보이는 세 종류의 폐쇄음과 파찰음이 존재한다.[6] 그런데 이 세 종류의 폐쇄음과 파찰음은 음운론적으로 모두 성대의 진동을 동반하지 않는 무성음이기 때문에 앞서 논의하였던 유성음인가, 무성음인가에 따른 분류는 ⑤에 보인 바와 같이 서로를 구분해 주는 특성으로 간주하기 어렵다.

⑤ 한국어 양순 폐쇄음의 유성성에 따른 분류

$$p(ㅂ) \qquad p^*(ㅃ) \qquad ph(ㅍ)$$
(무성음)　　　　(무성음)　　　　(무성음)

반면에 한국어에는 기식성이 있는 유기음과 기식성이 없는 무기음이 존재하므로 기식성은 서로를 구분해 주는 특성으로 설정할 수 있다. ⑥에 보인 바와 같이 세 종류의 폐쇄음과 파찰음 중 둘은 무기 무성음인 반면에 하나는 유기 무성음이므로 세 종류의 폐쇄음과 파찰음은 한국어에서 기식성을 기준으로 크게 두 부류로 나뉜다.

⑥ 한국어 양순 폐쇄음의 기식성에 따른 분류

$$p(ㅂ) \qquad p^*(ㅃ) \qquad p^h(ㅍ)$$
(무성 무기음)　　(무성 무기음)　　(무성 유기음)

하지만 문제는 '무성 무기음'의 특성을 보이는 소리가 한국어에는 둘이라는 것이다. 따라서 이 두 무기 무성음을 나누어 줄 수 있는 별도의 특성을 설정할 필요가 있다. 그 새로운 특성이 바로 **긴장성**(tense)이라는 특성이다. 긴장성을 가진 소리를 **경음**(fortis), 긴장성을 가지지 않은 소리를 **연음**(lenis)이라고 하는데 긴장성을 가진 소리는 긴장성을 가지지 않은 소리에 비하여 조음의 강도가 강하고, 조음의 길이가 긴 것이 특징이다. 결국 ⑦에 보인 바와 같이 세 부류의 한국어 폐쇄음은 유기성과 긴장성에 의해서 서로 구분됨을 알 수 있다.

---

6 한국어의 폐쇄음과 파찰음은 세 종류의 발성유형을 보이지만, 마찰음은 두 종류의 발성유형을 보인다. 자세한 것은 4.2를 참조하기 바란다.

⑦ 한국어의 양순 폐쇄음의 긴장성에 따른 분류

$$p(ㅂ) \qquad\qquad p^*(ㅃ) \qquad\qquad p^h(ㅍ)$$

(무성 무기 연음=평음)　　(무성 무기 경음=경음)　　(무성 유기 경음=격음)

한국어의 무기 무성 연음은 보통 **평음**(예사소리, lax 혹은 plain)이라고 하고, 무성 무기 경음은 **경음**(된소리, tense 혹은 reinforced)이라고 하고, 무성 유기 경음은 **격음**(거센소리 혹은 기음, aspirated)이라고 한다.[7]

(2) 모음

모음은 입을 벌린 정도(개구도), 혀를 기준으로 한 협착의 위치(전후설), 입술의 돌출 여부(원순성 여부)에 따라서 여러 가지 소리로 분화된다. 모음은 입을 벌린 정도, 즉 개구도에 따라서 개모음, 반개모음, 반폐모음, 폐모음으로 나뉜다. 입을 벌린 정도에 따라서 혀의 높이가 달라지므로, 개구도에 따른 분류는 혀의 높이에 따른 분류와도 같다. 따라서 **개모음**(open vowel)은 혀가 낮은 위치에 놓여 발음되기 때문에 저모음(low vowel)이라고도 하고, **폐모음**(closed vowel)은 혀가 높은 위치에 놓여 발음되기 때문에 고모음(high vowel)이라고도 한다. 같은 이유로 반개모음은 반저모음, 반폐모음은 반고모음이라고도 불리게 된다. 또한, 성도 전체에서 가장 좁아지는 협착의 위치가 혀를 기준으로 어디인가에 따라서 **전설 모음**(front vowel), **중설 모음**(central vowel), **후설 모음**(back vowel)으로 나뉘기도 한다. 그리고 입술의 돌출 여부에 따라서는 입술의 돌출이 동반되는 **원순 모음**(rounded vowel)과 입술의 돌출이 동반되지 않는 **평순 모음**(unrounded vowel)으로 나뉘기도 한다. 입술의 돌출 여부는 성도의 길이를 변화시킴으로써 모음의 음가를 변화시키는 데 기여한다. 이러한 모음의 조음에 따른 분류를 도식적으로 정리하면 [그림 2-15]에 보인 것과 같다.

---

7 한국어의 세 가지 발성유형을 지칭하는 용어를 학자에 따라서는 약간씩 다르게 사용하는 경우도 있다. 이 책에서는 한국어의 세 가지 발성유형의 자음을 지칭하는 한국어 용어는 '평음, 경음, 격음'을, 영어 용어는 'lax, tense, aspirated'를 사용하였다. 한 가지 첨언할 것은, 이 책에서 '경음'이라는 용어는 두 가지 의미로 사용되고 있다는 점이다. 즉, 긴장성을 가진 소리를 통칭하는 의미로 사용되기도 하였고, 긴장성을 가진 소리 중에서 기식성을 갖지 않은 소리만을 지칭하는 용어로 사용하기도 했다.

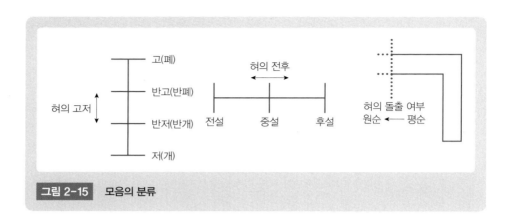

그림 2-15 모음의 분류

제 3 장

말소리를 적는 기호

3.1   말소리 듣고 적기

3.2   국제음성기호

3.3   장애 음성을 위한 추가 IPA 기호

앞에서 우리는 말소리가 만들어지는 과정에 대하여 자세히 알아보았다. 말소리가 만들어지는 과정이 어느 정도 이해되었다면, 이제 귀를 열고 말소리를 들어 보자. 지금부터는 특히 머리를 통해서가 아니라 귀를 통해서 말소리를 듣는 것이 필요하다. 귀를 열고 듣는 연습을 하지 않으면 우리는 말소리를 머리로 들어 버리는 경향이 있다. 귀를 열고 말소리를 듣는 연습은 말소리에 관심을 갖는 모든 사람들에게는 꼭 필요한 연습이다. 이러한 연습을 귀 훈련(ear training)이라고 한다. 그럼 이제 귀를 열고 말소리를 듣고 적는 훈련을 해 보기로 하자.

3.1　말소리 듣고 적기

음성언어를 문자로 바꾸는 행위를 전사(transcription)라고 한다. 즉 전사란 언어를 듣고 적는 행위를 의미한다. 듣고 적는 방법으로는 크게 두 가지를 생각해 볼 수 있다. 하나는 들리는 대로 적는 방법이고, 다른 하나는 철자법에 맞춰 적는 방법이다. 들리는 대로 적는 것을 음성전사(phonetic transcription)라고 하고, 철자법에 맞춰 적는 것을 철자법전사(orthographic transcription)라고 한다.

예를 들어 철수가 "우산이 정말 멋있어요."라는 발화를 했다고 가정해 보자. 이 말을 철자법에 맞춰 적어 보면, "우산이 정말 멋있어요."가 될 것이다. 하지만 이 말을 들리는 대로 적어 보면, [우사니 정말 머시써요]가 될 것이다. 현재 우리 철자법은 형태소[1]를 밝혀 적는 것을 원칙으로 하고 있기 때문에 소리 나는 대로 적는 것이 아니라 의미 단위(형태소)를 밝혀 적는다. 따라서 우리는 의미 단위를 밝혀 적는 방법에 너무 익숙해져 있기 때문에 소리를 들리는 대로 적는 데는 훈련이 필요하다. 여러분이 얼마나 소리를 들리는 대로 적는 데 어려움을 느끼는가는 듣고 적기를 잠깐만 해 봐도 아주 쉽게 확인할 수 있다. 예를 들어 앞서 예로 들었던 발화가 여러분의 귀에는 분명히 [우사니], [머시써요]로 들리는데, 여러분의 손은 자기도 모르게 [우산이], [멋있어요]와 같이 적으려 한다. 철자법에 너무 익숙해서 자동적으로 철자법에 맞춰 적어 버리는 것이다.

물론 말소리를 귀로 듣는 훈련을 열심히 수행하게 되면 소리가 들리는 대로 적는

1　의미를 가진 가장 작은 문법 단위를 말한다.

데 익숙해질 수 있다. 그런데 소리를 열심히 듣고 적다 보면 이번에는 다른 문제에 봉착하게 된다. 귀 기울여 아주 자세히 들어보니 [머시써요]의 [ㅅ]는 [우사니]의 [ㅅ]와 똑같은 소리가 아니라는 것이 들리기 시작한 것이다. 이제 우리는 이런 두 소리의 차이를 적어 주어야 하나 말아야 하나를 고민하게 될 것이다. 그리고 만약에 이 두 소리의 차이를 적어 주어야 한다면 어떻게 적어야 하는지를 고민하게 될 것이다. 그리고 어느 정도 자세히 소리들의 차이를 적어 주어야 하는지도 고민스러운 문제가 되어 버릴 것이다. 결국, 음성전사를 위해서 뭔가 새로운 기호체계가 필요하며, 얼마나 자세히, 즉 어느 정도의 깊이를 가지고 그러한 음성적 차이를 적어야 할 것인가에 대한 기준이 필요함을 절감하게 된다.

말소리를 듣고 적기 위해 고안된 기호가 바로 IPA 기호이다. 이 기호는 **국제음성협회**(International Phonetic Association, IPA)에서 제안한 것으로 국제 표준이다. 따라서 말소리를 들리는 대로 전사하고자 하는 사람들이나, 다른 사람들이 전사한 자료를 읽고자 하는 사람이라면 이 기호에 친숙해져야만 한다. IPA 기호는 라틴 문자를 바탕으로 하고 있는데, 일부 필요에 따라서 그리스 문자 등이 사용되기도 한다. 또한 새로운 말소리가 발견되어 이를 적기 위한 기호가 필요한 경우에는 새로운 기호를 정하여 알리기도 한다.

음성전사는 전사의 깊이에 따라서 크게 **간략전사**(broad transcription)와 **정밀전사**(narrow transcription)로 나눌 수 있다. 간략전사에서는 소리의 섬세한 차이를 밝혀 적지 않고 음운 수준의 전사를 수행한다. 반면에 정밀전사에서는 음운 수준을 넘어 소리의 섬세한 차이를 밝혀 적는 수준의 전사를 수행한다. 물론 정밀전사의 경우 얼마나 섬세한 차이를 상세히 구분하여 적을 것인가, 즉 전사의 깊이를 어느 정도로 할 것인가를 결정하는 문제는 전적으로 전사를 수행하는 사람에 달려 있다. 단, 한 전사 자료 내에서 전사자가 전사의 깊이를 결정했다면 그 자료 안에서는 일관성 있게 그 전사 수준을 맞춰야 한다.

3.2 국제음성기호

국제음성협회(IPA)에서 말소리를 적을 수 있도록 고안된 것이 바로 **국제음성기호**

(International Phonetic Alphabet, 역시 줄여서 IPA라고 한다)이다. 국제음성기호, 즉 IPA 기호는 국제음성협회에서 일종의 표준 전사 기호로 제안한 것이다. IPA 기호가 제안되기 전에는 음성학자마다 서로 다른 전사체계를 설정하고 이를 기준으로 음성을 전사했었다. 하지만 이렇게 전사된 자료는 서로의 전사체계를 이해하지 못하는 한 자료로서의 유용성을 얻기 어려웠다. 국제음성협회는 원활한 학문적 소통을 위하여 학자마다 서로 다른 전사체계를 통일하는 작업을 시작하였고, 그 결과 IPA 기호를 국제적 표준으로 제시하게 된 것이다. 따라서 음성전사를 하기 위해서는 IPA 기호를 정확하게 이해하는 것이 필요하다.

[그림 3-1]에 보인 IPA 기호는 IPA 홈페이지(www.internationalphoneticassociation. org)에 접속하면 누구든지 내려받을 수 있다. 이 표의 맨 위에도 적혀 있듯이 이 표는 2005년에 최종적으로 개정된 것이다. 물론, 앞에서도 언급했듯이 새로운 말소리를 적기 위한 기호가 필요하다고 판단되거나, 현재의 체계에 문제점이 있다고 판단된다면 이 표는 개정이 가능하다.

표를 통해 알 수 있듯이 IPA 기호는 기본적으로 라틴 문자를 기초로 하고 있다. 물론, 라틴 문자 외에 일부 그리스 문자나 특수한 기호들이 사용되기도 한다. 또한 라틴 문자를 여러 가지 방법으로 변형시켜 사용하기도 한다. 기본적으로 IPA 기호는 1 음성 1 기호를 원칙으로 하고 있다. 따라서 서로 다른 소리는 서로 다른 기호를 사용하여 적고, 서로 같은 소리는 같은 기호를 사용하여 적는 것이 원칙이다.

[그림 3-2]에서 보듯이 IPA 표는 모두 7개의 하위 표로 구성되어 있다. 이 6개의 표는 자음을 위한 표 3개[그림 3-2의 (1), (2), (3)], 모음을 위한 표 1개[그림 3-2의 (5)], 초분절적 요소를 위한 표 1개[그림 3-2의 (6)], 그리고 자음과 모음의 기호에 부가적으로 사용하여 해당 기호가 의미하는 소리와 특정한 음성적 차이가 존재함을 나타내주는 구별기호를 위한 표 1개[그림 3-2의 (4)]로 구성되어 있다.

그럼 이제 각각의 표를 조금 더 구체적으로 이해해 보기로 하자.

[그림 3-3]은 [그림 3-2]에 (1)로 표시된 자음표가 어떤 의미를 가지고 있는지를 요약하여 보인 것이다. IPA 기호표의 제일 위쪽에 가장 크게 위치한 이 표는 폐에 의한 발동으로 산출되는 자음을 적는 기호를 보이고 있다. 이 표에는 자음의 조음에서 중요한 세 가지 변수가 체계적으로 표시되어 있는데, 그림에도 요약되어 있듯이 조음방법은 각 줄로, 조음위치는 각 칸으로, 발성유형은 칸에서의 위치(오른쪽과 왼쪽)로 표

THE INTERNATIONAL PHONETIC ALPHABET (revised to 2005)

CONSONANTS (PULMONIC)

© 2005 IPA

	Bilabial	Labiodental	Dental	Alveolar	Postalveolar	Retroflex	Palatal	Velar	Uvular	Pharyngeal	Glottal
Plosive	p b			t d		ʈ ɖ	c ɟ	k g	q ɢ		ʔ
Nasal	m	ɱ		n		ɳ	ɲ	ŋ	N		
Trill	ʙ			r					R		
Tap or Flap		ⱱ		ɾ		ɽ					
Fricative	ɸ β	f v	θ ð	s z	ʃ ʒ	ʂ ʐ	ç ʝ	x ɣ	χ ʁ	ħ ʕ	h ɦ
Lateral fricative				ɬ ɮ							
Approximant		ʋ		ɹ		ɻ	j	ɰ			
Lateral approximant				l		ɭ	ʎ	ʟ			

Where symbols appear in pairs, the one to the right represents a voiced consonant. Shaded areas denote articulations judged impossible.

CONSONANTS (NON-PULMONIC)

Clicks		Voiced implosives		Ejectives	
ʘ	Bilabial	ɓ	Bilabial	ʼ	Examples:
ǀ	Dental	ɗ	Dental/alveolar	pʼ	Bilabial
ǃ	(Post)alveolar	ʄ	Palatal	tʼ	Dental/alveolar
ǂ	Palatoalveolar	ɠ	Velar	kʼ	Velar
ǁ	Alveolar lateral	ʛ	Uvular	sʼ	Alveolar fricative

OTHER SYMBOLS

ʍ Voiceless labial-velar fricative
w Voiced labial-velar approximant
ɥ Voiced labial-palatal approximant
ʜ Voiceless epiglottal fricative
ʢ Voiced epiglottal fricative
ʡ Epiglottal plosive

ɕ ʑ Alveolo-palatal fricatives
ɺ Voiced alveolar lateral flap
ɧ Simultaneous ʃ and x

Affricates and double articulations can be represented by two symbols joined by a tie bar if necessary.   k͡p t͡s

VOWELS

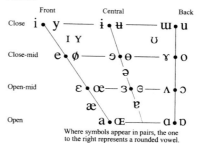

Where symbols appear in pairs, the one to the right represents a rounded vowel.

SUPRASEGMENTALS

ˈ Primary stress
ˌ Secondary stress   ˌfoʊnəˈtɪʃən
ː Long   eː
ˑ Half-long   eˑ
˘ Extra-short   ĕ
| Minor (foot) group
‖ Major (intonation) group
. Syllable break   ɹi.ækt
‿ Linking (absence of a break)

DIACRITICS

Diacritics may be placed above a symbol with a descender, e.g. ŋ̊

̥	Voiceless	n̥ d̥	̤	Breathy voiced	b̤ a̤	̪ Dental t̪ d̪
̬	Voiced	s̬ t̬	̰	Creaky voiced	b̰ a̰	̺ Apical t̺ d̺
ʰ	Aspirated	tʰ dʰ	̼	Linguolabial	t̼ d̼	̻ Laminal t̻ d̻
̹	More rounded	ɔ̹	ʷ	Labialized	tʷ dʷ	̃ Nasalized ẽ
̜	Less rounded	ɔ̜	ʲ	Palatalized	tʲ dʲ	ⁿ Nasal release dⁿ
̟	Advanced	u̟	ˠ	Velarized	tˠ dˠ	ˡ Lateral release dˡ
̠	Retracted	e̠	ˤ	Pharyngealized	tˤ dˤ	̚ No audible release d̚
̈	Centralized	ë	̴	Velarized or pharyngealized	ɫ	
̽	Mid-centralized	e̽	̝	Raised	e̝	(ɹ̝ = voiced alveolar fricative)
̩	Syllabic	n̩	̞	Lowered	e̞	(β̞ = voiced bilabial approximant)
̯	Non-syllabic	e̯	̘	Advanced Tongue Root	e̘	
˞	Rhoticity	ɚ a˞	̙	Retracted Tongue Root	e̙	

TONES AND WORD ACCENTS

LEVEL		CONTOUR	
e̋ or ˥	Extra high	ě or ˇ	Rising
é ˦	High	ê	Falling
ē ˧	Mid	e᷄	High rising
è ˨	Low	e᷅	Low rising
ȅ ˩	Extra low	e᷈	Rising-falling
↓	Downstep	↗	Global rise
↑	Upstep	↘	Global fall

그림 3-1   IPA 기호표

THE INTERNATIONAL PHONETIC ALPHABET (revised to 2005)

© 2005 IPA

CONSONANTS (PULMONIC)

(1)

	Bilabial	Labiodental	Dental	Alveolar	Postalveolar	Retroflex	Palatal	Velar	Uvular	Pharyngeal	Glottal
Plosive	p b			t d		ʈ ɖ	c ɟ	k ɡ	q ɢ		ʔ
Nasal	m	ɱ		n		ɳ	ɲ	ŋ	N		
Trill	ʙ			r					ʀ		
Tap or Flap		ⱱ		ɾ		ɽ					
Fricative	ɸ β	f v	θ ð	s z	ʃ ʒ	ʂ ʐ	ç ʝ	x ɣ	χ ʁ	ħ ʕ	h ɦ
Lateral fricative				ɬ ɮ							
Approximant		ʋ		ɹ		ɻ	j	ɰ			
Lateral approximant				l		ɭ	ʎ	ʟ			

Where symbols appear in pairs, the one to the right represents a voiced consonant. Shaded areas denote articulations judged impossible.

CONSONANTS (NON-PULMONIC)

(2)

Clicks	Voiced implosives	Ejectives
ʘ Bilabial	ɓ Bilabial	’ Examples:
ǀ Dental	ɗ Dental/alveolar	p’ Bilabial
ǃ (Post)alveolar	ʄ Palatal	t’ Dental/alveolar
ǂ Palatoalveolar	ɠ Velar	k’ Velar
ǁ Alveolar lateral	ʛ Uvular	s’ Alveolar fricative

OTHER SYMBOLS

(3)

ʍ Voiceless labial-velar fricative

w Voiced labial-velar approximant

ɥ Voiced labial-palatal approximant

ʜ Voiceless epiglottal fricative

ʢ Voiced epiglottal fricative

ʡ Epiglottal plosive

ɕ ʑ Alveolo-palatal fricatives

ɺ Voiced alveolar lateral flap

ɧ Simultaneous ʃ and x

Affricates and double articulations can be represented by two symbols joined by a tie bar if necessary.

k͡p t͡s

VOWELS

(5)

	Front	Central	Back
Close	i • y	ɨ • ʉ	ɯ • u
	ɪ ʏ		ʊ
Close-mid	e • ø	ɘ • ɵ	ɤ • o
		ə	
Open-mid	ɛ • œ	ɜ • ɞ	ʌ • ɔ
	æ	ɐ	
Open	a • ɶ		ɑ • ɒ

Where symbols appear in pairs, the one to the right represents a rounded vowel.

SUPRASEGMENTALS

(6)

ˈ	Primary stress
ˌ	Secondary stress ˌfoʊnəˈtɪʃən
ː	Long eː
ˑ	Half-long eˑ
̆	Extra-short ĕ
ǀ	Minor (foot) group
‖	Major (intonation) group
.	Syllable break ɹi.ækt
‿	Linking (absence of a break)

TONES AND WORD ACCENTS

LEVEL		CONTOUR	
e̋ or ˥	Extra high	ě or ˇ	Rising
é ˦	High	ê ˆ	Falling
ē ˧	Mid	e᷄ ˀ	High rising
è ˨	Low	e᷅	Low rising
ȅ ˩	Extra low	e᷈	Rising-falling
↓	Downstep	↗	Global rise
↑	Upstep	↘	Global fall

DIACRITICS

Diacritics may be placed above a symbol with a descender, e.g. ŋ̊

(4)

̥	Voiceless	n̥ d̥		̤	Breathy voiced	b̤ a̤		̪	Dental	t̪ d̪
̬	Voiced	s̬ t̬		̰	Creaky voiced	b̰ a̰		̺	Apical	t̺ d̺
ʰ	Aspirated	tʰ dʰ		̼	Linguolabial	t̼ d̼		̻	Laminal	t̻ d̻
̹	More rounded	ɔ̹		ʷ	Labialized	tʷ dʷ		̃	Nasalized	ẽ
̜	Less rounded	ɔ̜		ʲ	Palatalized	tʲ dʲ		ⁿ	Nasal release	dⁿ
̟	Advanced	u̟		ˠ	Velarized	tˠ dˠ		ˡ	Lateral release	dˡ
̠	Retracted	e̠		ˤ	Pharyngealized	tˤ dˤ		̚	No audible release	d̚
̈	Centralized	ë		̴	Velarized or pharyngealized	ɫ				
̽	Mid-centralized	e̽		̝	Raised	e̝	(ɹ̝ = voiced alveolar fricative)			
̩	Syllabic	n̩		̞	Lowered	e̞	(β̞ = voiced bilabial approximant)			
̯	Non-syllabic	e̯		̘	Advanced Tongue Root	e̘				
˞	Rhoticity	ɚ a˞		̙	Retracted Tongue Root	e̙				

그림 3-2 IPA 기호표의 구성

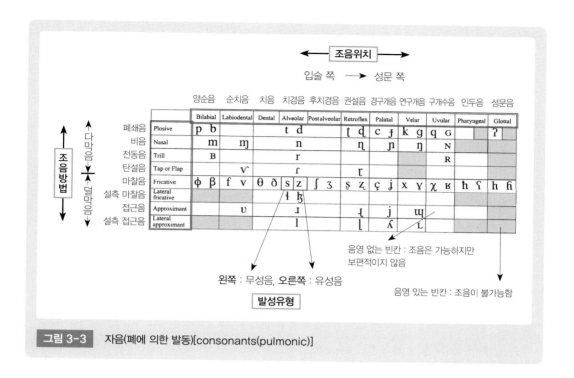

그림 3-3 자음(폐에 의한 발동)[consonants(pulmonic)]

시되어 있다.

조음방법을 표시하는 각 줄은 위에서 아래로 갈수록 기본적으로 구강 통로의 크기가 커지는 방향으로 배열되어 있다. 첫 네 줄은 구강 통로가 완전히 막히는 다막음 소리들이 배열되어 있고, 다음 네 줄은 구강 통로가 완전히 막히지 않는 덜막음 소리들이 배열되어 있다. 이러한 배열 원리를 따라서 위로부터 폐쇄음(plosive), 비음(nasal), 전동음(trill), 탄설음(tap or flap), 마찰음(fricative), 설측 마찰음(lateral fricative), 접근음(approximant), 설측 접근음(lateral approximant)이 배열되어 있다.

조음위치를 표시하는 각 칸은 조음위치가 입술 쪽에 가까울수록 왼쪽에, 성문 쪽에 가까울수록 오른쪽에 배열되는 것을 원칙으로 하고 있다. 따라서 양순음(bilabial)은 표의 가장 왼쪽 끝에, 성문음(glottal)은 표의 가장 오른쪽 끝에 위치해 있다. 두 입술과 성문 사이에서 조음되는 나머지 소리들은 양순음과 성문음 사이에 순서대로 순치음(labiodental), 치음(dental), 치경음(alveolar), 후치경음(postalveolar), 권설음(retroflex), 경구개음(palatal), 연구개음(velar), 구개수음(uvular), 인두음(pharyngeal)과 같이 배열되어 있다.

마지막으로 발성유형은 각 칸 안에서의 위치에 의해 표시된다. 즉 칸의 왼쪽은 무성음을, 칸의 오른쪽은 유성음을 의미한다. 따라서 기본적으로 표의 한 칸은 두 개의 소리가 배열되는 것을 원칙으로 한다. 하지만 표를 잘 살펴보면, 모든 칸의 왼쪽과 오른쪽이 모두 기호로 채워져 있는 것은 아니라는 사실을 알 수 있다. 예를 들어 비음의 경우는 체계적으로 오른쪽에만 기호가 있다. 또한 경우에 따라서는 칸의 왼쪽과 오른쪽이 모두 비어 있는 경우도 있다.

표에서 관찰되는 빈칸은 [그림 3-4]에서 보듯이 크게 음영 표시가 된 것과 그렇지 않은 것의 두 종류가 있다. 음영 표시가 있는 빈칸은 해당 조음위치에서 해당 조음방법과 해당 발성유형으로 조음되는 것이 불가능하기 때문에 기호가 제공되지 않았음을 의미한다. 반면에 음영 표시가 없는 빈칸은 해당 조음위치에서 해당 조음방법과 해당 발성유형으로 조음되는 것이 불가능한 것은 아니지만, 보편적이지 않아서 별도의 기호가 제공되지 않았음을 의미한다.

비음의 경우를 예로 들어 빈칸에 대한 설명을 좀 더 해 보자. 이를 위하여 [그림 3-4] 비음 줄에서 관찰되는 모든 빈칸에 번호를 붙여 보았다. 그림에서 보듯이 비음 줄에서 관찰되는 빈칸은 모두 11개로, 이중 음영 표시가 없는 빈칸은 7개이며(①~⑦),

양쪽이 모두 빈칸인 경우와 한쪽만 빈칸인 경우

CONSONANTS(PULMONIC)   © 2005 IPA

	Bilabial	Labiodental	Dental	Alveolar	Postalveolar	Retroflex	Palatal	Velar	Uvular	Pharyngeal	Glottal
Plosive	p b			t d		ʈ ɖ	c ɟ	k ɡ	q ɢ		ʔ
Nasal	① m	② ɱ	③	n	④ ɳ	⑤ ɲ	⑥ ŋ	⑦ N	⑧ ⑨	⑩ ⑪
Trill	B			r					R		
Tap or Flap		ⱱ		ɾ		ɽ					
Fricative	ɸ β	f v	θ ð	s z	ʃ ʒ	ʂ ʐ	ç ʝ	x ɣ	χ ʁ	ħ ʕ	h ɦ
Lateral fricative				ɬ ɮ							
Approximant		ʋ		ɹ		ɻ	j	ɰ			
Lateral approximant				l		ɭ	ʎ	ʟ			

음영 표시가 없는 빈칸과 있는 빈칸

그림 3-4 자음(폐에 의한 발동)표의 빈칸

음영으로 표시된 빈칸은 4개다(⑧~⑪). 음영으로 표시된 4개의 빈칸에 해당하는 4개의 소리는 각각 '인두 무성 비음', '인두 유성 비음', '성문 무성 비음', '성문 유성 비음'인데, 이 소리들은 조음이 불가능한 소리이다. 반면에 음영이 없는 빈칸에 해당하는 7개의 소리는 '양순 무성 비음', '순치 무성 비음', '치경 무성 비음', '권설 무성 비음', '경구개 무성 비음', '연구개 무성 비음', '구개수 무성 비음'이며, 이 소리들은 조음이 가능하지만 보편적이지 않은 것이다. 이 7개의 소리들을 나타내는 기호가 제공되지 않은 이유는, 이 소리들이 조음이 가능하기는 하지만 보편적이지 않아 별도의 기호를 제공하는 것이 불필요하다고 판단되었기 때문이다.

그렇다면 조음이 가능한 ①~⑦에 해당하는 소리는 어떻게 표기해야 할까? ①~⑦에 해당하는 소리가 모두 표에 제공된 비음 기호가 의미하는 소리와 발성유형만 무성음으로 다르기 때문에 제공된 비음 기호에 [그림 3-2]의 (6)으로 표시된 구별기호 중무성음을 나타내는 구별기호 'o'를[2] 덧붙이는 방법으로 표시하면 된다. 예를 들어 '양순 무성 비음'을 표시해야 하는 경우가 생기면, 제공된 '양순 유성 비음'을 나타내는 기호인 'm'에 무성음을 나타내는 구별기호 'o'를 덧붙여서 'm̥'과 같이 표시하면 된다.

[그림 3-5]는 [그림 3-2]에 (2)로 표시된 표가 어떤 의미를 가지고 있는지를 요약하

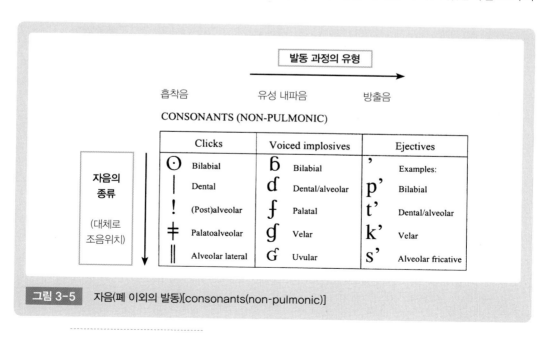

발동 과정의 유형 ⟶

| 흡착음 | 유성 내파음 | 방출음 |

CONSONANTS (NON-PULMONIC)

자음의 종류 (대체로 조음위치)	Clicks		Voiced implosives		Ejectives	
	⊙	Bilabial	ɓ	Bilabial	'	Examples:
	|	Dental	ɗ	Dental/alveolar	p'	Bilabial
	!	(Post)alveolar	ʄ	Palatal	t'	Dental/alveolar
	ǂ	Palatoalveolar	ɠ	Velar	k'	Velar
	ǁ	Alveolar lateral	ʛ	Uvular	s'	Alveolar fricative

그림 3-5   자음(폐 이외의 발동)[consonants(non-pulmonic)]

---

2   [그림 3-9]에 보인 표의 첫 번째 칸에 제공된 구별기호가 이에 해당된다.

여 보인 것이다. 그림에 보인 기호들은 모두 부아 날숨 이외의 발동 과정을 통해 만들어지는 소리들을 위한 것으로 왼쪽부터 흡착음(연구개 들숨소리, click), 내파음(성문 들숨소리, implosive), 방출음(성문 날숨소리, ejective)과 관련된 기호들이 제시되어 있다.

흡착음의 경우는 그렇지 않지만, 내파음과 방출음의 경우는 이 소리들을 나타내는 기호가 [그림 3-3]에 보인 자음표의 기호를 바탕으로 하고 있다. 내파음은 기본적으로 해당 조음위치의 폐쇄음 기호를 기본으로 그 기호의 상단에 오른쪽으로 휘어진 갈고리 모양을 덧붙여 표시하고, 방출음은 해당 폐쇄음의 오른쪽 상단에 아포스트로피(apostrophe)를 붙여서 표시한다.

흡착음 항목의 마지막 소리와 방출음 항목의 마지막 소리를 제외하면 동일 발동 과정으로 조음되는 서로 다른 조음위치를 가진 소리들이 세로축에 제시되어 있다. 각 발동 과정 유형 안에서 세로축의 상단에 위치할수록 입술 쪽에서 조음되는 소리이고, 하단에 위치할수록 성문 쪽에서 조음되는 소리이다. 물론, 앞에서도 말했듯이 흡착음 항목의 마지막 줄과 방출음 항목의 마지막 줄은 예외적으로 조음방법이 다른 경우이다.

[그림 3-6]은 [그림 3-2]에 (5)로 표시된 표가 어떤 의미를 가지고 있는지를 요약하여 보인 것이다. 그림에도 보였듯이 모음표에는 모음의 조음에 관여하는 중요한 세 가지 변수가 체계적으로 표시되어 있다. 표의 가로축은 혀의 전후를, 세로축은 혀의 고저를 의미한다. 또한, 입술의 돌출 여부는 한 점의 왼쪽과 오른쪽 위치로 표시하는데, 점의 왼쪽에 보인 기호는 비원순 모음을, 점의 오른쪽에 보인 기호는 원순 모음을 의미한다.

다음 [그림 3-7]은 [그림 3-2]에 (3)으로 표시된 부분이다. 이 여타기호표에는 여러 가지 이유로 [그림 3-3]에 보였던 자음표에 실리지 못한 기타 자음들을 표기하기 위한 기호들이 담겨 있다. [그림 3-7]에 요약되어 있듯이, (1)과 (4)에 제시된 기호들은 해당 소리의 조음위치나 조음방법이 둘 이상이기 때문에 자음표 안에 넣기가 어려운 자음들을 위한 것이다.

이와는 달리 [그림 3-7]의 (2)와 (3)에 제시된 기호가 나타내는 소리들은 [그림 3-3]의 자음표에 들어가는 데 전혀 문제가 없다. 하지만 이 소리들을 자음표에 넣으려면 불과 6개의 소리를 위해 2개의 조음위치 칸[후두덮개(epiglottal)와 치경경구개(alveolo-palatal)]을 추가해야 하고, 하나의 조음방법 줄(설측 탄설음, lateral flap)을 추가해야 한다. 결국 언어 보편적으로 매우 드물게 관찰되는 몇 개의 소리 때문에 자음표가

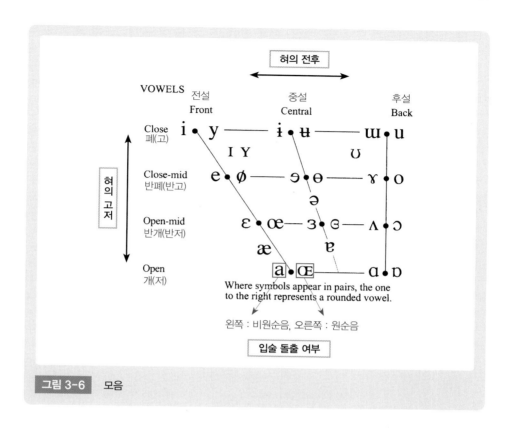

그림 3-6 모음

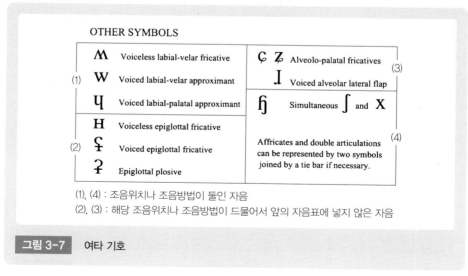

(1), (4) : 조음위치나 조음방법이 둘인 자음
(2), (3) : 해당 조음위치나 조음방법이 드물어서 앞의 자음표에 넣지 않은 자음

그림 3-7 여타 기호

너무 복잡해지는 것을 막기 위해서 이 소리들을 여타 기호표에 따로 제시하게 된 것이다.

다음 [그림 3-8]은 [그림 3-2]에 (6)으로 표시된 부분이다. [그림 3-8]에 요약되어 있듯이, (1)은 초분절음을, (2)는 성조와 단어 악센트를 표시하는 방법을 보이고 있다.

[그림 3-9]는 [그림 3-2]에 (4)로 표시된 부분으로 여러 가지 구별기호들(diacritics)을 제시하고 있다. 이 표에 나타난 구별기호들을 이전의 표에 제시되었던 자음과 모음의 기호에 덧붙임으로써 해당 자음과 모음의 기호가 의미하는 바와 약간 다른 소리의 특징들을 표시한다. 음성전사에서 많이 사용되는 구별기호들은 [그림 3-9]에 음영으로 표시해 두었다.

그럼 이제 구별기호를 사용하게 되는 상황과 그 사용 방법에 대해 알아보자. 사실, 앞서 자음표의 빈칸을 설명하는 과정에서 구별기호를 사용하는 방법을 언급한 바 있다. 비음은 자연스러운 상태에서 유성음으로 나는 것이 일반적이므로[3] 잘 쓰이지도 않을 무성 비음을 위한 기호를 따로 두는 것은 바람직하지 않다. 무성 비음을 나타내는

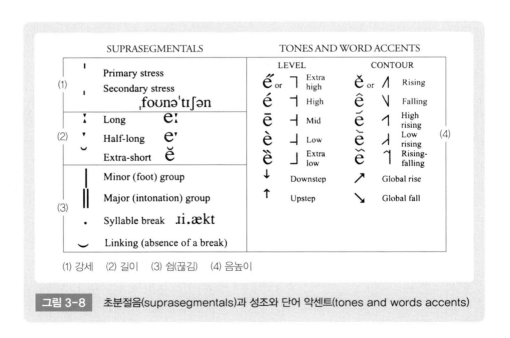

(1) 강세 (2) 길이 (3) 쉼(끊김) (4) 음높이

그림 3-8 초분절음(suprasegmentals)과 성조와 단어 악센트(tones and words accents)

---

3 비음은 조음적으로 유성음을 내는 것이 유리한 성도강 모양을 가지고 있기 때문에 유성음으로 나는 것이 자연스럽고 일반적이다. 따라서 무성 비음은 언어 보편적으로 드물게 관찰되는 소리라고 할 수 있다.

DIACRITICS   Diacritics may be placed above a symbol with a descender, e.g. ŋ̊

̥	Voiceless	n̥ d̥	̤	Breathy voiced	b̤ a̤	̪	Dental	t̪ d̪
̬	Voiced	s̬ t̬	̰	Creaky voiced	b̰ a̰	̺	Apical	t̺ d̺
ʰ	Aspirated	tʰ dʰ	̼	Linguolabial	t̼ d̼	̻	Laminal	t̻ d̻
̹	More rounded	ɔ̹	ʷ	Labialized	tʷ dʷ	̃	Nasalized	ẽ
̜	Less rounded	ɔ̜	ʲ	Palatalized	tʲ dʲ	ⁿ	Nasal release	dⁿ
̟	Advanced	u̟	ˠ	Velarized	tˠ dˠ	ˡ	Lateral release	dˡ
̠	Retracted	e̠	ˤ	Pharyngealized	tˤ dˤ	̚	No audible release	d̚
̈	Centralized	ë	̴	Velarized or pharyngealized	ɫ			
̽	Mid-centralized	e̽	̝	Raised	e̝	(ɹ̝ = voiced alveolar fricative)		
̩	Syllabic	n̩	̞	Lowered	e̞	(β̞ = voiced bilabial approximant)		
̯	Non-syllabic	e̯	̘	Advanced Tongue Root	e̘			
˞	Rhoticity	ɚ a˞	̙	Retracted Tongue Root	e̙			

음성전사 시 자주 사용되는 기호를 음영으로 표시함(음영 표시 필자)

그림 3-9 구별기호

기호는 유성 비음을 나타내는 기호를 기초로 해서 구별기호를 덧붙여 만들어 낼 수 있기 때문이다. 이 소리와 모든 특성이 같지만 성대의 진동만 동반되지 않는다는 의미에서 유성 비음을 나타내는 기호 'm'에 무성음을 나타내는 구별기호 'o'[4]를 덧붙여서 'm̥'와 같이 표시하는 것이다.

또 다른 예를 생각해 보자. 여러분이 [압]이라고 발음할 때 내는 [ㅂ]는 [바]라고 발음할 때 내는 [ㅂ]와 큰 차이가 있다. [압]의 [ㅂ]를 발음할 때 여러분의 두 입술은 그 소리가 시작할 때부터 끝날 때까지 딱 다물어진 상태로 그대로 있다. 반면에 [바]의 [ㅂ]를 발음할 때 여러분의 입술은 다물었다가 떼는 동작을 하게 된다. 엄밀히 말하면 두 소리는 같다고 할 수가 없다. 그렇다면 이 두 소리의 차이를 어떻게 적어야 할까? 구별기호표의 맨 오른쪽 칸 위에서 일곱 번째 줄에 보면 'no audible release', 즉 '개방의 국면이 없음'을 표시하기 위한 기호가 제공되어 있다. 해당 자음 기호의 오른쪽 위

---

4 [그림 3-9]의 맨 왼쪽 첫 번째 칸에 제시된 기호.

에 위첨자로 ㄱ자 모양의 기호를 첨가하여 적는 것이다. 결국 [바]의 [ㅂ]를 [p]와 같이, [압]의 [ㅂ]는 [pꜞ]와 같이 적으면 된다.

3.3   장애 음성을 위한 추가 IPA 기호

이 책을 읽고 있는 많은 분들이 주로 관심을 가지고 있는 것은 장애 음성이다. 그런데 장애 음성을 전사하려다 보니 앞에서 제시된 기호들만으로는 불충분한 경우가 발견된다. 예를 들어서 어떤 사람이 턱의 부정교합으로 인해서 아래턱이 위턱보다 많이 나와 있다고 가정해 보자. 이런 경우 화자는 위턱이 아래턱보다 나와 있는 일반적인 사람들과는 달리 [f]라는 소리를 내기가 어렵다. [f]는 아랫입술과 윗니 사이를 좁혀서 통로를 만들어 내는 소리이기 때문이다. 그래서 해당 화자가 목표음과는 반대로 아랫니와 윗입술 사이를 좁혀서 통로를 만들어 마찰음을 냄으로써 목표음을 왜곡하여 냈다고 생각해 보자.

이런 경우 이 소리를 어떻게 적어 주어야 할까? 이 경우 내가 적고자 하는 소리는 자음이고, 자음 중에서도 조음위치가 치순음[5](dentolabial)이고, 발성유형은 무성음이며, 조음방법은 마찰음이다. 따라서 내가 적고자 하는 소리의 이름은 '치순 무성 마찰음'이다. 그런데 앞에서 살펴본 자음표나 여타기호표에는 치순음을 위한 기호를 찾을 수 없다. 물론 그 이외의 표 어디에도 이 소리를 적을 수 있는 기호가 없다. 그 이유는 일반적으로 인간은 아래턱이 위턱보다 뒤로 들어가 있어서 순치음을 내기에는 편리한 구조를 가졌지만, 반대로 치순음을 내는 데는 매우 불리한 구조를 가졌고, 그 결과 어떤 언어의 말소리에도 치순음은 찾을 수가 없어서 그 기호가 불필요하기 때문이다.

장애 음성에서는 발견되지만, 일반적인 말소리에서는 발견되지 않는 이러한 소리들을 위한 기호가 바로 [그림 3-10]에 보인 장애 음성을 위한 추가 IPA 기호(ExtIPA Symbols for Disordered Speech)이다. 표의 배열 방법은 앞에서 살펴본 IPA 기호표와 같기 때문에 지금 우리가 찾고자 하는 '치순 무성 마찰음'을 위한 기호인 'f̪'를 표에서 찾는 것은 그리 어렵지 않을 것이다. '장애 음성을 위한 추가 IPA 기호'는 앞에서 살펴본 방법을 기초로 하면 된다.

---

5   아랫니와 윗입술이 조음기관으로 기능하기 때문에 이와 같이 명명된다.

ExtIPA SYMBOLS FOR DISORDERED SPEECH
(Revised to 1997)

CONSONANTS (other than those on the IPA Chart)

	bilabial	labiodental	dentolabial	labioalv.	linguolabial	interdental	bidental	alveolar	velar	velophar.
Plosive	p̪ b̪	p̪ ɓ	p̺ b̺	t̼ d̼	t̪ d̪					
Nasal		m̪	m̺	n̼	n̪					
Trill				r̼	r̪					
Fricative: central	f̪ v̪	f̺ v̺	θ̼ ð̼	θ̪ ð̪	ɧ ɧ̪					fŋ
Fricative: lateral+ central								ʪ ʫ		
Fricative: nareal	ṁ̪							ṅ̪	ŋ̇	
Percussive	w̪					ʭ				
Approximant: lateral				l̼	l̪					

DIACRITICS

↔	labial spreading	ꞔ̞		strong articulation	f	
ꭓ	dentolabial	v̪	ˌ	weak articulation	v̞	
ꞈ	interdental/bidental	n̪	\	reiterated articulation	p\p\p	
=	alveolar	t̪	ꜛ	whistled articulation	s̺	
ꞈ	linguolabial	d̼	→	sliding articulation	θs̺	

~	denasal	m̃
÷	nasal escape	v̇
͂	velopharyngeal friction	s̿
↓	ingressive airflow	p↓
↑	egressive airflow	ꜛ↑

CONNECTED SPEECH

(.)	short pause
(..)	medium pause
(...)	long pause
f	loud speech [{*f* lɑʊd *f*}]
ff	louder speech [{*ff* lɑʊdɚ *ff*}]
p	quiet speech [{*p* kwaɪət *p*}]
pp	quieter speech [{*pp* kwaɪətə *pp*}]
allegro	fast speech [{*allegro* fɑːst *allegro*}]
lento	slow speech [{*lento* sloʊ *lento*}]
crescendo, ralentando, etc. may also be used

VOICING

ˌ	pre-voicing	ˌz
ˌ	post-voicing	zˌ
(ˌ)	partial devoicing	(z̬)
(ˌ	initial partial devoicing	(z̬
ˌ)	final partial devoicing	z̬)
(ˌ)	partial voicing	(s̬)
(ˌ	initial partial voicing	(s̬
ˌ)	final partial voicing	s̬)
=	unaspirated	p=
ʰ	pre-aspiration	ʰp

OTHERS

(Ⓒ)	indeterminate sound	(( ))	extraneous noise ((2 sylls))
(V̲), (P̲l)	indeterminate vowel, plosive, etc.	ꜝ	sublaminal lower alveolar percussive click
(P̲l.v̲l̲s̲)	indeterminate voiceless plosive, etc.	ǃꜝ	alveolar & sublaminal click ('cluck-click')
( )	silent articulation (ʃ), (m)	*	sound with no available symbol

© 1997 ICPLA   Reproduced by permission of the International Clinical Phonetics & Linguistics Association.

그림 3-10   장애 음성을 위한 추가 IPA 기호

제 4 장

한국어를
구성하는 소리들

4.1 한국어의 모음

4.2 한국어의 자음

4.3 한국어의 음운 자질

4.4 한국어의 음절 구조

4.5 한국어의 음운변동

4.6 한국어 말소리의 사용빈도

지금까지 우리는 말소리를 이해하기 위한 기초적인 지식을 습득했다. 이 장에서는 앞에서 습득한 기초 지식을 바탕으로 한국어를 구성하고 있는 말소리에 대해 좀 더 구체적으로 알아보고자 한다. 한국어를 구성하고 있는 소리에는 어떤 것이 있는가, 그 소리들은 어떤 특징을 가지고 있는가, 한국어에는 어떠한 음운변동 규칙이 존재하는가, 한국어를 구성하는 말소리의 사용빈도는 어떠한 특징을 가지고 있는가 등을 중점적으로 살펴볼 것이다. 그럼 우선 한국어를 구성하고 있는 말소리에는 어떤 것이 있는지 모음부터 알아보기로 하자.

4.1   한국어의 모음

앞에서도 언급했듯이 말소리는 조음과정에 따라서 크게 자음과 모음으로 나눌 수 있다. 그중에서 모음은 기류가 구강의 중앙 통로에서 방해를 받지 않고 나는 소리를 의미한다. 모음은 다시 조음 시 조음동작이 몇 번인가에 따라서 **단모음**(monophthong, simple vowel)과 **복모음**(complex vowel)으로 나뉜다. 단모음은 해당 모음의 조음 시 조음동작이 한 번인 반면에 복모음은 해당 모음의 조음 시 조음동작이 두 번 이상이다. 복모음은 조음동작의 수에 따라 **이중모음**(조음동작이 둘인 모음, diphthong)이나 **삼중모음**(조음동작이 셋인 모음, triphthong)과 같이 구별된다.

한국어[1]를 구성하고 있는 단모음에는 어떤 것이 있는가에 대해서 국어학자들은 일치된 견해를 보이지 않고 있다. 학자에 따라서는 한국어의 단모음이 많게는 10개라고 말하기도 하고, 적게는 7개라고 말하기도 한다.

한국어가 10개의 단모음으로 구성되어 있다고 보는 경우에는 /i, e, y, ɛ, ø, ɑ, ɯ, u, ʌ, o/를 모음의 음운으로 인정하는 것이다. 따라서 /ㅟ(y)/와 /ㅚ(ø)/를 단모음으로 인정하는 것으로, /외국/과 /위기/의 발음이 각각 [økuk]과 [yki]로 발음된다고 본다. 현실적인 발음과는 유리된 느낌이 들지만, 실제로 많은 음운론자들이 한국어의 모음체계를 10모음 체계로 잡고 있으며(허웅, 1982; 김무림, 1992; 이병근 외, 1997; 이기문 외, 2000; 강옥미, 2003; 구현옥, 2003; 최명옥, 2004; 김성규 · 정승철, 2005 등),

---

1   이 책에서 말하는 한국어란 표준어를 의미한다.

표준 발음법 또한 기본적으로 한국어의 단모음이 10개라는 입장을 취하고 있다.[2] 표준 발음법이 규정하고 있는 한국어의 단모음 체계는 〈표 4-1〉에 보인 바와 같다.

9개의 단모음 체계를 인정하는 경우도 있는데, 이 경우는 /ᅱ(y)/와 /ᅬ(ø)/ 중에서 /ᅱ(y)/는 단모음으로 인정하지 않고 /ᅬ(ø)/만을 단모음으로 인정한다(오정란, 1993). 이와는 달리 8개의 단모음 체계를 가졌다고 보는 경우도 있는데, 이 경우는 앞서 언급한 두 음운, 즉 /ᅱ(y)/와 /ᅬ(ø)/가 더 이상 한국어에서 단모음으로 존재하지 않는다고 보는 견해이다(배주채, 1996). 7모음 체계를 주장하는 경우에는 /y, ø/가 단모음으로 존재하지 않는 것은 물론, 두 전설 모음 /ᅦ(e)/와 /ᅢ(æ)/가 더 이상 변별되지 않고 하나의 음운로 통합되었다고 보는 것이다(신지영, 2000; 배주채, 2003; 신지영, 2014ㄱ).

실제 표준어 화자들의 발화 자료를 검토한 결과, 단모음 /ᅦ/와 /ᅢ/는 통합되어 하나의 음운으로 존재하며, 단모음 /y, ø/는 존재하지 않는다는 결론을 내렸다(신지영, 2000; 신지영, 2014ㄱ). 음성 자료를 분석한 결과, 표준어 화자인 서울 방언 화자들은 성별이나 연령에 무관하게 단모음 /y, ø/를 발음하지 않으며, /ᅦ/와 /ᅢ/는 철자를 의식하여 부자연스러운 발화를 하지 않는 이상은 거의 하나의 음운으로 통합되어 음성적 차이를 나타내지 않는 것이 일반적이었다. 이러한 관찰은 2002년부터 국립국어원에서 실시한 표준어 실태 조사의 결과에서도 나타났다(최혜원, 2002; 김선철, 2003).[3] 〈표 4-2〉는 대다수의 표준어 화자들의 실제 단모음 체계를 정리한 것이다.

표 4-1 표준 발음법이 규정하고 있는 한국어의 단모음 체계(10개)

구분	전설모음		후설모음	
	평순	원순	원순	평순
고모음	ㅣ i	ㅟ y	ㅜ u	ㅡ ɯ
중모음	ㅔ e	ㅚ ø	ㅗ o	ㅓ ʌ
저모음	ㅐ æ			ㅏ ɑ

---

2 물론 표준 발음법에는 /ᅬ/와 /ᅱ/를 이중모음인 /wɛ/와 /wi/로 발음할 수도 있다고 하여, 단모음이 8개라는 입장도 일부 수용하는 태도를 취하고 있다.

3 /ᅬ/, /ᅦ/, /ᅢ/의 발음에 대해서는 최혜원(2002)을, /ᅱ/의 발음에 대해서는 김선철(2003)을 참조하기 바란다.

| 표 4-2 | 실제 대다수 표준어 화자들의 단모음 체계(7개) |

구분	전설모음		후설모음	
	평순	원순	원순	평순
고모음	ㅣ i	ㅜ u		ㅡ ɯ
중모음	ㅔ/ㅐ ε	ㅗ o		ㅓ ʌ
저모음				ㅏ ɑ

그럼 이번에는 한국어의 이중모음을 알아보자. 이중모음(diphthong)이란 앞서 살펴보았던 단모음과는 달리 2개의 조음동작으로 만들어지는 모음을 말한다. 이중모음은 활음과 단모음으로 구성되어 있다. 여기서 **활음**(glide)이란 모음과 기본적으로 같은 원리로 생성되지만, 조음동작의 변화 속도가 매우 빨리 나타나는 소리를 말한다.

이중모음은 활음과 단모음이 결합된 형태로서 두 조음동작 중 그 동작의 변화 속도가 **빠른** 부분, 즉 활음 부분이 단모음에 선행하는가 후행하는가에 따라 **상향 이중모음**(on-glide)과 **하향 이중모음**(off-glide)으로 나눌 수 있다. 상향 이중모음이란 활음 부분이 단모음 부분에 선행하는 이중모음을 말하며, 하향 이중모음이란 활음 부분이 단모음 부분에 후행하는 이중모음을 말한다. 상향, 하향 대신 상승형, 하강형이라는 용어가 쓰이기도 한다.

① 이중모음의 구조

활음+단모음 : 상향 이중모음(on-glide), 상승형 예) ja, ju
단모음+활음 : 하향 이중모음(off-glide), 하강형 예) aj, uj

그럼 이제부터는 한국어에 존재하는 활음에는 어떤 것이 있으며, 이 활음과 단모음의 결합으로 만들어지는 이중모음은 어떠한 체계를 가지고 있는가를 살펴보기로 하자.

한국어에 존재하는 활음은 세 종류로 /j/, /w/, /ɰ/[4]가 있다. 이 세 활음은 7개의 단모음과 결합하여 10개의 이중모음을 만들어 낸다.[5] 〈표 4-3〉은 한국어 이중모음 체

---

4 연구자에 따라서는 /ㅢ/를 하향 이중모음, 즉 단모음 /ɯ/와 활음 /j/의 결합으로 보는 경우도 있다. 필자가 이 이중모음을 상향 이중모음으로 보고 있는 근거 등에 대한 상세한 논의는 신지영(1999)을 참조하기 바란다.
5 한국어의 단모음이 모두 10개라고 인정하는 경우에는 12개의 이중모음을 설정한다.

구분	i	ε	ɑ	ɯ	u	ʌ	o
j계	*	ㅖ/ㅒ jε	ㅑ jɑ	*	ㅠ ju	ㅕ jʌ	ㅛ jo
w계	ㅟ wi	ㅚ/ㅞ/ㅙ we	ㅘ wɑ	*	*	ㅝ wʌ	*
ɯ계	ㅢ ɯi	*	*	*	*	*	*

표 4-3 한국어의 이중모음(10개)

계를 정리해 본 것이다.

〈표 4-3〉에 별표로 표시된 칸은 한국어 이중모음 체계의 빈칸을 의미한다. 달리 말해서 해당 활음과 단모음의 결합으로 만들어지는 이중모음이 한국어의 이중모음 체계에 존재하지 않는다.

4.2 한국어의 자음

한국어의 모음에 이어 이번에는 한국어에 사용되는 자음을 살펴보기로 하자. 모음의 경우와는 달리 자음의 목록에 대해서는 학자 사이의 견해차가 거의 없다. 모두 19개의 자음이 한국어에 사용되고 있다는 데 대해 거의 이견이 없다. 또한, 자음의 목록은 방언적인 차이를 크게 보이지 않는다.

한국어에 존재하는 19개의 자음을 조음위치와 조음방법에 의하여 분류한 후 이를 표로 만들어 보면 〈표 4-4〉와 같다. 이 표에서 보듯이 한국어의 자음은 조음위치별로는 양순음, 치경음, 치경경구개음, 연구개음, 성문음의 다섯 가지 조음위치에서 만들어지며, 조음방법별로는 폐쇄음, 마찰음, 파찰음, 비음, 설측음의 다섯 가지 조음방법에 의해 만들어진다.[6]

그런데 재미있는 것은 같은 조음위치와 조음방법을 의미하는 표의 한 칸 안에 경우에 따라 2개 혹은 3개의 자음들이 존재한다는 것이다. 한국어는 하나의 조음위치에 조음방법을 공유한 세 가지 발성유형을 가진 폐쇄음과 파찰음이 있으며, 2개의 발성유형을 가진 마찰음이 있는데, 특징적인 것은 이들 모두 무성음이라는 것이다. 음운

---

6 한국어 자음의 주요 변이음 목록은 〈부록 1〉을 참조하기 바란다.

표 4-4 한국어의 자음

구분		양순음	치경음	치경경구개음	연구개음	성문음
폐쇄음 (파열음)	평음	ㅂp	ㄷt		ㄱk	
	경음	ㅃp*	ㄸt*		ㄲk*	
	격음	ㅍpʰ	ㅌtʰ		ㅋkʰ	
마찰음	평음		ㅅs			ㅎh
	경음		ㅆs*			
파찰음	평음			ㅈtɕ		
	경음			ㅉtɕ*		
	격음			ㅊtɕʰ		
비음		ㅁm	ㄴn		ㅇŋ	
유음(설측음)			ㄹl			

환경에 따른 한국어 자음과 활음의 주요 변이음은 〈부록 1〉과 같다.

결국 한국어의 장애음(폐쇄음, 마찰음, 파찰음)은 모두 무성음이고, 한국어의 공명자음(비음, 설측음)은 모두 유성음이다. 따라서 한국어 자음은 성대 진동의 여부로 소리들이 분류되는 것이 아니라 앞서 제2장에서 논의했듯이 기식성과 긴장성에 의해 무

잠깐! 🔊 **한국어 경음을 IPA로 적는 방법**

국어의 경음을 음성 기호로 나타낼 때도 방출음의 경우와 똑같이 아포스트로피(apostrophe)를 찍어서 [p', t', k', s', tɕ']와 같이 나타내는 것이 일반적이다. 하지만 한국어의 경음을 이와 같이 적는다고 해서 한국어의 경음이 방출음이라는 뜻은 아니다. 한국어의 경음은 방출음과는 근본적으로 달라서 성문 날숨소리가 아니라 부아 날숨소리에 속하기 때문이다.

IPA 기호를 설명하면서 1 음성 1 기호라는 원칙을 말한 바 있다. 따라서 한국어의 경음을 [p', t', k', s', tɕ']와 같이 표기한다면, 한 기호가 두 가지 서로

다른 소리를 의미하게 된다. 이러한 이유 때문에 학자에 따라서는 한국어의 경음을 대문자로 [P, T, K]와 같이 나타내기도 하고, [p*, t*, k*]와 같이 나타내기도 한다. 문제는 국제음성협회(IPA)가 한국어의 경음을 나타내는 방법을 공식화하지 않은 데 있지만, 어쨌든 방출음을 나타내는 기호를 이용하여 한국어의 경음을 나타내는 것은 옳지 않다. 따라서 이 책에서는 이러한 이유에서 한국어의 경음을 음성기호로 나타낼 때 Ladefoged 교수의 방법을 따라서 [p*, t*, k*, s*, tɕ*]와 같이 나타내려고 한다.

성 무기 연음(평음), 무성 무기 경음(경음), 무성 유기 경음(격음 혹은 기음)의 세 가지 무리로 나뉘게 된다.

4.3   한국어의 음운 자질

앞에서 살펴보았듯이 한국어를 구성하고 있는 말소리는 자음 19개, 단모음 7개, 이중모음 10개를 합하여 모두 36개이다. 물론, 이중모음을 단모음과 활음의 결합으로 본다면 한국어를 구성하는 음운은 자음 19개, 단모음 7개, 활음 3개, 총 29개가 된다. 이 29개의 소리를 구별지어 주는 말소리의 특징적 자질은 무엇일까? 말소리를 서로 구별지어 주는 특징적인 자질을 **음운 자질**(phonological feature)이라고 하는데, 음운 자질은 대체로 음(−)과 양(+)의 자질가를 갖게 된다. 결국 하나의 자질은 두 소리를 구별짓게 한다. 따라서 한국어의 29개 소리(음운)를 서로 구분지을 수 있는 음운 자질로 아래와 같은 자질들을 설정할 수 있다.[7]

　② 한국어의 음운 자질[8]

　1. 주요 부류 자질

- 공명성(sonorant) : 자발적인 유성성이 가능한 성도강 형태로 만들어지는 소리들이 갖는 특징
- 자음성(consonantal) : 성도의 정중시상부[9](midsagittal region)에서 심한 협착이 동반되면서 만들어지는 소리들이 갖는 특징
- 성절성(syllabic) : 음절의 정점을 이루어 단독으로 하나의 음절을 이룰 수 있는 소리들이 갖는 특징

7　여기서 설정한 자질은 기본적으로 촘스키 등(Chomsky and Halle 1968, 이하 SPE로 약칭)의 제안을 따랐다. 하지만 SPE에서 제안한 자질 중에서 한국어에 불필요한 자질은 제외하였으며, 한국어에 꼭 필요한 자질이지만 정의에 문제가 있어서 후에 수정이 이루어진 '성문 협착성(glottal constriction)'이나 '성문 하압 상승성(heightened subglottal pressure)'은 '긴장성(tense)'과 '기식성(aspirated)'으로 대치하였다.

8　각 자질에 대한 자세한 논의는 신지영 외(2003) 5장을 참조하기 바란다.

9　정중시상부를 이해하기 위해서는 해부학에서 말하는 정중면과 시상면을 이해해야 한다. 해부학에서 정중면(median plane)이란 사람 몸을 왼쪽과 오른쪽이 대칭으로 되게끔 나눌 때 생기는 한가운데 면을 말하며, 시상면(sagittal plane)이란 사람 몸을 정중면에 평행이 되게끔 오른쪽과 왼쪽으로 나눌 때 생기는 면을 말한다.

표 4-5   자질표 (1)-자음

구분			p	p*	pʰ	t	t*	tʰ	k	k*	kʰ	s	s*	tɕ	tɕ*	tɕʰ	m	n	ŋ	l	h
주요 부류 자질		공명성	−	−	−	−	−	−	−	−	−	−	−	−	−	−	+	+	+	+	−
		자음성	+	+	+	+	+	+	+	+	+	+	+	+	+	+	+	+	+	+	+
		성절성	−	−	−	−	−	−	−	−	−	−	−	−	−	−	−	−	−	−	−
자음 분류 자질	조음방법 자질	지속성	−	−	−	−	−	−	−	−	−	+	+	−	−	−	−	−	−	−	+
		지연 개방성	−	−	−	−	−	−	−	−	−	−	−	+	+	+					
		설측성				−	−	−	−	−	−	−	−	−	−	−	−			+	
	조음위치 자질	설정성	−	−	−	+	+	+	−	−	−	+	+	+	+	+	−	+	−	+	−
		전방성	+	+	+	+	+	+	−	−	−	+	+	−	−	−	+	+	−	+	−
	발성유형 자질	긴장성	−	+	+	−	+	+	−	+	+	−	+	−	+	+					−
		기식성	−	−	+	−	−	+	−	−	+	−	−	−	−	+					+
모음 분류 자질	혓몸 자질	고설성	−	−	−	−	−	−	+	+	+	−	−	+	+	+	−	−	+	+	−
		저설성	−	−	−	−	−	−	−	−	−	−	−	−	−	−	−	−	−	−	+
		후설성	−	−	−	−	−	−	+	+	+	−	−	−	−	−	−	−	+	+	+
	입술 자질	원순성	−	−	−	−	−	−	−	−	−	−	−	−	−	−	−	−	−	−	−

(음영으로 표시된 부분은 해당 부류의 소리에 덜 중요한 자질을, 빈칸으로 표시된 곳은 해당 자질에 대한 자질가를 명시할 수 없음을 의미한다.)

2. 자음과 관련된 자질

ㄱ. 조음위치 자질

- 설정성(coronal) : 혓날이 중립 위치[10]에서 위로 들리면서 만들어지는 소리들이 갖는 특징

---

10 중립 위치(neutral position)는 SPE에 "발화를 하기 직전에 보이는 발화자의 특징적인 성도 형태로서, 조용히 숨을 쉴 때의 성도 형태와는 몇 가지 측면에서 차이를 보인다. 조용히 숨을 쉴 때 연구개는 내려가 있고, 이를 통하여 코로 기류가 흐를 수 있도록 하지만, 중립 위치에서는 연구개가 올려져서 코로 가는 기류를 막는다. 조용히 숨을 쉴 때 입천장에 이완된 상태로 놓여 있던 혓몸은 중립 위치에서는 'bed'라는 단어의 모음 [ɛ]를 조음할 때의 위치만큼 올라간다."와 같이 정의되어 있다.

- 전방성(anterior) : 방해가 영어의 [ʃ]가 조음되는 입의 경구개치경부 앞에서 만들어지는 소리들이 갖는 특징

ㄴ. 조음방법 자질

- 지속성(continuant) : 협착이 일어나는 곳에서 기류가 막히지 않고 지속적으로 흐르는 소리들이 갖는 특징
- 지연 개방성(delayed release) : 성도에서 폐쇄를 가지고 만들어지는 소리들에만 해당되는 자질로서 개방의 국면이 즉각적으로 일어나지 않고 지연되는 소리들이 갖는 특징

표 4-6 자질표 (2)-모음, 활음

구분			i	ε	ɯ	ʌ	u	o	ɑ	j	w	ɰ
주요 부류 자질		공명성	+	+	+	+	+	+	+	+	+	+
		자음성	−	−	−	−	−	−	−	−	−	−
		성절성	+	+	+	+	+	+	+	−	−	−
자음 분류 자질	조음방법 자질	설측성										
		지속성	+	+	+	+	+	+	+	+	+	+
		지연 개방성										
	조음위치 자질	설정성	−	−	−	−	−	−				
		전방성	−	−	−	−	−	−				
	발성유형 자질	긴장성	−	−	−	−	−	−				
		기식성	−	−	−	−	−	−				
모음 분류 자질	혓몸 자질	고설성	+	−	+	−	+	−	−	+	+	+
		저설성	−	−	−	−	−	−	+	−	−	−
		후설성	−	−	+	+	+	+	+	−	+	+
	입술 자질	원순성	−	−	−	−	+	+	−	−	+	−

(음영으로 표시된 부분은 해당 부류의 소리에 덜 중요한 자질을, 빈칸으로 표시된 곳은 해당 자질에 대한 자질가를 명시할 수 없음을 의미한다.)

- 설측성(lateral) : 설정성을 가진 자음들에만 국한되는 자질로서 혀의 측면 통로로 기류가 빠져나가면서 만들어지는 소리들이 갖는 특징

ㄷ. 발성유형 자질
- 긴장성(tense) : 성대의 긴장을 동반하고 만들어지는 소리들이 갖는 특징
- 기식성(aspirated) : 두 성대를 멀리 떨어뜨려서 성문을 크게 연 상태로 만들어지는 소리들이 갖는 특징

3. 모음과 관련된 자질
ㄱ. 혓몸과 관련된 자질
- 고설성(high) : 혓몸이 중립 위치보다 들리면서 만들어지는 소리들이 갖는 특징
- 저설성(low) : 혓몸이 중립 위치보다 내려지면서 만들어지는 소리들이 갖는 특징
- 후설성(back) : 혓몸이 뒤로 밀리면서 만들어지는 소리들이 갖는 특징

ㄴ. 입술과 관련된 자질
- 원순성(round) : 입술의 돌출이 동반되면서 만들어지는 소리들이 갖는 특징

4.4   한국어의 음절 구조

4.4.1   한국어의 운율 구조

낱낱의 말소리(음운)는 그냥 따로따로 존재하는 것이 아니라 서로 모여서 크고 작은 단위들을 구성한다. 말소리의 이러한 단위들을 **음운론적 단위**(phonological unit), 혹은 **운율 단위**(prosodic unit)라고 한다. [그림 4-1]은 한국어의 운율 단위와 그 구조를 보인 것이다.

[그림 4-1]에 보인 바와 같이 음운의 결합으로 만들어지는 음운론적 단위, 즉 운율 단위 중에서 가장 하위의 단위는 **음절**(syllable)이고 가장 상위의 단위는 **발화**(utterance)이다. 발화는 이보다 하위의 단위인 하나 이상의 억양구(intonational phrase)로 구성되어 있다. 억양구는 다시 하나 이상의 음운구(phonological phrase)로, 음운구는 다시 하나 이상의 음운단어(음운론적 단어, phonological phrase)로 구성되어 있다.[11]

---

11 운율 단위에 대한 더 자세한 논의는 신지영(2011, 2014ㄴ) 8장을 참고하기 바란다.

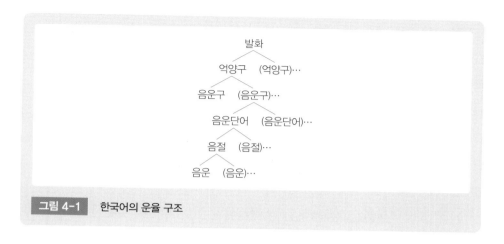

그림 4-1 한국어의 운율 구조

운율 단위 중에서 여러분이 꼭 알아야 하는 단위가 바로 '음절'이다. 그럼 이제 한국
어의 음절 구조에 대해서 자세히 알아보도록 하자.[12]

4.4.2   한국어의 음절 구조

앞에서도 논의했듯이 음절이란 음운들이 모여서 만들어 내는 가장 하위의 운율 단위
이다. 하지만 모든 음절이 같은 개수의 음운으로 구성되는 것은 아니다. 예를 들어 '아
빠'라는 단어를 생각해 보자. '아빠'는 두 음절로 구성되어 있는데, 각 음절은 그 음절
을 구성하고 있는 소리의 수에서 차이를 보인다. 첫 음절은 하나의 분절음 /a/로만
구성되어 있고, 두 번째 음절은 2개의 분절음 /p*/와 /a/로 구성되어 있다. 이렇게
음절을 구성하는 낱소리(음운)의 수와 종류는 늘 일정한 것이 아니다.

한국어에서 가능한 음절 유형은 ③에 보인 바와 같이 크게 여덟 가지로 나누어 볼
수 있으며, 그 구조를 요약하면 [그림 4-2]에 보인 바와 같다.

③ 한국어의 음절 유형

　　1유형 : 모음 하나로 이루어진 음절 : V 예) /i/

　　2유형 : 활음과 모음으로 이루어진 음절 : GV 예) /jo/

　　3유형 : 자음과 모음으로 이루어진 음절 : CV 예) /kʰo/

　　4유형 : 자음, 활음, 모음으로 이루어진 음절 : CGV 예) /kjʌ/

---

12 음절보다 상위의 운율 단위에 대한 자세한 논의는 신지영(2014ㄴ) 8.4, 8.5, 8.6을 참조하기 바란다.

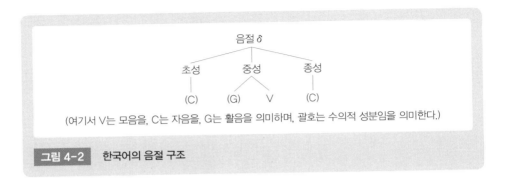

그림 4-2 한국어의 음절 구조

5유형 : 모음과 자음으로 이루어진 음절 : VC 예) /ok/

6유형 : 활음과 모음, 자음으로 이루어진 음절 : GVC 예) /jok/

7유형 : 자음, 모음, 자음으로 이루어진 음절 : CVC 예) /mok/

8유형 : 자음, 활음, 모음, 자음으로 이루어진 음절 : CGVC 예) /pjʌk/

(여기서 V는 모음을, C는 자음을, G는 활음을 의미한다.)

③과 [그림 4-2]에서 보듯이 한국어에서 음절 구성의 최소 조건은 [+성절성]을 가진 모음이 존재해야 한다는 것이다. 다시 말해서 모음은 음절 구성의 핵심적인 요소, 즉 **음절핵**[13](syllable nucleus)이 된다. 모음을 필수 요소로 그 앞으로는 활음과 자음이 각각 한 개씩 올 수 있으며, 그 뒤로 자음이 한 개 올 수 있으므로, 가장 복잡한 음절 구조를 갖는 것은 ③에 보인 제8유형, 즉 CGVC 유형이다. 결국, 한국어에서 음절핵과 음절핵 사이에 올 수 있는 최대의 자음 수는 2개가 된다.

다음은 한국어에서 어떤 방법으로 분절음의 연쇄가 음절의 연쇄로 구성되어 가는가를 알아보자. 이를 위하여 우선 우리는 철자법으로부터 자유로워져야 한다. 물론, 한글은 음절 단위로 모아쓰는 방식을 택하고 있기 때문에 한글을 사용하고 있는 우리는 음절이라는 단위를 인식하는 데 큰 어려움이 없으며, 음절의 수는 글자의 수와 일치한다. 하지만 문제는 철자법으로 모아쓰는 단위와 소리가 묶여 만들어진 음절 단위가 늘 일치하는 것이 아니라는 데 있다. 또한, 한글 표기법의 특성 때문에 초성이 없이 모음이나 활음으로 시작하는 경우에도 자음 글자 중의 하나인 'ㅇ'을 사용한다. 따라서 글자 'ㅇ'은 초성 자리에 오면 아무런 음가가 없지만 종성 자리에 오면 /ŋ/의 음

---

13 음절을 이루는 필수적인 요소를 의미한다.

가를 갖게 된다.

'알아보다'의 예를 생각해 보자. 이 말이 네 음절로 이루어졌다는 것은 아주 쉽게 알수 있지만, 표기에 얽매여 생각하면, /ㅇ/이 첫 음절의 초성이며, /ㄹ/가 첫 음절의 종성이라고 생각하기 쉽다. 하지만 실제로 첫 음절은 초성이 비어 있으며, /ㄹ/는 첫 음절의 종성이 아니라 둘째 음절의 초성이다. 그럼 왜 '알아보다'의 /ㄹ/는 첫 음절의 종성이 아니라 둘째 음절의 초성이 되는가?

음절 구조를 만들어 가는 원리 중 가장 중요한 것이 **초성 우선 원리**(onset-first principle)이다. 음절핵을 기준으로 초성에 그 언어가 허용하는 한 최대의 주변음[14]을 확보한 후, 다음 단계에서는 앞 음절부터 뒤에 연결되지 않고 남아 있는 주변음들을 취하면 된다. 예를 들어 '김이'와 '김도'의 음절 구조를 이 원리에 따라서 만들어 보면, 다음에 보인 [그림 4-3]에서 보는 바와 같다.

[그림 4-3]에 보인 바와 같이 음절을 구성하는 데에는 일정한 순서가 있다. 우선 음절핵이 될 수 있는 요소를 찾아서 그 수만큼 음절의 뼈대를 구성한다. 그리고 그 다음으로 초성 우선 원리에 의하여 음절핵 앞에 놓일 수 있는 요소를 그 언어에서 허용하는 한 최대한 확보한 후, 앞 음절부터 음절핵과 연결시킨다. 그리고 이 과정에서 남는 주변음이 있다면 다음 과정, 즉 종성 연결 과정을 통하여 또 앞 음절부터 음절핵과 연결시킨다.

한국어 음절구조에서 또 한 가지 특기할 것은 종성에 올 수 있는 자음이 모두 7개 (/ㄱ, ㄴ, ㄷ, ㄹ, ㅁ, ㅂ, ㅇ/)로 한정된다는 것이다. 이 이외의 자음들이 오게 되면,

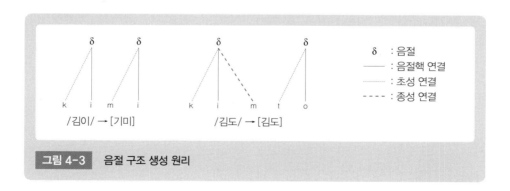

δ	: 음절
——	: 음절핵 연결
....	: 초성 연결
- - - -	: 종성 연결

/김이/ → [기미]   /김도/ → [김도]

그림 4-3 음절 구조 생성 원리

---

14 음절을 이루는 수의적인 요소, 즉 음절핵이 아닌 모든 요소를 의미한다.

이 중의 하나로 변화하게 된다. 그 이유는 한국어에는 종성에 위치한 소리들이 꼭 지켜야 할 명령이 있기 때문이다. 종성에 위치하는 경우 자음은 중앙부 폐쇄를 해지하지 않아야 한다. 따라서 중앙부 폐쇄를 동반하지 못하는 소리들, 즉 [+지속성]을 가진 소리들이나 개방의 국면에서 음성적 차이를 보이는 세 가지 발성유형의 장애음들은 모두 불파 폐쇄음(unreleased stop)으로 변하게 된다.[15] 또한 초성이나 종성에 자음이 하나만 올 수 있고, 초성에 /ŋ/이 허용되지 않는 것 또한 한국어 음절 구조의 특징이다.

4.5   한국어의 음운변동

'국'이라는 단어와 '물'이라는 단어가 만나서 새로운 단어인 '국물'을 만드는 경우를 생각해 보자. 분명히 /kuk/과 /mul/이 만났는데 소리는 [kukmul]로 나지 않고

잠깐! 🔊 말소리의 단어 내 위치 : 어두, 어중, 어말

말소리는 한 단어 내에서 다양한 위치에 올 수 있다. 예를 들어 '국악'이라는 단어를 생각해 보자. 이 단어는 3개의 /ㄱ/를 가진 단어다. 이 단어의 발음이 [구각]이니까 첫 번째 /ㄱ/는 단어의 시작에, 두 번째 /ㄱ/는 단어의 중간에, 세 번째 /ㄱ/는 단어의 마지막에 위치하게 된다. 이렇게 말소리는 단어의 시작과 중간, 그리고 끝에 나타나게 된다.

그런데 말소리는 단어의 어떤 위치에 나타나는가에 따라서 음성적으로 매우 다른 특징을 갖게 되기도 한다. 예를 들었던 [구각]의 경우를 보자. 이 단어를 손바닥 앞에 대고 소리를 내 보면 첫 번째 /ㄱ/를 냈을 때는 손바닥에 기식(숨)이 느껴진다. 하지만 두 번째 /ㄱ/를 낼 때는 손바닥에 더 이상 기식이 느껴지지 않는다. 그리고 마지막 /ㄱ/의 경우는 앞의 두 경우처럼 혓몸을 연구개에 붙였다가 떼지 않고 혓몸을 연구개에 댄 채로 낸다. 이렇게 세 개의 /ㄱ/가 모두 음성적으로 다른 특징을 갖게 된다.

이렇게 말소리는 단어 내 어떤 위치에 놓이는가에 따라서 매우 다른 특징을 갖게 되므로 말소리가 단어 내 어떤 위치에 놓였는가를 언급해야 할 때가 생기게 된다. 이를 위해 언어학자들은 말소리의 단어 내 위치에 대한 용어를 제안하였는데, 그것이 바로 어두, 어중 어말이라는 용어다. 말 그대로 어두는 단어의 시작 위치, 어중은 단어의 중간 위치, 어말은 단어의 끝 위치이다.

한편, 단어의 시작과 중간, 끝 외에도 음절 내 어떤 위치인가도 중요하기 때문에 이 둘의 정보를 모두 제공한다는 차원에서 어두 초성, 어중 초성, 어말 종성과 같은 표현을 쓰기도 한다. 자음의 경우가 특히 음절 내 위치와 단어 내 위치에 따라서 다른 특징을 갖게 되기 때문에 자음과 관련된 초성과 종성에 대한 언급이 주를 이루게 된다. 따라서 앞서 예를 들었던 [구각]의 경우, 첫 번째 /ㄱ/는 어두 초성에 두 번째 /ㄱ/는 어중 초성에, 마지막 /ㄱ/는 어말 종성에 위치하였다고 표현할 수 있다.

---

15 뒤에서 살펴보겠지만, 한국어의 평폐쇄음화는 이러한 이유 때문에 일어나게 된다.

[kuŋmul]로 난다. /kuk/이 /mul/과 만나니까 [kuk]이 아니라 [kuŋ]으로 변한 것이다. 그런데 이러한 변화는 '국물'에서만 관찰되는 것이 아니라 '학문'에서도, '약물'에서도, '막막하다'에서도 관찰된다. 이러한 변화가 생기게 되는 원인은 한국어에서는 [k]

잠깐! 문법 기본 용어 익히기

한국어의 음운변동에 대해 이해하기 위해서는 몇 가지 기본적인 용어를 익히는 것이 중요하다. 한국어학에 대한 배경이 별로 없는 사람들이 음운변동을 어려워하는 하는 주요 이유 중 하나가 바로 이런 익숙하지 않은 문법적인 용어들이 아무런 설명 없이 등장한다는 것이다. 하지만 음운변동을 이해하기 위해서 필요한 문법적인 용어들은 의외로 몇 개 되지 않는다. 음운변동의 이해를 위한 문법 용어는 모두 형태론과 관련된 용어들이다. 왜냐하면 음운변동은 단어 내에서 관찰되는 것이고, 그 음운변동 중에는 단어의 구조와 관련된 정보, 즉 형태론적인 정보가 요구되는 경우가 있기 때문이다.

이 책에서는 음운을 기준으로 대치, 탈락, 첨가, 축약으로 분류하여 기술하였지만, 달리는 형태론적인 정보가 필요한가의 여부에 따라서 음운변동을 재분류한 후에 기술할 수도 있다. 형태론적인 정보가 필요 없는 음운변동이란 뒤에 기술하게 될 평폐쇄음화나 장애음의 비음화처럼 단어의 구조와는 무관하게 예외 없이 모든 단어에서 관찰되는 음운변동을 말한다. 이와는 달리 형태론적인 정보가 필요한 음운변동이란 뒤에 기술하게 될 /ㄹ/로 끝난 한자어의 경음화, 구개음화, /ㄷ/ 첨가, /ㄴ/ 첨가처럼 단어의 형태론적인 정보가 음운변동에 중요한 역할을 하는 경우를 말한다. 형태론적인 정보가 필요한 음운변동의 경우는 그래서 예외도 많고 좀 복잡하다.

그럼 이제 음운변동의 이해에 필요한 형태론적인 용어들을 익혀 보자.

1) 고유어, 한자어, 외래어, 혼종어

한국어의 단어는 단어의 기원에 따라서 고유어, 한자어, 외래어, 혼종어로 나뉜다. 일부 음운변동은 특정 기원을 가진 단어에만 적용되는 경우가 있다. 관련 음운변동의 예) /ㄹ/로 끝난 한자어의 경음화

2) 단일어, 복합어, 합성어, 파생어

단어는 단어를 구성하고 있는 형태소(의미를 가진 가장 작은 단위)가 몇 개인가에 따라서 단일어(한 개)와 복합어(두 개 이상)로 나뉜다. 또 복합어의 경우는 형태소 결합의 관계에 따라서 합성어(어근과 어근의 결합)와 파생어(어근과 접사의 결합)로 나뉜다. 관련 음운변동의 예) 구개음화 : 복합어에서만, /ㄷ/ 첨가 : 합성어에서만, /ㄴ/ 첨가 : 합성어와 파생어에서 등

3) 어근과 접사

단어를 구성하는 형태소 중 실질적인 의미를 나타내는 의미의 중심이 되는 요소(어근)인가 아닌가(접사)에 따라서 어근과 접사로 나뉜다. 어근과 어근으로 구성된 단어를 합성어(예 : 봄비), 어근과 접사의 구성으로 된 단어를 파생어(예 : 덮개)라고 한다. 관련 음운변동의 예) /ㄷ/ 첨가 /ㄴ/ 첨가

4) 어간과 어미

한국어 용언(동사와 형용사)의 특징은 활용을 한다는 것이다. 활용 시 변화하지 않는 부분을 어간, 변화하는 부분을 어미라고 한다. 예를 들어 '먹다'는 동사이므로 '먹으니, 먹어서, 먹고, 먹지, 먹은, 먹을'과 같이 활용을 하게 된다. 이 때 '먹다, 먹으니, 먹어서, 먹고, 먹지, 먹은, 먹을'의 '먹-'은 활용 시 변화하지 않는 부분으로 '어간'이 되며, '-다, -으니, -어서, -고, -지, -은, -을' 등은 활용 시 변화하는 부분으로 '어미'가 된다. 관련 음운 변동의 예) 비음 종결 어간과 어미 사이의 경음화

라는 소리와 [m]라는 소리가 서로 연이어 나지 못하기 때문이다. 한국어에서는 두 소리, [k]와 [m]가 연쇄되면 [k]는 꼭 [ŋ]으로 변해야 한다.

하지만 이러한 변화는 언어마다 매우 달리 나타난다. 예를 들어 여러분이 다 알고 있는 언어인 영어의 경우는 [k]라는 소리와 [m]라는 소리가 연이어 나게 되어도 아무런 변화가 일어나지 않는다. 예를 들어 'bookmark'나 'stock market'라는 단어의 발음은 [bʊkma : rk], [stɑkma : rket]이지 [bʊŋma : rk], [stɑŋma : rket]이 아니다. 그런데 외래어로서의 '북마크' 혹은 '스톡마켓'은 그 발음이 [붕마크], [스통마켇]이지, [북마크], [스톡마켇]이 아니다. 이렇게 서로 다른 언어는 그 언어에 존재하는 말소리의 목록만 다른 것이 아니라 말소리의 연쇄에서 일어나는 변동 양상에도 차이가 있다.

이제부터 한국어에서 관찰되는 말소리의 변동, 즉 음운변동을 알아보기로 하자. 이책에서는 음운변동을 소리의 관점에서 그 소리가 다른 소리로 바뀌었는지(대치), 그소리가 없어졌는지(탈락), 없던 소리가 들어갔는지(첨가), 두 소리가 한 소리로 합해졌는지(축약)를 기준으로 분류하고 정리하였다. 또한 음운변동의 범위를 가능하면 단어 내로 한정하여 기술하였다.[16]

4.5.1 대치

(1) 평폐쇄음화

> **평폐쇄음화와 관련된 한국어 말소리 원칙**
> 한국어 종성에 놓이는 모든 자음은 중앙부 폐쇄를 유지하는 불파음(unreleased)으로 실현되어야 한다.

한국어의 자음이 음절 구조상 종성에 놓이게 되면 반드시 그 자음은 중앙부 폐쇄를 동반한 채로 실현되어야 한다. /밥/, /감/, /물/을 발음해 보자. 이 소리들은 각각 [pɑp˺], [kɑm˺], [mul˺]과 같이 두 입술이 닫힌 상태로, 혹은 혀끝이 치경 부위에 닿은 상태로 소리가 난다. 이때 두 입술이 붙었다가 떨어지거나, 혓날이 치경 부위에 닿았다가 떨어지면 한국어답지 않다. 이렇게 한국어에서는 음절 구조의 종성에 자음이 놓이게 되면 그 소리가 반드시 중앙부 폐쇄를 유지한 상태, 즉 구강의 중앙부를 막은 상

---

16 말소리의 변동은 '마지막 노래[마지망 노래]'와 같이 단어보다 상위의 단위에서도 일어난다. 하지만 이 책은 단어를 넘어선 음운 현상을 논의의 대상으로 삼지 않았다. 단어를 넘어선 음운 현상에 대한 자세한 논의는 신지영·차재은(2003) 8장과 9장을 참조하기 바란다.

태로 나야 한다. 따라서 한국어의 모든 장애음[17]은 종성 위치에서 같은 조음위치의 평폐쇄음인 [ㄱ, ㄷ, ㅂ] 중의 하나로 바뀌게 되며, 이를 평폐쇄음화라고 한다.

마찰음이나 파찰음은 중앙부 폐쇄를 동반할 수 없는 소리이기 때문에 모두 폐쇄음으로 변하게 된다. 또, 발성유형은 개방의 국면이 존재할 때만 서로 구별되는 소리의 특징이기 때문에 경음과 격음은 모두 평음으로 변하게 된다.

④에서 보듯이 이러한 평폐쇄음화는 뒤에 자음으로 시작하는 조사나 어미가 올 때, 그리고 단어의 끝에 왔을 때 일어난다. 왜냐하면 이 위치에서 해당 자음은 음절의 종성이 되기 때문이다.

④ ㄱ. 앞[압], 앞도[압또], 앞만[암만]
　　　밭[받], 밭도[받또ㅣ바또], 밭만[반만]
　　　부엌[부억], 부엌도[부억또], 부엌만[부엉만]
　ㄴ. 낚다[낙따][18]
　ㄷ. 낫[낟], 낫도[낟또ㅣ나또], 났다[낟따ㅣ나따]
　ㄹ. 낮[낟], 낮도[낟또ㅣ나또]
　　　낯[낟], 낯도[낟또ㅣ나또]

(2) 장애음의 비음화

장애음의 비음화와 관련된 한국어 말소리 원칙
한국어는 장애음과 공명음의 연쇄를 허용하지 않는다.

장애음과 공명음의 연쇄가 이어지면, ⑤에 보인 바와 같이 장애음은 공명음의 영향을 받아 같은 조음위치의 공명음, 즉 같은 조음위치의 비음으로 실현된다.

⑤ ㄱ. 뽑는[뽐는], 듣는[든는], 먹는[멍는], 밥물[밤물], 국물[궁물]
　ㄴ. 앞마당[암마당], 곁눈[견눈], 부엌문[부엉문]
　ㄷ. 낚는[낭는]
　ㄹ. 옷맵씨[온맵씨ㅣ옴맵씨], 갔니[간니]
　ㅁ. 맺는말[맨는말], 꽃나무[꼰나무]

---

17 장애음이란 [−공명성] 자질을 가진 소리로서 폐쇄음(파열음), 마찰음, 파찰음을 묶은 범주명이다
18 한국어에 /ㄸ, ㅉ, ㅃ/로 끝나는 단어는 존재하지 않는다.

(3) 설측음의 비음화

설측음의 비음화와 관련된 한국어 말소리 원칙

1. 한국어에서 /ㄹ/는 외래어를 제외하고 모음과 모음 사이, 그리고 /ㄹ/ 뒤에서만 초성으로 실현될 수 있다.
2. 한국어는 [ㅁ-ㄹ], [ㄴ-ㄹ], [ㅇ-ㄹ]의 연쇄를 허용하지 않는다.

한국어에서 /ㄹ/가 초성에 나타나는 것은 모음과 모음 사이라는 아주 제한된 환경에서이다. (⑥ㄱ)과 같이 단어의 초에 위치하거나, (⑥ㄴ)과 같이 /ㄹ/ 이외의 자음 뒤에 위치하는 경우 /ㄹ/는 [ㄴ]로 실현된다. 물론 (⑥ㄷ)에 보였듯이 단어 초 초성에 /ㄹ/가 존재하는 단어가 아주 없는 것은 아닌데, 이 단어들은 모두 외래어라는 공통점을 가진다. 고유어의 경우는 /ㄹ/로 시작하는 단어는 '리을' 하나뿐이며, 한자어의 경우는 /ㄹ/로 시작하는 한자음이 단어의 시작이나 /ㄹ/ 이외의 자음 뒤에 왔을 때 (⑥ㄱ, ㄴ)에 보인 것과 같이 [ㄴ]로 변화하는 것을 알 수 있다.

⑥ ㄱ. 낙원(樂園)[나권], 쾌락(快樂)[퀘락][19]

잠깐! 🔊 퐁립이 뭐지?

얼마 전 지하철을 타고 가다가 지하철 광고판에서 '퐁립'이라는 단어를 발견했다. 처음 보는 단어를 발견한 필자는 직업의식이 발동하기 시작했다. 아주 짧은 순간이었지만 필자의 머릿속에는 다음과 같은 단계로 생각이 흘러갔다.

단어를 본 순간 필자는 이 단어의 의미를 알아내기 위해서 머릿속 사전을 뒤적이기 시작했다. '퐁립'은 처음 본 단어이니까 신어일 테고, 신어라면 대부분의 신어들이 그렇듯이 의미를 가진 최소 단위(의미를 가진 최소 단위를 '형태소'라고 한다)로 단어를 쪼개어 그 뜻을 추론해 보면 되겠다고 생각했다.

'퐁'+'립'? 머릿속 사전에 '퐁'은 의성어밖에는 없었고, 이것과 '립(한자어일 가능성이 높은)'이 만나서 무엇을 뜻하는 단어가 될 수 있을까 이상해서 더 궁금해졌다. 그러고 난 다음에 광고 전체를 보게 되었고, 거기에는 등갈비를 든 남자의 사진이 있었다.

아, 'pork rib'! 어째, 이런 일이! 'pork rib'이 '퐁립'이 되다니!

'퐁립'이란 영어의 'pork rib'을 발음 반, 철자 반 나타낸 것이다. 'pork rib'의 발음은 원래 [pɔːrk rib]이다. 그런데 한국어에서는 장애음 [k]와 공명음 [r]의 연쇄가 허용되지 않아서 장애음 [k]가 후행하는 공명음에 의하여 같은 조음위치의 공명음인 [ŋ]으로 변하게 된다. 따라서 영어의 'pork rib', 즉 '폭립'은 '퐁립'이 된 것이다. 물론 /ㄹ/ 이외의 자음 뒤에서 /ㄹ/는 [ㄴ]가 되므로 '퐁립'은 최종적으로는 [퐁닙]으로 발음된다. 결국 '퐁립'이라는 표기의 첫 글자는 발음이 변화를 반영한 표기이고, 둘째 글자는 발음의 변화를 반영하지 않은 표기이다.

---

19 /ㅔ/와 /ㅐ/가 합류된 모음의 한글 표기는 /ㅔ/로 하였다. 따라서 '쾌락'의 발음형이 [퀘락]과 같이 표기된 것은 이러한 이유 때문이다.

내일(來日)[네일], 미래(未來)[미레]

노동(勞動)[노동], 피로(疲勞)[피로]

ㄴ. 압력[암녁], 급락[금낙], 극락[긍낙], 격려[경녀]

담론[담논], 금리[금니], 공로[공노], 등록[등녹]

의견란[의견난], 임진란[임진난], 결단력[결딴녁]

ㄷ. 라디오[라디오], 라일락[라일락], 라면[라면], 라이터[라이터], 로비[로비], 리본[리본]

(4) 유음화

유음화와 관련된 한국어 말소리 원칙

1. 한국어는 [ㄹ-ㄴ]의 연쇄를 허용하지 않는다.
2. 한국어는 하나의 자립 형태소 안에서 /ㄴ/와 /ㄹ/가 연결되면 /ㄴ/는 [ㄹ]가 된다.

(⑦ㄱ)은 /ㄹ-ㄴ/의 연쇄에 나타난 /ㄴ/가, (⑦ㄴ, ㄷ)은 /ㄴ-ㄹ/의 연쇄에 나타난 /ㄴ/가 /ㄹ/로 바뀌는 예이다. 재미있는 사실은 /ㄹ-ㄴ/의 연쇄는 고유어 합성어에 많이 나타나는 반면에, /ㄴ-ㄹ/의 연쇄는 한자어나 외래어에서 주로 나타난다는 것이다. 그 이유는 물론 고유어는 /ㄹ/로 시작하는 단어가 없는 반면에 한자어는 원래 /ㄹ/로 시작하는 단어들이 존재하고, 외래어의 경우는 한국어와는 다른 말소리 원칙을 가지고 있기 때문이다. 또 한 가지 주목해야 할 것은 (⑦ㄴ)에 보인 한자어의 경우는 그 연쇄가 자립 형태소 안에 존재한다는 것과,[20] (⑦ㄷ)에 보인 외래어의 경우는 [ㄹ리]로도, [ㄴㄴ]로도 발음할 수 있다는 것이다.

⑦ ㄱ. 겨울날[겨울랄], 과일나무[과일라무], 달님[달림], 저울눈[저울룬], 줄넘기[줄럼끼], 칼날[칼랄], 하늘나라[하늘라라], 출납[출랍], 감질나다[감질라다], 잘났다[잘랄따ㅣ잘라따]

ㄴ. 간략[갈략], 난로[날로], 분리[불리], 신라[실라], 인류[일류], 진리[질리], 연루[열루], 탄로[탈로], 편리[펼리], 훈련[훌련]

---

20 다시 말해서 /근로자/의 /ㄴ-ㄹ/의 연쇄 사이에는 자립 형태소 경계가 존재하지 않는다는 것이다. 만일 이 사이에 자립 형태소 경계가 존재하는 경우에는 /ㄴ-ㄹ/의 연쇄는 대체로 [ㄹㄹ]로가 아니라 [ㄴㄴ]로 실현된다. 앞의 (⑥ㄴ)에서 살펴본 '의견란, 임진란, 결단력' 등이 그 예이다.

근로자[글로자], 관리인[괄리인], 논리학[놀리학], 면류관[멸류관], 연락선[열락썬], 인력거[일력꺼 | 일려꺼], 천리마[철리마], 한라산[할라산]

ㄷ. 온라인[올라인 | 온나인], 핫라인[할라인 | 한나인], 아웃라인[아울라인 | 아운나인]

(5) 경음화

경음이 아닌 평장애음 /ㄱ, ㄷ, ㅂ, ㅅ, ㅈ/가 각각 경음인 /ㄲ, ㄸ, ㅃ, ㅆ, ㅉ/로 바뀌는 현상을 경음화라고 부른다. 이러한 경음화는 환경에 따라 몇 가지로 세분된다. 한국어의 경음화는 고유어인가 한자어인가에 따라 양상이 조금 다르게 나타나기도 한다.

1) 장애음 뒤 경음화

장애음 뒤 경음화와 관련된 한국어 말소리 원칙
한국어는 장애음과 평장애음의 연쇄를 허용하지 않는다.

평장애음 /ㅂ, ㄷ, ㄱ, ㅅ, ㅈ/는 모든 장애음 뒤에서 경음으로 바뀐다. 이 현상은 고유어와 한자어를 가리지 않고 나타난다. 또, 파생, 합성, 곡용,[21] 활용[22]을 가리지 않고 관찰된다.

⑧ ㄱ. 밥도둑[밥또둑], 돋보기[돋뽀기], 국그릇[국끄를 | 구끄를], 옷고름[옫꼬름], 있다[읻따 | 이따], 잊다[읻따 | 이따], 꽃다발[꼳따발 | 꼬따발], 부엌도[부억또], 밭둑[받뚝 | 바뚝], 옆집[엽찝], 낯설다[나썰다][23]

ㄴ. 법도(法道)[법또], 작별(作別)[작뼐], 잡담(雜談)[잡땀], 학교(學校)[학꾜 | 하꾜]

2) 비음 종결 어간과 어미 사이의 경음화

비음 종결 어간과 어미 사이의 경음화와 관련된 한국어 말소리 원칙
어간의 끝이 비음이고 어미의 시작이 평장애음인 경우, 평장애음은 경음으로 발음된다.

---

21 체언(명사, 대명사, 수사)에 조사가 붙는 것.
22 용언(동사, 형용사)의 어미가 바뀌는 것.
23 한국어에서는 /ㄷ/와 /ㅆ/의 연쇄를 허용하지 않는다. /ㄷ/와 /ㅆ/가 연결되면 앞의 /ㄷ/는 필수적으로 탈락한다. 따라서 '낯설다'의 발음은 [낟썰다]가 아닌 [나썰다]가 맞다.

그 끝이 /ㄴ, ㅁ/로 끝난 어간이 /ㄱ, ㄷ, ㅅ, ㅈ/로 시작된 어미와 만날 때 경음화가 일어난다. 이 현상은 고유어에만 해당된다. 이 현상은 반드시 어간과 어미 사이에만 나타난다는 점에서 흥미롭다. (⑨ㄷ, ㄹ)에 보인 예를 통하여 어간의 끝과 어미의 시작이라는 형태론적인 정보가 경음화에 중요하다는 사실을 알 수 있다. 어간과 어미의 경계는 (⑨ㄷ)에서 '[안기_어간]+[_어미 다, 고, 자]'이고, (⑨ㄹ)에서 '[알_어간]+[_어미 ㄴ다]'이므로 비음이 어간의 끝이 아니고 어미의 시작이 평장애음이 아니기 때문에 경음화가 일어나지 않는다는 사실을 보여주고 있다. 이 예들을 통하여 /ㄴ, ㅁ/가 어간의 끝인지 아니면 어미의 일부인지가 이 현상과 관련된 매우 중요한 정보로 작용함을 알 수 있다.

　⑨ ㄱ. 안다(to hug)[안따], 안고[안꼬], 안자[안짜], 안소[안쏘]
　　 ㄴ. 감다[감따], 감고[감꼬], 감자[감짜], 감소[감쏘]
　　 ㄷ. 안기다[안기다], 안기고[안기고], 안기자[안기자]
　　 ㄹ. 안다(to know)[안다]

3) /ㄹ/로 끝난 한자어의 경음화

> **/ㄹ/로 끝난 한자어의 경음화와 관련된 한국어 말소리 원칙**
> 한자어 자립 단어 내부에서 /ㄹ/로 끝난 한자어가 치경음, 치경경구개음 등 [+설정성]을 가진 평장애음과 만나게 되면 평장애음이 경음화된다.

(⑩ㄱ)에서 보듯이 /ㄹ/에 후행하는 평장애음이 [+설정성]을 가진 경우는 경음화가 일어나지만, (⑩ㄴ)에서 보듯이 [−설정성]을 가진 자음이 후행하는 경우에는 경음화가 일어나지 않는다. 이러한 현상은 한자어 자립 단어 내부, 즉 2음절 한자어에서 거의 예외없이 일어난다. 따라서 (⑩ㄷ)에 보인 철물점(鐵物店)과 발달단계(發展段階)의 경우는 2음절 한자어가 아니고, 또 단어의 구조가 '철물+점'과 '발전+단계'와 같아서 [철물점]과 [발딸단개]로 발음되지, [철물쩜]과 [발딸딴개]로 발음되지 않는다.

　⑩ ㄱ. 갈등(葛藤)[갈뜽], 활동(活動)[활똥], 철도(鐵道)[철또], 별도(別途)[별또]
　　　 갈증(渴症)[갈쯩], 결정(決定)[결쩡], 일정(一定)[일쩡], 멸종(滅種)[멸쫑]
　　　 결실(結實)[결씰], 결성(結成)[결썽], 발성(發聲)[발썽], 별실(別室)[별씰]
　　 ㄴ. 결과(結果)[결과], 물건(物件)[물건], 발견(發見)[발견], 발광(發光)[발광]
　　　 결별(訣別)[결별], 발발(勃發)[발발], 설비(設備)[설비], 열반(涅槃)[열반]

ㄷ. 철물점(鐵物店)[철물쩜], 발달단계(發展段階)[발딸단계]

4) 한자어 단어 개별적인 경음화

⑪은 동일한 소리의 연쇄를 가진 한자어 단어임에도 불구하고 단어의 의미에 따라서 2음절의 평장애음이 경음으로 실현되기도 하고 경음으로 실현되지 않기도 하는 예를 보인 것이다. (⑪ㄱ)에서처럼 경음화가 일어나기도 하고 (⑪ㄴ)에서처럼 경음화가 일어나지 않기도 한다. 2음절 이하에서 일률적으로 경음으로 실현되는 '價/가, 科/과/, 權/권/, 券/권/, 狀/장/' 등의 경우를 제외하고는 단어 개별적인 성격을 갖기 때문에 경음화를 예측하기 어렵다.

⑪ ㄱ. 고가(高價)[고까], 상장(賞狀)[상짱], 성적(性的)[성쩍]
　　ㄴ. 고가(高架)[고가], 상장(上場)[상장], 성적(成績)[성적]

(6) 구개음화

> **구개음화와 관련된 한국어 말소리 원칙**
>
> 끝소리가 /ㄷ, ㅌ/인 어휘 형태소가 /ㅣ/로 시작하는 문법 형태소(조사, 어미, 접사) 앞에서 [ㅈ, ㅊ]로 발음된다.

(⑫ㄱ, ㄴ, ㄷ)에서 보듯이 끝 자음이 /ㄷ, ㅌ/인 어휘 형태소는 /ㅣ/로 시작하는 문법 형태소(조사, 어미, 접사) 앞에서 구개음화되어 /ㅈ, ㅊ/로 바뀐다. 이 음운변동은 반드시 형태소 경계에서만 일어나며, 후행하는 형태소가 문법 형태소일 때만 일어난다. 따라서 (⑫ㄹ)에 보인 것과 같이 {논}과 연결되는 형태소 {이랑}이 문법 형태소가 아니라 어휘 형태소일 때는 (⑫ㄱ)에 보인 문법 형태소 {이랑}과의 연결에서와는 달리 구개음화가 일어나지 않는다.

⑫ ㄱ. 밭이[바치] 넓다. 끝이[끄치] 되었다. 솥이[소치] 깊다.
　　　우리네 밭이랑[바치랑] 마리네 밭이랑[바치랑] 다 팔았다.
　　ㄴ. 이게 우리네 밭이다[바치다].
　　ㄷ. 우리는 집안의 맏이이다[마지다].
　　　해돋이[해도지]를 보러 가자.
　　ㄹ. 논이랑[논니랑]과 밭이랑[반니랑]이 모두 높다.

(7) 조음위치 동화

조음위치 동화는 지금까지 살펴보았던 음운변동과는 달리 수의적인 음운변동이다. 다시 말해서 조음위치 동화를 겪고 출력된 발음형이나 그렇지 않은 발음형이나 모두 한국어에서는 허용되는 발음이다.[24] 조음위치 동화는 대체로 발화 속도가 빠를수록, 비격식적인 발화일수록 더 자주 관찰되는 경향이 있다.

⑬에 보인 바와 같이 치경음이 양순음이나 연구개음 앞에서 후행하는 자음의 조음위치와 같은 조음위치의 소리로 변화를 겪게 된다. 치경음뿐 아니라 (⑬ㄷ)에 보인 것과 같이 양순음과 연구개음이 만나면 양순음이 연구개음의 조음위치를 닮게 되기도 한다. 하지만 반대의 경우, 즉 양순음이나 연구개음이 치경음에 선행하는 경우, 혹은 연구개음이 양순음에 선행하는 경우에는 후행하는 자음의 조음위치를 닮아서 소리가 변하게 되는 일이 없다.

⑬ ㄱ. 신문[신문|심문], 신발[신발|심발]

  ㄴ. 엿보다[엳뽀다|엽뽀다|여뽀다]

  ㄷ. 손가락[손까락|송까락], 벗기다[벋끼다|벅끼다|버끼다]

  ㄹ. 밥그릇[밥끄를|박끄를|바끄를], 감기[감기|강기], 임금님[임금님|잉금님]

결국 조음위치 동화는 뒤쪽의 소리가 앞쪽의 소리에 영향을 주는 것이고, 그 영향 관계를 바탕으로 연구개음이 가장 강한 조음위치이고, 다음으로 양순음, 치경음의 순이라는 것을 알 수 있다.

4.5.2 탈락

(1) 자음군 단순화

> **자음군 단순화와 관련된 한국어 말소리 원칙**
>
> 한국어의 초성과 종성에는 자음군(consonant cluster)이 올 수 없다.

---

[24] 표준 발음법에서는 조음위치 동화가 일어난 발음형을 표준으로 인정하지 않고 있다. 표준 발음법에서 표준으로 삼는 발음형은 조음위치 동화가 일어나지 않은 발음형이다. 하지만 일상 발화에서는 조음위치 동화가 일어난 발음형이 널리 쓰이기 때문에 조음위치 동화가 일어난 발음형을 잘못된 발음형이라 말하기는 어렵다. 예를 들어 '손가락'을 [손까락]이라고 하지 않고 [송까락]이라고 발음했다고 잘못된 발음이라고 할 수는 없다. 말소리장애의 평가에서는 표준 발음법보다는 일반적인 발음형으로 기준을 삼아야 한다.

⑭에 보인 것과 같이 명사나 용언어간의 음절 말음이 자음 둘로 이루어졌을 때 두 자음 중 하나가 탈락한다. 종성에 위치하게 되면 종성에 자음군이 허용되지 않기 때문에 두 자음 중 한 자음이 탈락하게 되는 것이다. ⑭에 보인 바와 같이 한국어에는 기저에 /ㄳ, ㄵ, ㄶ, ㄺ, ㄻ, ㄼ, ㄽ, ㄾ, ㄿ, ㅀ, ㅄ/ 등의 자음군이 있다.

⑭ ㄳ : 넋[넉], 넋도[넉또], 넋만[넝만]

ㄵ : 앉다[안따]

ㄶ : 많네[만네], 많소[만쏘]

ㄺ : 맑다[막따], 맑네[망네] | 맑거나[말꺼나], 맑고[말꼬]

ㄻ : 삶다[삼따], 삶네[삼네]

ㄼ : 밟다[밥따], 밟네[밤네] | 넓다[널따], 넓네[넘네]

ㄽ : 외곬[외골]

ㄾ : 핥고[할꼬], 핥지[할찌]

ㄿ : 읊고[읍꼬], 읊지[읍찌]

ㅀ : 뚫는다[뚤른다]

ㅄ : 값[갑], 값도[갑또], 값만[감만]

두 자음 중에서 선택되는 자음들은 대체로 (1) [+공명성]과, (2) [−설정성]을 가진 소리들이다. 따라서 /ㄳ, ㄵ, ㄶ, ㄻ, ㄽ, ㄾ, ㅀ, ㅄ/의 경우는 언제나 예외 없이 /ㅅ, ㅈ, ㅎ, ㄹ, ㅅ, ㅌ, ㅎ, ㅅ/가 탈락하여 [ㄱ, ㄴ, ㄴ, ㅁ, ㄹ, ㄹ, ㄹ, ㅂ]로 실현된다.[25] 반면에 /ㄺ, ㄼ, ㄿ/는 두 자음이 두 가지 조건 중에서 한 가지 조건만을 만족시키기 때문에 일괄적으로 하나가 선택되는 양상을 보이지 않는다.[26]

---

25 물론 /ㄶ, ㅀ/처럼 /ㅎ/가 두 번째 자음인 경우에는 평폐쇄음과 평파찰음으로 시작하는 어미가 후행하는 경우(/많고/, /많지/)에는 4.5.4에서 살펴볼 격음화가 일어나고([만코], [만치]), 모음으로 시작하는 어미가 후행하는 경우(/많아/, /많으니/)에는 4.5.2의 (2)에서 살펴볼 /ㅎ/ 탈락이 일어나며([마나], [마느니]), 기타 자음이 오는 경우(/많니/)에는 탈락이 일어난다([만니]). 물론 /많소/의 경우처럼 평마찰음이 오는 경우에는 [만쏘]와 같이 후행 마찰음을 경음화시킨 후에 탈락한다. 이러한 경음화 현상은 /읽다/의 경우에도 일어나는데, 결국 장애음의 경음화 현상은 자음군 단순화 이전에 일어나기 때문에 자음군 단순화로 인하여 장애음이 탈락하는 것과는 무관하다는 것을 알 수 있다.

26 대체로 앞에 보인 8개의 자음군 /ㄳ, ㄵ, ㄶ, ㄻ, ㄽ, ㄾ, ㅀ, ㅄ/의 경우는 어휘별, 화자별, 방언별 차이를 보이지 않는 반면에 /ㄺ, ㄼ, ㄿ/ 등 3개의 자음군은 어휘별, 화자별, 방언별 차이를 보이는 경향이 있다. 흥미로운 것은 /ㄳ, ㄵ, ㄶ, ㄻ, ㄽ, ㄾ, ㅀ, ㅄ/의 경우는 둘 중 한 자음이 선택의 기준이 되는 [+공명성] 혹은 [−설정성]의 요소를 확실히 우월하게 갖는 반면에, /ㄺ, ㄼ, ㄿ/의 경우는 각 자음이 선택의 기준이 되는 한 요소씩을 가지고 있다는 점이다. 따라서 [+공명성]이 선택의 우선 조건이 되는가, [−설정성]이 선책의 우선 조건이 되는가에 따라서 선택이 달라질 수 있다.

표준 발음법을 기준으로도 (⑮ㄱ, ㄴ)에 보였듯이 둘 중 하나의 자음이 선택되는 양상을 목격할 수 있다. (⑮ㄷ)에 보인 바와 같이 /ㄿ/의 경우는 늘 [ㅂ]로 소리가 나는 것이 표준 발음이지만, /ㄿ/을 기저에 가진 해당 단어가 하나뿐이라는 점과 화자들 사이에서 [을따]와 [읍따]가 함께 쓰이는 점을 고려한다면 /ㄿ/도 /ㄺ, ㄼ/와 비슷한 양상을 보인다는 사실을 관찰할 수 있다.

⑮ ㄱ. 흙[흑], 읽다[익따], 읽거라[일꺼라]

ㄴ. 여덟[여덜], 넓적하다[넙쩍하따]

ㄷ. 읊다[읍따], 읊고[읍꼬]

(2) /ㅎ/ 탈락

/ㅎ/는 한 단어 안의 공명음 사이에서 탈락한다. (⑯ㄴ)에 보인 것과 같이 활용에서만 필수적으로 나타나고, (⑯ㄱ)에서와 같이 체언에서는 수의적이다. 수의적인 /ㅎ/ 탈락은 발화 속도가 빠를수록, 비격식적 발화일수록 잘 일어난다.

⑯ ㄱ. 큰할머니[큰할머니ㅣ크날머니], 영향[영향ㅣ영양], 문화[문화ㅣ무놔], 실현[실현ㅣ시련]

ㄴ. 좋은[조은], 낳았다[나아따], 싫음[시름], 않음[아늠]

(3) /ㄴ/ 탈락

> **/ㄴ/ 탈락과 관련된 한국어 말소리 원칙**
>
> 한국어에서 /ㄴ/는 외래어, 혹은 극히 예외적인 몇 단어를 제외하면 어두에서 모음 /i/ 혹은 반모음 /j/와 연결되지 않는다.

(⑰ㄱ)에 보인 바와 같이 기저의 초성이 /ㄴ/이고 이에 후행하는 모음이 모음 /i/나 반모음 /j/인 경우에는 어두에서 기저의 /ㄴ/가 탈락된다. 이러한 이유 때문에 고유어에서 우리는 극히 예외적인 경우를 제외하고는 /n+i/, 혹은 /n+j/의 연쇄로 시작되는 단어를 찾아볼 수 없다. (⑰ㄴ)에 보인 '냠냠, 녀석, 님'은 아주 예외적인 예라고 할 수 있다. 이러한 원칙은 4.5.1 (3)에서 살펴본 설측음의 비음화로 인하여 기저의 /ㄹ/에서 온 /ㄴ/에도 적용된다. 따라서 (⑰ㄷ)에 보인 바와 같이 어두에 위치한 기저의 /ㄹ/는 반모음 /j/나 모음 /i/ 앞에 위치하게 되면 실현되지 않는다. 이 변화는

(⑰ㄹ)에 보였듯이 외래어의 어두에서는 적용되지 않는다.

⑰ ㄱ. 여자(女子) : 남녀(男女)

익명(匿名) : 은닉(隱匿)

ㄴ. 냠냠, 녀석, 님

ㄷ. 예의(禮義) : 무례(無禮)

이유(理由) : 사리(事理)

ㄹ. 니켈, 니스, 뉴욕, 리본, 리스본, 룩색

(4) /j/ 탈락

> **/j/ 탈락과 관련된 한국어 말소리 원칙**
>
> 한국어는 /ㅈ, ㅉ, ㅊ/ + /j/의 연쇄를 허용하지 않는다.

치경경구개음 뒤에는 반모음 /j/가 이어 나지 못한다. 기저의 이러한 연쇄는 표면에서 반모음 /j/를 탈락시킴으로써 발음형에 나타나지 않게 된다.

⑱ 쟈[자], 져[저], 죠[조], 쥬[주], 졔[제], 쟤[제], 챠[차], 쳐[처], 쵸[초], 츄[추], 쳬[체], 챼[체], 쨔[짜], 쩌[쩌], 쬬[쪼], 쮸[쭈], 쪠[쩨], 쨰[쩨]

4.5.3 첨가

(1) /ㄷ/ 첨가

합성어에서 후행 형태소의 첫 소리가 모음이면 /ㄷ/가 첨가된 후 음절화 과정을 거쳐 [ㄷ]가 초성으로 실현되는 반면에,[27] 후행 형태소의 첫 소리가 평장애음인 경우에는 /ㄷ/의 첨가가 후행하는 평장애음을 경음화시켜서 [ㄲ, ㄸ, ㅃ, ㅆ, ㅉ]로 실현된다.[28]

대체로 /ㄷ/ 첨가는 합성어 중에서도 '봄비'와 같이 종속 합성어[29]의 경우 많이 관찰되고, '봄가을'과 같이 대등 합성어[30]의 경우에는 잘 관찰되지 않는다. 하지만 이러한

---

27 예를 들어 {위}와 {어른}이 만나서 만들어지는 합성어 '웃어른'은 형태소 사이에 /ㄷ/가 첨가되어 /우ㄷ어른/이 되고, 음절화 과정을 거쳐 최종적으로 [우더른]이 된다.

28 예를 들어 {봄}과 {비}가 만나서 만들어지는 합성어 '봄비'는 형태소 사이에 /ㄷ/가 첨가되어 /봄ㄷ비/가 되고, 경음화와 음절화의 결과로 자음 탈락이 일어나서 최종적으로 [봄삐]가 된다.

29 어근이 각기 제 뜻을 그대로 가지고 있으나, 하나가 다른 하나를 수식하는 관계에 있는 것.

30 어근 모두가 각각 제 뜻을 그대로 유지하며 대등한 관계에 있는 것.

원칙이 언제나 잘 지켜지는 것은 아니다. 이 현상은 예외가 많고, 방언적 차이는 물론 화자들 간에도 차이가 관찰되고, 시대에 따라서도 차이를 보인다.

⑲는 /ㄷ/ 첨가의 예를 보인 것이다. ⑲에 보인 바와 같이 /ㄷ/ 첨가는 정서법에서 사이시옷으로 표기되기도 하고 표기되지 않기도 한다. (⑲ㄱ)은 합성어에서 일어나는 /ㄷ/ 첨가를 표기에 반영한 경우를, (⑲ㄴ)은 표기에 반영하지 않은 경우를 각각 보이고 있다.[31]

⑲ ㄱ. /ㄷ/ 첨가를 사이시옷으로 표기한 경우

옷어른[우더른], 윗옷[위돋], 바닷가[바다까], 나뭇가지[나무까지], 개구릿과 [게구리꽈], 오랫동안[오랟똥안|오래똥안], 전깃세[전기쎄], 뒷덜미[뒤떨미], 자줏빛[자주삗], 모깃불[모기뿔], 뒷받침[뒤빠침], 자릿세[자리쎄], 콧수염[코쑤염], 아랫사람[아레싸람], 전깃줄[전기쭐], 잔칫집[잔치찝], 종갓집[종가찝]

ㄴ. /ㄷ/ 첨가를 표기에 보이지 않은 경우

눈금[눈끔], 산골[산꼴], 손가락[손까락], 밤길[밤낄], 몸속[몸쏙], 힘줄[힘쭐], 길가[길까], 물속[물쏙], 쌀가게[쌀까게], 물고기[물꼬기]

(2) /ㄴ/ 첨가

앞 형태소가 자음으로 끝나고 뒤 형태소가 /j/ 혹은 /i/로 시작하는 합성어와 파생어에서 /ㄴ/가 첨가된다. /ㄴ/ 첨가는 앞에서 살펴본 /ㄷ/ 첨가와 마찬가지로 일정한 규칙을 찾아내기 어려우며, 화자별, 방언별 차이가 관찰된다.

⑳ ㄱ. 합성어

솜이불[솜니불], 콩엿[콩녇], 꽃잎[꼰닙], 색연필[생년필] 들일[들릴], 솔잎[솔립], 마늘잎[마늘립] 업신여기다[업씬녀기다], 불여우[불려우], 물엿[물렫], 좁쌀영감[좁쌀령감]

ㄴ. 파생어

늦여름[는녀름], 신여성[신녀성]

---

31 표기의 원칙은 합성어가 '고유어＋고유어', 혹은 '고유어＋한자어', '한자어＋고유어' 구성을 이루어야 하며, 앞 형태소가 모음으로 끝나야 하고, 후행하는 형태소의 첫 소리가 경음으로 변하거나 [ㄴ]가 덧나거나 모음 앞에서 [ㄴㄴ]로 소리 나는 경우로 요약할 수 있겠다.

왕자님[왕잔님], 공주님[공준님]

그랬군요[그렌꾼뇨ㅣ그레꾼뇨], 그럼요[그럼뇨]

4.5.4 축약 : 격음화

> **격음화와 관련된 한국어 말소리 원칙**
>
> 한국어는 /ㅎ/ + 평장애음, 그리고 장애음 + /ㅎ/의 연쇄를 허용하지 않는다.

장애음 뒤에 /ㅎ/가 오거나 /ㅎ/ 뒤에 평장애음이 오면 두 소리는 축약되어 격음 [ㅍ, ㅌ, ㅋ, ㅊ]로 실현된다. 이때 해당 분절음은 후행하거나 선행하는 /ㅎ/와 축약되어 2개의 소리가 1개의 소리로 줄게 되는데, 이때 줄어든 소리는 두 소리의 특징들이 합쳐진 제3의 소리다.

㉑ ㄱ. 놓고[노코], 놓다[노타], 놓지[노치]

　　ㄴ. 각하[가카], 맏형[마텽], 법학[버팍], 앉히다[안치다]

　　ㄷ. 싫다[실타], 많다[만타], 많지[만치]

4.6　한국어 말소리의 사용빈도

앞에서 우리는 한국어가 어떤 소리들로 구성되어 있는가, 이 소리들이 서로 만나면 어떠한 변화를 겪는가에 대해서 알아보았다. 한국어는 19개의 자음과 7개의 단모음, 3개의 활음으로 구성되어 있다. 또, 7개의 단모음은 3개의 활음과 함께 10개의 이중모음 목록을 만든다. 이렇게 29개의 음운이 존재하지만, 이중모음을 하나의 단위로 본다면 19개의 자음과 17개의 모음, 총 36개의 말소리가 발화에서 사용된다고 할 수 있다.

　이중모음은 두 개의 음운으로 구성된 소리이지만 한국어의 음운빈도를 논의할 때는 이중모음을 하나의 단위로 보고 논의하는 것이 이중모음을 활음과 단모음의 연쇄로 분석하여 두 개의 단위로 보고 논의하는 것보다 장점이 있다. 그래서 음운빈도를 논의하는 이 절에서는 이중모음을 하나의 단위로 보고 논의를 진행하였다. 이중모음을 하나의 단위로 보았을 때 가장 큰 장점은 이중모음 사이의 빈도 차이를 바로 알 수 있다는 것이다. 이중모음 사이의 빈도 차이 정보는 이중모음을 두 개의 단위로 보아 활음의 빈도와 단모음의 빈도만을 제시하는 경우에는 알기 어렵다.

이중모음을 하나의 단위로 보면 한국어는 36개의 말소리가 발화에서 사용되게 된다. 하지만 이 36개의 말소리들은 발화에서 모두 똑같은 빈도로 사용되지 않는다. 그럼 발화에서 많이 사용되는 소리들은 어떤 소리들일까? 이 절에서는 한국어 발화에서 어떤 소리들이 높은 빈도로 사용되는가에 대해서 알아보려고 한다.[32]

[그림 4-4]는 아동 언어 발화 자료를 분석한 신지영(2005ㄱ)에 제시된 한국어 전체 말소리의 사용빈도를 보인 것이다. 소수의 소리들이 전체 자료의 대부분을 차지한다는 사실을 관찰할 수 있다. 한국어에 존재하는 총 36개의 소리 중에서 불과 6개의 소리가 전체의 50.1%를 차지하는 것으로 나타났다. 상위 6개의 소리를 고빈도 순으로 나열하면 /ㅏ, ㄴ, ㄱ, ㅣ, ㅓ, ㄹ/와 같다. 고빈도 6개의 소리 중에서 자음과 모음은 각각 3개였으며, 전체 발화자료에서 자음과 모음의 비율은 각각 51.1%와 48.9%였다. 한국어 발화에서 사용되는 자음과 모음의 비율은 대체로 비슷한 것으로 나타났다.[33]

이번에는 음운을 자음과 모음으로 나누어 그 사용빈도를 비교해 보았다. [그림 4-5]와 [그림 4-6]은 각각 19개의 자음과 17개의 모음이 아동의 발화에서 각각 어떠한 사용빈도를 나타내는가를 보인 것이다. 자음이나 모음이나 상위의 세 음운이 압도적인 비율을 보이는 것으로 나타났다. 자음의 경우는 고빈도 세 음운인 /ㄴ, ㄱ, ㄹ/가 46.8%를, 모음의 경우는 고빈도 세 음운인 /ㅏ, ㅣ, ㅓ/가 53.6%를 차지하는 것으로 나타났다.

자음빈도에서 흥미로운 점은 공명음의 비율이 장애음에 비하여 월등하다는 것이다. 앞에서 살펴본 바와 같이 한국어의 자음 19개 중에서 공명음은 4개에 불과하다.

---

32 이 절에 제시된 자료는 모두 아동 언어 발화 자료를 분석한 신지영(2005ㄱ)을 바탕으로 하고 있다. 말소리장애를 보이는 주된 대상이 아동이기 때문이다. 신지영(2005ㄱ)은 아동의 자유 발화를 전문가들이 음성 전사한 자료를 분석한 것이다. 분석의 대상이 된 자료는 3~8세 아동 49명이 발화한 총 5,840발화, 51,554음절, 105,495음운이었다. 성인 발화 자료나 한국어 사전의 표제어를 구성하고 있는 말소리의 사용빈도가 필요하다면 각각 신지영(2008ㄱ, ㄴ), 신지영(2010)을 참고할 수 있다. 또 발화 자료와 사전 자료의 비교 등 음운 빈도 관련 내용에 대한 더 자세한 논의를 참고하고 싶다면 신지영(2011, 2014ㄴ) 7장을 참고할 수 있다. 연령별, 음절위치별 말소리의 사용빈도는 이 책의 〈부록 2〉에, 연령별 음절빈도는 〈부록 3〉에 각각 제시하였다.

33 한편, 영어의 경우는 모음과 자음의 비율이 각각 39.2%와 60.8%로, 자음의 비율이 모음에 비하여 높은 것으로 나타났다(Fry, 1947). 한국어와는 달리 초성과 종성에서 자음군(자음의 무리)을 허용하는 영어의 음절구조를 고려한다면, 이는 자연스러운 결과라고 할 수 있겠다. 한국어와 영어의 음운빈도 차이에 대한 더 자세한 논의는 신지영(2011, 2014ㄴ)을 참조할 수 있다.

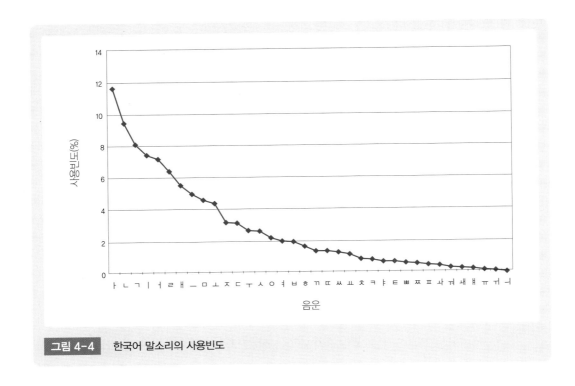

한국어 말소리의 사용빈도

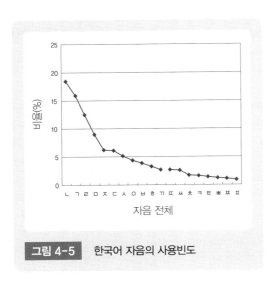

한국어 자음의 사용빈도

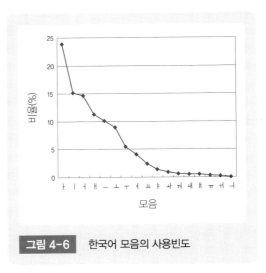

한국어 모음의 사용빈도

한국어의 19개의 자음 중에서 공명음 4개를 제외한 나머지 15개의 자음은 장애음이다. 하지만 자음의 사용빈도는 [그림 4-7]에 보인 바와 같이 장애음과 공명음이 각각 55.8%, 44.2%의 비율을 보였다. 다시 말해서 공명음은 장애음에 비해 **유형빈도**(type frequency)는 매우 낮지만 **출현빈도**(token frequency)가 매우 높았다. 반대로 장애음은 유형빈도는 높지만 출현빈도가 낮아서 그 유형수에 비해 발화에서 출현하는 비율이 매우 낮은 것으로 나타났다.

　[그림 4-8]은 자음의 출현빈도를 조음위치별로 살펴본 것이다. 조음위치별 자음의 유형수는 [표 4-4]에 보인 바와 같이 양순, 치경, 치경경구개, 연구개 각각 4개(21%), 7개(37%), 3개(16%), 4개(21%), 1개(5%)로, 치경음의 비율이 가장 높고, 후두음의 비율이 가장 낮았다. 유형빈도가 높은 치경음은 출현빈도에 있어서도 단연 고빈도를 차지하는 것으로 나타나서, 치경음의 출현빈도가 50%에 육박하는 48.7%를 보였다. 이는 치경음의 유형빈도가 37%라는 사실을 고려한다고 하더라도 여전히 높은 수치이다. 한 가지 흥미로운 사실은 양순음의 출현빈도가 14.8%로 유형빈도가 같은 연구개음의 출현빈도 24.4%에 비해 현저히 낮게 나타난다는 점이다. 결국 한국어 자음의 유형빈도는 치경＞양순＝연구개＞치경경구개＞후두의 순이지만, 출현빈도는 치경＞연구개＞양순＞치경경구개＞후두의 순이었다.

　[그림 4-9]는 조음방법별 출현빈도를 나타낸 것이다. 조음방법별 자음의 유형수는 [표 4-4]에 보인 바와 같이 폐쇄음, 마찰음, 파찰음, 비음, 유음 각각 9개(47%), 3개

그림 4-7　장애음과 공명 자음의 사용빈도

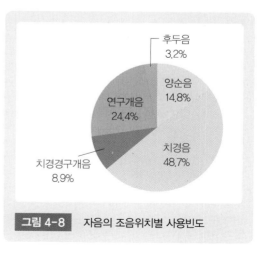

그림 4-8　자음의 조음위치별 사용빈도

(16%), 3개(16%), 3개(16%), 1(5%)개였다. 폐쇄음의 유형빈도가 매우 높은 반면에, 유음의 유형빈도가 매우 낮은 것이 특징이라고 할 수 있다. 하지만 유형빈도가 높았던 폐쇄음은 사용빈도에 있어서는 상대적으로 유형빈도가 낮은 비음(유형빈도가 1/3에 불과)에 비해 약간 높은 수치를 보일 뿐이었다(폐쇄음 : 비음=36.0% : 31.7%). 아울러 유형수가 1(5%)에 불과한 유음의 출현빈도가 12.5%를 보이는 것도 주목할 만하다.

다음은 장애음의 발성유형별 출현빈도를 알아보자. [표 4-4]에 보였듯이 평음, 경음, 격음의 유형빈도는 각각 5개(36%), 5개(36%), 4개(28%)로 큰 차이를 보이지 않았다. 하지만 [그림 4-10]에서 보듯이 출현빈도에 있어서는 큰 차이를 보여서 평음이 70.5%의 압도적인 비율을 나타냈다. 경음은 격음에 비하여 높은 출현빈도를 보였다(경음 : 격음=19.1% : 10.4%).

다음은 한국어 모음의 사용빈도에서 주목할 만한 점들을 살펴보았다. 우선 앞에서 살펴보았던 [그림 4-6]에 보인 전체 모음의 사용빈도에서 흥미로운 것은 단모음 7개가 고빈도 상위 7등까지를 차지한다는 것이다. 단모음과 이중모음의 유형수는 각각 7개(41%)와 10(59%)개였지만, 출현빈도는 [그림 4-11]에서 보듯이 단모음이 89.3%로 압도적인 비율을 보였다.

한편, 유형수에 있어서 4개(40%)와 5개(50%)로 큰 차이를 보이지 않는 ㅜ계 이중모음과 ㅣ계 이중모음은 출현빈도에서는 큰 차이를 보였다. [그림 4-12]에서 보듯이 ㅣ계 이중모음이 79.5%로 대다수를 차지하는 것으로 나타나서, ㅜ계 이중모음의

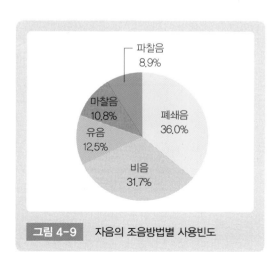

그림 4-9 자음의 조음방법별 사용빈도

그림 4-10 자음의 발성유형별 사용빈도

그림 4-11   단모음과 이중모음의 사용빈도

그림 4-12   활음 유형별 이중모음의 사용빈도

20.1%에 비해 압도적인 비율을 보였다.

[그림 4-13]과 [그림 4-14]에서 볼 수 있듯이 전설 모음보다는 후설 모음이(전설 : 후설＝29.5% : 70.5%), 원순 모음보다는 비원순(평순) 모음이 높은 사용빈도를 보이는 것으로 나타났다(원순 : 비원순＝16.1% : 83.9%). 후설 모음과 평순 모음은 전설 모음과 원순 모음에 비하여 유형빈도 또한 높았다.

마지막으로 모음의 개구도에 따른 출현빈도를 알아보자. 개구도에 따른 모음의 유형수는 고모음, 중모음, 저모음 각각 3개(43%), 3개(43%), 1개(14%)였다. 하지만 출현빈도에 있어서 저모음의 비율은 고모음이나 중모음에 비해 크게 낮은 편은 아니었다. [그림 4-15]에서 보듯이 유형수가 1에 불과한 저모음의 출현빈도는 26.7%로 나타났

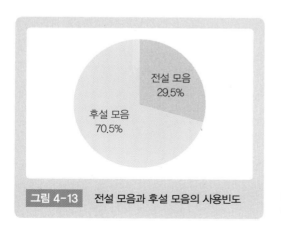

그림 4-13   전설 모음과 후설 모음의 사용빈도

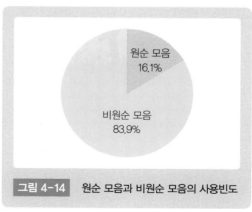

그림 4-14   원순 모음과 비원순 모음의 사용빈도

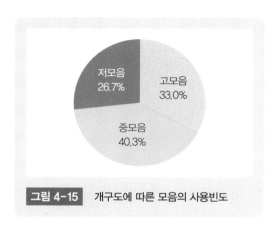

그림 4-15   개구도에 따른 모음의 사용빈도

다. 똑같은 유형빈도를 보인 고모음과 중모음은 각각 33.0%와 40.3%의 출현빈도를 보여서 고모음에 비해 중모음이 발화에서 조금 더 많이 사용되는 것으로 나타났다.

제 **5** 장

말소리발달

5.1 말소리발달 연구방법

5.2 말소리 지각의 발달

5.3 말소리 산출능력의 발달

5.4 음운인식의 발달

말소리장애 아동을 진단하고 치료하기에 앞서 언어치료사는 일반 아동의 말소리에 대한 지각과 산출의 발달양상을 잘 이해하고 있어야 한다. 이 장에서는 말소리의 발달을 이해하기 위해서 발달양상을 연구하는 방법에 대한 지식을 소개하고, 말소리의 지각과 산출 그리고 음운인식의 발달에 대해서 살펴보고자 한다. 특히 국내 연구결과를 토대로 하여 말소리 산출의 발달에 대해서는 더 상세하게 소개하였다. 이러한 일반적인 발달에 대한 정보는 진단을 하는 동안 언어치료사에게 가늠자 역할을 해주고, 치료를 하는 동안에는 치료의 순서를 이끌어 주며 이정표의 역할을 해줄 수 있을 것이다.

발달을 주제로 가장 오래된 논쟁거리는 발달이 태어날 때부터 선천적으로 결정되는 것인가 아니면 환경과 학습의 영향으로 인해 후천적으로 결정되는 것인가이다. 이 논쟁은 아직 해결되지 않았으며 앞으로도 쉽게 끝날 수 없을 것이다. 이 장에서는 말소리발달에 대한 이론이나 논쟁거리보다는, 아동(유아)들을 대상으로 연구하는 방법과 그 방법을 이용하여 관찰된 중요한 말소리의 지각, 산출, 음운인식의 발달양상을 소개하고자 한다.

5.1   말소리발달 연구방법

말소리발달을 연구하는 방법으로는 연구설계에 따라, 소수의 대상을 계속해서 반복적으로 관찰하여 분석하는 종단연구와 특정 시점에 여러 연령대의 다수 아동의 자료를 분석하는 횡단연구가 있다. 또한 주제별로도 말소리의 지각발달과 산출발달 연구방법이 있다. 구체적인 말소리의 지각과 산출발달을 살펴보기 전에 연구방법들을 알아보자.

5.1.1   종단연구

종단연구 방법은 소수의 아동을 대상으로 하여 시간의 흐름에 따라 나타나는 말소리의 변화를 관찰하여 분석하는 방법이다. 개개인의 학습과정에서 일어나는 작은 변화와 발달 순서에 대한 자세한 정보를 알 수 있다는 것이 종단연구의 장점이다. 그러나 연구하는 기간이 길고, 비용도 많이 들며, 연구 중간에 관찰하던 대상이 이사를 멀리 가거나 연락이 끊겨 자료를 수집하지 못하는 경우가 생길 수 있다는 제한점이 있다. 또한 횡단연구 방법에 비해 상대적으로 적은 수의 아동을 대상으로 연구하게 되므로 개인에 따른 독특한 정보, 예를 들어 부모가 언어학자인 언어영재 아동 혹은 장애가 있는 아동이나 말늦은 아동 등 대상 아동의 특성이 영향을 미친다. 이렇게 나온 종단연구 결과를 통해 구한 특정 말소리의 습득 순서 같은 정보로는 일반적인 경우를 예측하는 데 어려움이 있을 수 있다.

5.1.2 횡단연구

횡단연구 방법은 특정한 시점에 여러 연령대의 다수 아동을 대상으로 자료를 수집하여 분석하는 방법이다. 많은 발달학자와 언어병리학자들은 횡단연구 방법을 이용하여 발달을 연구한다. 종단연구 방법에 비해 경제적이며 짧은 시간에 연구결과를 구할 수 있다. 그러나 정확하고 정교하게 발달하는 순서와 양상을 아는 데 어려움이 있을 수 있다. 또한 아동들 간에 말소리 발달 정도와 양상은 개인차가 대단히 크게 나타난다. 이러한 개인차는 연령집단 간의 실제 차이를 축소하거나 과장시킬 수 있다. 이런 개인차 문제를 보상하려면 연구대상의 수를 많게 해야 한다. 그러나 지금까지 발달연구를 통해 인류가 얻은 지식과 정보들은 많은 부분이 횡단연구를 통해 얻은 것이라고 해도 과언이 아니다. 최근에는 횡단연구와 종단연구의 장점을 모두 얻기 위해서 종횡단연구를 함께 진행하기도 한다.

5.1.3 지각연구

(1) 초기 지각발달 연구방법

여러분은 같은 자극이 계속 반복되어 들어오면 관심이 없어지는 경험을 해보았을 것이다. 이것을 전문적인 용어로 '습관화'라고 한다. 또한 지루하게 같은 자극이 나오다가 새로운 자극이 제공되면 잠시라도 주목하고 관심을 갖게 될 것이다. 이러한 습관화와 새로운 자극에 대한 반응을 이용하여 영유아의 지각능력을 연구할 수 있다. 1970년대로부터 1980년대에 개발된 이 방법은 3~4개월의 유아들을 대상으로 말소리 지각연구를 위해 사용되었다. 유아를 두 집단으로 나누어 모두에게 일단 /pa/소리를 계속 들려주다가 습관화가 되어 소리에 익숙해진 유아가 압력계 부착 인공젖꼭지를 천천히 빨게 되면 한 집단에게만 /ba/소리를 들려주고 다른 한 집단은 계속 /pa/

소리를 듣게 하였다. 이때 변화된 소리인 /ba/를 들은 유아 집단이 젖꼭지를 빠는 속도가 유의미하게 빨라졌다(Eimas et al., 1971). 이러한 반응의 변화는 새로운 소리가 이전 소리와 다르게 지각되었다는 것을 의미하는 것이다.

(2) 음소지각 평가방법

인간의 지각능력을 확인하기 위한 방법으로 가장 많이 사용하는 것이 **변별**(discrimination)**과제**와 **확인**(identification)**과제**이다. 변별과제는 기준자극과 비교자극 간의 차이를 구별하는 검사이다. 즉 두 개의 자극이 '같다 혹은 다르다'로 답하는 검사를 생각하면 쉽다. 즉 A와 B라는 두 개의 말소리 자극을 제시하고 이 둘이 '같은지' 혹은 '다른지'를 지각하는 능력을 보는 것이다. 예를 들어 '손 : 돈', '돈 : 손', '손 : 손' 및 '돈 : 돈'과 같은 낱말 쌍을 무작위순서로 들려주고 두 낱말의 발음이 '같다' 혹은 '다르다'로 답하게 하는 것을 변별검사라고 한다. 한 단계 더 나아가 "선생님이 말한 소리하고 네가 말한 소리가 같아?"라고 질문하여 자신의 말소리를 모니터링하는 것은 외부-내부 변별과제라고 할 수 있다. 모니터링에 관한 자세한 내용은 다음 절의 '말소리 변별능력의 발달'에서 다시 자세하게 소개할 것이다.

확인과제는 A 또는 B 가운데 하나를 제시하고 이것이 무엇인지를 맞추는 과제이다. 주로 사용하는 확인과제 평가방법은 두 가지로 단답형 문제 같이 대답하는 방식과 선다형 문제처럼 예시 중에 고르는 방법이 있다. 단답형 문제의 예로는 "손, 지금 선생님이 뭐라고 했어요?"라고 질문하는 것이다. 선다형 문제의 예를 든다면 '손'과 '돈'을 칠판에 써놓고 그 위에 '손'은 '1번', '돈'은 '2번'으로 번호를 붙인다. 그리고 '손'과 '돈'을 무작위 순서로 발음해서 들려주고 아동에게 들은 것이 1번 혹은 2번이라고 대답하게 하는 것이 확인검사 방법이다. 경우에 따라서 예외가 있지만 보통은 변별과제가 더 쉽고 확인과제가 더 어려운 것으로 알려져 있다.

5.1.4 산출연구

국내에서 음운산출의 발달을 분석하기 위해 수집된 자료들은 크게 두 가지 방법을 이용하였다. 첫째는 연구목적에 따라 낱말들을 선정하고, 각 단어에 해당하는 그림을 보여주고 아동이 스스로 발음하게 하는 방법이다. 이때 낱말은 특정 검사의 목록을 이용하여 수집하거나, 발달연구를 위해 계획된 낱말들을 선정하여 수집할 수도 있다.

낱말의 이름대기과제를 통해 조음음운의 산출능력을 분석하는 것은 시간이 절약되고 편리하게 이용할 수 있으며 연구자가 알고 싶은 발달적 오류의 내용을 정확하게 유도할 수 있다는 장점이 있다.

두 번째는 자발적인 대화상황에서 아동이 자연스럽게 말하도록 하는 방법이다. 자발적인 대화는 가장 자연스러운 상황에서 아동의 사용한 음소의 목록을 작성하는 독립분석도 가능하고 실제 의사소통 능력을 평가하는 가장 타당한 방법이지만, 짧은 시간 안에 성인이 사용하는 조음음운체계를 모두 볼 수 없다는 제한점이 있다.

5.2   말소리 지각의 발달

소리를 듣고 구별한다는 사건을 전문적으로 살펴보자. 물리적 존재인 소리가 우리의 뇌를 거쳐 의미 있는 언어로 해석되기까지의 경로를 단계로 보는 이론이 있다. 그 이론에 의하면 **청감각**(sensation)단계를 거쳐 **청지각**(perception)을 하게 되고, 그다음으로 **청각적 처리**(auditory processing)를 하고 나서야 의미적 해석을 할 수 있게 된다. 비로소 언어적 인지가 가능해지게 되는 것이다. 엄밀한 의미에서 청각장애란 청감각장애를 말하는 것으로 청지각의 문제는 아니다. 말소리의 지각능력은 말소리 산출능력과 깊은 관계가 있다. 학자에 따라서는 정상적인 발달을 하는 아동들은 생후 1년 반 정도 지나서 표현어휘가 50여 개에 이르는 시기가 되면 말소리에 대한 지각능력이 완성된다고 주장하기도 하고, 모든 음소의 산출능력이 모두 습득되는 7~8세가 되어서야 지각능력이 완성된다고 주장하기도 한다.

5.2.1   초기 지각발달

모든 말소리에 대한 지각능력의 완성시기와는 거리가 있지만, 사람이 생애 최초로 음소를 변별할 수 있는 시기가 매우 이른 시기라는 것을 증명하는 실험들이 있다. 그러나 생후 2주가 되는 신생아들이 지각하는 것이 심리적 실재로서의 말소리인지 또는 음향적인 자극인지는 알 수가 없다. 예를 들어 생후 2주가 된 신생아가 [pa]와 [ba]의 차이를 지각했다고 했을 때 여기에서 대립을 보이는 [p]와 [b]가 실제 'p'와 'b'를 포함하는 단어 혹은 문장에서 사용되는 /p/ 및 /b/와는 그 성격이 본질적으로 다르다는 것이다. 언어에서의 말소리는 물리적 자극으로 그저 변별하는 것에 그쳐서는 안 되고, 머릿속에 저장(store)되고, 필요할 때 인출(retrieve)할 수 있어야 하는 것이다. 그래서 말소리는 단지 음향적 물리적 신호가 아니고, 심리적 실재라고 하는 것이다. 말소리에 대한 물리적, 음향적 지각(perception)능력이 언어적 인지(cognition)능력으로 발전해야 비로소 언어의 '말소리'들이 언어체계(linguistic system) 안에서 제 구실을 한다고 보아야 할 것이다.

5.2.2 말소리 변별능력의 발달

말소리를 산출할 수 있게 되려면 먼저 말소리들을 상호 구별하는 능력이 선행되어야 한다고 주장하는 학자들이 많다. 이들의 입장에서는 산출훈련 이전에 지각훈련 및 듣기훈련이 선행되어야 한다. 이와는 반대로 듣고 구별하지 못해도 산출할 수 있다고 하는 주장도 있다. 여기에서는 이 주장을 뒷받침하는 증거들을 나열하고 논쟁거리로 삼지는 않겠다. 그러나 언어치료사에게 있어 지각훈련과 산출훈련의 계획을 수립할 때에는 이 중 어떤 주장에 근거하여 계획을 수립해야 할 것이다.

독자들도 듣고 구별해서 발음할 수 있는 소리도 대화 중에 빠르게 들리면 소리를 구별할 수 없었던 경험이 있을 것이다. 외국어 학습과정에 흔하게 하는 경험으로, 필자는 영어의 장단모음을 구별하여 발음할 수는 있으나, 일상 회화에서 듣고 잘 구별하지 못한다. 한 언어를 완전하게 학습하려면 듣고 구별하는 능력이 없이는 습득에 한계가 있을 것이다. 이러한 소리의 구별은 청각능력의 문제가 아니다. 소리의 차이

잠깐! 🔊))) **감각과 지각**

감각(sensation) : 감각은 자극이 사람에게 들어오는 경로의 첫 단계라고 할 수 있다. 그것이 무엇인지 몰라도 외부로부터 자극이 있다고 느끼는 것을 말한다. 청각적인 감각단계라고 한다면 무엇인가 들었다고 느끼는 그 상태를 지칭할 수 있을 것이다. 청각장애 아동에게 감각검사를 하는 방법으로는 책상 밑에서 악기를 연주하거나 혹은 안 하는 상태를 표시하도록 할 수 있을 것이다. 청각장애는 지각장애가 아니고 감각장애이다.

지각(perception) : 지각은 경험과 지식세계들을 반영하는 감각 이후의 단계라고 할 수 있다. 소리의 지각은 지각하는 사람의 주관적 세계를 반영한다. '칵테일파티 효과'라고도 부르는 지각의 효과, 즉 시끄러운 곳에서도 다른 소리에 비해 자신의 이름이 크게 들리는 이 효과는 우리의 뇌가 선택적인 지각을 할 수 있다는 것을 뜻한다. 감각에 비해서 지각은 매우 능동적인 체계이다. 예를 들어 어떤 사람이 보청기를 착용하여 감각능력은 증진시킬 수 있으나, 감각능력이 바로 지각능력으로 연결되지 않을 수도 있는 것이다.

잠깐! 🔊)) **피드백과 모니터링**

피드백(feedback) : 피드백 혹은 역입이라고 하는 이 개념은 유기체가 자신의 행동에 대하여 외적 환경에 어떤 변화를 발생시키고 이런 변화가 유기체의 다음 작용에 영향을 미치는 통제장치를 의미한다. 긍정적 피드백은 산출된 반응을 더욱 강화시키고 부정적 피드백은 멈추거나 역전시켜 스스로 특정 상태를 유지하는 배후의 원리이다. 부정적 피드백은 자동온도 조절장치를 연상하면 쉽게 이해할 수 있을

것이다. 피드백은 내부와 외부에서 제공될 수 있다. 언어치료의 확립단계에서는 외부의 피드백에 의존하지만 일반화와 유지단계에서는 내부의 피드백에 의존해야 할 것이다.

모니터링(monitoring) : 유기체가 내놓는 행동에 대하여 의식적으로 감시하고 감지하고자 노력하는 상태라고 할 수 있다.

에 대한 지각능력이 필요한 것이다.

말소리의 언어적 인지가 가능하려면 말소리에 대한 변별능력 혹은 **모니터링** 능력이 필요하다. 모니터링 능력은 단계적으로 발달하는 것으로 여겨진다. 발달하는 과정을 지켜보면 어떻게 아동이 말소리를 모방하다 스스로의 말소리로 만들어 가는지를 알 수 있다. 처음에는 다른 사람의 말소리에서 음소 간의 차이를 구별하고, 그다음으로 다른 사람의 말소리와 자신의 말소리를 구별하게 되고, 마지막으로 자기 스스로의 말소리에서 음소들을 상호 구별하는 능력이 발달한다. 첫 번째 단계는 **외부 모니터링**(external monitoring), 두 번째는 **외부-내부 모니터링**(external-internal monitoring), 그리고 마지막 단계는 **내부 모니터링**(internal monitoring)에 의존하여 발달해 간다.

예를 들어 말을 처음 배우는 유아의 모습을 상상해 보면, 처음에는 유아들이 다른 사람이 말하는 /파/와 /바/를 구별하지 못하다가 시간이 지나면 이를 구별하게 된다(외부 모니터링). 다른 사람의 /파/와 /바/를 구별하는 단계가 되어도 초기에는 다른 사람의 /파/와 자신의 /바/를 구별하지 못한다. 그 후 좀 더 모니터링 능력이 발달하면 다른 사람의 /파/를 자신의 /바/와 구별하여 다르다는 것을 모니터링하게 된다(외부-내부 모니터링). 말을 배우는 초기에 어른의 말소리와 같게 모방하려고 애쓰는 유아의 모습을 확인할 수 있을 것이다. 이렇게 두 번째 모니터링 단계에 도달한 유아라고 하여도 아직은 자신의 말소리에서 /파/와 /바/를 구별하지 못할 수 있다. 그러다 더 발전하면 드디어 자신의 말소리에서 /파/와 /바/를 구분하는 완전한 말소리 모니터링 단계에 이른다(내부 모니터링).

5.3　말소리 산출능력의 발달

아이들이 어떻게 모국어를 산출할 수 있게 되는가. 태생적으로 갖고 있는 언어학습기제가 있어서 시간이 지나면 저절로 할 수 있는가, 아니면 경험을 통해 할 수 있게 되는가. 이러한 질문에 간단하게 답할 수는 없지만, 결론만 이야기한다면 선천적인 언어기제와 후천적인 학습이 상호작용하여 유아들은 말소리를 산출할 수 있게 된다. 시간이 지나면 저절로 변하는 것 가운데 우리가 관찰할 수 있는 가장 분명한 것은 성도와 조음기관이 성장하는 것이다. 영유아는 성인에 비해 성도가 매우 짧으며, 인두강도 짧다. 구강 내에서 상대적으로 혀가 앞쪽에 있으며, 구강과 인두의 모양이 성인은 거의 직각이지만 유아는 완만하게 조금씩 기우는 정도이다. 또한 유아들은 후두가 높이 올라가 있고, 연인두와 후두덮개도 매우 가깝게 위치한다. 이렇게 후두와 연인두가 가깝게 위치하고 있기 때문에 영아들은 코로 숨을 쉬고 비음발성을 쉽게 낼 수 있다는 것이다. 성인과는 다른 영아의 성도와 조음기관은 시간이 지나면서 성인의 것과 같아지면서 말소리 산출양상도 변화된다. 그러나 조음기관이 성장한다고 해서 성인과 같은 말소리를 산출할 수 있게 되는 것은 아니다. 13세 이후 숲에서 발견된 늑대소년이 인간임에도 불구하고 성인이 되어서도 언어를 사용할 수 없었던 것을 본다면, 언어습득에 있어 언어경험과 학습의 영향력은 결코 간과할 수 없다.

다음으로 말소리는 언제부터 산출할 수 있는가라는 의문이 생긴다. 또한 옹알이는 말소리인가라는 의문도 생긴다. 과거에 옹알이와 모국어는 관련이 없다고 한 적도 있으나, 이제는 6개월 이후의 옹알이는 성인언어의 영향을 받은 것이라는 데에 학자들의 의견이 모아지고 있다. 그러나 엄밀하게 말소리, 즉 음소의 발달을 언급할 때에는 첫 낱말 출현 이후 의미가 있는 낱말 이상의 언어단위에서 사용한 자음과 모음을 분석대상으로 한다.

Bleile(2004)은 말소리 습득 과정을 4단계로 나누었다. 출생부터 1세까지를 말 산출을 위한 기초확립 시기(1단계)라고 하였으며, 1세부터 2세까지를 낱말에서 문장으로의 전환 시기(2단계)라고 하였다. 다음으로 2세 후반부터 5세까지를 말소리 목록의 확장시기(3단계)이며 5세 이후를 말 산출과 문해능력의 발달 시기(4단계)라고 보았다. 이 장에서는 조음음운 산출능력의 발달은 태어나서부터 1세경 첫 낱말 출현 이전의 '옹알이 시기'와, 첫 낱말 출현부터 문장을 사용하기 시작할 수 있게 되는 2세 전반까지를 '초기 음운 발달기', 그리고 그 이후 학령기까지를 '후기 음운 발달기'로 나누어 살펴볼 것이다.

5.3.1 옹알이 시기 : 0~1세

일반적으로 아기들이 내는 소리들을 옹알이라고 표현한다. 말소리가 아닌 것은 마찬 가지이나, 생후 1개월 전후의 영아가 내는 소리와 6개월 전후의 유아들이 내는 소리 는 조금 다르게 들린다. Oller와 동료들은 우선 옹알이를 '비언어적 발성'과 '말과 비 슷한 발성'으로 나누었다(Oller, Oller, & Badon, 2006). '비언어적 발성'은 트림과 딸 꾹질 같은 생물학적 소리와 울음, 웃음, 신음소리와 같은 고정된 음성신호이다. '말과 비슷한 발성'은 고정되지 않은 음성신호로 다양한 상황에서 발성신호로 사용된다. 즉 화날 때, 즐거울 때, 혹은 평온할 때 다양하게 사용된다. 여기에서 말언어발달에 관심 있는 사람들에게 중요한 것은 '말과 비슷한 발성', 다시 말해서 '고정되지 않은 음성신 호'가 중요하다는 것이다.

 '말과 비슷한 발성'은 다시 (1) 준모음 발성, (2) 원시조음, (3) 확장, (4) 반복적, 음 절성 옹알이 단계로 분류되고 아래와 같이 발달된다. 이는 단계별로 출현하는 소리의 가장 특징적인 것을 명명한 것일 뿐이다. 중요한 것은 유아의 월령이 증가할수록 전 체 음성 중 음절성 옹알이의 비중이 점진적으로 커진다는 점이다.

(1) 발성단계(phonation stage : 0~1개월)

정상적인 발성은 되지만 불완전한 공명을 갖는 소리가 특징이다. 성인의 소리와는 다 른 특성으로 음절적 특성을 갖고 있는 비음같이 들린다. 자음 성분이 매우 짧고 모음 같은 소리를 산출한다. 준모음 단계라고도 하는데 조음기 모양은 형성하지 않고 산출 하는 모음과 유사한 소리를 산출한다.

(2) 원시조음단계 혹은 쿠잉단계(cooing stage : 2~3개월)

연구개 자음과 같은 소리, 그리고 원순후설고설 모음 /u/와 유사한 목울림 소리가 나 타난다. 간혹 이들이 결합한 소리도 산출하지만 성인음절에서 보이는 것과는 다른 형 태이다. 원시조음 단계라고도 하며 조음기로 내는 모음과 유사한 소리를 산출한다.

(3) 확장단계(expansion stage : 4~6개월)

후두와 구강조음기관의 조절능력이 크게 향상된다. 물푸레질이라고 하는 소리도 내고 으르렁거리고, 비명소리, 혀 굴리는 소리, 소리를 지르는 등의 여러 발성유형이 나타난다. 발성이 매일매일 다양해지며 반복적 옹알이 혹은 음절성 옹알이에 근접한 소리가 출현한다.

(4) 반복적 옹알이, 음절성 옹알이 단계(reduplicated babbling, canonical babbling : 6개월 이후)

'바바바', '마마마'와 같은 음절 반복이 이 시기의 큰 특징이다. 같은 자음이 반복되며 어느 정도 완전한 공명이 관찰된다. 음절은 말에 더 가까워지고 억양은 성인의 말과 유사해진다. 이 단계를 중첩적 옹알이 단계라고도 하며, 특히 자음과 모음이 배합되어 잘 형성된 음절과 유사한 소리는 음절성 옹알이(canonical babbling)이라고 한다. 하승희, Oller(2019)는 음절성 옹알이가 4~6개월 유아에게 있어 전체 옹알이 중 4%인 데 반해, 7~9개월 유아에게서는 15%로 늘어난다고 하였다. 특히 반복적, 음절성 옹알이는 자음과 모음이 합쳐져서 내는 다양한 소리를 산출하는 것으로, 옹알이에서 말 산출로 전환되는 데 있어 가장 중요한 단계라고 본다. Stoel-Gammon(1989)의 연구에 의하면 말늦은 아동은 9개월부터 21개월 사이에 같은 월령의 정상 아동들보다 반복적 옹알이와 음절성 옹알이를 적게 산출하였다. 음절성 옹알이의 양과 비중은 이후 말소리의 출현과 말언어발달에 중요한 예측인자가 된다.

또한 영어권 유아의 초기 음절성 옹알이의 형태가 CV 형태가 지배적이지만 우리나라 유아의 초기 형태는 VCV 형태도 많이 나타나는데, 이는 초기 아동에게 지속적으로 제공되는 어휘형태(엄마, 아빠, 아가, 아냐 등)의 영향일 것이라고 추정하였다(하승희 · Oller, 2019). 옹알이를 산출할 수 있게 되는 데에는 환경 자극어의 영향뿐 아니라 유아의 말소리 산출구조의 성장과 지각능력이 중요하다. 건청 유아들이 늦어도 10개월 안에 반복적 옹알이와 음절성 옹알이를 산출하는 것에 비해 청각장애 유아의 경우에는 첫돌 안에 거의 관찰할 수 없다.

이 단계에서 옹알이는 소리의 조합과 길이에 있어 진화하면서 다양한 유형이 나타나서 '진정한 말'의 시작 단계로 간주되기도 한다. 이 시기의 발성은 '뜻을 알 수 없는 말'로 들리기도 하고, 부모를 비롯한 주변 사람들은 진짜 말을 했다고 오해를 하기도 한다.

5.3.2 초기 음운 발달기 : 1~2세 전반

이 시기의 유아들은 낱말을 분화시키지 못하고 통낱말로 습득하기 때문에 어휘들 간에 음운적인 관련성을 알지는 못한다. 또한 자신의 음소목록에 있는 소리로만 된 낱말들을 선택하여 산출하며, 낱말의 모든 음절을 말하기보다는 자신의 역량에 맞추어 줄여서 말한다. 주변에서 돌이 지나고 2세가 안 된 유아들의 말소리에 귀를 기울여 들어 보자. 15개월의 남아에게 '큰엄마'를 모방시키자 '컴마'라고 산출하였으며, 다시 '큰아빠'를 모방시키자 '카빠'라고 음절축약(혹은 음절탈락)을 보였다. 유아말로 대표되는 '아찌(아저씨), 함니(할머니)' 등은 이 시기 아동들의 말소리 특징을 엿볼 수 있는 예이다. 1~2세 유아들이 초기에 산출하는 말소리들은 조음방법 측면에서 보면 주로 파열음과 비음 및 활음이며, 조음위치 측면에서는 대부분 양순과 치경 위치에서 산출되고, 음절구조 형태는 대부분 매우 단순한 음절구조로 이루어져 있다.

(1) 자음목록

이 시기의 말소리는 일반적으로 성인의 발음기준이나 음운체계와 상관없이 독립적으로 아동이 산출하는 말소리의 목록을 분석하는 방식으로 연구한다. 영어권에서 이루어진 연구들을 살펴보면, 만 1세 유아를 대상으로 구한 자음목록은 평균 4~5개였으며, 2세경에서는 평균 10개 내외였다(Bernthal, Bankson, & Flipsen, 2013; Stoel-Gammon, 1997). 한국어의 경우에도 12개월에서 23개월까지 14명의 유아가 산출하는 30분간의 자발화를 분석한 결과, 초성에서는 6~7개의 자음을 사용하는 것으로 나타났다(문희원·하승희, 2012). 우리말과 영어권 모두 만 1세에서 2세 사이에는 약 4개부터 10개 내외까지의 자음목록을 갖게 된다.

1세부터 2세까지의 일반유아 14명의 말소리 목록을 연구한 문희원·하승희(2012)의 결과에서 14명 중 50%, 즉 7명 이상의 아동이 3회 이상 보여준 음소는 /ㅃ, ㄸ, ㄲ, ㅁ, ㅂ/ 5개이다. 5개의 음소는 모두 파열음과 비음 중에서 경음과 양순음뿐이었다. 말소리 목록을 조음방법, 조음위치, 발성유형별로 요약하면 [그림 5-1], [그림 5-2], [그림 5-3]과 같다. 조음위치별로는 양순음이 가장 많으며, 조음방법별로는 파열음과 비음이 대부분이고 발성유형별로는 경음이 가장 많이 나타난다.

(2) 음절구조

이 시기는 언어적으로 첫 낱말시기부터 50낱말시기라고 분류되기도 한다. 첫 낱말은 전형적으로 한두 개의 음절로 구성되어 있으며 대부분 CV, VC, CVCV, VCV와 같은 음절구조를 취한다. 1~2세 아동의 자발화에서 각 음절의 구조에 따른 사용비율을 구한 결과는 [그림 5-4]와 같다. CV 형태가 절반 이상을 차지하는 것으로 나타났다.

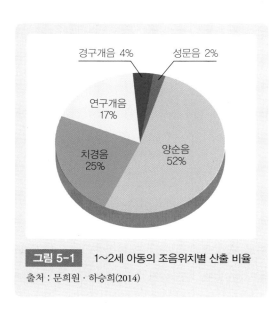

그림 5-1   1~2세 아동의 조음위치별 산출 비율
출처 : 문희원 · 하승희(2014)

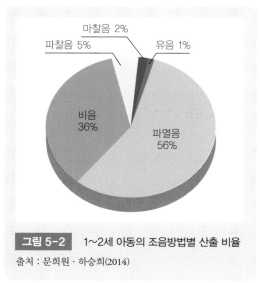

그림 5-2   1~2세 아동의 조음방법별 산출 비율
출처 : 문희원 · 하승희(2014)

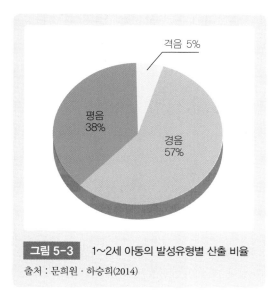

그림 5-3   1~2세 아동의 발성유형별 산출 비율
출처 : 문희원 · 하승희(2014)

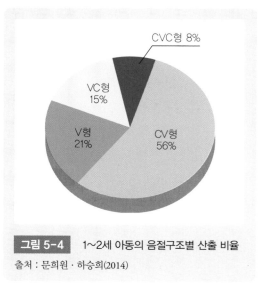

그림 5-4   1~2세 아동의 음절구조별 산출 비율
출처 : 문희원 · 하승희(2014)

5.3.3 후기 음운 발달기 : 2세 후반~6세

언어발달 측면에서 2세에서 4세 사이는 흔히 '어휘폭발기'라고도 부른다. 2세 이전에 사용하던 통낱말 전략보다는 규칙 지배 전략을 함께 사용하게 되면서 어휘가 급증하며, 다양한 말소리를 산출할 수 있게 된다.

4세에 이르면 우리나라 아동들은 종성도 잘 산출할 수 있게 되므로 대부분의 음절구조를 자유롭게 사용할 수 있게 된다. 4세부터 6세까지를 우리말소리 습득의 안정기라고 할 수 있을 것이다. 산출하지 못하던 음소들을 모두 산출할 수 있게 되고 간헐적으로 틀리던 음소들도 안정적으로 발음할 수 있게 되기 때문이다.

[읽을거리 5-1]은 2세 6개월 여아와 엄마의 대화를 전사한 것이고 [읽을거리 5-2]는 4세 5개월 여아와 엄마의 대화를 전사한 것이다. 두 아동이 보이는 말소리 산출 특징과 오류 특징을 비교해 보는 것은 흥미로울 것이다. 약 5분간의 대화량을 전사한 것인데, 발화의 길이나 어휘의 다양성뿐 아니라 말속도에서도 큰 차이를 보이며 아동이 사용하고 있는 음소목록과 음절구조목록 및 다양한 말소리 발달지표에서 차이를 확인할 수 있다.

2세 후반부터 7세까지 약 750명의 아동을 대상으로 한 단어수준의 말소리발달 연구결과를 통해서 하지완 외(2019)에서 연구자들은 3개의 말소리 발달 하위단계를 다음과 같이 구분하였다. 2세 후반부터 3세 초반까지 '말소리 목록의 확장기', 3세 후반부터 4세 후반까지 말소리가 정확해지면서 음절구조를 복잡하고 길게 산출할 수 있는 '말소리 정교화기'를 지나서 5세 전반부터 6세까지 '말소리 습득의 안정기'로 진입하며, 이후 모든 지표에서 천정효과를 보이게 됨에 따라 성인과 같은 수준의 말소리 수행수준을 보인다고 하였다. [그림 5-5]에서 단어수준 자음정확도의 발달을 볼 수 있다. 또한 문장수준에서 개정 자음정확도의 발달은 [그림 5-6]과 같다. 이제 2세부터 6세까지의 구체적인 자음목록, 음운오류패턴, 명료도의 발달을 살펴보고자 한다.

[그림 5-5]는 2세부터 6세까지 단어수준 자음정확도[1]의 발달을 보여주는 것이고, [그림 5-6]은 문장수준에서 개정자음정확도의 발달을 보여준다. 이제 2세부터 6세까지의 구체적인 자음목록, 음운오류패턴, 명료도의 발달을 살펴보고자 한다.

---

1 자음정확도 : 본 교재 7.3.2 참조.

읽을거리 5-1

• 5분간 엄마와의 대화내용 전사(2세 6개월 여아) •

조음발달과 어휘발달 표준화검사에서 일반적인 발달 수준이며 정상청력.
(철자전사를 하면서, 전사자가 전혀 알아듣지 못하거나 의도를 알 수 없는 경우 $...$ 혹은 음절수를 *로 표시, 의도는 알겠으나 발음이 틀린 경우에만 대괄호를 사용하여 발음 그대로 전사함. 같은 말이 반복되는 경우에는 반복된 말에 ^^ ^^ 표시. 웃음이나 울음과 기타 소음은 〈 〉 괄호 안에 기록)

아동	테니지오사우르스[테니지따우르즈].
엄마	응.
아동	민주 색칠해야지[태치래야지].
엄마	응 색칠해.
아동	시끄러워요[티꺼러워요]?
엄마	응 시끄러워서 껐어요 테레비젼.
	민주 오늘 유치원에서 뭐 하고 왔어요?
아동	민주 $...$ 바쁘다고.
엄마	너 친구랑 왜 싸웠어?
아동	응?
엄마	친구랑 왜 싸웠어?
아동	친구랑[치꾸랑] 민주[미주].
	싸워서[따워더].
	신발[침발] 뺏어[빼더] 갔어[가떠].
엄마	신발 뺏어 갔어?
아동	응.
	*** ****

엄마	누가?
아동	태호.
엄마	태호가 민주 신발을 뺏어 갔어?
아동	응 태호.
엄마	그래서 싸웠어?
아동	응.
	혼내지[호내디] 마?
엄마	혼내지 마 그래두.
아동	태호 아퍼?
엄마	응 니가 혼내면 태호 아파.
아동	알았어[아라떠].
엄마	여기 나무도 해야지 나무도 색깔 칠해야지.
아동	나무도 색깔[태깔] 해?
엄마	응 여기 나무.
	이거 나무 무슨 색깔이야 여기.
아동	응.
	^^이거 무^^ 이거 무슨[무든] 색깔이야[태까리야]?
엄마	이거 무슨 색깔이야?
아동	나무 색깔[대깔].
	나무 ^^이거^^ 이거.
엄마	파란색.
아동	파란[파얀] 색깔[재깔].
엄마	응.
아동	하얀 색깔[재깔].

(1) 자음의 발달

아동의 말소리 발달 순서는 단순하고 쉬운 소리부터 발달되므로, 파열음과 비음이 마찰음보다 먼저 발달하게 된다. 이러한 현상은 영어(Dodd et al., 2003; James, 2001)뿐 아니라 아랍어(Amayreh & Dyson, 1998), 만다린(Hua & Dodd, 2000), 캔토니즈(So & Dodd, 1995), 한국어(Kim & Stoel-Gammon, 2011) 등 언어권에 상관없이 공통적으로 관찰된다.

읽을거리 5-2

• 5분간 엄마와의 대화내용 전사(4세 5개월 여아) •

아동	왜 가?
	어디 가는데?
엄마	집에 가서 언니 끝나면 이따가 할머니랑 마트 갔다가.
아동	마트 갔다가 할 일은.
	엄마 마트에 갔다가 뭐 하게?
엄마	응 뭘 뭐 하게?
아동	엄마 마트에 갔다가 뭐 하게?
엄마	마트 가서 할머니가 $...$ 아이스크림.
아동	아니 마트에 간 다음에 뭐 하게?
엄마	마트 가서 아이스크림 사고.
아동	그 다음.
엄마	그리고 저녁 해 먹고.
	할머니랑 코 자고. 응?
아동	할 일이 너무 많아요.
	할 일이 너무 많아.
	엄마 잠깐[자깐] 멈춰 봐.
	우리 요가하면서 가자.
엄마	우리 민서는 좋겠네 할머니 와서.
아동	할 일이 너무 많아.
엄마	많기는 뭐가 많아?
아동	할 일이 너무 많잖아.
엄마	아니야.
	마트 갔다가 밥 먹고 씻고 코 자고 그거밖에 없는데?
	그럼 지금 가서 바로 씻을까?
아동	나중에.
엄마	지금 씻으면 이따가.
아동	언니 온 다음에.

엄마	치카만 해도 되는데?
	언니도 거기서 씻고 가는 거잖아 그러면 갔다 와서.
	^^치카랑^^ 치카만 하고 자면 돼.
아동	난 언니 온 다음에 할 거야.
엄마	알았어.
아동	언니가 좋아가지고. 〈웃음〉
아동	그래가지고 간식을 넣은[넌] 다음에 이렇게 오는 것인가[건가] 보다.
엄마	응.
아동	아이스크림 많이 오는 거나 보다 밥은.
	개미야 여기 와 봐 손가락에[톤가락에].
	어 싫어.
	^^오지 마^^ 오지 마. 〈웃음〉
아동	^^와 봐^^ 와 봐 이 작은[다근] 개미야.
엄마	가자, 할머니 기다리시겠다.
아동	엄마.
엄마	응.
아동	그런데 개미 조금[쪼끔] 보고 싶다.
	개미도 ^^엄청 많은데^^ 엄청 많은데 이거보다 엄청 많은데 보고 싶다.
엄마	진짜 엄마는 본 적 있는데.
아동	어디 있_
엄마	개미가 이만큼이나 있었어.
	괜찮아 파리야.
아동	^^파리도 파리^^ 파리 날아갔어[날라가떠].
	어머 벌이 날아갔어[날라가떠].
	벌이 나한테 똥침을 하고 날아갔어[날라가떠].
엄마	똥침을 하고 날아갔어? 〈웃음〉

　우리나라 아동의 자음발달 연구들을 요약하면 〈표 5-1〉과 같다. 표의 숫자는 그 음소의 습득연령을 표시한 것으로 해당 연령의 75% 내외의 아동이 습득한 연령을 의미한다. 연구마다 습득연령이 조금씩 차이가 있지만 음소의 습득 순서는 크게 차이가 없음을 확인할 수 있다. 연구마다 음소의 발달연령에 차이가 나타날 수 있는 것은 대

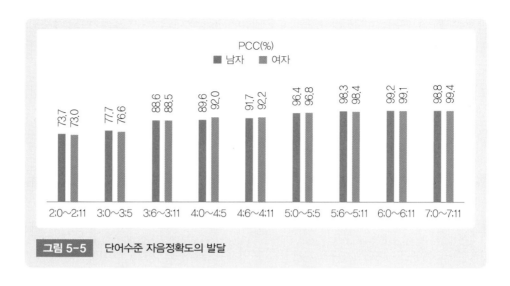

그림 5-5 단어수준 자음정확도의 발달

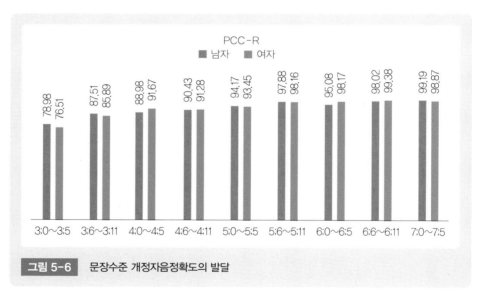

그림 5-6 문장수준 개정자음정확도의 발달

상자의 표집방법, 표집문맥에 있어 차이가 크기 때문이다. 또한 습득의 기준을 어떻게 정하는가의 문제도 중요하다.

〈표 5-1〉에 제시된 연구들은 말소리를 수집한 문맥에 있어서 차이가 있는 연구를 비교해 놓은 것이다. 김영태(1996)와 김민정, 배소영(2005)은 각각 30개, 37개의 다음절 단어에서 수집한 말소리 자료를 기반으로 습득연령을 산출한 것이고 하승희 · 김

| 표 5-1 | 우리말 자음의 습득연령 (75% 이상이 바르게 조음한 숙달연령) |

하지완 외(2019)	연령	단어		1음절 단어	자발화
		김영태 (1996)	김민정·배소영 (2005)	하승희·김민정 (2019)	Kim, Kim, & Stoel-Gammon(2017)
말소리 목록 생성기	1;0~1;11	ㅂㅃㅍㄷㄸ ㅌㄱㄲㅋㅁ ㄴㅇㅎ			ㅂㅃㅍㄷㄸㄱㅁㄴㅎ -ㅁ -ㄴ
	2;0~2;5		ㅂㅃㅍㄸ	ㅂㅃㅍㅁㄴㄱㄲㅋㅎ ㅈ -ㅌ -ㄴ -ㅇ -ㄹ - ㄸ	
말소리 목록 확장기	2;6~2;11	ㅈㅉㅊ	ㄷㄱㄲㅁㄴㅎㅉ ㅊ -ㅂ -ㅁ -ㄷ - ㄹ	-ㄱ	ㄷㅌㄲㅋㅉ -ㄷ -ㅇ -ㄹ
	3;0~3;5				
정교화기	3;6~3;11	ㅅ	ㅅ -ㄴ		ㅈㅊㅅㅆㄹ - -ㅂ -ㄱ
	4;0~4;5		ㅋ -ㄱ -ㅇ	ㅊㅉ	
	4;6~4;11				
안정기	5;0~5;5	ㅆㄹ	ㄹ-	ㅅㅆㄹ -	
	5;6~5;11				

민정(2019)은 18개의 1음절 단어에서 수집한 것이다. 단어수준에서 수집한 연구들은 모두 그림을 보고 아동들이 명명한 단어의 자음들이 바르게 산출된 비율을 구한 것이다. 이에 반해 Kim, Kim, Stoel-Gammon(2017)은 부모와의 대화상황에서 구한 자발화 문맥에서 습득연령을 산출하였는데, 아동별로 서로 다른 100어절을 분석하였다. 자발화는 단어보다 문법적으로 복잡하여 더 느리게 습득연령이 산출될 것으로 예상하였으나, 단어유도문맥과 비교하여 어려운 후기발달 음소들도 다소 빠른 연령에 습득기준에 도달하는 것으로 나타났다. 그러나 연구자들마다 산출된 소리에 대해 성공과 실패의 기준이 조금씩 다를 수 있기 때문에 직접 비교하는 것은 어려우며, 각 연구 안에서 음소가 발달하는 순서에 집중하는 것이 더 적절할 것이다.

습득연령과 순서에 있어서는 미묘한 차이를 보이지만 공통적으로 관찰되는 초성에서의 자음의 발달 순서를 우선 살펴보자. 조음방법 면에서 본다면 파열음과 비음, 성문마찰음이 먼저 습득되고 다음으로 파찰음과 치경마찰음과 탄설음의 습득이 이루어진다. 조음장소에 있어서는 양순음과 치경음이 먼저 습득되고 구개음이 나중에 습득된다. 발성방법에 있어서는 파열음의 경우에는 평음과 경음이 먼저 습득되고 격음이 나중에 습득되는 반면, 파찰음은 그 양상이 일관되지 않고 마찰음은 파열음과 달리 평음이 먼저 습득되고 경음이 나중에 습득되는 경향(전희정·이승환, 1999)이 나타난다. 한국어 습득연구의 모든 결과에서 치경마찰음과 탄설음의 발달이 가장 늦게 이루어지는 것으로 나타났다.

자음은 음절과 어절 내에서의 위치에 따라 발달양상이 조금씩 다르게 나타난다. 예를 들어 유음은 어중초성에서는 탄설음으로 나타나고 어말종성에서는 설측음으로 나타난다. 이러한 유음의 발달양상은 다른 자음들과 다른 양상을 보인다. 일반적으로 자음들은 초성에서 먼저 발달한 뒤 종성에서 출현하는 것에 비해 유음만은 종성에서 먼저 발달한 뒤 나중에 초성(특히 어중초성)에서 발달한다는 것이다. 음절 위치에 따른 발달은 유음을 제외하고는 초성이 먼저 발달하고 종성이 나중에 발달하는 경향이 있다. 어절 위치에 따른 발달은 어두와 어말이 쉬운 편이고 어중이 어려운 편이다. 그러므로 초성은 어두에서 먼저 발달하고, 종성의 경우에는 어말종성이 먼저 발달하고, 어중종성이 후에 발달한다(홍진희·배소영, 2002). 결국 어절과 음절 내 위치에 따른 발달에서 가장 어려운 위치는 어중종성이다.

우리말 자음 19개 중 초성에서는 18개만 사용되고 종성에서는 7개만 사용된다. 7개의 종성은 다시 어중 조건으로 본다면 6개만이 정확하게 산출여부를 판정할 수 있다. 어중 'ㄷ'는 실현되거나, 되지 않거나 청자가 구분하는 것은 어렵기 때문이다(예를 들어 /팥빵/, /팝빵/, /파빵/이 발음으로 구분되지 않는다). 자발화 문맥에서 2세부터 4세 아동의 종성발달양상을 살펴본 결과에서도 [그림 5-7]과 같이 낱말수준에서와 유사한 발달 순서를 보였다(우혜경·김수진, 2013). 어중에서의 종성 발달 순서는 어말종성에서 조금 더 빨리 습득되지만 그 순서는 동일한 것으로 나타났다(Kim, Kim, & Stoel-Gammon, 2017).

이제 종성에서의 자음발달을 살펴보자. 우선 조음방법 측면에서는 공명음(비음, 유음)이 먼저 발달하고 그 후로 장애음(폐쇄음)이 발달된다. 조음위치 측면에서는 치경음이 가장 쉽고, 다음으로 양순음 마지막으로 연구개음이 가장 어렵다. 종성에서 가장 늦게 발달하는 연구개폐쇄음 /ㄱ/는 4세 후반에 95% 이상의 아동이 정확하게 조

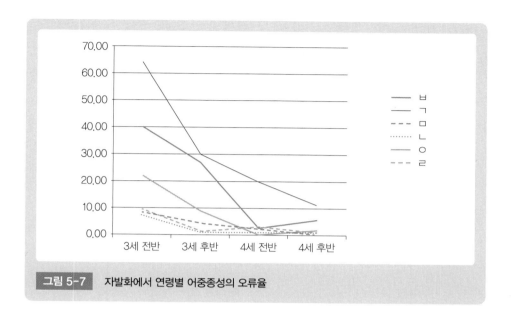

70.00
60.00
50.00
40.00
30.00
20.00
10.00
0.00

3세 전반   3세 후반   4세 전반   4세 후반

ㅂ
ㄱ
ㅁ
ㄴ
ㅇ
ㄹ

그림 5-7 자발화에서 연령별 어중종성의 오류율

음하는 기준인 완전습득에 도달하였다. 75%의 아동이 정확하게 발달하는 숙달연령을 비교한다면 어두초성에서 /ㄱ/가 2세 후반인 것에 비해서 어중종성에서 /ㄱ/는 4세 전반에 숙달연령에 도달한다. 같은 음소라 할지라도 어절 내 위치와 음절 내 위치에 따라서 다르게 발달하며, 1음절 단어 혹은 다음절 단어와 같은 문맥에 따라서도 매우 다르게 발달하는 것을 알 수 있다.

(2) 음운변동 : 음운오류패턴

[읽을거리 5-1]과 [읽을거리 5-2]의 2세와 4세 아동의 오류패턴은 전형적으로 발달하는 아동에게서 관찰할 수 있는 음운오류패턴이다. 일반적으로 어린 아동이 말을 배우면서 보이는 오류패턴을 우리는 발달적 패턴이라고 한다. 2세 아동의 발화 예를 살펴보면 "신발[침발] 뺏어[빼더] 갔어[가떠]", "파란[파얀] 색깔[재깔]"에서는 치경마찰음이 파열음화 혹은 파찰음화되고, 유음이 활음화되었다. 치경마찰음이 대부분 파열음화되거나 파찰음화되는 것을 관찰할 수 있다. 반면 4세 아동의 발화에서는 치경마찰음이 "아이스크림"에서는 정조음되다가 "손가락에[톤가락에]"서는 파열음화되기도 하였다.

[읽을거리 5-1]의 2세 유아는 /ㅅ/ 음소가 나오면 /ㄷ, ㅌ/나 /ㅈ, ㅊ/로 바꾸

어 발음하는 경향이 나타난다. 영어권 유아의 경우에도 2세 유아는 '/숩/(soup)'을 /툽/이나 /춥/이라고 발음하는 것이 일반적인 경향이다. 우리는 이러한 경향을 변동 (process) 혹은 패턴(pattern)이라고 한다. 패턴이라고 하는 이유는 유아들이 이렇게 발음하지 못하는 음소를 다른 음소로 바꾸어 발음할 때에도 나름의 규칙, 즉 패턴이 있기 때문이다. 자신의 음소목록에 있는 소리 가운데 청지각적으로 가장 근접한 소리를 선택하여 대치하는 경향이 있다. 같은 언어를 습득하는 아동들은 대개 유사한 패턴을 사용하게 된다. 영어권 아동의 경우에 보이는 대표적인 발달적 음운변동 패턴 (Vihman, 1996)은 다음과 같다.

- 전체단어변동[2] : 약한 음절생략, 어말 자음생략, 자음군생략, 중첩, 동화
- 분절대치변동[3] : 연구개음 전방화, 파열음화, 활음화

약한 음절이나 음소가 탈락하고, 어려운 조음방법의 음소가 쉬운 방법으로 대치되고 어려운 조음위치의 음소가 쉬운 장소로 대치되는 경향을 볼 수 있다. 만 2세를 대상으로 하여 우리말을 습득하는 과정에서 나타나는 음운변동에서도 아래와 같이 영어와 유사한 패턴이 나타났다(김수진, 2014). 물론 언어의 차이로 습득과정에서 오류패턴의 차이도 분명하게 나타난다. 그럼에도 불구하고 언어에 관계없이 많은 패턴이 유사하게 발달하는 가장 큰 요인은 인간의 말소리 산출의 해부학적 기제와 신경학적 구조의 성장과정이 유사하기 때문이라고 할 수 있을 것이다.

- 전체단어변동[1] : 음절생략(축약), 어중과 어말종성생략, 유음생략, 동화
- 분절대치변동[2] : 연구개음 전방화, (마찰음과 파찰음의) 파열음화, 활음화, 경음화

정상적인 말소리발달 중 나타나는 오류패턴이 중요한 이유는 후일 말언어장애를 갖게 되는 아동을 선별하는 데 있어 중요한 정보를 제공하기 때문이다. Stoel-Gammon(1991)은 24개월 된 아동을 음운발달패턴에 따라서 (1) 정상발달패턴, (2) 지체되지만 동일한 음운발달패턴, (3) 음운패턴이 발달적 패턴과 다른 형태의 집단으로 나누었는데, 이 중 두 번째 집단보다 세 번째 집단이 조기중재가 더 필요하다고 조언하고 있다. Dodd 등(2003)은 지체된 패턴과 발달적으로 다른 패턴에 대한 보다 구체

---

2   전체단어변동 : 이 책의 8.3.1을 참조하시오.
3   분절대치변동 : 이 책의 8.3.2를 참조하시오.

적인 기준을 제안한 바 있다. 자기 연령대의 아동 중 10% 이상이 사용하는 것을 '나이에 적절한 오류패턴'으로, 자기 연령대의 아동 중 10% 이하가 사용하지만 그보다 어린 연령대에서는 10% 이상이 사용하는 것을 '지체된 오류패턴'으로, 어떤 연령대에서도 10% 이상의 아동이 사용하지 않는 것을 '특이한 오류패턴'이라고 제안하면서 임상적으로 패턴분석의 중요성을 강조하였다.

김수진(2014)은 우리나라 2세경 아동의 자발화에서 빈번하게 관찰되는 오류패턴을 초기 음운패턴, 4세 이후에도 관찰되는 오류패턴을 후기 음운패턴이라고 명명하였다(표 5-2 참조). 이 연구에서 빈번한 패턴으로 선정한 기준은 성인과 아동의 대화 상황의

표 5-2 **초기 및 후기 음운오류패턴**

	2세 음운변동	4세 음운변동
음절구조변동	음절생략	–
	어중초성생략	
	어말종성생략	
	어중종성생략	어중종성생략
	유음생략	유음생략
음운대치변동	유음의 파열음화	–
	유음의 활음화	
	마찰음의 파열음화	마찰음의 파열음화
	마찰음의 파찰음화	–
	파찰음의 파열음화	파찰음의 파열음화
	연구개음 전방화	–
	평음화	–
	경음화	경음화
동화	역행동화	역행동화
모음변동	단모음화	단모음화
	평순모음화	평순모음화

약 50어절에서 20명의 아동 중 5명(25%) 이상에서 관찰된 오류패턴이다. 고빈도 음운 패턴을 살펴보면, 우선 음절구조변동에서 2세 아동의 경우에는 음절생략, 어말종성생 략, 어중종성생략, 유음생략이 빈번하였고, 4세의 경우에는 어중종성생략과 유음생 략이 5명 이상에게서 관찰되었다. 음운대치변동에서는 2세 아동의 경우 고빈도 음운 변동은 마찰음의 파열음화와 파찰음화, 파찰음의 파열음화, 유음의 활음화와 파열음 화, 연구개음의 전방화와 경음화이다. 이 가운데 4세 아동에서도 고빈도로 나타난 변 동은 마찰음의 파열음화, 파찰음의 파열음화, 경음화였다. 동화변동은 치경음동화만 2세 아동에게서 빈번하게 관찰되었다. 모음변동은 단모음화와 평순모음화가 2세와 4세 모두 빈번하게 관찰되었다. 발달적 음운변동의 명칭과 대표적인 예는 〈표 5-3〉 과 같다.

(3) 명료도의 발달

어린 아기들은 나이가 들수록 자음정확도가 증가하게 되면서 말명료도[4]는 당연히 높 아질 것이다. **명료도**란 청자들이 화자의 의도를 이해하는 수준으로, 청자가 익숙한 사 람인 경우에 낯선 사람보다 명료도가 높게 나타날 수 있다. 대략 친밀하지 않은 성 인과 대화하는 상황에서는 3세 아동이 75%, 4세 아동이 85%, 5세 아동이 95% 정 도의 명료도를 보인다고 하였다. 대화상대를 명확하게 규정하지 않았지만 Gordon-Brannan(1994)은 1세에는 25%, 2세에는 50%, 3세에는 75%, 4세에는 100% 정도의 명료도를 보인다고 하였다. 김미진 · 하승희(2012)는 청자의 친숙도에 따라 낱말수준 에서 2세부터 4세까지 아동의 말명료도를 살펴본 결과, 어머니의 경우 2세 전반에는 45%의 낮은 명료도를 보이다가 3세 후반에 가서 80%로 크게 개선되는 것으로 나타 났다. 반면 낯선 청자가 평가할 경우 2세 전반에는 38%의 명료도를 보이다가 3세 후 반에서는 74%의 명료도를 보이는 것으로 나타났다. 대략 낱말수준에서 2세가 되면 40%, 3세가 되면 75% 내외의 명료도를 갖게 된다고 할 수 있겠다.

자음정확도 등의 말소리 산출능력의 지표가 있음에도 불구하고 명료도를 측정하고 자 하는 것은 말소리에 영향을 미칠 수 있는 다양한 요소들이 포함된 일상적 상황에 서의 의사소통 수준에 대한 관심 때문이다. 따라서 말명료도의 평가는 자발화, 그중 에서도 일상적인 대화를 대상으로 하는 것이 말명료도의 평가 목적에 가장 부합할 것

---

4 명료도 : 본 교재 7.3.3 참조.

| 표 5-3 | 발달적 음운오류패턴 분류 및 정의* |

I. 음절구조변동 분류	설명	예
1. 음절생략	축약 혹은 음절생략	하비/하라버지
2. 어중초성생략	어중초성의 생략(유음 제외)	머으면/머그면
3. 어중종성생략	어중종성의 생략(유음 제외)	**어**떠/업써
4. 어말종성생략	어말종성의 생략(유음 제외)	우**도**/우동
5. 유음생략	초성에서 탄설음생략 종성에서 설측음생략	이어케/이러케 힌**바**/신발

II. 대치 분류	소분류	설명	예
1. 유음오류	활음화	유음이 활음으로 산출	바**요**/바로
	비음화	유음이 비음으로 산출	호**낭**이/호랑이
	파열음화	유음이 파열음으로 산출	때**뎌**/때려
2. 마찰음오류	파열음화	치경마찰음이 파열음으로 산출	업**떠**요/업써요
	파찰음화	치경마찰음이 파찰음으로 산출	**체**명이야/세명이야
3. 파찰음오류	파열음화	파찰음이 파열음으로 산출	마니**도**/마니조(많이 줘)
	기타	파찰음이 파열음 외 음소로 산출	**후**카합니다/추카합니다
4. 연구개음 전방화		연구개음의 조음위치가 앞으로 이동되어 치경음 혹은 경구개음으로 산출	여**디**떠/여기써
5. 평음과 격음의 경음화		평음과 격음이 경음으로 산출	이**찡**/이층

이다. 자발화에서 명료도 발달 연구는 평가방법에 따라 상이한 결과를 보여주고 있다. 김수진·김정미·윤미선(2013) 연구에서는 문맥적 단서가 되는 상대의 말을 들려주지 않고 아동의 말만 녹음으로 들려주고 언어치료학 전공 학생들이 받아 적게 한 결과 2세 아동은 49%, 3세 아동은 51%, 4세 아동은 57%로 나타났다. 반면 하승희·황진경(2013)에서는 상대방의 대화 등 문맥단서를 포함한 전체 대화를 듣고 연구자가 받아 적은 결과 2세에 86%, 3세 후반에 97%에 이르는 것으로 나타났다. 영어권의 자발화 명료도 연구에서도 문맥 정보를 모두 함께 제공한 경우 명료도는 3세 후반에

96%에 이르는 것으로 나타났다(Flipsen, 2006).

　말소리장애를 진단하는 임상장면에서는 명료도보다 자음정확도, 단어단위 지표 등 다양한 지표를 사용하고 있다. 이러한 지표들은 일반 아동의 말소리발달을 잘 보여준다. 그러나 이 책에서는 본격적인 말소리장애의 진단을 소개하는 제7장에서 지표를 구하는 방법을 소개하면서 일반 아동의 규준 데이터로 발달자료를 제시하고자 한다.

5.4   음운인식의 발달

말은 발화, 음운단어, 음절, 음소와 같은 작은 단위들로 구성되어 있다. 큰 단위는 작은 단위로 나눌 수 있다. 예를 들어 발화와 같은 큰 단위는 하위의 단어 단위로 분리해 낼 수 있다. **상위언어학**(metalinguistic)은 이렇게 언어의 단위에 대한 인식과 조작 능력을 말한다. 이 가운데 특히 **상위음운론**(metaphonology)은 말소리 단위에 대한 인식과 조절능력을 말하는 것으로 음운인식과 같은 말로 쓰인다. **음운인식**(phonological awareness)이란 이렇게 언어기호를 구성하는 개별 언어 단위를 구별할 수 있는 능력을 포괄적으로 일컫는 말이다. 일반적으로는 이러한 각 단위로 분리하거나 합성할 수 있는 능력을 측정하여 음운인식의 발달을 확인한다. 음운인식은 조음음운능력과 아울러 문자의 습득과 밀접한 관련이 있는 것으로 알려져 있다. 음운인식이 발달할수록 글자를 읽거나 쓰는 것이 발달하고 철자를 알게 되면 음운인식이 더욱 발달될 수 있으므로 서로 영향을 주고받는다.

5.4.1   음운인식의 수준

단어 쌍들이 공통적인 음운요소를 가지고 있음을 알기는 하지만 그 요소를 의식적으로 표현하지는 못하는 수준을 **초보 음운인식 수준**(shallow levels of awareness)이라고 할 수 있다. 예를 들어 '마차, 마음, 마당, 마패' 등의 단어를 듣고 같은 소리로 시작하는 것을 인식할 수 있으나, '마'자로 시작하는 말이라고 말하지는 못하는 단계이다.

　다음으로는 단어와 음절의 음운구조에 대하여 의식적으로 인식할 수 있는 수준을 **심화 음운인식 수준**(deep levels of awareness)이라고 한다. 예를 들어 '말'과 '마차'가 같은 /ㅁ/로 시작하는 것을 인식하거나 표현할 수도 있는 수준으로, '말'에서 첫 소리를 빼서 '알'을 만들 수도 있으며 '말'이 /ㅁ/, /ㅏ/, /ㄹ/ 3개의 음소로 이루어짐을 구별할 수도 있어야 한다.

심화 음운인식 수준에서 할 수 있는 과제로는 음절인식, 음절체 혹은 두운 (alliteration)인식, 각운(rhyme)인식, 음소인식 등이 있다. 음절인식은 예를 들어 '마차'라는 단어가 2개의 구별되는 음절이라는 것을 알고 둘로 나누거나 다시 둘을 합칠 수 있는 것이다. 두운인식은 '말'이라는 단어와 '만'(말:만)이라는 단어에서 초성과 중성의 합인 두운 '마'가 같다는 것을 인식할 수 있는 것을 의미한다. 두운의 정의는 초성과 모음을 합한 음절체로 보거나, 간혹 초성(onset)만 같아도 두운이 같다고 하므로 각 연구의 조작적 정의를 참고하는 것이 좋다. 각운인식은 '말'이 '팔'과 '발'이라는 단어와 각운(여기에서는 모음과 종성)이 같음을 알 수 있는 것을 의미한다.

5.4.2 음운인식의 평가

음운인식을 평가하기 위해서 좀 더 구체적으로 정의해 본다면, 음운인식이란 언어적 단위들을 합성하거나 분해할 수 있는 능력이라고도 할 수 있다. 음운인식을 평가하는 과제의 특성이 다르므로 음운인식 연구들 간의 직접적인 비교는 어렵다. 음운인식 평가과제의 예는 〈표 5-4〉와 같다.

학령전기의 어린 아동을 대상으로 위와 같은 음운인식과제를 모두 실시하는 것은 현실적으로 매우 어렵다. 그러나 학령전기의 말소리장애 아동의 음운인식은 꼭 필요한 평가 영역이므로, 현장에서는 간편하게 적용할 수 있도록 개발된 음운인식 선별검사(김수진 외, 2018)를 적용할 수 있을 것이다. 음운인식 선별검사는 주로 탈락과제를 사용한다(Catts, et al., 2001). 그 이유는 첫째로 일반 아동과 말소리장애, 언어장애를 가지고 있는 아동들을 변별해 주는 요인으로 알려져 있고(Leitao et al., 1997), 둘째로 탈락과제는 집중력이 길지 않은 아동들에게 특히 제한된 여건에서 가장 짧은 시간 안에 실시할 수 있기 때문이다. 국내에서 개발된 선별검사 문항 구성 및 간단한 실시방법은 [읽을거리 5-3]과 같다.

5.4.3 음운인식의 발달

앞에서 언급한 바와 같이 **음운인식**(phonological awareness)은 말소리에 대한 인식과 조작능력을 포괄적으로 일컫는 말로서, 말소리 단위에 따라 각 단위를 분리하고 합성하

표 5-4	음운인식 과제*

과제	과제의 예
단어 탈락	'왕'과 '개미' 각각의 그림을 보여준 뒤 "여기 그림을 보면 왕개미라고 할 수 있는데 여기에서 '왕'그림을 빼면 무슨 소리가 남죠?"라고 질문
단어 합성	'바나나'와 '우유' 각각의 그림을 보여준 뒤 "바나나와 우유를 합하면 무슨 소리가 되지?"라고 질문
단어 변별	'배(탈것)', '파', '배(과일)'의 그림을 보여준 뒤 "세 개의 그림 중에서 다르게 소리가 나는 것은 무엇이지?"라고 질문
음절 탈락	"'그네'에서 '그'를 빼면 무슨 소리가 남죠?"
음절 합성	"'당'소리에 '근'소리를 더하면 무슨 소리가 되죠?"
음절 변별	"'가게', '가방', '탱크' 중에서 앞소리 하나가 다른 것은 뭐죠?"
각운 변별(음소 변별)	"'말', '발', '정' 중에서 각운(끝나는 소리가)이 다른 것은?"
각운 산출	"'팔'과 각운이 같은 말은?"
두운 변별(음소 변별)	"'칼', '컵', '북' 중에서 두운(시작하는 소리가)이 다른 것은 뭐죠?"
두운 산출	"'산'과 같은 소리로 시작하는 말은?"
초성 분리	"'달'은 어떤 소리로 시작하죠?"
중성 분리	"'달'의 가운데 소리는 뭐죠?"
종성 분리	"'달'의 끝소리는 뭐죠?"
음소 분절	"'달'을 만드는 세 개의 소리를 따로따로 말해 보세요."
음소 탈락	"'매'에서 /ㅁ/(므)를 빼면 무슨 소리가 남죠?"
음소 합성	"/ㄱ/(그) 소리에 /ㅐ/를 더하면 무슨 소리가 되죠?"
음소수 세기	"'달'은 몇 개의 소리가 함께 만든 건가요?"

*홍성인(2001) : 단어와 음절 및 음소에서 합성, 변별, 탈락과제

는 등 다양한 능력을 포함한다. 음운인식 평가도구들을 살펴보면 말소리 단위를 단어 수준, 음절수준, 음소수준으로 나누어 각각 수세기, 변별, 탈락, 합성, 대치 과제 등을 적용할 수 있다. 과제 구성에 따라서 난이도가 달라져서 모든 연구결과들을 종합하여 발달 양상을 정리하는 것은 어렵다.

　말소리 습득이 활발한 2세부터 6세 이후까지 발달되는 것은 분명해 보인다. 우선

읽을거리 5-3	

• 음운인식 선별검사 문항 및 실시요령* •

[훈련단계]

1. 아동에게 '꽃' 그림과 '병' 그림을 보여주고 합하여 '꽃병'을 말하게 한다.
2. 아동이 반응한 후 검사자는 '꽃' 그림을 가린 후, "이번에는 꽃병에서 '꽃'을 빼고 말해 보세요."라고 지시한다.
3. 이 절차를 '종이컵(종이와 컵 그림)', '딸기우유(딸기와 우유 그림)'에서 반복한다.
4. 아동이 실패했을 경우 검사자는 적절한 반응을 알려준다.

[검사단계]

1. 훈련을 마친 후, 검사자는 목표낱말을 읽어준 뒤, 밑줄 친 부분을 빼고 각각의 검사항목을 말하게 한다. 모든 낱말에서 생략해야 하는 부분은 소릿값으로 말한다(예: 야구방망이에서 /야구/를 빼고 말해 봐요).
2. 검사항목은 그림을 사용하지 않고 실패해도 피드백을 주지 않는다.

3. 연속해서 5개가 실패하면 검사를 종료한다.

검사항목				
1	**야구**방망이		11	**코**끼리
2	**동전**지갑		12	**수**요일
3	**손톱**깎이		13	**풍**선
4	**소**고기		14	**바**지
5	**책**가방		15	**휴**지통
6	**신**발장		16	**호**랑이
7	**물**총		17	**축**구공
8	**비**옷		18	**유**리창
9	**창**문		19	**오토**바이
10	**놀**이터		20	**안녕**하세요

* 김수진 · 오경아 · 서은영 · 고유경(2018) 음운인식 선별검사 탈락과제

영어의 경우 일반적으로 2세부터 두음(onset)과 각운(rime)에 대한 변별과 조작능력이 발달하고 3세에는 음절체(alliteration)를 인식하고, 4세에는 음절의 수세기 및 음절의 분리가 발달한다고 하였다(Schuele & Boudreau, 2008; Chaney, 1992). 한국어의 경우 4세에서 6세에 걸쳐 음절-음절체-각운-음소의 순서로 발달한다(이숙 · 김화수, 2014; 홍성인, 2001). 말소리 단위별로 살펴보면 음절단위의 인식능력은 주로 4세경에 발달하고 음소단위의 능력은 대부분 6세에 발달한다고 보고되어 있다(신혜정 · 박희정 · 장현진, 2009). 음절과 음소수준의 생략과제를 이용하여 5세 전후반과 6세 전반의 수행력을 비교한 결과, 음절수준의 과제는 5세 후반에 확립되었고, 음소수준의 과제는 6세에 이르러야 절반 정도의 정확도(53%)를 보였다(김선정 · 김영태, 2006). 국내외 연구들을 모두 종합해 볼 때 음절에 대한 인식은 4세경에 확실하게 나타난다.

　음소수준에서 과제별 발달 순서를 살펴보면 변별, 합성, 분절 능력이 먼저 발달하

고, 탈락과 대치는 그 후에 발달한다(Adams, 1990; Yopp, 1988). 한국어의 경우 합성
-변별-탈락-대치 과제 순으로 발달하는데 5세에 변별, 탈락, 합성 능력이 급격한 발
달을 보이고 대치는 6세에 급격한 발달을 보였다(이숙 · 김화수, 2014).

음운인식 과제를 변별과제와 산출과제로 나누어 살펴보았는데, 변별과제도 2세부
터 발달하기 시작하여 학령기 직전까지 점진적으로 발달한다. Chaney(1992)의 연구
에서, 두 단어 쌍이 각운을 이루는지 판단하도록 한 변별과제에서는 3세 아동 중 61%
의 아동이 정반응을 보였으며, 산출과제에서는 35%의 아동이 정반응을 보여주었다.
변별과제가 산출과제보다 쉽고 먼저 발달한다.

음운인식 산출과제 중 특히 탈락과제(deletion task)는 낱말 내의 소리를 직접적으로
조작하고 분리해야 하는 과제로 난이도가 비교적 높고, 음운인식 발달의 후기에 완성
된다고 알려져 있다(Torgesen et al., 1994). 또한 다른 음운인식 과제들에 비해서 탈락
과제가 읽기와의 상관성이 높게 나타나기 때문에 다양한 연구들에서 과제로 사용되
었다. [읽을거리 5-3]의 선별검사를 4~6세 일반 아동이 수행한 결과는 [그림 5-8]과
같다. 이 검사는 음소수준의 문항은 없고 음절탈락과제까지만 포함되어 있음에도 불
구하고 6세 아동의 평균이 천정점수에 이르지 못한 것을 볼 수 있다. 음소탈락은 학령
기 이후에 가능할 것으로 추정된다.

홍성인(2001)에서는 상관분석을 통해 음운인식능력이 지능이나 어휘력보다 단어

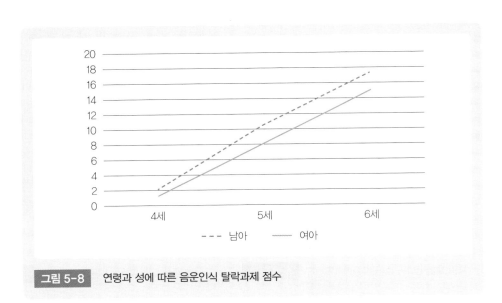

그림 5-8   연령과 성에 따른 음운인식 탈락과제 점수

재인과 더 높은 상관관계가 있음을 보여주었다. 단어재인은 읽기에 있어 가장 초기 발달능력이라고 할 수 있는 능력임을 감안할 때, 초기 읽기능력은 지능지수나 어휘 점수보다 음운인식능력이 더 중요한 예측 지수일 수 있다는 것이다. Clark-Klein과 Hodson(1995)은 음운장애 아동의 음운인식에 대한 연구내용을 종합하여 분석한 뒤, 음운장애 아동은 정상 또래 아동에 비해 읽기 쓰기에 더 문제를 보일 수 있으며, 일반 적으로 말소리 산출에 어려움이 있는 아동이 유치원과 1학년 초기에 읽기 쓰기 교육 을 받기 시작할 때 어려움을 크게 느낀다고 하였다. 또한 수용 및 표현 언어장애를 동 반한 음운장애 아동은 음운문제만 있는 경우보다 음운인식과 읽기과제에서 더 큰 문 제를 보였다. 음운장애 아동이 음운인식을 습득하는 데 어려움이 있는 경우, 초등학 교 1학년을 전후한 초기 문자 교육 시기에는 어려움을 안 보였다고 하더라도 학습에 있어 요구수준이 증가하는 고학년으로 가면서 문제가 드러날 확률이 높다. 그러므로 학령전기에 말소리장애 아동을 만나게 되는 언어치료사가 아동의 말소리 산출능력과 함께 음운인식의 발달에 대해서도 관심을 갖고 직접적인 지원전략을 수립할 필요가 있다.

제 6 장

말소리장애의 분류 : 원인 및 관련 요인

6.1 말소리장애의 분류체계

6.2 원인을 모르는 말소리장애

6.3 조음기관 구조장애

6.4 신경계 조절장애

6.5 청각장애

6.6 말소리장애의 관련 요인

바르게 발음을 할 수 있는 것을 우리는 너무도 당연하고 쉬운 일로 여긴다. 그러나 발음을 가장 잘할 것 같은 아나운서들도 가끔 틀리게 발음하는 경우를 볼 수 있다. 이러한 일시적인 오류보다는 지속적인 오류가 언어병리학의 관심 대상이 된다. 지속적인 오류를 보이는 것을 **말소리장애** 혹은 **조음음운장애**라고 한다.

말소리장애는 여러 가지 원인으로 생길 수 있다. 그러나 우리는 그 원인을 아는 경우도 있고 또 모르는 경우도 있다. 원인을 아는 경우로는 조음기관 구조장애, 신경계 조절장애, 청각장애 등이 있다. 임상현장에서 만나는 말소리장애 아동의 인구 특성 및 장애 특징에 따른 분포를 알아보기 위한 대규모 설문조사 결과(김수진 외, 2015), 치료실을 찾는 가장 많은 말소리장애 아동의 연령은 4~7세이고 남녀 비는 약 2 : 1이 었으며, 전체 말소리장애 아동 3,128명 중 다른 의사소통 문제가 전혀 없이 말소리 산출에만 문제를 보이는 순수한 말소리장애 아동은 824명(25%)이었다. 75%의 아동이 언어장애, 지적장애 등 다양한 문제를 동반하고 있다고 응답한 것이다.

언어치료사를 대상으로 한 심화 설문조사 연구결과, 말소리장애 아동 389명에 대한 구체적인 원인별 분류에서 약 130명(33%)의 아동은 원인을 모른다고 대답하였고, 다른 67% 아동의 말소리문제 원인 혹은 잠재적 원인이 있다고 응답하였다. 구체적인 말소리장애의 원인별 분포 비율은 [그림 6-1]과 같다(김민정 외, 2015).

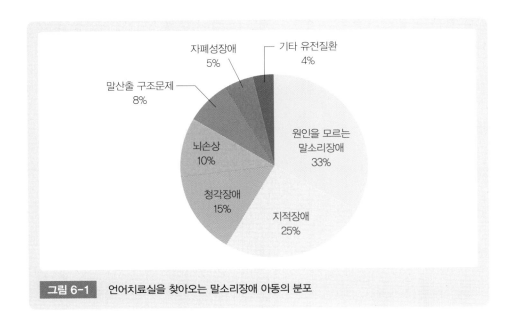

그림 6-1 언어치료실을 찾아오는 말소리장애 아동의 분포

이 장에서는 우선 말소리장애의 분류체계를 살펴보고자 한다. 원인을 모르는 말소리장애의 특징을 먼저 살펴보고, 원인을 모르는 말소리장애 아동을 중심으로 동반 문제와 기타 관련 요인들도 소개하고자 한다. 다음으로 원인을 아는 말소리장애로 조음기관 구조장애, 신경계 조절장애, 청각장애의 원인별 증상을 살펴볼 것이다. 원인을 파악하는 것은 진단과정과 치료과정에 도움을 준다. 그러나 임상에서 우리는 많은 경우 원인을 파악하지 못하고 있다. 이런 경우에 연구자들은 말소리장애와 동반 문제와 관련된 기타 요인을 찾는 노력을 하기도 한다. 특히 동반 문제의 유무에 따라서는 이후 발달에도 다른 예후를 보일 수 있고, 언어치료사는 치료적 접근방법을 다르게 선택해야 하기 때문이다. 분류체계의 기준을 먼저 살펴보면, 말소리처리과정에 따른 장애를 고려할 수 있고, 널리 사용되는 기준으로는 잠재적인 원인과 증상별 특징이 있다. 말소리장애를 어떻게 분류할 것인가를 고민하는 이유는 분류된 각각의 하위집단별로 보다 효율적인 중재전략이 달라지기 때문이다.

6.1 말소리장애의 분류체계

정확한 원인을 말할 수는 없지만 말소리장애라는 증상을 보이는 모든 경우가 매우 다양한 특성을 갖고 있고, 이들에 대한 분류를 위해 많은 노력을 해왔다. 분류 기준을 이해하는 것이 말소리장애 전반을 이해하는 데도 도움이 될 수 있다.

임상에서 제안된 광범위한 분류체계를 살펴보기 전에 말소리 지각과 산출의 처리 모형에 근거하여 말소리장애를 분석하고자 하는 시도를 소개하고자 한다. 이 모형은 정상적으로 말소리를 지각하고 이해하는 과정 그리고 다시 발화 의도를 말로 산출하는 과정으로, [그림 6-2]와 같이 도식적으로 나타낼 수 있다. 이 모형의 특정 단계에서 어려움을 보인다면 일반적인 말소리 처리나 산출에 어려움이 드러날 수 있다는 것이다.

말처리 혹은 음운처리 모형에서 사용된 용어들은 생소하고, 논문들마다 사용한 용어 혹은 번역한 용어들이 차이가 있다. 그 이유는 말처리에 관심을 갖고 연구하는 다양한 분야의 연구결과들이 공존하기 때문이다. 우리나라에서는 언어학, 심리학, 언어병리학을 연구 분야별로 조금씩 다르게 표현하고 있으므로 우리말과 영어 표현

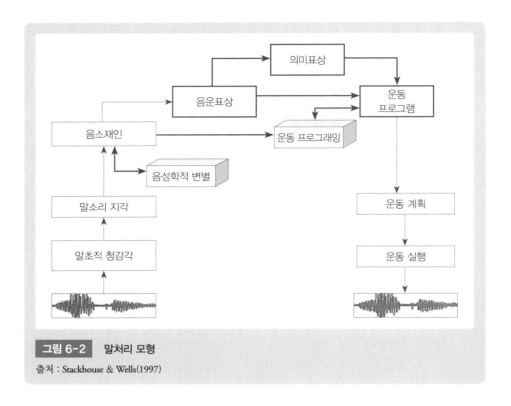

그림 6-2 말처리 모형

출처 : Stackhouse & Wells(1997)

을 함께 익혀둘 필요가 있다. 청감각으로 시작해서 운동 실행에 이르는 Stackhouse와 Wells(1997)의 말처리 모형의 각 단계를 살펴보자.

첫 단계로 **말초적 청감각처리**(peripheral auditory processing) 단계는 소리를 들을 수 있는지를 의미하는 것으로, 청각장애가 있다면 이 단계에서 어려움을 겪게 된다. 둘째 단계로 **지각** 단계(speech/non speech discrimination)는 경험을 반영하는 것으로 말소리와 그 외의 소리를 구분하여 들을 수 있어야 하고, 또한 말소리들 간의 차이를 변별(phonetic discrimination)할 수 있어야 한다. 변별된 소리는 **음소재인**(phonological recognition)이 되어야 한다. 여기에서 음소재인이란 이미 머릿속에 있는 소리들과 맞추어서 어떤 소리로 구분될 수 있다는 것을 의미한다. 대부분의 사람들은 모국어 말소리 목록에 맞추어서 들어오는 소리들을 구분하여 듣게 되는 것이다. 다음 단계로는 **음운표상**(phonological representation)을 만들고 이 표상은 다시 **의미표상**(semantic representation)이 되어야 우리는 그 의미를 파악할 수 있게 된다. '표상'이나 '재인'의 영어 표기를 보면 '다시'라는 의미의 're'라는 접두사가 붙은 파생어이다. 새로 들어온

정보를 기존에 머릿속에 저장된 어떤 정보와 합해서 저장하거나 인출되어야 하기 때문이다. 우리가 일상적으로 어떤 말을 입력하거나 산출할 때 생전 처음 듣는 말은 따라 말할 수는 있지만 이해는 할 수 없다. 의미를 모르는 외국어를 듣고 따라 말할 수 있는 것은 '음운표상'을 만드는 것은 성공했지만 '의미표상'은 없어서 그 의미를 이해할 수 없다는 뜻이다.

이제 말 산출 단계를 더 자세히 살펴보자. 말을 산출할 때 가장 많은 경우는 의미표상이 있는 경우이다. 말을 자발적으로 시작할 때 말운동은 대부분 어떤 순서로 움직이는지 **운동 프로그램**(motor program)을 갖고 있으며 그 프로그램에 따라서 운동 순서를 계획한다. 그러나 간혹 처음 듣는 말을 따라 한다거나 하는 경우 새롭게 **운동 프로그래밍**(motor programming)을 해야만 한다. 운동 프로그래밍을 통해 운동 프로그램을 만들면 다음으로 상황에 맞게 **운동 계획**(motor planning)을 해야 한다. 예를 들어 주변 소음이 크면 우리는 좀 더 큰 소리로 산출하도록 계획해야 하고, 수업시간에 눈치가 보이면 아주 작은 소리로 산출하도록 계획을 계속 수정해야 한다. 마지막 단계로 발성 조음기관의 근육조직들을 움직이는 **운동 실행**(motor execution) 과정을 통해 말소리를 산출한다.

말소리장애가 있는 아동을 진단평가할 때 이런 말처리 단계별 수행에 따라 분류해야 한다는 주장을 하는 학자들은 표면적으로 나타나는 증상만 개선하는 것에는 한계가 있다고 한다. 그러나 이러한 단계별 수행수준을 평가하는 도구와 근거에 기반한 치료접근법에 대한 개발은 부족한 실정이다. 그럼에도 불구하고 이러한 말처리과정에 대한 이해는 다양한 말소리장애 하위집단의 말, 언어, 문해력 등의 특성을 이해하는 데 크게 기여하고 있다. 이 처리단계 모형은 이론에서 출발하여 말소리장애를 분류하는 데 기여하고 있지만 다음에 소개하는 두 가지 분류체계는 현장에서 말소리장애 아동들을 평가하고 분류하면서 만든 분류체계로 많은 임상적 시사점을 갖고 있다.

6.1.1 잠재적 원인에 따른 분류

Shriberg를 중심으로 한 연구자들은 [그림 6-3]의 우측과 같이 말소리 산출장애를 우선 원인(etiology)에 따라서 크게 **말소리 지체**(speech delay, SD)와 **말소리 오류**(speech error, SE)로 나누고, 다시 잠재적 원인에 따라서 일곱 가지 하위집단으로 분류하였다. 말소리 지체는 아직 밝혀지지 않았을 뿐 대부분 유전적인 원인이 있다고 보고 있으며 학령기에 이를 때까지 말소리 습득이 완성되지 못하는 경우인데, 말소리 지체의 경우는 다음과 같은 다섯 가지 하위집단으로 분류된다. [그림 6-3]에 소개된 말소리장애 분류체계(Speech Disorders Classification System, SDCS)는 영문자 약어 표시로 사용되는 경우가 흔하므로 약어와 함께 제시하였다.

(1) **인지·언어문제를 동반한 말소리 지체(SD-GEN)** : 말소리장애 아동의 약 절반 이상(56%)을 차지하는 집단으로 인지·언어적인 문제를 함께 갖고 있다. 자음 탈락 등 심각한 조음오류가 빈번하다.

(2) **청각적 처리문제를 동반한 말소리 지체(SD-OME)** : 삼출성 중이염 등 청각적 처리에 어려움이 있었을 것으로 가정되는 집단으로 말소리장애의 약 30%를 차지한다. 이 아동들의 특성은 대화 중에 전반적인 명료도가 매우 낮아서 무슨 말을 하는지 이해하기 어려운데, 낱말수준에서 조음음운검사를 실시해 보면 자음정확도는 높게 나타난다.

(3) **감정·기질문제를 동반한 말소리 지체(SD-DPI)** : 부적인 정서와 위축된 태도 등 학습을 방해하는 기질적 문제로 지속적인 의사소통이나 학습을 크게 방해한다.

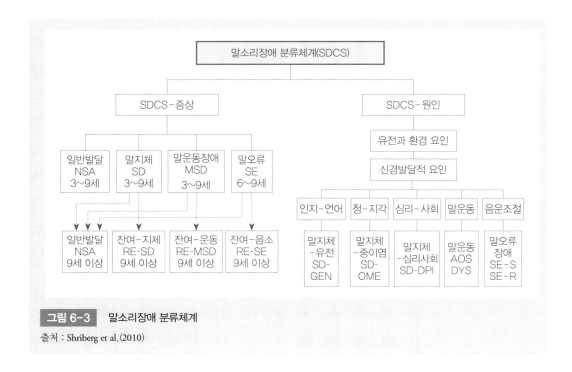

그림 6-3   말소리장애 분류체계

출처 : Shriberg et al.(2010)

말소리장애 아동의 약 12%를 차지하며, 말소리 산출능력은 매우 낮게 평가되지만 이 집단을 구별해 주는 공통된 진단표지는 발견되지 않았다.

(4) 원인을 모르는 아동기 말실행증(SD-AOS) : 앞에서 소개한 아동기 말실행증의 증상을 보이지만 원인을 모르는 경우 여기에 속할 수 있다.

(5) 원인을 모르는 발달성 마비말장애(SD-DYS) : 앞에서 소개한 발달성 마비말장애 증상을 보이지만 원인을 모르는 경우 여기에 속할 수 있다.

말소리 오류집단은 환경적 원인에 기인한 것으로 추정하고 있으며 다음과 같은 두 가지 하위집단으로 분류된다. 학령기 이후 성인기까지도 오류패턴이 잔존할 수 있다.

(1) 치찰음 오류(SE-/s/) : 주로 마찰음과 파찰음에서 오류를 보인다.
(2) 유음 오류(SE-/r/) : 주로 유음(우리말에서는 탄설음)에서 오류를 보인다.

잠재적 원인에 의한 분류체계에 한계를 느끼고 [그림 6-3]의 좌측에 연령과 증상유형에 따른 분류(SDCS-증상)를 추가하였다. 3세부터 9세 사이에는 1차로 말소리지체(SD), 말운동장애(MSD)와 말오류(SE)로 진단하고, 2차로 9세가 넘어서도 문제가 지속되는 경우(residual : RE), 문제의 유형에 따라서 말소리 잔여-지체(RE-SD), 말소리 잔여-운동(RE-MSD), 말소리 잔여-음소(RE-SE)로 분류하는 것이다. 여기에서 3세와 9세를 기준으로 분류한 이유는 3세가 표준화된 검사를 사용하여 구체적인 장애 진단이 가능한 연령이고, 9세는 말소리발달이 완성된 이후로 보았기 때문이다(자음군을 포함하는 영어권 연구에서는 약 8세가 말소리발달이 끝나는 시기로 보고 있다). 그러므로 9세 이후에도 말소리문제가 지속되는 경우에 '잔여오류' 집단이라고 다시 명명하였다.

6.1.2 증상에 따른 분류

Dodd와 동료들은 말소리장애의 증상에 따른 분류는 본질적으로 문제의 원인에 대해서 설명해 주지는 못하지만, 현재까지는 우리가 표면적으로 관찰할 수 있는 오류패턴을 통해 분류하는 것이 최선이라고 제안하고 있다. 이들은 말소리 산출장애를 다음과 같은 네 가지로 분류하였다(Dodd et al., 2002). 하위분류에 따라서 특정 조음음운치료 기법이 더 효율적이었는지를 검증하는 연구들이 진행되고 있다.

(1) **조음장애** : 후기발달음소인 마찰음과 유음 등 일부 음소를 일관되게 대치하거나 왜곡한다. 따라말하기나 자발화에서 수행에 큰 차이가 없다. 320명의 말소리 산출장애 아동 중 40명(약 12.5%)이 해당되었다.

(2) **음운지체** : 가장 많은 아동이 해당하는 음운지체 집단은 일반 아동이 발달과정에 보이는 전형적인 음운변동패턴(발달적 오류패턴)을 보인다. 320명의 말소리 산출장애 아동 중 184명(약 57.5%)이 해당되었다.

(3) **일관된 음운장애** : 발달적 오류패턴을 보이지만 비발달적 오류패턴도 함께 나타난다. 비발달적 오류패턴이 일관되게 나타난다. 320명의 말소리 산출장애 아동 중 66명(약 20.6%)이 해당되었다.

(4) **비일관된 음운장애** : 비발달적 오류패턴을 보이며, 오류가 비일관적으로 나타난다. 같은 단어를 말하면서도 산출에 변이성이 있음을 의미하는데, 이 특성은 앞에서 언급한 아동기 말실행증의 특징과 유사하다. 가장 적은 수의 아동이 속하는 하위집단으로 320명의 말소리 산출장애 아동 중 30명(약 9.4%)이 해당되었다.

6.2   원인을 모르는 말소리장애

6.2.1   원인을 모르는 말소리장애의 진단기준 및 특징

말소리장애 중 임상현장에서 가장 많은 비중을 차지하는 것은 원인을 모르는 말소리장애(Speech Sound Disorders with unknown origin, SSD)이다. 원인을 모르는 말소리장애의 진단기준은 [읽을거리 6-1]과 같다(APA, 2013). 지속적인 말소리 산출문제가

읽을거리 6-1

• DSM-5 원인을 모르는 말소리장애SSD) 진단기준 •

1. 지속적으로 말소리 산출에 문제가 있어 말명료도가 떨어지고 구어로 하는 의사소통에 어려움을 보인다.
2. 의사소통의 효율성이 떨어져서 학업, 직업 등 사회적 참여에 어려움을 겪는다.
3. 언어습득 초기부터 증상이 시작된다.
4. 뇌성마비, 구개열, 청력손실, 외상성 뇌손상 등 다른 의학적 신경학적 조건 같은 선천적이거나 후천적인 원인에 기인하지 않는다.

있어 명료도가 떨어지고 구어 의사소통에 어려움을 보이고, 이로 인해서 학업이나 직업 등 사회적 참여에 제한을 겪는다. 장애의 진단기준을 정하는 데 있어서 원인을 모르는 말소리장애(SSD)의 구체적인 진단적 특징을 살펴보면 말소리장애는 언어장애, 특히 표현언어장애가 동반될 수 있으며, 종종 가족력이 있다. 또한 말속도 조절 등에서 어려움이 있는 경우도 있는데, 이런 경우 씹기, 입술 다물기, 코풀기 등의 기술에 어색함이나 부족함이 관찰될 수도 있다. 말소리장애만 있는 경우에는 조기에 치료를 통해 빠르게 회복되기도 하고, 느리기는 하지만 결국 개선되어 전체적으로 보면 예후가 좋은 편이다. 그러나 말소리장애와 언어장애가 함께 있는 경우에는 학령기 이후에도 문제가 지속되고 학습장애 등으로 발전하기도 한다. 원인을 모르는 말소리장애는 혀짧은 발음이 흔하게 나타나고 오류에 있어서도 전방화 혹은 후방화가 관찰되며, 비정상적인 혀-내밀기와 삼킴패턴을 보이기도 한다. 말소리장애와 감별진단을 해야 할 경우로 방언 화자, 다문화 화자, 청력 혹은 다른 감각적 손상, 구조적 결함, 마비말장애, 선택적 함묵증이 있다(APA, 2013). 그러나 원인이 분명하지 않은 경우 아동기 말실행증(CAS)도 '원인을 모르는 말소리장애(SSD)'에 포함된다.

'원인을 모르는 말소리장애' 집단이 동일한 특성을 갖고 있는 집단이 아니며, 한 가지 원인으로 분류될 수 없는 이질적인 여러 하위집단으로 분류될 수 있다고 보고 있다. 이렇게 분류하는 것은 치료와 후속 조치를 결정하는 데 유용할 수 있으므로 많은 연구자들이 효율적인 분류체계를 세우기 위해 노력하고 있다. 임상현장에서 가장 널리 받아들여진 원인을 모르는 말소리장애의 분류 방법은 발달적 오류패턴을 중심으로, 발달적 오류만을 보이는 지체 집단과 비발달적 오류패턴을 보이는 일탈 집단으로 분류하는 것이다. 이러한 오류패턴을 중심으로 하는 분류법은 앞 절에서 살펴본 Dodd의 증상적 분류체계로 포함되어 있다.

6.2.2 원인을 모르는 말소리장애의 출현율

국내에서 6세 아동을 대상으로 세 문장 따라말하기 선별검사를 실시하여 말소리장애의 출현율을 연구한 결과 중도 이상의 말소리장애 비율은 2.5%로 나타났으며, 경계선급부터 경도장애까지 합하면 약 9%인 것으로 나타났다(김수진 외, 2017). 출현율 연구들은 학령전기보다 학령기와 성인에 이르면서 그 비율이 줄어들어 성인기까지 문제를 보이는 경우는 약 1%로 보고 있다. 미국에서 말소리장애 출현율을 연구한 결과(Shriberg et al., 1999), 약 3.8%가 확실한 말소리장애를 보이는 것으로 나타났으며, 이 중 대부분의 아동은 원인을 모르는 말소리장애였으며, 2.5%의 아동은 눈에 띄는 오류가 4년 이상 지속되었다. 또한 4년 이상 문제가 지속된 말소리장애 아동은 학령기 이후에도 읽기와 말하기 등에서 문제가 나타났다. 전국적인 대규모 데이터를 기반으로 한 말소리장애 출현율 연구들은 〈표 6-1〉과 같다. 모든 연구에서 공통적으로 여아에 비해서 남아의 출현율이 높은 것으로 나타났으며, 그 비율은 약 1.5~2배 사이였다. 말소리장애 출현율 연구들은 6세 내외의 아동을 대상으로 연구되었다. 그 이유는 대부분의 언어권에서 6세는 말소리발달이 어느 정도 안정된 시기이기 때문이다. 원인을 모르는 말소리장애는 가장 보수적으로 출현율을 잡아도 2.5% 이상이다. 다른 원인이 분명한 아동기 말소리장애의 출현율에서 구개파열이 약 0.1%, 청각장애가 약 0.2~0.3%, 뇌성마비가 약 0.2~0.3%임을 감안할 때 상당히 높은 출현율을 보인다.

표 6-1 말소리장애(중등도~중도) 출현율 대규모 표집연구

참고문헌	자료 출처	국가	연령	출현율	남아 비율	위험률 상승 요인
김수진 · 고유경 · 서은영 · 오경아(2017)	한국아동패널연구	한국	6	2.5%	1.6	출생 순서
Beitchman, Nair, Clegg, & Patel(1986)	Ottawa-Carleton Study	캐나다	5	11%	1.6	연구 ×
Shriberg, Tomblin, & McSweeny(1999)	Epidemiology of Specific Language Impairment Project	미국	6	3.8%	1.5	SES, 언어인지장애 동반
Silva, Justin, Mcgee, & Williams(1984)	Dunedin Multidisciplinary Child Development Study	뉴질랜드	7	6.5%	2.4	연구 ×
Peckman(1973)	The National Child Development Study	영국	7	10~13%	1.5	SES
Winitz & Darley(1980)	Collaborative Perinatal Study	미국	8	2~3%	1.8	SES, 인종, 문화

6.2.3 원인을 모르는 말소리장애의 관련 요인에 따른 분포

설문조사연구를 통해 원인을 모르는 말소리장애로 진단된 389명의 아동에 대해서 동반 문제의 유무 및 관련 요인들을 분석하였다(김민정 외, 2015). 중등도 이상의 말소리 문제를 갖고 있으며, 관련 요인과 언어문제 그리고 동반 문제에 대하여 경계선급 이상의 문제를 갖고 있다고 응답된 아동의 비율은 〈표 6-2〉와 같다. 이 표에 제시된 설문 항목은 원인을 모르는 말소리장애의 진단과정에서 치료사의 체크리스트로 활용될 수 있을 것이다. 이 설문조사의 결과는 임상가들마다 다른 평가도구와 기준을 갖고 있을 수 있다는 한계가 있지만 현장에서 유용한 참고자료가 될 것이다. 〈표 6-2〉를 보면 현재 언어치료실을 다니고 있는 말소리장애 아동(1~19세) 가운데 심각도가 중등도(46%), 중도(12%), 심도(10%)인 아동의 비율이 합해서 68%이며, 경도가 30%라고 응답한 것이다. 구체적인 항목별 응답은 김민정 외(2015)를 참고할 수 있다. 설문항목에 포함된 구체적인 관련 요인과 동반 문제에 대한 설명은 다음 절(6.6 말소리장애의 관련 요인)에서 설명하고자 한다.

원인을 모르는 말소리장애의 평가도구와 치료방법 개발의 방향성을 제대로 찾기 위해서는 설문조사보다 직접적인 평가방법을 통해서 객관적으로 말소리장애의 동반 문제와 관련 요인을 찾는 연구들이 더 필요하다.

6.3 조음기관 구조장애

6.3.1 혀

혀는 매우 중요한 조음기관이다. 따라서 혀가 손상되거나, 혀의 일부 또는 전체를 절제한 경우 말소리 산출에 영향을 줄 수 있다. 혀가 손상된 경우는 혓바늘이 심하게 생기거나 뜨거운 음식에 데었을 때를 생각해 보면 쉽게 상상할 수 있다. 혓바늘이 생기면 여러분도 조음을 하는 데 어려움을 느낄 것이다. 드물기는 하지만 설암 등의 이유로 혀를 절제하는 수술을 하는 경우도 있다. 혀의 일부를 절제한 사람들은 대부분 조음치료를 받은 뒤에 보상하기 위해서 약간은 다른 방식을 사용하기는 하지만 어느 정도 말소리를 정상적으로 산출할 수 있게 된다. 그러나 수술로 인해 혀의 대부분을 절제한 사람들은 턱, 안면근육, 입천장의 조절 등을 통한 보상조음을 시도하여도 완벽

표 6-2　원인을 모르는 말소리장애 아동의 분포 결과 요약

기본 정보	의사소통 가족력	1	없음	2	직계	3	친척	보기 중 2,3(4)번 으로 응답한 비율*
	주요 기록	1	미숙아	2	경기	3	잦은 중이염	
		4	설소대 단축증	5	편도비대증	6	비염이나 축농증	
		7	오랜 투병생활	8	그 외: 직접 기록			
말 특성	심각도	1	경도(1~2개 자음만 오류)	2	중등도	3	중도(2~4개 자음만 정조음)	68%
		4	심도(음절구조와 목록이 극히 제한됨)					
	말명료도	1	이해 가능함	2	자주 되물음	3	이해 어려움	60%
	정확도	1	80~90%	2	40~80%	3	0~40%	60%
	음절구조	1	정상	2	경계선	3	장애	32%
	오류패턴	1	왜곡만(발달적이 든 비발달적이든 왜곡 오류만)	2	발달적 패턴만 있음	3	비발달적(특이한) 패턴도 포함됨	78%
	조음변이성	1	없음	2	변이성 있음	3	변이성 심함	–
	운율	1	정상	2	비정상			13%
말 관련 요인	말소리 변별	1	정상	2	경계선	3	장애	29%
	음운인식	1	정상	2	경계선	3	장애	32%
	구강 기능	1	정상	2	경계선	3	장애	26%
언어 특성	이해언어	1	정상	2	경계선	3	장애	44%
	표현언어	1	정상	2	경계선	3	장애	57%
	이해어휘	1	정상	2	경계선	3	장애	45%
	표현어휘	1	정상	2	경계선	3	장애	55%
	읽기/쓰기	1	정상	2	문제 있음	3	문제 심함	35%
기타 동반 문제	유창성장애	1	없음	2	의심된	3	있음	6%
	음성장애	1	없음	2	의심된	3	있음	11%
	ADHD, 틱	1	없음	2	의심된	3	있음	13%
	정서장애	1	없음	2	의심된	3	있음	20%

* 김민정 · 김수진 · 하승희 · 하지완(2015) 설문조사 결과

하게 산출하기는 어렵다. 혀의 한쪽이 종단으로 절제된 경우보다 혀끝이 횡단으로 절제된 경우가 말소리 산출에 더 큰 영향을 준다. 이는 혀끝을 포함한 혀의 앞부분이 말소리 산출에 많이 관여하기 때문이다. 대부분의 언어가 그러하듯이 우리말에서도 혀끝을 올려야 하는 설정성+자질을 갖는 음소가 많으므로 혀끝과 혀 앞부분은 특히 중요하다.

일부 지역에서는 어린 아동들의 발음이 좋지 않은 경우 '설소대 단축증'이라고 진단하고 수술을 하는 경우가 많았다. 선진국에서도 과거에는 이런 사람들의 설소대를 외과적으로 수술하여 혀 움직임의 범위를 넓혔으나 최근에는 이러한 수술을 많이 하지 않는다. 설소대는 매우 탄력성이 큰 근육으로 조금 짧다고 해도 말소리의 조음을 훈련하면 발음이 정상화되기 때문이다. 조음훈련을 통해 효과가 없는 경우에만 수술을 권해야 할 것이다. 이 외에도 혀의 크기가 너무 큰 경우를 대설증이라고 하고 너무 작은 경우를 소설증이라고 하는데, 신경학적인 조절의 문제가 없다면 혀의 크기는 조음에 큰 영향을 미치지 않는다.

6.3.2 경구개

경구개에 문제가 있는 경우의 가장 대표적인 예는 구개파열이다. 구개파열의 경우 수술을 받으면 말소리 산출에 영향을 주지 않을 수 있다. 윗턱과 아래턱이 균형 있게 잘 성장하게 하려면 구개의 봉합은 늦출수록 유리하지만, 최근 구개파열 수술은 생후 12개월 전후에 받도록 하고 있다. 이렇게 수술시기를 서두르는 이유는 조음음운발달 시기를 고려하기 때문이다.

구개의 파열은 구강과 비강의 구분을 어렵게 하므로 공명장애가 생기게 된다. 특히 치경음과 구개음의 산출이 어렵다. 수술이 늦어지면 보상조음을 이용하여 발화하게 되고, 이는 버릇으로 자리 잡게 된다. 이러한 부적절한 조음버릇은 시간이 지날수록 습관화되고, 제거하는 데도 많은 시간이 걸리게 된다. 구개파열 수술 후 언어치료 과정을 거쳤으나 계속 비누출이나 과대비성이 나타나는 경우에는 2차 수술을 실시할지 검토하도록 의료진에게 의뢰해야 한다(125쪽, '잠깐! 연인두부전과 공명장애' 참조).

6.3.3 연구개

제2장에서 살펴본 바와 같이 연구개가 위로 올라가서 인두벽(pharyngeal wall)을 막

으면 공기가 비강으로 나가지 못하고 입으로만 나온다. 이때 눈으로 쉽게 관찰할 수는 없으나 인두 측벽과 후벽도 가운데를 향해 움직인다. 반대로 입안의 한 부분을 막고 연구개를 내리면 비강이 열려서 공기가 비강으로만 나간다. 전자의 경우에 나오는 말소리를 구강음이라 하고, 후자의 경우의 말소리를 비음이라고 한다. 이렇게 비강을 연인두의 근육으로 막거나 여는 정상적인 기능을 연인두능력(velopharyngeal competence) 혹은 연인두폐쇄(velopharyngeal closure) 기능이라고 한다. 연인두폐쇄가 제대로 되지 않아 말소리의 공명장애가 생기는 경우를 '연인두폐쇄부전' 혹은 '연인두부전(velopharyngeal incompetence, VPI)'이라고 한다.

연인두부전으로 인한 말소리장애의 특성을 살펴보면 다음과 같다.

- 모음, 구강자음, 활음, 유음 등의 과비음화
- 구강의 공기압력의 약화로 인하여 폐쇄음, 마찰음 및 파찰음의 왜곡
- 폐쇄음의 성문폐쇄음(glottal stop [ʔ])화
- 마찰음의 인두마찰음(pharyngeal fricative [ħ ʕ])화

위와 같은 말소리 특징을 분석하여 산출오류 특징을 유형별로 분류할 수 있다. 구조적 손상이 있는 대상의 오류 특징은 그 오류가 발달적 오류인지, 필연적 오류인지, 보상적 오류인지 구분하는 것이다(Golding-Kushner, 2001). 발달적 오류는 구조적 결함과 관계없이 음소 특성상 어려운 것으로 마찰음이나 파찰음 혹은 탄설음의 대치와 왜곡이 있을 때 아동의 연령과 음소습득 순서를 고려하여 분류할 수 있다. 필연적 오류는 구강구조의 문제와 관련 있는 말소리 산출로 모음과 구강자음 등이 과비음화되거나 다양한 공명장애 특성을 보이고, 압력자음의 발음이 어려운 경우로 조음치료로는 개선을 기대할 수 없는 경우이다. 이런 경우 수술이나 보철물 등의 도움을 필요로 한다. 세 번째로 보상적 오류는 연인두기능장애가 있거나 구비강 천공이 있을 때 구강과 비강이 개방되어 있는 지점을 피해서 조음위치를 더 뒤로 옮겨서 기압을 형성하려고 하게 되며, 이렇게 뒤에서 만들어진 소리로 대치되는 것이다. 성문과 인두에서 만들어 내는 폐쇄음이나 마찰음 등은 보상적 오류의 대표적인 예이다.

구개파열 아동의 말소리 진단과정에서 언어치료사가 관심을 가장 먼저 가져야 하는 것이 보상적 오류라고 할 수 있다. 필연적 오류는 다른 의학적 처치나 도움을 먼저 받도록 권해야 하며, 발달적 오류는 아동의 발달적 순서와 시기를 고려하여 중재하는

잠깐! 연인두부전과 공명장애

연인두폐쇄기능과 관련하여 나타나는 증상을 조음 음운장애와 구별하여 공명장애라고 분류하기도 한다. 공명장애의 유형으로는 과비성, 비누출, 과소비성, 무비성, 맹관공명 등이 있다(Shprintzen & Bardach, 1995). 대부분의 공명장애 특성은 조음 특성에 있어서는 왜곡오류로 분류되나 심한 경우 대치오류가 될 수 있다. 공명장애 유형 각각의 청지각적인 특성을 구분하면 다음과 같다.

1. **과비성**(hypernasality) : 구강과 비강이 정상적으로 분류되지 못하여 일어나는 현상이다. 성대에서 만들어진 소리 에너지가 구강과 비강에서 모두 진동을 일으켜 마치 코에서 울리는 듯이 들린다. 따라서 성대에서 울림이 없는 무성자음에는 덜 영향을 미치며 유성자음과 모음, 특히 모음을 연장발성하게 하였을 때 더 잘 감지할 수 있다.

2. **비누출**(nasal emission) : 말소리를 산출할 때 비강으로 부적절하게 기류가 방출되는 것으로 청지각적으로 감지할 수 있다. 과비성과는 달리 압력자음인 폐쇄음, 마찰음, 파찰음 등에서 나타난다. 구강내압이 감소되고 비강에서 과다하게 공명되는 비누출은 과비성과 함께 연인두부전과 관련이 크다.

3. **과소비성**(hyponasality) : 비강이 부분적으로 막혀서 비강공명이 감소한 상태로 비강자음과 비음동화가 나타나는 말에서 잘 감지할 수 있다.

4. **무비성**(denasality) : 비강로가 완전히 막히는 무비성의 경우 비강자음들은 같은 조음위치에서 산출되는 폐쇄음(구강음)으로 들린다.

5. **맹관공명**(cul-de-sac) : 감기로 코가 막힌 경우처럼 마치 관의 한쪽이 막혀서 소리가 빠져나가지 못하는 것과 같은 소리가 난다.

시기를 결정해야 하기 때문이다. 정세아 · 박미경 · 황민아(2010)는 연인두폐쇄부전 아동의 낱말과 자발화수준에서 나타나는 보상조음의 출현율을 비교하였는데, 보상조음은 낱말수준보다는 자발화수준에서 더 많이 관찰되며, 특히 두 가지 문맥에서 보이는 보상조음의 차이는 조음방법 측면에서 볼 때 공명음보다 장애음(파열음, 파찰음, 마찰음)에서 더 많은 차이를 보이고, 조음위치 측면에서 보면 경구개음과 연구개음에서 더 많은 차이를 보이는 것으로 나타났다고 보고하였다.

6.3.4 치아의 부정교합

심하지 않은 부정교합은 말소리 산출에 그리 큰 영향을 미치지 않는다. 그러나 심한 경우에는 영향을 미칠 수 있으며, 다음과 같이 부정교합의 형태를 구분한다.

- 이개교합(open bite) : 입을 다물어도 윗니와 아랫니 사이가 벌어지는 부정교합이다. 제1형 부정교합이라고도 한다.
- 원심교합(overbite) : 보통 뻐드렁니라고 하는 상태로, 윗니가 아랫니를 덮고 있는 부정교합이다. 가장 흔하게 관찰되고 제2형 부정교합이라고도 한다.

- 근심교합(underbite) : 보통 주걱턱이라고 하는 상태로, 아랫니가 윗니를 덮고 있는 부정교합이며 아래턱이 밖으로 나온 형태이다. 제3형 부정교합이라고도 한다.

6.3.5 입술

양순음을 산출하는 데 있어서 입술은 중요한 조음기관이다. 그러나 입술의 문제로 조음에 어려움을 겪는 경우는 거의 없다. 설령 윗입술이 짧고 잘 움직이지 않는 경우가 있다고 해도, 아랫입술을 더 많이 움직이는 등의 훈련을 통하여 보상조음을 하도록 할 수 있다.

6.4   신경계 조절장애

중추신경 또는 말초신경의 손상으로 인해서 근육의 움직임 등에 문제가 생긴 경우를 **말운동장애**(motor speech disorders) 혹은 **신경운동장애**(neuromotor disorders)라고 한다. 신경조절에 어려움이 있는 근육이 조음발성기관인 경우에는 조음장애가 발생한다. 말운동장애에는 마비말장애와 말실행증이 있다. 언어발달이 완성된 후에도 사고나 노화 등으로 말과 언어에 문제가 생길 수 있다. 그러나 선천적으로 혹은 언어발달이 이루어지기 전인 아동기부터 신경계 조절에 문제가 있어서 말소리 산출에 어려움이 있는 경우도 있다. 이런 경우를 성인기와 구별하여 **발달성 마비말장애**(developmental dysarthria), **아동기 말실행증**(childhood apraxia of speech)이라고 한다.

6.4.1 발달성 마비말장애

조음에 관여하는 근육이 마비되거나 약화되는 경우, 그리고 협응에 실패하면 **마비말장애**(dysarthria)가 된다. 마비말장애를 가진 사람들의 발화는 호흡, 발성, 공명, 조음, 운율 등의 문제로 인하여 말명료도(speech intelligibility)가 현격하게 저하된다. 마비말장애 조음의 가장 두드러진 특징은 자음이 부정확하게(imprecise consonants) 산출된다는 것이다. 일반적으로 아동과 성인에 관계없이 마비말장애의 유형은 (1) 이완형(flaccid), (2) 경직형(spastic), (3) 실조형(ataxic), (4) 과소운동형(hypokinetic), (5) 과다운동형(hyperkinetic) (6) 혼합형(mixed), 그리고 나중에 추가된 (7) 일측상부운동신경형(unilateral upper motor neuron) 등이 있다. 이 중에서 일측상부운동신경형을 제외한 다른 하위 유형들은 말의 특징, 즉 증상에 기초한 구분이다. 마비말장애의 유형을 나눌 때에는 모음연장과제와 길항운동 문단읽기 자발화 등 여러 과제가 사용되고 종합적으로 판단되어야 한다.

마비말장애의 유형별로 보이는 말 산출 특징은 다르게 나타난다. 그럼에도 불구하고 공통적으로 나타나는 마비말장애의 조음오류 특징을 살펴보면 자음의 대치, 모음의 왜곡, 연장과 반복 등으로 인한 말소리의 흐름이 끊어지는 유창성 및 타이밍, 즉 초분절적 오류 등이다. 이러한 조음능력의 부족은 호흡, 공명, 발성 문제와 함께 나타나서 전반적인 명료도를 더욱 떨어뜨리게 된다('잠깐! 마비말장애 조음의 청지각적 특징' 참조).

발달성 마비말장애는 매우 다양한 원인과 손상범위를 보이는 장애에 대한 통칭인데, 임상에서 가장 흔하게 만나는 경우는 뇌성마비 혹은 뇌병변이라고 분류되는 아동

잠깐! 마비말장애 조음의 청지각적 특징

마비말장애의 경우 호흡, 발성, 공명, 조음 등 말소리 산출에 필요한 모든 단계에서 어려움을 보인다. 마비말장애의 하위 유형별로 말 산출의 각 단계에서 청지각적으로 관찰할 수 있는 특징들을 Darley, Aronson, Brown(1969)이 정리하여 제시한 바 있다. 이후로 현장에서 많은 임상가들은 마비말장애가 있는 사람의 말 산출 특성을 진단할 때, 위 연구에서 제시한 관찰요소들을 참고하고 있다. 아래 표는 이 관찰요소 중 '조음'단계에서 집중적으로 관찰해야 하는 요소들만을 발췌한 것이다.

마비말장애의 조음능력을 판단하기 위한 청지각적 평가요소

말 산출체계	청지각적 요소	관찰되는 특징
조음	부정확한 자음(imprecise consonants)	자음의 발음이 부정확한가?
	음소연장(prolonged phonemes)	음소를 길게 연장시키는가?
	음소반복(repeated phonemes)	음소를 반복하는가?
	불규칙한 조음 붕괴(irregular articulatory breakdown)	조음의 정확도를 해치는 불규칙적인 조음의 붕괴가 있는가?
	모음왜곡(distorted vowels)	모음이 왜곡되는가?
	명료도(intelligibility)	전반적인 말명료도는 어떠한가?
	이상함(bizarreness)	전반적인 발화에서 이상하거나 특이한 점이 있는가?

출처 : Darley, Aronson, & Brown(1969)에서 발췌 인용

이다. 아동기 동안 언어의 형식(form), 내용(content), 사용(use) 능력이 모두 발달해야 하는데, 제한된 말사용이 말소리발달뿐 아니라 언어와 문해발달에도 영향을 줄 수 있다(Ruscello, 2008). 그러므로 발달성 마비말장애 아동을 진단할 때에는 말 산출과 관련하여 호흡체계, 공명체계, 발성체계, 조음체계에 대한 평가와 함께 언어와 문해능력에 대한 평가도 함께 실시할 필요가 있다.

6.4.2 아동기 말실행증

실행증이란 무의식적인 행동은 가능하지만 의도적 행동이 어려운 경우를 말한다. 말실행증도 실행증의 한 종류이다. 따라서 말실행증을 가진 사람들은 아무 생각 없이 말을 할 때보다 낱말이나 문장을 들려주고 따라 하라고 하면 더 어려움을 보일 수 있다. 말실행증은 뇌에서 **말운동 프로그래밍**(motor speech programing)이나, 말운동 프로그램의 실행 계획 단계에 문제가 있는 경우이기 때문에 마비말장애와는 달리 이들에게서는 근육의 마비, 약화, 비협응 등의 증상은 나타나지 않는다. 말운동 프로그래밍 등은 말처리과정 모형에서 사용되는 용어로 앞 절(6.1 말소리장애의 분류체계)의 내용을 참고할 수 있다. 아동기 말실행증과 발달성 마비말장애의 특성을 비교하면 〈표 6-3〉과 같다(Robin, 1998).

말실행증(Apraxia Of Speech, AOS)은 발화에서 오류에 일관성이 없다. 또한 발음을

표 6-3	아동기 말실행증(CAS)과 발달성 마비말장애(DD) 특성 비교	
특징	**아동기 말실행증(CAS)**	**발달성 마비말장애(DD)**
운동기능	문제없음	마비, 약화, 실조, 불수의적 운동 관련
장애 영역	주로 조음, 운율 문제	말 산출의 모든 하위체계(호흡, 발성, 공명, 조음)에 영향
말 산출 오류	다양하고 비일관적	일관적, 목표를 왜곡
말 유형에 따른 차이	자동구어와 의도적 발화 사이 차이 있음	차이 없음
산출 오류	문법적 복잡성에 따라 다양	관계없음
모색행동	있음	없음

할 때 혀가 조음위치를 찾아 헤매는 경우가 흔히 관찰된다. 입과 혀를 옴짝거리는 이러한 동작을 **모색행동** 혹은 **탐색행동**(groping)이라고 한다. 성인기의 신경학적인 손상에 의한 말실행증뿐 아니라 임상현장과 연구결과에서 언어발달이 완성되기 이전의 아동들에게서 유사한 증상이 관찰되는 경우가 보고되고 있다. 이러한 경우를 **아동기 말실행증**(Childhood Apraxia of Speech, CAS)이라고 한다. 성인기 말실행증(AOS)은 뇌혈관문제 등 신경학적 손상을 파악할 수 있지만, 아동기 말실행증(CAS)은 대부분의 경우 원인을 알 수 없으며 뇌영상 촬영을 한다고 해도 신경학적 손상을 관찰할 수 없다.

ASHA의 아동기 말실행증 분과(ASHA, 2007)에서는 방대한 규모의 문헌연구를 통해 원인과 결함내용 및 의사소통 문제를 다음과 같이 정리하여 발표하였다. "아동기 말실행증은 유전적 원인 혹은 다른 밝혀지지 않은 원인으로 신경학적 문제가 생겨서 나타나는 심각한 조음장애의 하위 유형 중 하나이다. 핵심증상은 언어적 단계 혹은 말 산출과정의 초기단계부터 발생한다. 증상은 나이가 들면서 변하는데, 연령에 부적절한 모음과 이중모음의 오류, 낱말을 반복할 때 비일관적인 오류를 보이며, 발화 길이가 길어질수록 오류가 증가하고 심해지며, 운율문제도 동반된다.

임상현장에서 수용언어는 정상적이거나 정상수준에 가까운 데 비해 표현언어 수준은 매우 낮은 경우 아동기 말실행증을 의심해 볼 수 있다. 일반적으로 지능이나 시각, 청각, 운동감각 등의 결함을 보이지 않는다. 아동기 말실행증의 경우 다른 심한 말소리장애 아동들과는 구분되는 진단변수들을 갖고 있다. 연령에 비해 매우 제한적인 모음과 자음목록, 음절구조를 산출하며, 자음생략과 모음오류가 훨씬 빈번하며, 모방과 운율변화가 어렵다. 현재 국내에서 사용되고 있는 아동기 말실행증(CAS)에 대한 말

표 6-4 아동기 말실행증(CAS)의 핵심 특성과 일반 특성

	핵심 특성		일반 특성
1	제한된 자음목록	6	자동구어보다 모방과제에서 어려움
2	발화길이가 길어지면 오류 증가	7	운율문제(느림, 스타카토, 단조로움 등)
3	모색행동	8	낮은 자극반응도
4	문맥에 따라 비일관적 오류	9	수용언어에 비해 심한 표현언어 지체
5	제한된 모음목록 또는 빈번한 모음오류	10	치료효과의 느린 진전

산출의 핵심 특성과 일반 특성은 〈표 6-4〉와 같다(김효정 · 최선영 · 하지완, 2015; 박희정 · 석동일, 2006; ASHA, 2007). 아동기 말실행증이라고 진단내릴 수 있는 기준은 이 특성의 상당 부분, 예를 들어 핵심 특성 2개 이상을 포함하여 총 5개 이상을 보이는 경우라 할 수 있다.

아동기 말실행증의 보다 정교한 진단표지를 찾기 위한 노력은 아직 계속되고 있다. 예를 들어 Shriberg 등은 말소리 지체와 아동기 말실행증을 변별할 수 있는 진단표지 '쉼 표지'를 개발하여 말실행증 아동의 평가와 치료에 적용하도록 하였다. **쉼 표지**(pause marker)는 아동이 산출하는 단어 사이에 존재하는 쉼(pause)을 청지각적, 음향학적으로 판단할 수 있는 8개의 부적절한 쉼의 형태(갑작스러운 쉼, 쉼의 길이, 반복적인 쉼 등)를 제시하고 있으며, 쉼 표지에 대한 지표(pause marker index)도 제시하였다(Shriberg et al., 2017a; 2017b; 2017c; 2017d; 2017e).

아동기 말실행증의 주요 문제는 운동실행 단계가 아니고 말소리에 대한 표상과 지각 및 운동 프로그래밍과 계획의 처리과정에서 취약하기 때문이라고 할 만한 증거들이 있다. 따라서 조음 산출에서만 어려움을 보이지 않고 언어와 문해력에서도 문제가 지속될 위험이 있다. 아동기 말실행증이라고 진단된 경우에도 원인이 밝혀지지 않은 경우에는 원인을 모르는 말소리장애로 분류될 수 있다.

6.5   청각장애

6.5.1   청각장애의 특성

말을 하기 위해서는 자신의 말소리와 타인의 말소리를 들을 수 있어야 한다. 일반적으로 청각장애가 있는 사람들은 말을 산출하는 기관이나 신경계에 문제가 없기 때문에 말소리를 산출할 수 있는 능력은 잠재적으로 가지고 있다. 하지만 청각장애로 인하여 말소리를 들을 수 없기 때문에 결과적으로 정상적인 말소리를 산출하지 못하는 것이다. 말소리는 **모방**(imitation)과 **자기 모니터링**(self monitoring)을 통하여 습득되기 때문에 올바른 말소리를 습득하기 위해서는 타인이 산출한 소리와 자신이 산출한 소리를 모두 들을 수 있어야 한다.

말소리를 듣는 데 있어서는 500Hz부터 4,000Hz까지의 주파수 대역의 신호를 감지하는 능력이 매우 중요하다. 이 중에서도 500Hz부터 1,000Hz 대역의 정보는 들리는 말의 명료도에 35%를 기여하며, 1,000Hz부터 2,000Hz 대역이 35%를 기여한다(Northern & Downs, 2002). 청각손실의 정도를 측정하는 청능검사를 하면서 중요한 변수는 이러한 주파수 대역(Hz)과 들을 수 있는 강도(dB)이다['잠깐! 소리 크기(강도)의 단위' 참조]. 말소리에 중요한 주파수 대역에서 16dB 이상의 소리를 듣지 못하면 청각장애라고 진단할 수 있다(성인의 경우 25dB을 기준으로 한다). 청각장애의 정도에 따라서 농 혹은 난청이라고 한다. 농은 매우 심각한 난청상태로 75dB HL, 혹은 90dB HL 이상의 소리를 듣지 못한다. 이러한 청각손실의 정도에 따라서 말소리를 산출하는 능력이 달라진다. 난청은 농보다는 잘 들을 수 있지만 건청인에 비해서는 잘 들을 수 없다.

청각장애인의 말소리 이해와 산출에는 다양한 요인이 영향을 미친다. 청각장애가 시작되는 연령도 매우 중요하여, 언어를 모두 습득한 뒤에 사고 등으로 듣지 못하게 된 경우에는 습득 이전에 듣지 못하는 경우보다 구어를 훨씬 더 잘 사용한다. 청각장애 아동의 언어치료 목표는 최대한 조기에 장애를 발견하고 최적의 보청기나 인공와우를 사용하고, 언어재활을 통해 말을 배우도록 하는 것이다. 신생아청각선별검사와 조기중재 프로그램이 확산되는 추세이다. 중복장애를 갖고 있는 경우가 아니라면 청각장애인은 말소리를 산출하는 발성기관, 조음기관, 언어중추 등에 기질적인 문제를 갖고 있지 않다. 그러나 듣지 못하는 기간이 오래 지속되면 말 산출에 문제가 생긴다. 음성을 조절하고 정확하게 발음하기 위해서는 다른 사람의 말소리뿐 아니라 자신의

잠깐! 🔊 소리 크기(강도)의 단위

강도를 나타내는 dB(데시벨) 뒤에는 세 가지 다른 단위가 덧붙을 수 있다.

dB SPL : 인간이 들을 수 있는 최소한의 소리 강도를 0dB SPL(Sound Pressure Level)이라고 하였다. 여기에서 비교하는 세 개의 단위에서 가장 작은 소리단위이다.

dB HL : 정상적인 사람(다수)이 들을 수 있다고 하는 소리 수준을 0dB HL(Hearing Level)이라고

하였다. 국제적으로 표준화한 수치이다. 일반적으로 dB 뒤에 아무런 표시가 없는 경우에는 dB HL을 의미한다.

dB SL : 각 개인이 들을 수 있는 소리의 크기를 의미한다. 즉 40dB HL이어야 처음 들을 수 있는 난청에게 40dB HL로 제공되는 소리자극은 0dB SL(Sound Level)이 되고, 80dB HL로 제공되는 소리자극은 40dB SL이 된다.

말소리를 듣고 조절하는 청각적 피드백이 중요하기 때문이다.

청각장애 아동의 중재 방향은 수화 같은 **시각적 방법**, 시각과 청각에 의존하는 **통합적 방법**, 청각에 주로 의존하는 **청각구어법** 등이 있는데, 이 가운데 가장 주목을 받고 있는 의사소통 양식은 청각구어법이다. 청각구어법으로 의사소통할 수 있도록 하는 치료접근은 청각구어치료(Auditory Verbal Therapy), 청각구어중재(Auditory Verbal Intervention), 청각구어실제(Auditory Verbal Practice)를 통해 이루어진다. 이들 용어는 내용상 서로 다른 것이기보다는 접근하는 관점에 따른 용어 차이라고 하였다(심현섭 외, 2019).

6.5.2 청각장애인의 말 특성

앞에서 언급한 바와 같이 청각손실의 정도, 장애 시작시기, 훈련과 교육력 등에 따라서 청각장애인들의 말소리 산출 특성은 다양하게 나타날 수 있다. 그러나 어느 정도 공통적으로 보이는 특성들을 정리해 볼 수는 있다. 청력손실의 정도가 심한 심도청각장애인이 말에서 보이는 특성은 명료도가 낮고, 조음이 부정확하며, 음성이 왜곡된다(이성은 외, 2010).

청각장애의 일반적인 말 특성은 초분절적 요인과 분절적 요인으로 나누어 살펴볼 수 있다. 초분절적 문제를 먼저 살펴보면, 음소를 과도하게 연장하여 말속도가 전반적으로 느리고, 너무 높거나 낮은 음도(pitch)를 보인다. 또한 비정상적인 운율형태를 보이며 거칠거나 숨소리가 섞인 발성을 하고 과비성 혹은 과소비성을 보인다.

다음으로 분절적 문제를 살펴보면, 우선 자음 산출 특성은 첫째로, 뒤쪽에서 만들어지는 자음보다 입 앞쪽에서 만들어지는 자음이 비교적 정확하게 산출되며 둘째, 초성보다 종성에 오류가 많고 셋째, 발성유형 오류가 많다. 따라서 영어권 화자의 경우에는 유무성 구별에, 한국어 화자의 경우에는 평음, 경음, 격음의 구별에 어려움을 보인다. 넷째, 과비성과 비누출을 보인다. 다섯째, 다른 원인으로 인한 말소리장애보다 첨가오류가 빈번하게 관찰된다. 청각장애인의 모음에서 나타나는 특징은 첫째, 모음이 중립모음화(혹은 중성화)로 모음 간 구분이 어렵다. 둘째, 모음의 길이가 연장되는 경향이 있다. 셋째, 이중모음이 단모음화되고, 간혹 단모음화보다 드물지만 그 반대의 현상인 이중모음화도 나타난다. 넷째, 혀의 움직임보다 과도한 턱의 사용으로 모음의 왜곡도 심한 편이다.

개인차가 나타나기는 하지만 청력손실의 정도에 따라서도 조음음운 특성이 달라진다. 경도의 청력손실(평균적으로 25~30dB 청력 수준)이 있는 경우에는 마찰음과 파찰음, 종성생략, 유음오류가 관찰된다. 대부분 후기발달음소들에서 어려움을 보인다고 할 수 있다. 중등도의 청력손실(30~50dB 수준)이 있는 경우에도 경도손실의 양상과 유사하면서 그 정도가 조금 더 심할 수 있다. 이에 비해 고도(50dB 이상), 심도(70dB 이상)의 청력손실이 있는 경우 모음대치와 왜곡, 음소탈락과 과대비성, 다양한 자음의 대치와 왜곡, 탈락과 비누출과 운율오류가 나타난다(김수진 외, 2012).

6.6 말소리장애의 관련 요인

6.1절에서 살펴본 바와 같은 '말소리장애'의 하위집단의 분류를 보다 정교하게 할 수 있는 기준을 세우기 위해 지속적으로 노력하겠지만, 정확한 분류는 오랜 기간이 필요해 보인다. 하위집단을 나누고자 하는 시도를 계속하면서 우리가 택할 수 있는 다른 대안적인 분류는 다른 문제 혹은 관련 요인을 동반하고 있는지 확인하고 분류하는 것이다. 예를 들어 같은 조음오류를 보이는 아동의 경우에도 말소리 지각 변별과제에서 어려움을 보이는 아동과 그렇지 않은 아동을 분류할 수 있으며, 우리는 이러한 분류에 따라 치료를 적용해야 할 것이다. 이 절에서는 말소리장애와 동반할 수 있는 다른 문제들과 관련요인들을 살펴본다.

6.6.1 말소리 지각의 문제

말소리 산출을 잘하려면 말소리를 들을 수(감각)도 있어야 하지만, 듣고 말소리를 구분(지각)할 수도 있어야 한다. 청각장애인들이 보이는 조음음운장애는 말소리를 못 듣는 데 원인이 있는 반면에 말소리 지각에 문제가 있는 사람들이 보이는 조음음운장애는 말소리를 구분하여 듣지 못하는 데 원인이 있다. 예를 들어 우리가 우리말에 없는 외국어의 말소리를 구분하여 발음하지 못하는 것은 청감각의 문제가 아니라, 청지각의 문제 때문이다. 말소리 지각능력을 평가하거나 훈련하기 위해서 가장 많이 사용하는 것은 변별이나 확인과제 방식이다. 말소리 지각의 평가는 제7장에서 간단하게 소개하고자 한다.

대부분의 말소리장애가 있는 사람이 말소리 지각문제를 갖고 있지는 않다. 그러나 모든 음소의 변별기능에서는 차이가 없지만 자신이 구별하여 산출하지 못하는 음소에 대해서는 변별하지 못하는 경우가 빈번하게 나타난다(김영태·심현섭·김수진, 2012). 마찰음과 파찰음을 파열음화하는 기능적 조음음운장애 아동 9명을 대상으로 마찰음과 파찰음의 음소대조 변별과제를 실시한 결과 3명의 아동(60~70% 성공)이 정상 조음아동이나 다른 조음장애 아동들(95~100% 성공)에 비해 수행수준이 매우 낮게 나타났다(조병순·심현섭, 2000). 이는 말소리 산출능력은 같은 경우라고 하더라도 말소리 지각능력에 따라서 다른 하위집단으로 구분될 수도 있음을 의미한다. 다시 말해서 마찰음과 파열음의 차이를 지각적으로는 구분할 수 있지만 산출할 때는 구분하여 발음하지 못하는 사람이 있으며, 두 음소의 차이를 지각적으로도 잘 구분하지 못하면서 동시에 구별하여 산출하지 못하는 사람도 있다는 것이다.

6.6.2 구강감각 기능의 문제

구강감각 기능(oral sensory function)은 초기 말습득 시기에는 중요하지만 말습득이 완성된 이후에는 크게 중요하지 않다. 청각장애나 말지각에 문제가 있는 경우 조음기술을 습득하는 데 구강감각 기능이 도움이 될 수 있다. 과거에는 청감각 능력에 문제가 있을 때 구강감각 기능에도 문제가 있다면 말소리를 습득하기는 매우 어려웠다. 그러나 최근 보청기와 인공와우와 같은 청각재활기술의 발달로 청각적 역입에 의존한 언어재활이 보편적이 되면서, 언어재활과정에서 구강감각 기능의 역할은 축소되고 있다.

구강감각의 종류에는 운동감각과 체감각이 있다. **운동감각**(kinesthesis)은 근육의 움직임과 위치에 대한 감각이고 **체감각**(somesthesis)은 움직임, 위치, 촉각, 근육의 긴장도에 대한 감각이다. 치료실에서 간단하게 조음기관의 지각능력을 평가하는 방법으로 입안의 **입체지각**(oral stereognosis) 검사방법이 있다. 작은 플라스틱 모형을 입안에 넣고 그림에서 그 모형을 지적하게 하거나 2개의 모형을 입안에 넣고 2개가 같은가/다른가를 대답하게 하는 방식으로 입안의 감각기능을 검사하는 것이다.

6.6.3 환경적인 요인

숲에서 잃어버린 아기를 늑대가 키운 유명한 일화가 있다. 이 아기는 후에 사람들에게 발견되어 인간세상으로 돌아와서 늑대소년이라고 불리며 많은 관심을 받았다. 돌아온 소년은 여러 가지 면에서 적응하는 데 어려움을 겪었지만 가장 힘들었던 부분이 바로 언어습득이었다고 한다. 늑대소년의 경우는 매우 드물고 특별한 경우이지만 우리는 주변에서 환경적인 요인으로 언어습득에 어려움을 보이는 경우를 흔하게 볼 수 있다. 청각장애인 부모가 어린 아기를 양육하는 경우에 그 아기는 청각에 문제가 없어도 말을 정상적으로 습득하는 데 어려움이 있다. 가정형편이 어려워 부모가 잘 돌보지 못하는 경우나 형제가 구개파열과 같은 심한 조음문제를 가진 경우, 기질적인 문제가 없어도 조음음운장애를 보이는 아동들이 있다.

또한 최근 국내에는 국제결혼이 크게 증가하면서 부모 중 한 사람, 특히 어머니가 외국인인 아동의 수가 빠른 속도로 늘어나고 있다. 모국어를 습득하는 데에는 특히 주양육자의 언어습관, 언어형태 등이 중요한 변수로 작용하게 된다. 따라서 주양육자의 한국어 능력이 제한적인 경우 아동들이 한국어 습득에 어려움을 보인다. 2014년 언어발달지도 서비스를 받고 있는 1,673명에 대한 전수조사에서 의사소통 문제 중 발음문제가 있다고 보고된 아동은 25%에 달했다. 어휘와 구문 등 언어발달 문제와 함께 조음음운발달은 아동과 부모 및 언어발달 지도사에게 모두 중요한 문제로 인식되고 있었다(김수진, 2014).

이중언어 환경의 조건을 갖고 있는 가정 가운데 어머니가 필리핀계인 아동 9명의 조음산출 경향을 알아본 연구(박상희, 2006)에서 아동들은 어머니의 모국어 특성을 반영하는 조음음운 오류형태를 보이며, 발달과정에서 전형적으로 나타나는 음운변동이 비전형적인 변동보다 많이 나타나기는 하지만, 이완음화와 같은 특이한 변동도 나타났다. 베트남 다문화 가정 아동 30명과 말소리장애 아동 30명의 오류패턴을 비교한 결과에서는 말소리장애 아동은 다문화 아동에 비해 종성탈락과 유음탈락이 많이 나타났으며, 베트남 다문화 아동은 동화변동이 많이 나타났다. 비발달적 패턴에서 두 집단은 모두 후방화가 빈번하였다(황상심 · 김수진, 2015). 조승연 · 이은주(2012)는 베트남 다문화 가정 아동 중 조음음운장애로 진단된 아동과 아닌 아동의 어머니 말언어능력을 비교한 결과, 조음음운장애로 진단된 아동 어머니 집단의 말언어능력이 유의하게 낮은 것으로 나타났다. 어머니의 말언어능력이 아동의 말언어능력에 크게 영향을 미친다는 것을 의미한다. 환경적인 요인 중에도 어린 아동일수록 어머니의 말언어능력이 매우 중요하다. 환경적 요인에 의해 말과 언어발달이 지체되는 아동들에 대해서는 주위의 각별한 관심과 정책적 지원이 필요하다.

6.6.4 음운인식

제5장에서 살펴본 바와 같이 음운인식은 말소리의 단위를 나누거나 합성할 수 있는 능력을 의미한다. 예를 들어 낱말을 음절로 나누고 음절에서 두운 혹은 각운을 인식하고 음절을 음소로 나눌 수 있는 능력과 음소를 다시 합하여 음절단위의 소리를 만들 수 있는 능력이다. 음운인식능력을 기르는 훈련이 조음음운능력과 읽기능력에 영향을 미친다는 연구결과들이 계속 보고되고 있다(Rvachew, Nowak, & Cloutier, 2004). 이러한 이유 때문에 말소리장애 분야에서 음운인식은 중요한 주제로 다루어진다(손은희 · 석동일, 2004).

기능적 조음음운장애로 진단받은 5, 6세 아동 20명의 음운인식을 평가한 결과를 또래 아동과 비교할 때 11명은 유사한 수준을 보였으나, 9명은 유의하게 낮은 수행수준을 보였다(고유경 · 김수진, 2010). 서은영 외(2017)는 원인을 모르는 말소리장애 아동 24명과 일반발달 아동 24명의 어휘력과 음운인식을 비교하였을 때 두 가지 발달에서 말소리장애 아동이 모두 유의한 수준으로 떨어지는 것으로 나타났다. 그러나 24명의 말소리장애 아동 모두의 발달이 지연되는 것은 아니고 [그림 6-4]와 같이 절반의 아동만이 음운인식에서 떨어지는 것으로 나타났다.

어휘발달과 음운인식을 함께 본다면 두 가지에서 모두 일반 아동에 비해 발달이 지연된 아동이 33%, 어휘발달만 지연된 아동이 16%, 음운인식만 지연된 아동이 16%였다. 음운인식 문제 역시 말소리 지각문제와 마찬가지로 말소리장애 아동이 모두 동질

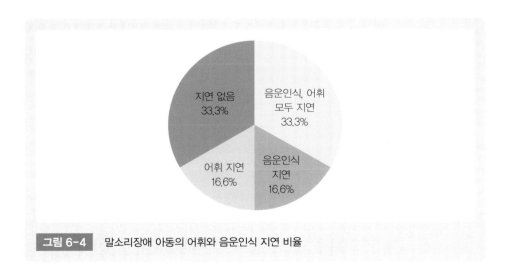

그림 6-4   말소리장애 아동의 어휘와 음운인식 지연 비율

적인 집단이 아니고 하위집단으로 분류하여 문제를 나누어서 살펴볼 필요성이 있음을 시사한다. 특히 음운인식 문제를 동반한 조음음운장애 아동의 경우 학령기에 가면 읽기와 쓰기문제를 동반할 가능성이 크다(Bird et al., 1995; Bishop & Adams, 1990).

6.6.5 음운처리

음운처리(phonological processing)란 음운론적 처리구조의 문제로 인지 영역의 문제라고 할 수 있을 것이다. 음운처리는 음소의 추상적인 표상을 머릿속에 등록(코드화)하고 다시 꺼내 구어 계획을 세우도록 하는 것이다. 이러한 음운론적인 등록은 **작업기억**(working memory) 단계에서 일어난다.

음운인식에 어려움을 보이거나 읽기문제를 보이는 아동들은 특히 작업기억에서의 음운론적 입력에 어려움을 보였다(Catts, 1991). 이 아동들은 언어적 정보는 잘 기억하지 못했지만 얼굴 모양이나 무의미한 그림 같은 것에 대한 작업기억은 일반 아동과 유사한 수준으로 보존할 수 있었다. 또한 읽기에 어려움을 보이는 아동들의 이름대기 과제에서 보이는 오류를 분석한 결과 의미적 착어보다는 음운론적인 착어가 대부분이었다. 이것은 어휘 인출과제에서 일어나는 결함이 의미적 표상의 문제가 아니고, 음운론적인 표상이 불완전하기 때문이라고 여기게 하는 증거가 되었다(Katz, 1986).

음운표상은 머릿속에 등록된 어휘사전 목록(lexicon)에 있는 말의 음운적 속성으로 그 정보의 질이나 입력하는 능력에서 조음음운장애 아동이 일반적인 발달을 보이는 아동과 차이를 보인다고 보기도 한다(김나연 · 하지완, 2014). 실제로 4, 5, 6세의 조음음운장애 아동과 일반 아동을 비교한 실험에서 음운표상과제에서 주효과는 유의미

잠깐! 🔊)) **인지와 기억 그리고 인출?**

머릿속에 정보가 입력된 후 저장된 것을 '기억'이라고 하고, 입력된 것을 꺼내어 반응하는 것을 인출이라고 한다. 기억과 인지는 같은 말일까? 정확하게 전문용어로 사용되는 개념은 다음과 같다.

인지(cognition) : 광범위한 심리학적 개념으로 자극을 수용하는 감각단계부터 기억의 단계들 그리고 인출과 유목화, 개념의 형성, 이해와 문제해결 및 추

리 등의 능력을 지칭한다.

기억(memory) : 다양한 인지능력 가운데 하나이다. 인간의 기억은 보통 부호화, 저장, 인출로 본다. 기억의 마지막 국면인 인출단계는 특정한 내용을 선택하여 기억하려고 시도하는 시점이다. 대부분 기억의 실패는 인출단계의 실패이다. 인출은 회상과 재인을 통해 연구한다.

한 것으로 나타났지만, 질적으로 큰 차이를 보이거나 반응시간에서 유의한 차이를 보이지는 않았다. Ruscello(2008; 김수진 외 역, 2012)는 조음음운장애 아동은 내적 인지처리과정과 관련한 경우보다는 음향지각과 관련되거나 운동 산출과 관련된 경우가 더 많은 것으로 보인다고 하였다. 여러 연구결과들을 종합해 볼 때, 원인을 모르는 말소리장애로 진단된 아동의 일부가 음운표상의 생성 혹은 인출 과정에 문제가 있을 것으로 보인다.

6.6.6 언어발달

여러 연구결과들을 살펴본 결과(김영태 · 심현섭 · 김수진, 2012), 말소리장애 아동의 경우 60%는 표현과 수용언어 문제를 함께 보이는 것으로 나타났다. 표현언어 문제를 배제하고 수용언어에 국한해서 본다면, 20%의 아동이 두 가지 문제를 함께 보이는 것으로 나타났다.

말늦은아동(late talker)은 보통 일상에서 말문이 늦게 트이는 아동이라고 하며 모두가 말언어장애가 되는 것은 아니다. 그러나 후일 표현언어 지체나 단순언어장애, 읽기장애 혹은 말소리장애가 될 확률이 높다. 일반적으로 말늦은아동을 구별하는 중요한 두 가지 특성으로 어휘능력과 조음음운능력을 언급한다(최민실 · 김수진 · 김효선 · 2014; Paul, 1993; Stoel-Gammon, 1991).

초기 언어습득 시기인 2세에 조음발달을 살펴보는 방법으로 추천할 만한 방법은 자음목록과 자음 산출 비율이다. 2세에 자음목록이 많고 자음 산출 비율이 높은 것은 빠르게 말이 발달할 수 있음을 의미한다. 이러한 말소리 지표는 전반적으로 표현언어 발달능력을 예측하게 해준다(최민실 · 김수진 · 김효선, 2014; Stoel-Gammon, 1998; Wetherby et al., 1988). 이는 다시 말해 말소리발달과 언어발달이 어느 정도의 상관이 있음을 의미한다. 일반적으로 3세 이전 표현어휘발달이 지체된 아동들로 정의되는 말늦은 아동들은 그렇지 않은 아동들에 비하여 음운발달 역시 지체된 특성을 보인다(신화정 · 이은주, 2015; 심화림 · 하승희, 2014). 이는 말늦은아동이라는 평가를 받는 시점에서도 이미 표현어휘뿐 아니라 음운발달에서도 지체를 보였음을 의미한다. 김수진 · 홍경훈 · 이수향(2017)은 3세 때 표현어휘 지체로 말늦은아동으로 판단된 아동을 종단적으로 추적해 보았을 때, 6세 때 말소리장애로 판정될 비율이 높았으며, 말소리 점수도 유의한 수준에서 낮은 것으로 나타났다. 즉 3세에 말늦은아동은 이후 말소리장애가 될 확률이 더 높았다는 것이다.

　그러나 말과 언어발달이 절대적인 상관이 있는 것은 아니어서, 말소리발달에서만 지연되는 아동이 모두 언어발달에서 지연되는 것이 아니라는 것도 기억해야 한다. 앞에 제시한 [그림 6-4]에서 관찰한 바와 같이 24명의 말소리장애 아동 중 절반인 12명은 어휘발달에서 일반적인 수준이고 절반인 12명만 어휘발달에서 지체를 보였다(서은영 외, 2017). 또한 고유경 외(2018)는 원인을 모르는 말소리장애(SSD)가 있는 92명의 언어장애 동반비율에 대해서 연구했는데 그 결과는 [그림 6-5]와 같다. 수용표현언어장애 동반 아동(SSD/RE)이 32%(32명), 표현언어장애 동반 아동(SSD/E)이 21%(17명)로 나타났다. 순수하게 말소리장애만 있는 경우(SSD/only)는 42%(39명), 언어문제가 동반된 경우가 58%로 나타났다. Shriberg 등(1999)은 미국의 6세 아동의 직접 수행검사를 통한 대규모 연구에서도 약 60%가 언어문제를 동반하는 것으로 나타났고 국내의 언어치료사들에게 설문조사를 한 결과(김민정 외, 2015)와도 유사한 수준이다.

　고유경 외(2018)에서는 말소리장애의 중증도에 따른 언어문제 분포 양상도 살펴보았는데 경도와 중등도의 경우와 비교해서 심각한 말소리장애가 있는 아동에서 수용표현 언어문제를 모두 갖고 있는 경우가 가장 많은 것으로 나타났다. 이는 현장에서 만나는 중증의 말소리장애 아동은 언어발달 문제가 더 심각할 수 있음을 보여주는 것이다. 연구자들은 원래 언어발달 문제를 갖고 있을 수도 있으나, 심각한 말소리장애

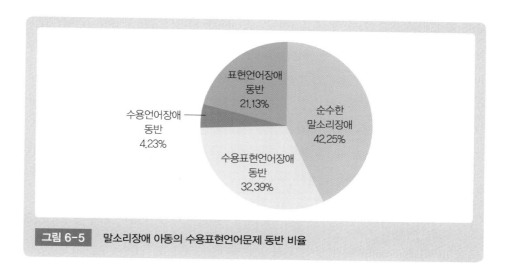

그림 6-5 말소리장애 아동의 수용표현언어문제 동반 비율

를 가진 아동들이 경도 말소리장애 아동들과 비교했을 때 표현언어장애 또는 수용표현언어장애를 동반할 가능성이 증가되는 것에 대해서 몇 가지 이유를 추정하였다. 아동의 언어학습 환경이 부적절하거나, 말소리문제가 의사소통이나 사회성이나 태도와 성격 등 다른 측면에도 영향을 미치거나, 말소리장애의 기저 결함이나 말소리 문제 자체가 언어습득에 영향을 미칠 수 있다고도 보았다.

6.6.7 인지능력

언어장애나 인지장애를 동반한 말소리장애 아동에 대한 주의가 더 요구되는 이유는 순수하게 말소리장애만 있는 아동에 비해 학령기 이후에도 문해력을 비롯한 다양한 언어학습 측면에서 어려움을 초래할 수 있기 때문이다. Shriberg 등(1999)은 언어장애를 동반한 말소리장애 아동의 절반 이상이 지적문제가 동반된다고 하였다. 이는 언어문제를 동반한 말소리장애 아동의 절반 이상이 인지적 수행수준에서 지체될 수 있음을 의미한다. 그러나 말소리장애가 있다고 해서 인지능력이 떨어지는 것은 아니다. 다만 지적장애가 있는 인구의 말소리장애 출현율이 더 높을 뿐이다.

　임상현장에서 지적장애와 관련된 유전질환 가운데 가장 많은 비중을 차지하는 경우는 다운증후군이다. 다운증후군은 700명 중 1명에서 발생하며 대부분의 경우 21번 염색체의 문제로 전반적인 발달이 지연되는데, 특히 인지적 손상이 대표적인 증상이다. 다운증후군뿐 아니라 취약 X 증후군 등의 경우에도 전반적으로 명료도가 떨어진다.

6.6.8 문해력과 학업수행

원인을 알 수 없는 말소리장애의 진단기준을 살펴보면, 지속적으로 말소리 산출에 문제가 있어 말명료도가 떨어지고 구어로 하는 의사소통에 어려움을 보이며 의사소통의 효율성이 떨어져 학업, 직업 등 사회적 참여에 어려움을 겪는 경우에 해당된다. 학업과 직업 등에서 어려움을 겪는 경우라는 기준에 주목할 필요가 있다. 아동의 보호자와 언어치료사는 이러한 생애 초기 말소리 문제가 이후 삶에 어떤 영향을 미치는지에 관해 관심을 갖는다. 국외에서는 조기 의사소통 문제가 전생애 삶에 어떠한 영향을 미치는지에 대한 대규모 종단연구들이 진행되고 있다.

　앞에서 언급한 바와 같이 말소리장애가 있는 아동의 일부는 음운인식, 음운기억, 빠른자동이름대기 및 음운생성을 포함하여 음운처리에 어려움을 보인다('잠깐! 음운

표상 : 음운기억과 빠른이름대기' 참조). 또한 이후 단어해독과 관련된 음운능력에도 어려움을 겪을 수 있다. 이러한 음운능력의 결함과 음운인식 능력이 떨어지고 언어적 단기기억이 약하며 어휘 찾기가 느려질 수 있는데, 이것들은 모두 문해력 발달에 필수적이다(Kamhi & Catts, 2012). 문해력은 단순히 읽기능력뿐만 아니라 학령기에 학업수행을 위한 필수 능력으로 볼 수 있으며, 말소리장애 아동에 대한 대규모 종단연구에서는 학령전기에 말·언어장애가 있을 경우에 학령기에 문해력에서 어려움을 보일 가능성이 큰 것으로 나타났다(Lewis et al., 2015; Lewis et al., 2011).

특히 5세에서 6세에 말소리장애를 보일 경우 학령기가 되어서도 읽기장애, 학습문제, 사회적 관계 등의 다양한 측면에 영향을 미칠 가능성이 있다(Bishop & Adams, 1990). 특히 말소리장애와 언어장애가 동반되었을 경우에 문해력과 학업 등의 문제를 겪을 위험이 더 높아지는 것으로 보고되었다. 한국아동패널 데이터를 분석한 결과 말소리장애 아동은 일반발달 아동에 비해서 국어과와 전반적인 학습 수행수준에서 통계적으로 유의미한 수준에서 지체되는 것으로 나타났으나, 언어장애 아동 그리고 말소리장애와 언어장애가 함께 동반된 아동들보다는 더 나은 수행을 보여주었다(장종호·김수진·출판 준비 중). 또한 학교적응에 대한 평가에서는 언어장애가 있는 아동들은 일반 아동과 비교할 때 유의미하게 어려움을 보였으나 말소리장애만 있는 아동은 일반 아동과 유의미한 차이가 나타나지 않았다.

잠깐! 음운표상 : 음운기억과 빠른이름대기

음운기억, 빠른이름대기로 우리는 무엇을 알 수 있을까요? 그리고 어떻게 평가할 수 있을까요? 음운기억(phonological memory)과 빠른이름대기(sapid automatize naming) 과제 등을 통해서 우리는 아동의 음운표상(phonological representation)을 저장하고 인출하는 능력을 추정합니다. 음운기억과 빠른이름대기를 평가하는 방법은 한국어 읽기검사(배소영 외, 2015)의 하위 검사 등에도 있습니다. 간단하게 소개한다면, 음운기억은 몇 개의 말소리(음절)를 듣고 바로 기억하여 따라 말하도록 하는 방법을 이용할 수 있겠습니다. 빠른이름대기 검사는 일련의 숫자나 CV형태의 일음절 글자를 얼마나 빠르게 읽는지를 검사할 수 있습니다. 예를 들어 CV형태의 일음절 글자 빠른이름대기는 5개의 CV형태의 일음절(그, 재, 니, 부, 더)을 무작위로 10번 반복되도록 하고 아동에게 가능한 빠르게 읽도록 요구한 후 평균 소요시간(초)으로 구할 수 있습니다.

제 **7** 장

말소리장애 평가 개관

7.1 평가방법 선택에 영향을 미치는 요인

7.2 평가 맥락

7.3 말소리장애 지표의 종류

7.4 말소리 분석수준

7.5 자발화 분석 연습

일반적으로 처음 언어치료를 시작할 때 언어치료사들에게 가장 어려운 것이 진단이라고 말한다. 진단의 어려움은 실습이 끝나도 쉽게 해결되지 않고 초보 치료사들에게 계속해서 어려움으로 남는다. 전문가들 누구도 처음부터 진단에 자신이 있었다고 하지 않는다. 많은 사례를 담당하게 되고, 다양한 자료를 참고하며 진단보고서를 작성해 가는 과정에서 자신들도 모르게 전문가가 되었다고들 한다.

진단을 하는 데 이용되는 정보는 매우 다양하다. 진단은 (1) 사례력 정보, (2) 사전 검사결과 혹은 보고서, (3) 관찰, (4) 본인 및 보호자 면담, (5) 비공식적 검사, (6) 공식적 검사 절차를 거치면서 절차마다의 결과들을 종합하여 내려진다. 진단과정에 대한 이러한 일반적인 절차는 조음진단과정에도 마찬가지로 적용된다. 말소리장애 아동이 처음 치료실을 방문하면 치료사는 말소리장애를 야기할 수 있는 원인이 있는지를 확인해 보아야 한다. 다음으로 의뢰서와 사례력을 살펴보고, 부모 혹은 다른 사람들과 어떻게 대화하는지 또 어떻게 행동하는지 관찰하고 준비된 면담기록지를 기초로 하여 주요 문제점과 가정 및 학교 상황에서의 필요한 정보를 수집한다. 이를 바탕으로 조음음운능력에 대하여 치료사에게 가장 많은 정보를 줄 수 있는 검사를 실시한다.

이 장에서는 평가에 영향을 미치는 요인들은 무엇이 있는지 알아보고 말소리장애 진단을 위한 다양한 평가지표와 오류분석 방법을 소개하고자 한다. 말소리장애의 진단에 가장 중요한 요소라고 할 수 있는 말소리장애 검사의 종류 및 시행방법과 진단보고서 작성방법에 대해서는 다음 장(제8장)에서 상세히 다루고자 한다.

7.1 평가방법 선택에 영향을 미치는 요인

7.1.1 말소리장애의 유형과 중증도

발화는 개인에 따른 차이도 크지만, 장애 원인과 유형에 따라 매우 다양한 변이를 보인다. 그러므로 장애 특성에 따른 말소리 정보를 수집하고 분석하여 자료화하는 것은 의사소통장애 영역에서는 꼭 필요한 작업이다. 말소리장애의 원인과 관계없이 전형적으로 시행하는 평가절차들도 있다. 그러나 원인이 분명한 말소리장애의 경우에는 일반적인 말소리장애와 다른 심화평가 절차가 필요하다. 청각장애의 진단에서는 음소 변별과제와 같은 말소리 지각과제에 좀 더 유의를 해야 할 것이고, 마비말장애의 진단에서는 자세와 발성, 그리고 운동능력을 반영하는 교대운동과제와 전반적인 말 명료도 등을 강조하게 된다. 구조손상으로 인한 말소리장애 진단에서는 공명장애 평 가를 더 강조한다. 같은 절차를 시행하더라도 진단가가 장애의 원인과 유형에 따라서 중점을 두고 해석해야 하는 절차가 있다는 것이다.

그러나 말소리장애는 제6장에서 언급했던 바와 같이 원인을 알 수 없는 말소리장애 의 경우가 더 많다. 원인을 모르는 경우에도 말소리장애에 대한 평가와 치료는 필요 하다. 원인과 관계없이 평가방법을 선택할 때 가장 중요한 변수 중 한 가지가 말소리 장애의 중증도, 즉 심각한 정도이다. 예를 들어서 일반적인 의사소통 상황에서 약간 말소리가 이상하다고 느끼는 수준부터 말소리를 전혀 알아들을 수 없는 수준까지 말 소리장애의 범위는 매우 넓다. 구체적으로 산출할 수 있는 자음목록이 4~5개로 극히 제한적인 경우부터, 오류형태가 조음위치를 약간씩 전방화하거나 후방화하는 왜곡만 나타나는 경우까지 다양하게 나타날 수 있다. 음소목록이 극히 제한적인 경우에는 독 립분석을 적용하는 것이 적절하지만 특정한 오류패턴이 있는 경우에는 음운오류패턴 분석이나 왜곡 분석을 해야 하는 경우도 있을 것이다. 원인과 장애 정도 및 오류 특성 을 조합하여 적절한 평가 및 분석을 선정해야 한다.

7.1.2 연령 요인

제5장에서 한국어 말소리발달 연구결과들을 살펴보았다. 이 연구결과들은 정상적인 말소리발달을 보이는 아동들의 연령별 음소산출 특성을 보여주고 있는데, 이 결과들 은 그대로 말소리장애의 진단 상황에 매우 중요한 지표로 활용될 수 있다.

국내 현장에서 사용되고 있는 말소리장애 검사들은 모두 아동을 대상으로 표준화 된 것이다. 그러나 발음검사의 경우 그림과 어휘가 아동용이어서 어색하고 표준화된 비교 준거는 없지만 연령과 관계없이 자음정확도 수준을 통해서 말소리장애의 중증 도를 파악할 수는 있다.

언어의 진단과 치료에서 연령변수는 매우 중요하다. 예를 들면 어린 아동들의 경우 평가절차에서뿐 아니라 검사를 하는 장소에 대해서도 성인보다 더 많은 영향을 받는 다. 그러므로 치료실보다 아동에게 익숙한 학교나 집 등에서 발화 샘플을 구하는 것 이 정확한 진단을 내리는 데 더 도움이 된다. 연령에 따라서는 환경뿐 아니라 문맥의 영향도 다르게 미칠 수 있다. 특히 2세에서 3세 정도의 경우에는 표준화검사나 특정 유도 맥락을 적용하는 것에 한계가 있어 일상적이고 편안한 상황에서의 자발화 산출을 평가할 필요가 있다(김수진 · 김정미 · 윤미선, 2013; 하승희 · 황진경, 2013; Stoel -Gammon, 1987). 연령이 어린 대상 아동이 표준화검사를 끝까지 수행하였다고 하더라도, 비교해야 할 또래연령 집단의 표준화 자료를 수집하는 과정에서 검사를 끝까지 수행하지 못하는 표집집단 아동은 배제될 수 있기 때문이다. 문장이나 자발화를 유도하는 과정에서도 연령은 매우 중요한 역할을 한다. 일반적으로 대화는 2세 이후 적용 가능하며, 단어검사는 2세 후반 혹은 3세 이후, 이야기 말하기는 4세 혹은 5세 이후의 아동에게 적용 가능하며, 읽기는 7세 이후 아동에게 적용 가능해진다.

7.1.3 말소리장애의 하위 분류 및 동반 문제

원인을 모르는 말소리장애는 출현율이 높지만 모두가 동질적인 장애로 보기는 어렵다. 잠재적인 원인과 환경, 말소리 지각과 산출의 처리과정, 말소리 오류의 패턴, 말소리 오류의 일관성, 다른 의사소통 문제를 동반했는지에 따라서 다른 중재전략을 수립해야 한다. 말소리장애의 하위 유형으로 구분하거나 동반되는 문제를 파악하는 과정이 바로 진단평가 절차라고도 할 수 있는데, 이를 위해서는 다차원적인 평가절차가 필요하다. 말소리장애의 하위집단을 분류하고 고려해야 할 요인들을 요약하면 [그림 7-1]과 같다.

우선 첫째로 말소리 지각과 지능 성격 등의 잠재적 원인이 있는지 알아본다. 다음으로는 말소리문제를 평가하고 오류패턴이 발달적인지 특이한 오류를 보이는지 관찰하고, 음운처리과정, 즉 변별, 표상, 음운인식, 비일관성 등의 문제를 분석한다. 또한 발성과 말속도와 유창성, 어휘와 구문, 화용, 문해력 등 다른 의사소통 문제를 동반하고 있는지를 파악하고 아동의 가족력, 사회경제문화적 배경의 특징적인 면이 있는지 살펴야 한다. 구체적인 평가절차는 이 책의 제8장에서 살펴볼 것이다.

7.1.4 언어 특수성

국내외에서 개발되어 널리 사용되고 있는 조음음운검사는 대부분 말소리 목록검사를 기본으로 한다. 검사해야 하는 말소리 목록은 기본적으로 해당 언어권의 음소목록을 기반으로 하여 구성된다. 말소리장애 검사개발과 진단모형이 독특하게 한국어에 맞게 새로이 정립되어야 하는 가장 큰 이유는 바로 말소리 목록이 언어에 따라 다르기

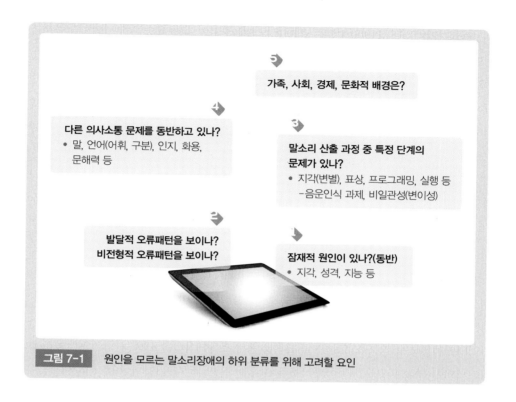

가족, 사회, 경제, 문화적 배경은?

다른 의사소통 문제를 동반하고 있나?
• 말, 언어(어휘, 구분), 인지, 화용, 문해력 등

말소리 산출 과정 중 특정 단계의 문제가 있나?
• 지각(변별), 표상, 프로그래밍, 실행 등
 –음운인식 과제, 비일관성(변이성)

발달적 오류패턴을 보이나?
비전형적 오류패턴을 보이나?

잠재적 원인이 있나?(동반)
• 지각, 성격, 지능 등

그림 7-1 원인을 모르는 말소리장애의 하위 분류를 위해 고려할 요인

때문이다. 또한 언어에 따라서 유사한 음소들이 있어도 그 사용빈도에 큰 차이가 있다. 앞 장에서 소개한 바와 같이 제한적이기는 하지만 언어치료학과 국어학 분야에서 최근 말소리 자료를 바탕으로 한 우리말소리의 빈도조사 결과들이 소개되고 있다. 이 결과를 바탕으로 하여 검사 및 평가목록을 구성하거나 그 결과를 해석할 때 반영될 필요가 있다.

간혹 현장에서 방언의 특수성이 고려되지 않는 경우도 있다. 아동의 거주지역과 가족들의 방언 형태는 아동의 말소리에 직접적인 영향을 미친다. 방언의 영향을 장애로 판단하는 것은 적절하지 않다. 자신의 방언을 고치기 위해 언어치료실을 찾은 사람이 아니라면 방언으로 인한 조음오류를 장애로 판단해서는 안 될 것이다.

7.2 평가 맥락

누구나 환경이나 조건에 따라 말하기가 달라질 수 있다. 사람에 따라서는 긴장이 큰 상황에서 더 잘 수행하기도 하지만 대부분의 사람은 긴장이 커지면 말하기가 어렵다고 한다. 말소리장애가 있는 사람의 경우에는 그 편차가 더 크게 나타날 수 있다. 또 한 가지 쉽게 맥락변수를 생각해 볼 수 있는 경우는 여러분도 자주 경험하게 되는 전화 대화 상황이다. 특히 숫자 정보나 고유명사 정보를 전달할 때, 얼굴을 마주하고 이야기할 때보다 정확도가 떨어질 수 있다. 이렇게 의사소통 수행수준에 영향을 미치는 대화의 장소, 상대 등과 같은 요인들을 **환경적 맥락** 요인이라고 한다. 우리는 다양한 환경적 맥락 요인을 평가과정에 도입할 수 있다.

대부분의 말언어평가는 치료실에서는 치료사와의 상호작용이라는 단순한 환경적 맥락에서 이루어지기는 하지만, 필수적으로 다양한 언어학적 맥락을 활용하여 평가해야 한다. 이제 평가에 영향을 미칠 수 있는 **언어학적 맥락**을 살펴보자. 언어학적 맥락을 특별히 '문맥'이라고도 한다. 언어학적 맥락으로는 음소수준, 음절수준, 낱말수준, 유도문장수준, 자발화수준 등을 생각해 볼 수 있다. 흔히 말소리장애 검사에서 가장 많이 이용하는 평가방법들은 낱말수준과 문장수준에서 발화 자료를 수집한다. 그러나 필요에 따라 음소, 음절, 대화수준에서도 자료를 수집해야 한다. 각 언어학적 맥락의 수준은 수행수준에 영향을 미친다. 음절이나 낱말수준에서 천천히 정확하게 조음할 수 있는 음소를 문장수준에서는 산출하지 못하는 경우가 많다.

말언어평가를 해 본 사람이라면 누구나 언어학적 맥락의 각 수준에 따라 수행결과가 달라진다는 사실을 알고 있다. 그러므로 다양한 수준에서 평가하는 일이 중요하겠지만, 임상현장에서는 여러 가지 이유로 몇 개의 수준에서만 제한적으로 평가하고 있다. 수준별로 갖고 있는 특성과 장단점을 살펴보자.

7.2.1 음소수준

말소리장애를 평가할 때, 음소가 언어학적 단위로 가장 최소의 단위이기는 하지만 대부분의 평가과정에서는 음절이나 낱말에서 평가를 시작한다. 보통은 음절이나 낱말에서 산출하지 못하거나 오류를 보이는 음소들에 대하여 독립음소를 검사한다. 간혹 낱말에서는 산출하지 못하던 말소리를 음소수준에서 산출할 수 있는 경우가 있는데, 이런 음소는 그렇지 않은 음소에 비해 치료의 예후가 좋다.

7.2.2 무의미 음절수준

고전적인 조음치료에서는 음소와 무의미 음절수준에서 진단과 치료를 시작하였다. 무의미 음절은 한 자음에 대하여 검사하는 경우 후행할 수 있는 모든 모음을 조작하여 붙일 수 있는 장점이 있다. 예를 들어 특정 자음에 대하여 꼭 낱말을 만들지 못해도, 단모음과 이중모음 모두를 붙여 볼 수 있다. 이는 문맥검사의 일종으로 조금이라도 조음이 가능한 문맥을 찾는 절차이다.

특정 낱말들은 오랜 잘못된 습관에 의해 오류형태로 조음이 굳어지는 경우도 있는데, 무의미 음절 검사는 이러한 영향을 배제하기에도 유용하다. 예를 들어 할머니를 '함니'라고 발음하는 어린아이의 경우 '할머니'를 꼭 조음하지 못해서가 아니고 초기에 잘못 발음한 것을 식구들이 귀여워서 함께 '할머니'를 '함니'라고 말해 주는 사례가 있다. 그 아동은 '할머니'의 사진을 보고 누구인지 물어보면 '할머니'를 발음할 수 있지만 당연히 '함니'라고 대답할 것이다. 일상에서 많이 사용하는 단어에서 오류가 일반화되어 정확한 조음능력의 진단을 방해할 수 있으므로 무의미 음절어도 평가에 유용할 수 있다.

7.2.3 일음절 낱말수준

일음절 낱말은 의미 있는 의사소통이 가능하면서, 가장 간단한 언어학적 구조라고 할 수 있다. 일음절 낱말은 말하는 운동 측면을 생각해 보면 가장 간단하며 실제로 짧은 낱말일수록 조음이 쉽다.

조음운동 정확성을 채점하는 차원에서 일음절은 가장 쉽다고 말할 수 있지만 반면, 듣고 이해하는 차원에서는 조금만 음소를 틀리게 발음해도 추측할 수 있는 단서가 적어 이해하기에는 가장 어려운 언어학적 구조가 된다. 예를 들어 생각해 보자. '방'이라는 일음절 낱말은 초성이나 종성이 조금만 틀려도 '밤' 혹은 '망'과 같이 완전히 다른 낱말이 된다. 그러나 '가방'이라는 이음절 낱말에서는 조금 틀려도 '가밤?' '아! 가방을 조금 틀리게 발음했겠지.'라고 생각할 수 있기 때문이다. 낱말의 길이가 길수록 추론할 만한 단서는 많아지고, 문장에서는 그 단서가 더욱 많아져서 청자의 능력에 따라 명료도가 높아질 수도 있다.

　일음절 낱말검사는 동일한 길이와 음절구조에서 자음과 모음의 산출능력을 동시에 살펴볼 수 있다는 장점이 있어서 뇌성마비 또는 마비말장애 화자를 대상으로 명료도 평가나 조음 및 음향학적 평가에 활용되기 용이하다(김수진, 2003). 하승희·김민정 (2019)은 음소와 음절구조 목록에 심한 제약을 보이는 말발달 초기단계에 있는 아동 이나 검사어의 길이가 길고 음절구조가 복잡할수록 자음 산출능력이 떨어지는 아동 기 말실행증 아동을 평가하기 위해서 18개의 일음절 낱말검사를 개발하고, 목록을 활 용하여 일반 아동의 우리말 음소습득 연령을 제공하였다.

7.2.4 다음절 낱말수준

대부분의 공식적인 조음음운장애 검사들은 다음절 낱말수준에서 검사하도록 제작되 어 있다. 낱말수준은 의미 있는 구어 의사소통의 시작이라고 볼 수 있다. 이렇게 간 단한 의사소통 맥락에서 음소수준의 정확도를 파악하는 데 이용되는 낱말수준의 검 사는 짧은 시간 안에 검사에서 필요한 목표음소를 모두 볼 수 있다는 장점이 있다. 국내에서 개발된 낱말수준의 표준화된 조음음운검사로는 'UTAP2(우리말조음음운 평가2. Urimal Test of Articulation and Phonology 2; 김영태·신문자·김수진·하지 완, 2020)'와 'APAC(아동용 발음평가, Assessment of Phonology and Articulation for Children; 김민정·배소영·박창일, 2007)', 'KS-PAPT(한국어 표준 그림조음음운검 사, The Korean Standard Picture of Articulation and Phonological Test : 석동일·박상 희·신혜정·박희정, 2008)'가 있으며, 이 검사들은 모두 '그림이름대기과제(picture naming task)' 방식으로 산출을 유도한다.

　KS-PAPT는 음절 길이에 따라서 검사결과를 해석할 수 있도록 되어 있다. 세 가지 낱말 길이 조건(1음절, 2음절, 3음절 이상)에서 유도할 수 있도록 된 이 검사의 표준화 과정에서 얻은 결론을 보면 같은 음소라고 할지라도 긴 낱말에서 오류율이 높은 것으 로 나타났다.

7.2.5 유도 문장 및 따라말하기 문장수준

앞에서 다음절 낱말수준이 일음절 낱말보다 단서가 많아져서 청자가 무슨 말인지 이 해하는 데 도움이 될 수도 있다고 설명한 바 있다. 마찬가지로 문장은 한 낱말보다 단서가 많아져서 앞뒤 낱말로 정확하지 못한 낱말을 추측하게 할 수도 있다. 그러나 화자 입장에서 본다면 문장수준은 낱말보다 길게 말해야 하는 어려운 과제이다. 여기에서 어렵다는 말은 발성과 호흡의 조절 등 운동적인 측면에서도 어렵고, 또한 문법과 의미론과 같은 언어학적인 측면에서도 어렵다는 것을 의미한다. 그래서 대부분의 말소리장애가 있는 사람들은 낱말수준보다 문장수준에서의 조음정확도가 더 낮다.

말소리 검사 가운데 'APAC(김민정 · 배소영 · 박창일, 2007)'은 문장수준에서 표준화는 되지 않았지만 문장검사 절차를 포함하고 있다. 진단과정에서 낱말과 문장 맥락에서의 수행을 비교하거나, 문장수준에서의 수행을 기술하는 데에 활용하도록 되어 있다. APAC 문장검사는 낱말과제에서 유도한 검사낱말과 관계없이 눈사람 만들기에 관한 그림에 대한 설명을 듣고 '다시 말하기' 과제와 해수욕장 등 개인적인 경험에 대한 질문을 통해 자발화를 유도하도록 구성되어 있다. '다시 말하기' 과제에서 어려움을 느끼는 아동에게는 '따라말하기'를 유도한다. 조음선별검사를 포함하고 있는 'SMST(신문자 외, 2010)'에서는 후기 발달 음소 /ㄱ, ㄹ, ㅅ, ㅈ/가 들어 있는 문장카드를 보여주고 읽도록 하는데, 읽지 못하는 경우에는 따라 말하도록 한다. UTAP2(김영태 외, 2019)에서는 문장과제에 즉각적으로 문장 따라말하기를 하도록 하여 3세부터 7세까지 아동을 대상으로 하여 표준화 자료를 제공하였다.

이와 같이 이야기를 들려주고 다시 산출하도록 하는 '지연모방과제(delayed imitation task)'나 읽기과제는 특정 음성문맥이나 소리를 유도할 때 활용한다. 지연모방과제나 문단읽기과제는 목표음소나 문맥을 유도하는 것에는 유용하겠지만 자연스러운 말소리 산출과는 수행수준에 차이가 생길 수 있다. Dubois와 Bernthal(1978)은 '그림이름대기', '문장에서 지연모방', '이야기 말하기(story telling)'의 세 가지 과제를 통해 유도한 같은 낱말의 말소리 산출을 비교한 결과 '이야기 말하기'에서 가장 오류가 많이 나타났고, '그림이름대기'에서 오류가 가장 적게 나타난다고 하였다.

7.2.6 자발화수준

공식적인 검사의 장점은 단시간에 목표음소를 모두 검사할 수 있다는 점이다. 그러나 실제 일상생활에서 화자의 조음음운 능력을 보여주지 못한다는 것이 단점이며, 이것은 자발화검사의 장점이기도 하다. 모든 조음음운검사의 궁극적인 목적은 가장 자연스러운 상황에서의 말소리 산출을 관찰하는 것이므로 어떤 경우에도 자발화수준의 관찰은 포함되어야 한다. 그러나 자발화검사는 시간이 많이 걸리고 목표음소를 모두 보기 어렵다는 제한점이 있다. 자발화를 수집하는 방법은 조음음운 이외의 다른 언어 평가에서 이용하는 방법(이야기 꾸며 말하기, 이야기 듣고 재구성하여 다시 말하기, 자유놀이 상황에서 상호작용, 일상적 대화 등)과 같다. 아동을 대상으로 자발화를 수집하는 경우에는 가장 대표적으로 대화과제와 이야기 말하기 과제가 있다. 대화는 비교적 짧게 발화가 오가는 특징이 있으며 이야기 말하기는 비교적 길게 발화가 이어지면서 도입과 전개와 결말 등의 틀을 갖게 된다.

일반적으로 자발화수준은 낱말이나 문장 유도 문맥에 비해서 덜 정형화되어 있으며 앞에서도 언급한 바와 같이, 동일한 낱말이라 할지라도 다른 문맥에 비해서 오류가 가장 빈번하게 관찰될 수 있다. 가장 어려운 문맥임에도 불구하고 2세나 3세의 어린 아동을 대상으로 할 때에는 대화상황의 검사만 가능할 수도 있다. 표준화검사로 실시하는 경우에는 검사문항을 표준화검사로 실시하는 경우에는 대상 아동이 끝까지 수행하는 것이 어려울 수도 있기 때문이다. 또 대상 아동이 모두 수행하였다고 하더라도, 표준화 과정에서 일반 2세 아동의 경우에도 끝까지 수행하지 못하는 경우의 아동은 자료에서 배제되어 준거를 정확하게 만들 수 없기 때문이다.

자발화라는 조건은 매우 다양한 언어학적 변수들이 포함된 상태이므로 다양한 조건에 따른 수행수준을 살펴볼 수도 있다. 체언과 용언에서 오류가 다른지 살펴볼 수도 있고 어휘 형태소와 문법 형태소에서 오류가 다르게 나타나는지도 살펴볼 수 있다. 김수진 외(2012)에서는 3세와 4세 아동이 자발적 대화 상황에서 치경마찰음이 형태소의 종류에 따라서 오류율이 어떻게 달라지는지 살펴보았다(그림 7-2 참조). 치경마찰음의 오류를 살펴본 결과 어휘 형태소보다 문법 형태소에서 오류가 더 많았다. 이를 알아보기 위해서 우선 같은 어휘 형태소 안에서 어두와 어중 조건을 비교하였을 때 유의미한 차이를 관찰할 수 없었다. 우리말에서 문법 형태소는 어두 조건은 없기 때문에 어절 안에서의 위치에 따른 조음 수행에 차이가 있는지 알아본 것이다. 3세 후반의 아동이 자발화에서 나타나는 전형적인 오류 예를 본다면 "쓰고 와쩌", 혹은 "쥬쓰 마셔쩌"라고 하였는데, /쓰고, 쥬쓰/의 어휘 형태소에서 /ㅆ/를 정확히 산출하면서도, /마셔쩌/라고 잘못 발음할 수 있다는 것이다. 의사소통 상황에서 의도를 전달하는 데 중요한 어휘 형태소에서는 정확하게 발음하였지만, 상대적으로 의도를 전달하는 데 덜 중요한 문법 형태소에서는 오류를 보이는 것이라고 해석할 수 있을 것이

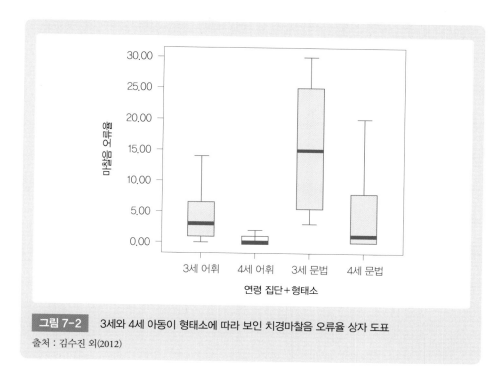

그림 7-2 3세와 4세 아동이 형태소에 따라 보인 치경마찰음 오류율 상자 도표

출처 : 김수진 외(2012)

다. 같은 아동의 발화에서도 치경마찰음뿐 아니라 유음에서도 어휘 형태소보다 문법 형태소에서 조음오류가 더 많은 것을 확인할 수 있었다(최민실·김수진, 2013).

[그림 7-2]에서 왼쪽의 두 개 상자는 어휘 형태소의 오류율을 의미하는데, 오른쪽 두 개 상자에 비해 오류율도 낮을 뿐 아니라 오류율의 범위도 제한적인 것을 알 수 있다. 발달과정에서 초기에는 오류도 높고 편차도 넓은 것이 특징인데, 같은 치경마찰음이라도 문법 형태소에서는 4세에도 오류가 많고 편차도 넓은 것을 관찰할 수 있었다(김수진 외, 2012).

자발화를 수집하여 말소리 산출형태를 분석하면서 얻을 수 있는 이점을 정리하면 다음과 같다. 첫째, 말능력을 반영하는 가장 타당도가 높은 평가 문맥이다. 둘째, 자연스러운 음운오류패턴을 관찰할 수 있다. 셋째, 반복적으로 산출되는 형태에서 산출의 비일관성을 관찰할 수 있다. 다시 말해서 특정 음소를 계속 정확하게 산출하는지 혹은 다른 특정 음소로 일관되게 대치하는지 등 장애의 수준을 판단하거나 치료목표를 세우는 데 중요한 세부정보들을 알아낼 수 있는 것이다. 넷째, 다양한 언어학적 맥락의 영향을 관찰할 수도 있다. 길거나 복잡한 발화에서도 짧고 간단한 발화에서와 같은 수행수준을 보이는지도 확인할 수 있으며, 심리적 인지적 부하가 많은 상황과 적은 상황에서의 수행수준도 비교할 수 있다. 또한 어휘나 형태소의 종류, 난이도와 빈도, 이웃하는 음소에 따라서도 오류가 다르게 나타나는지 관찰할 수 있다.

7.3   말소리장애 지표의 종류

조음능력, 특히 분절음의 산출능력을 평가하는 방법 가운데 가장 널리 사용되는 지표로 '**자음정확도**(Percentage of Correct Consonant, PCC)'(Shriberg & Kwiatkowski, 1983) 등이 있다. 자음정확도가 조음장애의 정도를 나타내는 지표로 가장 널리 사용되고 있는 이유는 일반적인 말소리장애의 경우 자음의 오류가 많이 나타나며, 비교적 간편하게 구할 수 있으며, 한 개의 숫자로 말소리장애의 전반적인 중증도를 파악하는 데 도움을 주기 때문이다. 그러나 모음에도 오류가 많은 경우에는 모음정확도를 함께 평가해야 한다.

말소리장애의 진단평가 과정에서는 자음정확도 이외에도 단어단위 음운발달 지표인 평균음운길이, 개정자음정확도, 명료도, 용인도, 자극반응도 등의 다양한 지표를 이용한다. 대부분의 평가방법 혹은 평가 맥락들 간에는 높은 상관을 보이고 있다. 그러나 어떤 평가지표를 선택하는가에 따라 결과는 달라질 수 있으며, 평가자에게 주는 정보도 다를 수 있다. 평가의 목적에 따라서 가장 효과적인 평가지표를 선택할 수 있는 능력이 진단가가 갖추어야 할 중요한 덕목이라고 할 수 있을 것이다.

7.3.1   단어단위 음운지표

독립된 분절음의 정확도를 평가하는 것으로는 아동이 실제 의사소통 상황에서의 음운능력을 평가하는 데 한계가 있다. 아동이 말을 습득하는 과정에서 음소가 아닌 통단어를 배워서 말한다는 것에서 영감을 얻어 단어단위의 음운지표들이 고안되었다. 마치 구문능력을 평가할 때 몇 개의 형태소나 어휘를 한 발화에서 사용할 수 있는지 살펴보기 위하여 **평균발화길이**(Mean Length of Utterance, MLU)를 통해 살펴보는 것과 같이, 아동이 산출하는 음운단어(통단어) 안에 몇 개의 음소를 조합하여 사용할 수 있는지 평가할 수 있다. 언어치료사는 이러한 단어단위로 음운능력을 평가하고, 평가

결과에 근거하여 목표단어를 선택할 필요가 있다.

단어단위에서 음운발달을 살펴보는 지표들 가운데 가장 널리 사용되고 있는 지표는 **평균음운길이**(Phonological Mean Length of Utterance, PMLU), 단어단위 **근접률**(Proportion of Whole-Word Proximity, PWP), 단어단위 **정확률**(Proportion of Whole-word Correctness, PWC) 등이다(Ingram, 2002; Ingram & Ingram, 2001). 단어단위의 다양한 음운발달 지표는 국내에 석동일(2004)에서 소개된 이후 꾸준하게 다양한 집단을 대상으로 하는 연구들이 나오고 있다.

단어단위 음운평가는 자발화에서 산출된 말소리를 분석하기 위해서 고안되었다. 자발화에서 분석하기 위해서는 단어경계에 대한 논의가 선행되어야 한다. 문어에서 사용하는 기본 단위가 문장과 단어라면 구어의 기본 단위는 발화와 음운단어라고 할 수 있다. 음운단어는 구어에서 띄어 말하는 가장 작은 단위이며, 음운단어의 경계는 음운변동이 일어나는 데 중요한 역할을 한다. 그러나 음운단어는 사람마다, 상황마다 다르므로 분석에 어려움이 있어서, 언어치료 분야의 많은 말소리 분석 연구에서 어절을 평가 단위로 사용하고 있다(김수진 · 김정미 · 윤미선, 2013; 하승희 · 황진경, 2013). 자발화에서 위의 음운지표들을 구한다면 엄밀한 의미에서 '어절단위 음운발달 지표'라고 해야 할 것이다. 윤미선 · 김수진 · 김정미(2013)는 자발화에서 어절의 경계 기준을 '잠깐! 어절 구분 기준'과 같이 제안하였다.

잠깐! 어절 구분 기준

1. 어절 구분은 원칙적으로 학교 문법의 띄어쓰기 기준을 따른다.
2. 다음 어절은 선정에서 제외한다.
   - 불명료한 어절(발음이 정확하지 않은 어절이 아니라 전사가 불가능한 수준)
   - 바로 직전 대화 상대방의 말을 단순히 모방한 어절
   - 아기 말, 감탄사, 호응발화(응, 네, 어), 외국어, 고유명사(이름)
   - 언어적 실수가 목표발음에 영향을 끼치는 경우
3. 의성어나 의태어, 외래어는 어절로 선정한다.

4. 1의 원칙에도 불구하고 다음의 경우는 두 어절을 하나의 어절로 본다.
   - 본용언+보조용언 : 해 봐(1), 해 주세요(1)
   - 관형어+불완전 명사 : 할 거야(1), 할 수 있어(2), 갖고 싶은 거(2)
   - 안/못 부정어+동사 : 안 해(1), 안 먹어(1)
   - 수사+단위 : 한 개(1), 한 자루(1), 두 마리(1)
5. 복합명사의 경우 '된장찌개'와 같이 사전에 등재된 경우는 어절 1개로 인정하며, 사전에 없는 경우 구어에서 일반적으로 붙여 발음하는 음운단어라면 1개로 인정한다.

(1) 평균음운길이(PMLU)

평균음운길이(PMLU)는 단어수준의 복잡성을 반영하는 지표로, 아동이 사용한 단어의 분절음 수와 아동이 정확하게 산출한 자음의 수로 산출한다. 즉 아동이 사용하는 단어의 음운구조가 복잡해지고 길이가 길어지면, 분절음의 수가 증가하며 이를 통해 단어의 복잡성이 지표에 반영된다. 예를 들어 아동이 '할머니'를 '한니'라고 발화한 경우, '한니'의 각 분절음(ㅎ, ㅏ, ㄴ, ㄴ, ㅣ)에 모두 1점씩, 5점을 부여한 후 정확하게 산출한 자음(ㅎ, ㄴ)에 1점씩을 더하므로 2점을 더 부여하여 총 7점을 주는 것이다. 우리말 자발화에서 PMLU 계산기준에 대해서는 '잠깐! PMLU 계산기준'을 참조할 수 있다(윤미선·김수진·김정미, 2013).

　　말소리장애의 특성을 더 잘 이해하고 정확하게 평가하기 위해서는 말소리 산출능력을 타당하고, 민감하게 반영할 수 있는 객관적 지표에 대한 지속적인 고민과 개발이 필요하다. 김민정·하승희(2018)는 일반 아동의 점진적인 말소리 습득 과정을 보다 민감하게 반영하고 말소리장애 아동의 오류패턴의 특징과 심각도를 정량화하기 위해서 오류패턴에서 세부 자질에 따른 점수의 가중치를 고려한 가중평균음운길이(weighted-PMLU)가 PMLU보다 말소리장애의 심각도를 잘 반영하는 것을 보여주었다. 그러나 현장에서 사용하기 위해서는 가중치 부여 기준을 명확하게 해야 하는 등의 보완 작업이 필요하다고 하였다.

잠깐! 🔊 PMLU 계산기준

1. 자음과 모음에 1점씩을 주고 정확히 발음한 자음에 1점을 추가한다.
   - 예 : 나무(6)
2. 이중모음의 경우 /j w ɰ/에는 각 1점을 추가한다.
   - 예 : 와(2), 사과(7)
3. 적절한 위치에서 산출한 분절음에만 점수를 주고 첨가한 자음이나 모음은 점수를 주지 않는다.
   - 목표단어 형태 '다르지'에 대해 아동 발화가 '달르지'일 경우 첨가한 종성 /ㄹ/은 제외
     : 다르지(9), 달르지(9)
   - 목표단어 형태 '한다'에 대해 아동 발화가 '한다요'일 경우 첨가한 음절을 제외
     : 한다(8), 한다요(8)
   - 목표단어 형태 '이거'에 대해 아동 발화가 '여거'일 경우 이중모음의 /j/는 제외
     : 이거(4), 여거(4)
4. 목표단어 형태는 문어기준이 아니라 구어기준으로 철자법이 아닌 발음되는 형태로 계산한다.
   - '있대'의 목표형태는 /이때/(4), /없다/는 /업따/(6)
5. 목표형태는 성인발음을 원칙으로 하나 구어적인 특징을 고려한다.
   - /할게/는 보통 구어로 /할께/로도 사용하므로 목표 발화 형태는 하게/할께를 모두 인정한다.

(2) 단어단위 근접률(PWP)

목표단어, 즉 성인이 산출한 형태의 PMLU와 아동이 산출한 PLMU의 비율로 구한 단어단위 근접률(PWP)은 아동이 얼마나 목표단어에 유사하게 산출하였는지를 보여 주는 지표이다. 위의 아동 발화 예에서 아동의 의도에 있는 목표형태 '할머니'는 모든 분절음과 정확한 자음 수를 더하여 PMLU는 11점이다. 아동의 산출 점수는 7점이므로 단어단위 근접률 PWP는 7/11, 즉 .63이다.

(3) 단어단위 정확률(PWC)

단어단위 정확률(PWC)은 단어 전체가 정확하게 발음된 비율로 다시 말해서 전체 단어 중 정확하게 산출한 단어의 비율이다. 예를 들어 아동이 "한니 안녕"이라고 발화하였다면 두 개의 어절에서 "안녕"이라는 한 개의 어절은 정확하게 산출되었고 "한니"라는 어절은 부정확하게 산출되었으므로 단어단위 정확률 PWC는 1/2, 즉 .5이다.

　정상적인 말소리발달을 보이고 있는 2세부터 4세까지 6개월 단위의 아동이 가정에서 엄마와 주고받는 대화 중 50어절을 표집하여 단어단위 음운지표 세 가지를 구한 결과는 〈표 7-1〉과 같다(윤미선·김수진·김정미, 2013). 하승희·황진경(2013)에서도 PMLU가 점진적으로 증가하는 추세는 유사하지만, 2세 전반에는 평균 6.92였으며, 3세 후반에는 9.79로 차이가 나타났다. 두 연구 모두 한 집단의 대상 아동 수가 10명 내외로 제한적인 아동을 대상으로 하였으며, 자발화를 유도하는 맥락과 어절 기준의 차이 등이 이러한 점수 차이를 나타나게 한 것이다. 그러나 대략 2세경에는 6 내외, 4세

표 7-1 연령별 단어단위 음운발달 지표 평균(SD)

연령	PMLU	PWP	PWC
2세 전반	6.37(1.02)	.86(.04)	.45(.09)
2세 후반	6.87(1.02)	.89(.06)	.53(.15)
3세 전반	7.75(.59)	.92(.04)	.59(.15)
3세 후반	8.31(.67)	.96(.04)	.78(.16)
4세 전반	8.45(.46)	.97(.01)	.82(.05)
4세 후반	8.52(.70)	.98(.02)	.89(.07)

출처 : 윤미선·김수진·김정미(2013)

경에 9 내외의 PMLU를 기대할 수 있을 것으로 보고 평가에 활용할 수 있다.

7.3.2　자음정확도

자음정확도는 무의미음절, 낱말, 문장, 자발화 맥락에서 목표음소의 정확도를 볼 수 있다. 일반적으로 임상현장에서는 낱말수준에서의 목표자음정확도와 유도된 문장 맥락에서 목표자음정확도를 측정한다. 자음정확도는 일반적으로 말소리장애의 심각도 수준을 표현하는 데 이용한다(표 7-2 참조).

$$\text{자음정확도(PCC \%) : } \frac{\text{바르게 조음한 자음 수}}{\text{조음해야 할 총 자음 수}} \times 100$$

이 외에도 왜곡을 오류로 보지 않는 개정자음정확도(PCC-revised)가 있다. Shriberg 등(1997)은 대부분의 말소리장애 아동이 주로 보이는 오류 유형은 생략이나 대치이기 때문에 이 개정자음정확도가 말소리장애 유형에 가장 유용한 척도라고 제안하고 있다. 이에 따라 '아동용 발음평가(APAC)검사'와 '우리말조음음운검사2(UTAP2)'는 연령별 자음정확도를 제시하면서 개정자음정확도도 함께 제시하여 진단 시 준거로 활용할 수 있도록 하였다. 이렇게 검사결과에서 구한 자음정확도는 그림을 보고 이름을 말하도록 유도한 뒤 구한 낱말수준의 자음정확도이다. 같은 말소리 지표도 다양한 문맥에서 구할 수 있다.

자음정확도와 개정자음정확도 그리고 다음 절에서 소개하는 명료도 지표를 자발적인 대화수준에서 구할 수 있다. 〈표 7-3〉은 1세 후반부터 3세 후반까지의 일반적인 발달수준으로 자발화를 통해 수집한 말자료를 통해 구한 말소리 지표를 일반 아동의

표 7-2　**자음정확도와 말소리장애 심각도 수준의 관계**

말소리장애 심각도	자음정확도(PCC)
경도(Mild)	85~100%
경도-중등도(Mild-Moderate)	65~84.9%
중등도-중도(Moderate-Severe)	50~64.9%
중도(Severe)	<50%

출처 : Shriberg & Kwiatkowski(1982)

표 7-3	연령별 말소리 지표 평균(SD)		(단위 : %)
연령	PCC	PCC-R	명료도
1세 후반	51(11)	56(13)	77(5)
2세 전반	70(8)	73(9)	87(3)
2세 후반	87(6)	88(6)	91(5)
3세 전반	94(3)	94(3)	95(2)
3세 후반	95(2)	95(2)	97(2)

출처 : 하승희 · 황진경(2013)

발달수준과 비교할 수 있다. 자발화에서 3세 후반이 되면 자음정확도가 95% 수준에 이르게 된다. 이는 아동이 자신이 잘 산출할 수 있는 음소 위주로 발화하는 것을 반영하는 것이라 할 수 있다.

7.3.3 말명료도

말을 하는 것은 말소리를 단지 배열해서 되는 것이 아닌 연속적이고 복잡한 사건이다. 말하는 능력을 측정하고자 할 때에는 이러한 복잡한 사건에 영향을 미칠 수 있는 여러 조건에 대한 고려가 필요하다. 조음의 정확성이나 말속도, 크기, 억양과 같은 말의 분절적 · 초분절적인 요소뿐 아니라 언어의 화용적 · 구문적 · 의미적 요소들, 화자와 청자의 심리적 사회적 요소와 주변 소음이나 문맥적 예측 정도 등 다양한 요인이 말에 영향을 미칠 수 있다(김수진, 2002). 결국 이 모든 요소가 말소리 산출을 통한 의사소통의 성공에 기여할 수도 있고 방해를 할 수도 있다. 화자 입장에서 의사소통의 성공이라는 것은 결국 청자가 자신의 의도를 정확하게 알아듣는 것으로, 그 정도를 언어치료분야에서는 '말명료도'라고 한다(Bernthal, Bankson, & Flipsen, 2013).

그러므로 일상적인 대화수준에서의 말명료도는 의사소통에서 말소리 산출의 효율성에 관심을 갖고 있는 모든 사람들에게 가장 핵심적인 관심사가 되기에 충분하다. 말명료도는 언어치료사뿐 아니라 다른 관련 전문가들이나 장애인 당사자와 가족 등이 말소리 산출능력을 언급할 때 쉽게 소통할 수 있는 편리한 지표이므로 일반 아동의 언어발달과 말소리 산출장애 영역 전반에서 널리 활용되고 있다.

오랜 기간 아동의 말명료도 발달의 지표로 인용되어 온 Coplan과 Gleason(1988)의 연구에 의하면 2세는 약 50%, 3세는 약 75%, 4세가 되면 약 100%의 말명료도를 보인 다고 하였는데, 이 연구는 부모 평정에 의한 것으로 객관적인 자료로 보기에는 어려 움이 있다. 객관적인 방법을 적용한 국내 명료도 발달연구(표 7-2 참조, 하승희 · 황 진경, 2013)에서도 차이는 있지만 일반 아동의 말명료도 발달을 보면 말소리 습득 초 기인 1~2세경에는 낯선 사람들은 거의 알아들을 수 없지만 약 4세를 넘게 되면 낯선 사람들도 대부분 아동의 말을 알아듣는 수준이 되는 것으로 나타났다.

김미진 · 하승희(2012)의 연구는 그림 보고 단어 말하기 문맥에서 평가되었는데, 친 숙한 사람보다 낯선 사람이 평가하는 명료도가 더 낮은 것으로 나타났다. 김수진 · 김 정미 · 윤미선(2013)에서는 아동과 성인의 대화내용에서 아동의 대화 녹음내용만을 따로 들려주고 말명료도를 평가하도록 하였을 때, 4세의 경우에도 평균 56% 수준의 명료도를 나타냈다. 말명료도는 말자료 유형에 따라 달라질 수도 있다. 낱말, 문장, 이야기 세 가지 과제에서 말명료도를 분석한 결과(Baudonck et al., 2009), 4세의 경 우 낱말수준에서는 약 90%, 문장수준에서는 80%의 말명료도를 보였으며, 이야기 과 제에서는 문장과 유사하지만 약간 높은 명료도를 보였다. 이야기와 문장수준 과제에 서 명료도는 낱말보다 매우 낮게 나타났다. 이야기 과제의 경우 주제를 알고 청자가 들을 수 있기에 문장수준보다 높게 나타난 것으로 보인다. 말명료도는 과제의 종류와 난이도, 문맥의 종류와 평가자의 친숙도 등 다양한 요소에 따라 매우 다르게 나타날 수 있다는 점을 유념해야 한다.

명료도를 평가하기 위해 사용되는 일반적인 평가방법을 세 가지로 분류할 수 있는 데, 첫째는 개방형 낱말 확인과제(open set word identification), 둘째는 폐쇄형 낱말 확 인과제(closed set word identification), 셋째는 평정척도법(rating scale)이다. 개방형 낱말 확인과제는 자발화문맥 평가방법이 그 대표적인 예인데 전사한 발화 중에서 청자가 확실하게 이해한 낱말의 백분율이라 할 수 있다. 우리말 자발화문맥에서는 낱말보 다 어절을 사용하는 것이 더 적절하다(김수진 · 김정미 · 윤미선, 2013; 하승희 · 황진 경, 2013). 폐쇄형 낱말 확인과제는 정해진 낱말 목록을 말하거나 읽도록 하고, 이를 받 아 적거나 선택하도록 하는 방법이다. 평정척도법은 보통 3점, 5점, 9점 등의 동간척도 (interval scale)를 사용하거나 표준자극에 대한 각 말표본 수준을 간격표지가 없는 줄 위에 표시하는 직접등급척도(direct magnitude scale)를 사용한다.

[읽을거리 7-1]은 이영미(2018)에서 부모가 평정한 명료도가 전문가의 말소리장애

심각도 평가와 상관이 있는지 알아본 연구에서 사용된 명료도 평가지 양식이다. 이 연구에서 부모의 명료도 평정은 전문가의 평가와 상관이 높은 것으로 나타났다. 언어 치료전문가가 아닌 가족이나 다른 분야의 전문가들과 의사소통하는 데도 명료도는 매우 유용하다.

우리말로 된 명료도 평가도구가 정식으로 출판된 것은 없다. 그러나 평정법은 특별한 도구를 개발하지 않아도 언어에 상관없이 적용할 수 있는 방법이다. 또한 다음에서 소개하는 명료도 지표 계산법을 이용하여 낱말수준과 연속발화수준에서의 명료도 평가법을 어느 정도 우리말 화자에게도 바로 적용할 수 있다.

(1) **평정법** : 간단하게는 3점 척도, 5점, 7점 혹은 9점 척도를 이용한다(Bleile, 1995). 연구자에 따라서는 홀수 척도뿐 아니라 짝수 척도를 선호하기도 한다. 3점 척도의 예를 들면 '0점; 전혀 명료하지 않다', '1점; 주제를 알면 어느 정도 명료하다', '2점; 명료하다'로 표시할 수 있다. 발화 전체를 듣고 전반적인 수준을 평정할 수도 있고 각 발화에 대하여 하나씩 평정한 뒤 평균을 낼 수도 있다.

(2) **음절(어절) 명료도**(percentage of intelligible words or syllables) : 평가받는 사람이 발화하는 것을 청자가 받아 적은 뒤, 화자가 의도한 음절 수(혹은 어절 수)에 대한 청자가 정확하게 이해한 음절 수(혹은 어절 수)의 비율을 의미한다.

$$\text{명료도}(\%) : \frac{\text{청자가 바르게 받아 적은 발화 음절(혹은 어절) 수}}{\text{화자가 의도한 발화 음절(혹은 어절) 수}} \times 100$$

7.3.4 말용인도

말용인도(speech acceptability)는 말이 주는 호감에 대한 청자의 주관적인 판단을 의미하는 용어로, 한진순·심현섭(2008)은 일반인 청자가 들은 문장에 대해 '문제가 없어 정상적인 발화로 받아들일 수 있으며 마음에 드는 정도'로 정의하였다. 주로 후두적출이나 구개열과 같이 말 산출기관의 구조적 혹은 기능적 결함을 갖게 되는 말장애에서 말 산출능력을 평가하는 지표로서 말명료도와 함께 사용되고 있다. 후두적출술 후 음성재활방법 간의 효과를 비교한 Most, Tobin, Mimran(2000)은 말명료도와 말용인도의 평정치가 일치하지 않고, 각각에 대한 유의한 상관이 나타난 음향학적 변수에도 차이가 있음을 보고하며, 후두적출술 환자의 음성재활 효과를 검증하기 위해서는 두

읽을거리 7-1

• 말명료도 평정 기록지 예 •

특정 대화자 말명료도 척도 : 한국어

Intelligibility in Context Scale(ICS) : Korean
(McLeod, Harrison, & McCormack, 2012)
번역 : Jae-Hyun, Kim, MSLTPac, The University of Auckland, Auckland, New Zealand, 2013

이름 : _____

생년월일 : _____ 성별(남/여) : _____

사용하는 언어 : _____

검사일 : _____ 나이 : _____

검사자 : _____

아동과의 관계 : _____

다음 항목들은 다른 사람들이 당신의 아이의 발음을 얼마나 쉽게 이해하는지에 관한 질문입니다. 당신의 아이의 지난 한 달간의 발음을 생각하며 답을 하여 주십시오. 각 질문에 해당되는 한 번호를 선택하여 주십시오.

	항상	자주	가끔	드물게	전혀 못함
1. **당신**은 당신의 아이를 이해합니까?[1]					
2. **직계 가족들**은 당신의 아이를 이해합니까?					
3. **다른 가족들**은 당신의 아이를 이해합니까?					
4. **아이의 친구들**은 당신의 아이를 이해합니까?					
5. 당신이 **아는 다른 사람들**은 당신의 아이를 이해합니까?					
6. 아이의 **선생님들**은 당신의 아이를 이해합니까?					
7. 당신의 **아이를 모르는 사람들**은 당신의 아이를 이해합니까?[2]					
총점 =	/35				
평균점 =	/5				

1 '아이'를 '배우자'로 대체하여 성인발음평가척도로 사용하실 수 있습니다.
2 '모르는 사람들'은 '익숙하지 않은 사람들'로

McLeod, S., Harrison, L. J., & McCormack, J. (2012). The Intelligibility in Context Scale: Validity and reliability of a subjective rating measure. *Journal of Speech, Language, and Hearing Research, 55*(2), 648–656. http://jslhr.asha.org/cgi/content/abstract/55/2/648

출처 : 이영미(2018)

변인이 모두 중요함을 주장하였다. 한진순 · 심현섭(2008)은 구개열 아동, 조음장애 아동과 일반 아동의 자음정확도, 말명료도, 말용인도를 비교하였는데, 구개열 아동이 일반 아동과 유의한 차이가 없는 자음정확도를 보였음에도 불구하고 말명료도와 말용인도가 낮게 평가되었으며, 특히 말용인도는 구개열 특유의 조음오류를 많이 보인 문장에서 크게 저하된 것을 보고하였다. 청각장애 연구에서도 비슷한 결과를 얻었는데, 청각장애의 정도가 클수록 말 산출기관의 세밀한 협응이 어렵고, 그 결과 용인도에서 낮은 평가를 받는 것으로 나타났다(이성은 외, 2010).

명료도가 의사소통에서 성공한 정도를 반영하는 지표로 분절 영역의 중요성이 강조된 반면, 용인도는 분절 영역과 함께 초분절 영역의 영향력이 모두 강조된다. 이성은 외(2010)에서 제공한 평가기록지 [읽을거리 7-2]는 말용인도와 초분절 특성에 대한 지각평가 절차에 활용할 수 있다. 이 기록지의 평정 점수는 평가 영역별로 0점에서 100점까지 표시된 직선 위에 평가자의 감각에 의존하여 특정 점수를 표시할 수 있도록 되어 있다. 이 평정법은 직접평정법(DMS)을 적용한 것으로 직선의 길이를 100mm로 하면 편리하다. 평정 정도를 표시한 후 그 길이를 자로 잰 뒤에 점수로 기록하면 되기 때문이다.

7.3.5 표준화검사 점수

외국의 경우 연령별로, 목적별로, 장애별로 출판된 표준화검사의 종류가 매우 다양하다. 국내에서도 다음 장에서 자세히 비교하겠지만, 몇 개의 검사가 개발되어 보급되고 있다. 표준화된 검사점수는 검사에 따라 제공되는 표현방식이 다르다. 보통은 총점과 하위 영역별 점수들을 얻을 수 있도록 제작되어 있다. 현재 출판되어 나온 조음검사들은 보통 전체 자음정확도, 모음정확도(모음정확도를 산출하지 않는 검사들도 있음)를 계산하고, 조음방법별, 조음위치별, 오류 유형별로 틀린 것을 요약하여 제시해 준다. 구체적인 검사시행 방법과 채점기준 등은 다르지만 지침서에 따라 진행하면 된다. 모든 공식검사는 검사지침서가 함께 제공된다. 공식검사들은 대부분 표준화된 검사들로, 연령에 따라 검사대상의 위치가 동일 연령대에서 어느 수준에 있는지 비교할 수 있는 자료를 제공해 준다. 이러한 자료들도 모두 지침서에 포함되어 있으며, 표준화 자료들은 지침서에 있는 검사방법에 따라 수행한 결과이다. 그러므로 공식검사는 항상 검사지침서에 소개된 방법대로 검사하고 채점해야만 연령기준과 비교할 수

• 말용인도와 초분절 영역 항목 중증도 평가기록지(예시) •

번호	1	성별	여자	나이	만 40세	출신	충청도	평가자	1

	전혀 용인 불가		매우 용인 가능함
말용인도	0		100

초분절 영역 항목

		전혀 문제없음		매우 심각함
음성	음도	0	────────────	100

　□ 높은 음도(High pitch)
　□ 낮은 음도(Low pitch)

	음량	0	────────────	100

　□ 큰 음성(Loud)
　□ 약한 음성(Soft/Weak)

	음질	0	────────────	100

　□ 거친 소리(Rough)
　□ 바람 새는 소리(Breathy)
　□ 쥐어짜는 소리(Strained)
　□ 발성 일탈(Phonation breaks)
　□ 음도 일탈(pitch breaks)
　□ 이상음성떨림(Voice tremor)

	공명	0	────────────	100

　□ 과다비성(Hypemasality)
　□ 과소비성(Hyponasality)
　□ 맹관공명(Cul-de-sac)

운율	억양	0	────────────	100

　□ 단조로운 억양(Monotonous intonation)
　□ 과도한 억양 변이(Excessively variable intonation)
　□ 비정상적인 억양(Abnormal intonation contour)

	말속도	100	────────────	100

　□ 빠른 말속도(Fast rate)
　□ 느린 말속도(Slow rate)
　□ 속도 변이(Variable rate)
　□ 음소 연장(Prolonged phonemes)
　□ 잦은 쉼(Frequently pauses)
　□ 적절하지 않은 위치에서의 쉼(Inappropriate pauses)

출처 : 이성은 외(2010)

있다. 검사지침서를 숙지한 뒤 동료들끼리 연습하고 채점하여 채점결과를 비교해 보는 방법 등을 통해 숙련되도록 해야 할 것이다. 국내 표준화검사의 수행 및 분석방법은 제8장에서 다룬다.

7.3.6 자극반응도

자극반응도는 오류가 있는 음소에 대하여 시각적, 청각적, 촉각적 단서를 어느 정도 주었을 때 단서가 없었을 때보다 목표 반응과 더 유사하게 산출할 수 있는 능력을 의미한다. 자극반응도는 치료계획을 세우는 데 매우 중요하다. 자극반응도가 있는 음소는 치료할 때 그 효과가 빠르게 나타날 수 있다. 그러나 자극반응도가 좋은 음소의 경우 치료하지 않아도 자연적으로 치유될 수 있으므로 자극반응도가 좋지 않은 음소부터 치료하면서 자극반응도가 좋은 음소는 간간이 점검해 볼 것을 권하기도 한다(Miccio, Elbert, & Forrest, 1999).

무의미 음절문맥을 이용하여 특정 음소가 산출되기 쉬운 음소문맥을 찾기도 한다. 엄밀하게 말하면 이는 **문맥검사**라고 한다. 그러나 대부분 문맥검사에서는 모방과 같은 다양한 단서를 제공하면서 수행하므로 자극반응도 검사상황이 된다. 예를 들어 /s/ 음소의 문맥검사방법은 다음과 같다. 일단 독립음소 /s/를 산출하고 대표적인 3개의 모음 /a, i, u/를 /s/의 앞에, 뒤에, 앞뒤에 배치하여 10가지(/s, si, is, isi, su, us, usu, sa, as, asa/)로 모방을 통해 산출하도록 유도해 본다(Powell, Elbert, & Dinnsen, 1991).

평가 시 자극반응도는 여러 가지로 해석할 수 있다. 자극반응도가 매우 높은 경우에는 치료를 하지 않아도 자발적인 회복을 보일 가능성이 높다. 그러나 확실한 것은 아니므로 치료 순서에서 조금 뒤로 미루었다가 자발적인 회복이 일어나지 않는 경우 중재해야 한다. 또한 자극반응도가 높다는 사실은 치료 후 개선이 빠르게 나타날 수 있다는 신호가 되기도 한다. 그러나 이 또한 항상 그런 것이 아니므로 진단 시 예후를 언급할 때에는 주의를 요한다.

7.3.7 비일관성

말소리발달 초기에는 모든 아동들에게 정상적인 변이성이 관찰된다. 그러나 어느 정도 습득이 안정화되면 일관되게 말소리를 산출할 수 있게 된다. 일부 말소리장애 아동 중에는 지속적으로 변이성이 관찰되고, 이는 변이성과 구분하여 '비일관성'이라고도 한다. 이런 비일관성이 관찰되는 이유로는 머릿속에 해당 음소에 대한 표상이 부족하거나, 산출을 계획하는 과정에서 어려움을 겪는 등 음운처리에 결함이 있기 때문이라고 추정하고 있다. 아래의 [그림 7-3]은 정상적인 변이성과 장애진단 표지로서의 비일관성을 판단할 때 고려할 요인들을 요약한 것이다. 이렇게 비일관성을 보이는 아동의 말소리는 불규칙적이기 때문에 오류를 예측하는 데 어려움이 있고, 따라서 일관된 오류패턴을 보이는 아동보다 명료도의 손상도 더 크다.

비일관성 지표를 구하는 방법은 매우 다양하다. 말소리장애의 증상에 따른 하위분류를 제안한 Dodd(2005)는 가장 심각한 말소리장애 하위집단은 비전형적인 오류패턴을 보이고 비일관된 산출을 하는 경우로 보았다. 비일관성을 보인다고 판단하는 기준으로 음운체계(평가한 전체 목록)에서 40% 이상 비일관성을 보이는 경우로 삼았다. 이런 판단을 하기 위해서 언어치료사는 아동에게 같은 목록을 3회 이상 산출하도록 하여 평가할 것을 권하였다. 일관성을 평가하기 위해서 반응을 유도한다면 네 가지 반응 유형이 나타날 것이다. 첫째는 세 번의 반응이 모두 정확한 경우(정확하고 일관), 두 번째는 반응이 모두 부정확하지만 일관된 경우(부정확하고 일관), 세 번째는 적어도 한 번은 정확한 산출을 하지만 비일관된 경우(변이), 네 번째는 모두 부정확하

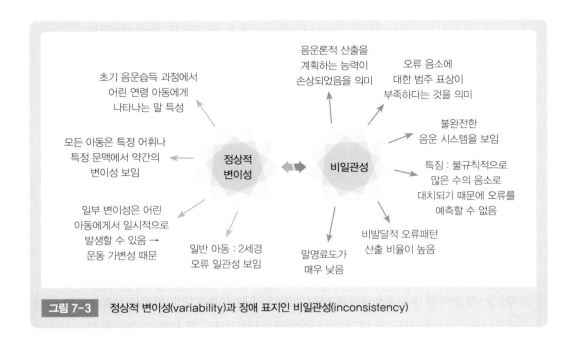

그림 7-3　정상적 변이성(variability)과 장애 표지인 비일관성(inconsistency)

읽을거리 7-3

• 비일관성 분석 방법 •

UTAP2 문항 중 비교적 길고 복잡한 10개 단어(해바라기, 목도리, 자동차, 냉장고, 호랑이, 빨간색, 로봇, 짜장면, 코끼리, 싸움)를 네 번씩 발화하도록 하고 아래와 같이 비일관성을 분석할 수 있다.

1. 한 단어에 대한 4회 시도 중 적어도 두 가지 이상 다른 오류형태가 있을 때(예 : /낸잔고, 내짜꼬, 냉장고, 내짜꼬/) 비일관성 단어라고 한다.
2. 전체 10개 단어 중 4개 이상 즉 40% 이상의 단어에서 비일관성이 관찰되는 경우 비일관성이 있다고 보고한다.
3. 전체 10개 단어 중 2~3개 즉 20~30%의 단어에서

비일관성이 관찰되는 경우 비일관성이라고 보고하지는 않지만 주의를 기울여야 할 것이다.

* 주의할 점
1. /냉장고, 냉장고, 내짜꼬, 내짜꼬/라고 반응했을 때 오류형태는 한 가지이고 정반응 형태를 포함하고 있으므로 정상적인 변이로 판단하여, 비일관성이라고 보지 않음.
2. /팝콘, 팍콘, 파콘, 팝콘/이라고 반응을 전사했을 때, 수의적인 정상적 음운현상이나 전사방법의 차이를 비일관성이라고 판단하지 않아야 함.

며 적어도 두 가지 이상 다른 반응(부정확하고 비일관)을 보이는 경우이다. 3세 이상의 아동이라면 이 중 세 번째 변이형태와 네 번째 부정확하고 비일관형태가 전체 산출된 낱말에서 40% 이상이 된다면 비일관된 산출을 한다고 판단할 수 있다.

비일관성이 의심되는 경우 UTAP2에서는 10개의 단어를 3회씩 더 산출하도록 유도하여 비일관성을 평가할 수 있도록 하였다. 처음 검사할 때의 반응을 포함하여 10개 단어에 대해서 총 4회의 반응을 유도할 수 있다. 각 단어에 대한 4회 반응 중 오반응 형태가 두 개 이상인 단어가 40%, 즉 4개 이상이면 비일관적이라고 보고할 수 있다(읽을거리 7-3 참조). 그러나 이 기준은 Dodd(2005)를 그대로 적용한 것으로 국내에서 말소리장애의 경우에 대한 추가적인 연구가 필요하다.

7.4 말소리 분석수준

말소리장애가 있는 아동의 말소리체계를 어떻게 분석할 것인가. 분석의 수준은 몇 가지 기준으로 나눌 수 있다. 우선 말소리 자체를 분석하는 수준(음소목록)과, 말소리체계의 오류패턴을 분석하는 수준(음운변동)이 있다.

다음으로 현재 아동의 수행능력에 초점을 두고 분석할 수도 있으며, 성인의 목표형태와 비교하여 분석할 수도 있다. 독립적으로 아동의 수행능력에 초점을 두고 아동이 산출한 음소목록이나 음절구조, 음운규칙을 분석하는 것을 **독립분석**(independent analysis)이라고 하고, 성인의 목표형태와 관련지어 음소분석을 하거나 오류패턴을 분석하는 경우를 **관계분석**(relational analysis)이라고 한다. 언어치료사들이 하는 대부분의 분석은 성인의 말소리체계와 관련지어서 비교하는 관계분석이었다. 아동들의 말소리 체계 자체를 연구하려는 독립분석이 과거에 비해 빈번하게 도입되고 있다.

음소목록 분석은 독립분석과 관계분석 모두에 적용할 수 있다. 예를 들어 성인의 말소리 목록표를 만든 뒤 아동이 산출하는 형태를 기입하는 방식은 관계분석에 해당하며, 아동이 산출할 수 있는 말소리 목록표를 작성하는 것은 독립분석에 해당한다. 아동의 음소목록이 매우 제한적으로만 나타나는 경우라면 독립분석이 적절한 분석형태이다. 제한적이라고 하는 기준은 어느 정도일까? 분명한 기준을 정하기는 어렵지만 대략 아동이 사용하는 어휘가 50개 미만의 한 낱말수준이라고 할 수 있을 것이다. Stoel-Gammon은 50개 이상의 어휘를 안정적으로 사용하는 아동이라면 음운변동 분석 등 관계분석의 적용이 가능하다고 제안한 바 있다. 이는 50개 미만의 제한된 어휘만을 사용하는 아동에게는 독립분석을 적용하는 것이 적절함을 의미하는 것이기도 하다.

7.4.1 독립분석

(1) 자음목록

자음목록은 말소리에서 가장 초기 발달수준의 아동이나 심각한 말장애를 갖고 있는 경우에 사용할 수 있는 지표이다. 우연히 산출된 소리를 배제하기 위하여 Stoel-Gammon과 Dunn(1985)은 3회 이상 안정적으로 산출된 자음만 목록에 포함할 것을 제안하였다. 어절 내 위치와 음절 내 위치를 고려하여 어두초성과 어중초성, 어중종성과 어말종성에서 어떤 자음을 사용했는지 기술할 수 있다.

문희원·하승희(2012)는 12~24개월 일반 유아와 비교하여 구개열 유아의 자음목록을 비교하였는데, 일반 유아들은 평균 6~7개의 자음을 사용한 반면에 구개열 유아는 2~3개의 자음을 사용하는 것으로, 구개열 유아의 음운발달이 지체되고 있는 것을 제시한 바 있다.

(2) 음절구조 목록

자음목록과 함께 초기 말소리 발달수준의 대상에게 사용한다. 50개 미만의 어휘를 표현하며, 평균발화 길이가 두 낱말 미만이라면 음절구조 목록을 작성해 볼 필요가 있다. 모음을 중심으로 초성과 종성(CV, VC, CVC, VCV, CVCV 등)을 다양하게 사용하고 있는지 확인한다.

7.4.2 조음의 오류 유형

전통적으로 조음장애에서 보이는 오류는 분절음, 즉 음소단위를 중심으로 분석하였다. 조음의 오류 유형으로는 음소를 빼거나 더하여 음절구조를 변경하는 형태인 생략과 첨가, 음소를 변형하는 대치와 왜곡 및 왜곡을 동반한 대치로 나누어 볼 수 있다. 모음도 생략과 대치로 분류할 수는 있지만 대부분의 경우 아래에 소개하는 오류 유형은 자음 오류를 분석할 때 사용된다.

- (1) **첨가** : 목표낱말에 포함되지 않은 음소가 첨가된 형태로 산출하는 오류이다. 발달적으로는 잘 관찰되지 않는 오류 유형이다. 일본어 화자가 한국어를 습득할 때 모국어의 음절구조 차이 때문에 첨가오류를 많이 보인다.
- (2) **생략 혹은 탈락** : 목표낱말에 있는 음소를 일부 생략하여 산출하는 오류이다. 일반적으로 정상적인 발달을 하는 어린 아동들도 말을 배우는 단계에서 많이 보이는 오류형태이다. 예를 들어 '동그라미(CVCCVCVCV)'라는 낱말을 '동가미(CVCCVCV)'로 산출하는 것이다. 이 예에서는 모음 'ㅡ'와 어중 'ㄹ'가 생략되었다. 이렇게 각 음절의 부분이 생략되어 두세 음절이 하나의 새로운 음절을 이루게 되는 경우 특별히 '**축약**'이라고 한다. 2세경의 어린 아동이나 말소리장애가 심한 아동의 경우에는 음절생략과 축약이 빈번하게 관찰된다.

  한국어 말소리 습득과정에서는 유음생략과 어중종성생략이 가장 늦게까지 빈번하게 관찰된다(김수진, 2014). 유음생략과 어중종성생략은 말소리장애 아동에게서도 가장 빈번한 생략이다.
- (3) **대치** : 목표낱말에 있는 특정 음소(목표음소)를 다른 음소(대치음소)로 바꾸어 산출하는 오류이다. 예를 들어서 '가방'을 '바방'이라고 산출하는 것으로 목표음소 /ㄱ/를 /ㅂ/로 대치한 것이다. 이 예에서 어중초성 'ㅂ'의 영향으로 어두초성

'ㄱ'가 'ㅂ'로 대치된 것이라면 대치 가운데에서도 역행동화로 분류한다. 역행동화라고 결론을 내리려면 다른 맥락에서 초성 'ㄱ' 음소를 산출할 수 있는 것이 확인되어야 한다.

말소리장애 아동에게서 가장 빈번한 대치형태는 마찰음과 파찰음의 파열음화, 마찰음의 파찰음화, 유음의 파열음화 및 활음화, 연구개음의 전방화 등이다 (김영태 · 심현섭 · 김수진, 2012; 김민정 · 배소영, 2000).

(4) 왜곡 : 음운적 오류는 아니지만 음성학적으로 볼 때 오류인 소리이다. 목표음소의 왜곡형태는 정밀전사로 표현할 수 있다. 예를 들어 /s/를 치간음화(위아래 이 사이에 혀를 물면서 발음)한다면 이는 왜곡오류로 분류할 수 있다. 이 오류형태는 우리말소리에 치간음화하는 마찰음이 음소로 없기 때문에 왜곡이라고 하지만, 만약 영어를 사용하는 사람들이 /s/를 치간음화하여 발음한다면 영어 음소 목록에 있는 소리이므로 대치라고 할 수 있다.

우리말소리 습득과정이나 말소리장애 아동에게서 가장 흔하게 관찰되는 왜곡은 치경마찰음의 조음위치가 약간씩 앞으로 나오거나 뒤로 가서 산출되는 형태인데, 즉 전방화되면 치간음화(/θ/)가 되고, 후방화되면 구개음화(/ʃ/)가 된다.

(5) 왜곡을 동반한 대치 : 일반적으로 대치에 포함하기도 한다. 목표음소를 대치하는 오류를 보이는 동시에 정확한 대치음소도 아닌 대치음소의 왜곡형태로 산출하는 것이다.

음절구조를 변경하는 형태의 오류인 첨가와 생략이 음소를 변형하는 형태의 오류인 대치보다 발달상 초기단계의 오류라고도 한다. 또한 왜곡보다는 대치가 더 초기단계의 오류이다. 따라서 같은 개수의 오류를 보이는 아동이라고 할지라도 생략과 첨가가 더 많은 경우 조음장애의 정도가 더 심각한 것으로 볼 수 있다. 또한 오류의 숫자가 같다면, 대치가 많은 아이가 왜곡이 더 많은 아이보다 말소리장애가 더 심한 경우라고 할 수 있다.

그러나 위와 같이 생략이 대치보다 더 심각한 장애라고 하는 일반적인 해석은 자음 중에서도 초성의 오류에 대해서만 적절한 해석이다. 실제로 발화가 산출되는 절 안에서의 위치, 어절 혹은 음운단어 안에서의 위치, 음절 안에서의 위치, 그 어휘나 형태소의 중요성 등 다양한 요인이 조음에 영향을 미치게 되고, 그 조건에 따라서 심각도

는 다르게 지각된다. 예를 들어 종성, 특히 어중종성의 탈락은 전반적인 명료도에 초
성의 대치나 생략만큼 심하게 지각되지 않는다. 모음의 경우에도 첨가와 생략이 활음
의 첨가와 생략을 의미하게 되므로 그 오류의 두드러짐이 대치보다 약하게 나타날 수
있다.

또한 일반적인 구어에서 사용하는 발음을 오류로 해석하는 것은 부적절하다. 대표
적인 예로 /w/ 활음계열의 이중모음의 단모음화, 어중 'ㅎ'의 약화 혹은 탈락, 문법
형태소에서 유음탈락과 종결어미에서 원순모음의 평순모음화 등이 있다.

일상에서 /w/ 활음계열 이중모음이 단모음화되는 것의 예를 살펴보자. '동물원'을
발음할 때 /동무런/이라고 하고, '전화'를 /저나/라고 발음하는 것을 자주 관찰할 수
있을 것이다. 또한 구어에서 '했어요'를 /해써여/라고 발음하는 것도 최근에는 자주
관찰된다.

모음뿐만 아니라 자음의 오류를 분석하는 데 있어서도 일반 우리말 화자들의 발음
형태를 기준으로 분석해야 한다. 예를 들어 어중에서의 'ㅎ'는 대부분 생략되므로 어
중 'ㅎ' 생략을 오류로 분석하는 것 역시 적절하지 않다. '은행 가요'를 /으넹 가여/라
고 발음하고 전사한 것을 어중종성 /ㄴ/ 생략에 /ㅎ/음소의 비음화 치경음화 등으로

잠깐! 🔊 **깃발 : 긷빨, 깁빨, 기빨**

오류를 판단하기 위해서는 전사의 정확성과 음운현
상에 대한 이해가 명확해야 한다. 예를 들어 비음 종
성의 조음위치 동화는 수의적으로 나타나므로, 신문
은 /신문/, 혹은/심문/이라고 발음하거나 전사할
수 있는데, 두 가지 모두 올바른 산출이다. 또 평가
자들은 발음을 한글로 전사하는 경우 표기방식에 따
라서 오류분석에서 실수를 할 수 있다. 7종성 규칙
과 장애음 뒤에서 평장애음이 경음화되는 우리말 음
운현상 때문에 흔하게 나타나는 현상이 있다. 깃발
과 같이 촛불은 '7종성 규칙' 때문에 /촏불/이 되고
다시 '장애음 뒤 경음화' 때문에 /촏뿔/이 된다. 여
기에 다시 수의적인 조음위치 동화 때문에 /촙뿔/
이 될 수 있다. 음운론적인 세 가지 상황을 거쳐 음
성학적으로 실현된 소리에서 어중종성 /ㅂ/는 분절
된 실체를 갖고 있지 않다. 이런 경우 우리는 종성

/ㅂ/를 넣고 발음해 보고 다시 /ㅂ/를 빼고 발음해
보는 것이 도움이 된다. 구어 발음에서 어중종성
/ㄷ/는 존재하지 않음을 기억해 둘 필요가 있다. 또
한 종성 폐쇄음이 후행하는 초성 폐쇄음과 같은 조
음위치일 때는 경음으로 한 개만 실현되는 것도 기
억해 두자. 예를 들어 "먹고 갔어."라고 말하는 경우
정반응은 /머꼬 가써/ 자음이 네 개다. /먹꼬 간
써/라고 표기한다면 자음이 6개가 되어 버린다. 실
제 발음되지 않는 두 개의 어중종성이 표기된 것이
다. 평가자들끼리 일치된 기준을 갖는 일은 중요하
다. 일치도가 높은 평가방법을 우리는 신뢰도가 높
다고 하기 때문이다. 전사 일치도와 평가지표 신뢰
도를 높이기 위해서 정확한 음운지식과 약속이 필요
하다.

해석해서는 곤란하다. 또한 '갈게'를 '가께'라고 발음하는 것 역시 일반적이다. 말언어 진단을 해야 하는 언어치료사는 항상 일반적인 구어형태에 대하여 관심을 갖고 있어야 한다. 일반적인 구어형태는 시간이 지나면서 변화할 수 있다는 것을 기억해야 한다.

7.4.3 음소목록 분석

우리말소리(음소)의 분류는 제4장에 소개한 바 있다. 음소들은 자음과 모음으로 크게 분류할 수 있고 다시 자음은 조음방법, 조음위치, 발성유형에 따라 분류된다. 말소리 장애 아동이 치료실에 오면, 언어치료사는 우선 아동이 할 수 있는 말소리가 무엇인 지 알아야 한다. 이럴 때 음소목록 분석을 해야 한다. 이를 위해 무슨 검사를 적용할 것인가. 또한 어떤 문맥에서 유도할 것인가? 가장 단순하고 편안한 문맥에서 산출할 수 있는 음소들을 찾기 위해 노력해야 한다. 현장에서 많이 사용되는 표준화검사 목록들은 어떤 검사를 선택하는가에 따라 아동들이 보이는 말소리 목록에는 차이가 있는 것으로 나타났다(이루다 · 김수진, 2019).

말소리장애가 있는 3학년 아동 갑(甲) 양의 예를 들어 보자. 갑 양은 우리말에 사용되는 모든 모음목록을 갖고 있다. 그리고 자음목록은 〈표 7-4〉와 같다. 표에서 빈칸은 정조음했음을 의미하고, 사선이 그려진 칸은 실현될 수 없는 소리임을 의미한다. 대치되거나 왜곡된 경우에는 아동이 산출한 형태로 음성전사 혹은 음운전사한다. 생략된 경우에는 'ø'로 표시한다. 음소목록별로 오류 유형을 표시하는 것이다. 갑 양의 자음목록을 살펴보면 어두와 어중조건에서 파열음과 파찰음 그리고 비음목록을 모두 잘 사용하고 있다. 또한 어중과 어말의 종성에서 7개의 자음목록을 모두 갖고 있다.

모음목록에도 문제가 있다면 단모음과 이중모음으로 나누어서 분석할 수 있고, 다시 원순성, 혀의 높이, 혀의 전후에 따라 분류할 수 있다. 어린 아동들의 경우 이중모음의 산출에 어려움을 보이는 경우가 종종 있다. 우리말보다 영어의 모음은 장단구분을 포함하여 훨씬 다양한 음소를 갖고 있다. 따라서 영어권 말소리장애 화자의 경우 모음에서도 많은 어려움이 관찰된다. 상대적으로 우리말 말소리장애 화자에게서 자음보다 모음의 오류는 적은 편이다.

갑 양의 오류 자음목록을 정리해 보면 치경마찰음을 치경파열음으로 대치하고 초성에서 탄설음을 /ɾ/로 발음하지 않고 /l/로 왜곡하여 발음한다. 음소목록 분석과정에서는 우선 아동이 바르게 산출할 수 있는 음소목록을 정리하고, 다음으로는 정확하

표 7-4 갑 양의 자음목록 분석

구분	ㅂ	ㅃ	ㅍ	ㄷ	ㄸ	ㅌ	ㄱ	ㄲ	ㅋ	ㅅ	ㅆ	ㅎ	ㅈ	ㅉ	ㅊ	ㅁ	ㄴ	ㅇ	ㄹ
어두초성	+	+	+	+	+	+	+	+	+	t	t*	+	+	+	+	+	+		l
어중초성	+	+	+	+	+	+	+	+	+	t	t*	+	+	+	+	+	+		l
어중종성	+						+									+	+	+	+
어말종성	+			+			+									+	+	+	+

게 산출하지 못하는 소리는 무엇으로 바꾸는지 관심을 보이게 된다. 또한 대부분의 경우에는 오류에 패턴이 있음을 알 수 있다. 음절구조의 문제나 동화의 문제 그리고 모음문맥에 따른 오류는 구체적인 오류로 다음 절의 오류패턴 분석에서 정리해야 한다.

7.4.4 오류패턴 분석 : 음운변동 분석

80년대 이후 조음장애를 음운장애(articulation phonological disorders)라고 한 것은 아동이 스스로 음운변동 규칙을 적용하여 오류를 보이는 것으로 보고 이 규칙을 변화시키는 것을 말소리치료의 목표로 삼았다. 이를 위해서는 아동의 오류 규칙, 즉 패턴을 먼저 분석해야 한다. 이러한 **오류패턴**(speech error pattern)을 음운변동(phonological process)이라고 하였다. 그러나 음운론에서 음운변동이라는 개념은 성인의 정상적인 말소리에서 나타나는 현상을 말하는 것으로 혼동을 줄 수 있어 최근에는 음운변동보다 오류패턴이라는 용어를 더 선호하기도 한다(김영태·심현섭·김수진, 2013). 오류패턴을 찾고 분석하는 방법은 다음과 같다.

(1) 변별자질 분석

각 음소들은 모두 여러 가지 특징이 조합되어 나타난 결과라고 할 수 있다. 변별자질은 특징들 가운데 소리들 간에 차이가 날 수 있도록 해주는 것이다. 처음 변별자질을 접하는 경우 많은 기호에 당혹해할 수 있으나, 반복하여 따져 보고 외우다 보면 의외로 간단하고 체계적임을 알 수 있을 것이다.

임상에서 적용할 수 있는 예를 들어 보자. 전반적 발달장애로 진단받은 을(乙) 군은 'ㅃ, ㄸ, ㄲ, ㅉ'를 'ㅍ, ㅌ, ㅋ, ㅊ'로 대치하였다. 각 음소의 오류형태를 하나씩 기술하여 표현할 수도 있으며, 파열성분이 있는 음소의 경음이 격음으로 대치된다고 표현할 수도 있다. 경음이 격음으로 대치되는 것을 음운장애식으로 표현하면 경음의 격음화라고 할 수도 있고, 음운 변별자질식으로 표현하면 긴장성 발성유형에서는 기식성이 언제나 첨가된다고 표현할 수도 있다.

예를 들기 편하게 하기 위해서 언제나 동일한 오류가 나타나는 경우를 언급하였지만 또 다른 중요한 경우는 오류가 일어나는 환경이 특정적인 경우에 변별자질적 접근방법이나 음운변동 접근방법은 그 진가를 더 발휘하게 된다. 예를 들면 후설성−모음 앞에서만 조음오류가 생긴다면 후설성에 대한 자질을 이용함으로써 오류상황을 정확히 진단하고 치료를 계획할 수 있게 된다. 같은 아동의 오류에 대해서도 병(丙)이라는 치료사는 "항상 틀리지는 않고, 어떤 때는 맞고 어떤 때는 틀린다."라고 진단할 수 있고, 정(丁)이라는 치료사는 "후설성−모음 앞에서는 틀리지만 그 이외의 환경에서는 맞게 산출한다."고 하거나 "후설성−모음 앞에서는 설정성＋로 대치되는 반면 이외의 모음 앞에서는 정반응한다."고 진단할 수 있다는 것이다. 이러한 진단결과에 기반한 치료계획과 내용은 당연히 차이가 있을 것이다. 진단결과는 수집한 정보에 의해서만 결정되는 것이 아니고 치료사의 경험과 지식에 의해 크게 좌우된다.

(2) 음운변동(오류패턴)으로 표현하기

원래 음소들은 낱말형태로 문장에 사용되면서 구체적인 환경에 따라서 조금씩 다른 모습으로 실현된다. 언어학에서는 이런 변화들을 규칙으로 정리한 것을 **음운변동** 혹은 **음운규칙**이라고 한다. 그러나 말소리장애라고 할 때는 다른 의미가 첨가된다. 말소리를 산출하는 발음기관에서의 오류라기보다는 머릿속에서 일어나는 언어적 체계(특히 음운론)의 오류에 의한 것이라고 파악하는 것이다. 나름대로 일관된 음운변동 규칙을 갖고 있다고 보는 것이다.

장애아동이 특정 음소환경에서 규칙적으로 변동을 일으키는 상황을 음운(변동)장애라고 한다. 이 경우에서도 일반 아동이 언어습득시기에 오류를 범하는 형태와 일치하는 발달적인 음운변동패턴과 비전형적인 음운변동패턴을 보이는 경우로 나누어 볼 수 있다. 비전형적인 음운변동패턴을 보이는 경우가 조금 더 장애가 심한 것으로 진단할 수도 있다(Bauman-Waengler, 2000).

일반적으로 음운변동을 표시하는 방법은 다음과 같다.

①s → t ／ ＃ V (초성에서 /ㅅ/가 /ㄷ/로 조음되었다.)
혹은 ②t / s ／ ＃ V

음운장애라는 것은 조음상의 오류들이 개별적인 음소의 오류 때문이 아니고 그 사람의 머릿속에 일반적인 음운규칙이 아닌 독특한 음운규칙을 갖고 있다고 가정하는 것이다. 예를 들어 어떤 아동이 모든 종성을 생략하는 경우 이 아동은 독특하게 종성의 생략이라는 음운변동 규칙을 갖고 있다고 분석하는 것이다.

음운변동 분석을 왜 하는가? 말소리장애의 진단과 치료방법 가운데 음운변동 분석을 도입한 이유는 단일 오류 현상에 대한 접근보다 패턴에 대한 접근을 통해 일반화 가능성을 높여 치료의 효율성을 높일 수 있기 때문이다. 음운변동 분석틀은 이러한 치료접근의 목표선정 과정을 위해 꼭 필요한 과정이다. 우리는 음운변동 분석과정을 통해 다음과 같이 몇 가지 이익을 취할 수 있다. 제5장에서 언급했던 바와 같이 음운변동은 오류패턴과 같은 뜻으로 사용된다.

첫째로 음운변동 분석을 통해 정상적 발달에 대한 정보를 구할 수 있다(김민정, 2006; 김수진, 2014; 김영태, 1996ㄱ). 전형적인 발달과정에서 보이는 음운변동과 발달과정에서 잘 나타나지 않는 일탈적 음운변동을 구별하는 데 유용하다. 발달과정에서 보이는 오류들에 대해서만 변동내용을 설정한다면, 변동내용에 포함되지 않는 오류가 반복적으로 나타날 때 일탈적인 변동형태로 보고할 수 있을 것이다. 이런 배경 때문에 '비전형적인 오류패턴'에 대한 다른 이름으로 '비발달적인 오류패턴' 혹은 '일탈적 오류패턴'이 함께 사용되고 있다.

둘째로 임상현장에서 진단할 때 오류를 패턴으로 묶을 수 있으면, 치료할 때 치료목표를 패턴으로 할 수 있도록 도와주며, 패턴으로 접근하는 경우 같은 패턴의 소리 습득이 일반화되어 치료의 효율성을 높일 수 있다. 패턴을 보기 위한 것이라면 일정 횟수 이상 출현한 것에 대해서만 보고하는 것이 적절할 것이다.

셋째로 교육현장에서 실제 임상적 사례를 많이 접하지 않은 언어치료학 전공 학생들을 교육하는 데 유용하다. 오랜 기간의 숙련을 통해서 얻을 수 있는 말소리 오류의 패턴을 익히는 것은 학생들에게 어려운 일이다. 음운변동 분석의 분류명과 연구결과들을 참고로 임상현장에서 많이 나타나는 말소리 오류패턴을 분석하는 연습을 하는 데 효과적이다.

구체적인 우리말 오류패턴 분석방법은 다음 제8장에서 검사의 적용 연습을 통해 다시 점검해 보자.

7.5   자발화 분석 연습

다음은 2세 아동의 실제 자발화 중 연결된 서로 다른 어절 16개를 전사한 것이다. 목표형태를 쓰고 앞에서 배운 다양한 말장애 지표를 계산해 보시오.

	의도	목표형태	산출형태	PCC		PWC	PMLU	PWP		오류패턴
1	밀었어	미러써	미더뗘	1	3	0	7	7	9	유음 파열음화 마찰음 파열음화
2	엄마		엄마							
3	줘		도							
4	아니		안니							
5	왜		외							
6	안먹었어		암머거떠							
7	김치		미치							
8	먹어		머거							
9	꼭		꼭							
10	옥수수		오뚜뚜							
11	할까		얄까							
12	****		안도야까							
13	많이		마니							
14	먹었어		무구뚜							
15	두 개		두대							
16	먹고		머꼬							
				a	b	c	d	e	f	

(1) PCC(a/b)×100 :

(2) PWC(c/15) :

(3) PMLU(d/15) :

(4) PWP(e/f) :

(5) 명료도 (가) 음절 :

            (나) 어절 :

(6) 오류패턴을 요약하시오.

자발화 분석 연습-답안 및 해설

음운단어나 어절의 구분, 표준발음 전사법과 실제발음 전사법 등 기준에 따라 조금씩 답에 차이가 있을 수 있다. 제시한 답은 학생들의 이해를 돕기 위한 하나의 답안일 뿐 절대적인 정답이 아님을 밝혀둔다.

	의도	목표형태	산출형태	PCC		PWC	PMLU	PWP		자음오류패턴
1	밀었어	미러써	미더뗘	1	3	0	7	7	9	유음 파열음화 마찰음 파열음화
2	엄마	엄마	엄마	2	2	1	6	6	6	
3	줘	줘(조)	도	0	1	0	2	2	3	파찰음 파열음화
4	아니	아니	안니	1	1	0	4	4	4	/ㄴ/ 첨가
5	왜	웨	웨	0	0	1	2	2	2	
6	안먹었어	안(암)머거써	암머거뗘	3	4	0	11	11	12	마찰음 파열음화
7	김치	김치	미치	1	3	0	5	5	8	기타(초성종성 도치 후 종성생략)
8	먹어	머거	머거	2	2	1	6	6	6	
9	꼭	꼭	꼭	2	2	1	5	5	5	
10	옥수수	옥쑤수	오뚜뚜	0	3	0	5	5	9	마찰음 파열음화 어중종성생략
11	할까	할(하)까	알까	2	3	0	6	6	8	/ㅎ/ 생략

	의도	목표형태	산출형태	PCC		PWC	PMLU	PWP		자음오류패턴
12	****	****	안도야까							
13	많이	마니	마니	2	2	1	6	6	6	
14	먹었어	머거써	무구뚜	2	3	0	8	8	9	마찰음 파열음화
15	두 개	두개	두대	1	2	0	5	5	6	연구개음 전방화
16	먹고	머꼬	머꼬	2	2	1	6	6	6	
				21^a	33^b	6^c	84^d	84^e	98^f	

[답안]

(1) PCC(a/b) : 21/33×100=64(%)

(2) PWC(c/알아들은 어절 수) : 6/15=0.4

(3) PMLU(d/알아들은 어절 수) : 84/15=5.6

(4) PWP(e/f) : 84/98=0.86

(5) 명료도 (가) 음절 : 33/37×100≒89(%)

　　　　　　(나) 어절 : 15/16×100≒94(%)

(6) 주요 오류패턴

　　(가) 발달적 오류패턴으로는 마찰음 파열음화 4회, 파찰음 파열음화, 유음 파열음
　　　　화, 연구개음 전방화, 어중종성생략 각 1회

　　(나) 비발달적 오류로 /ㄴ/ 첨가, 초성종성 도치 후 종성생략 1회씩 나타남. 1회만
　　　　나타난 오류는 좀 더 많은 발화에서 반복해 나타나는지 확인한 후 패턴으로
　　　　보고

[해설]

• 명료도와 PCC는 백분위로, PWC, PMLU. PWP는 소수점으로 표기한다.

• PWC와 PMLU의 분모

• 자음 첨가 오류 '안니'

　아니를 안니로 발음할 경우 /ㄴ/ 첨가지만, PMLU와 PCC, PWP에서는 첨가는 오
류나 정반응에 포함하지 않는다. 하지만 PWC는 단어 전체가 정확하게 발음된 비

율이므로 아니를 안니로 발음하였으므로 점수를 주지 않는다.

● 활음 첨가 오류 '미더뗘'

미러써를 미더뗘로 발음했기 때문에, 정반응한 자음 'ㅁ'은 2점, 잘못 발음한 'ㄹ'과 'ㄸ'은 각각 1점이므로 자음의 점수로는 총 4점이며, 모음이 총 3번이므로 3점을 추가하여 7점이 된다. 이때 이중모음은 2점이지만, 산출 형태에서 이중모음이 없으므로 자음첨가와 같이 첨가한 활음에 대해서는 점수를 주지 않는다.

　● 먹고'의 목표형태 '머꼬'

'먹고'의 목표형태는 표준발음법에 의하면 '먹꼬'이지만 실제로 같은 조음위치 종성과 초성이 있을 때 초성은 경음화되고 종성은 분리하여 평가할 수 없다. 즉 '머꼬'와 '먹꼬'는 같은 형태로 실현되므로 PMLU, PWP 계산 과정에서 실현 형태인 '머꼬'를 기준으로 하여 점수를 부가하였다.

잠깐! 🔊 **비전형적 오류, 비발달적 오류, 일탈적 오류 중 어떤 표현이 좋을까요?**

아동의 일반적인 음운발달 과정에서 보일 수 있는 오류를 '발달적 오류' 혹은 '전형적 오류'라고 합니다. 이 개념과 반대 개념으로 사용하기 위해서 말소리장애 아동들만 보이는 오류패턴에 대해서 '비발달적' 혹은 '비전형적'이라는 표현을 쓰게 됩니다. 전형적인 발달과정에서 나타나지 않는 오류패턴도 아동의 입장에서 본다면 전반적인 성장과 발달 중에 나타나는 것이므로 비발달이나 일탈이라는 용어가 좀 더 부정적으로 해석될 여지가 있어 보입니다. 따라서 비전형적 오류라고 통일하여 사용하는 것이 어떨까 제안해 봅니다.

제 8 장

말소리장애 검사와 진단평가

8.1 말소리장애 검사의 종류

8.2 표준화검사의 실시와 해석

8.3 음운오류패턴 분석 : 음운변동 분석

8.4 말소리장애 진단평가 절차

8.5 말소리장애 아동 자발화 오류패턴
     분석과 보고서 작성 연습

진단과정에서 '평가(assessment, evaluation)'와 '검사(test)'는 함께 같은 뜻으로 혹은 작은 차이를 갖고 사용되고 있다. 엄밀하게 본다면 평가는 검사보다 광범위한 뜻을 갖고 있다. 진단과정에서도 평가를 할 수 있지만 치료과정에서도 지속적으로 개선 여부 혹은 병의 진행 여부를 평가할 수 있다. 또한 평가란 특정 검사를 이용하는 방법 이외에도 면접이나 관찰과 같은 다양한 방법으로 수행수준을 평가할 수 있다. 이에 비해 검사는 특정 능력에 대하여 구체적으로 측정하는 방법을 정하고 그 수단을 개발하여 적용하는 것이다. 예를 들어 말소리장애 평가를 하기 위해서 우리는 표준화된 말소리장애 검사를 이용할 수 있다. 이 장에서는 국내에서 개발 보급되어 있는 말소리장애 검사에 대해 알아보고, 구체적인 검사의 분석 및 해석방법을 연습해 보자. 그리고 전형적인 말소리장애의 전체적인 진단과정을 소개하고자 한다.

8.1   말소리장애 검사의 종류

제7장에서 말소리장애 평가에 영향을 미칠 수 있는 요인들을 살펴보았다. 장애의 종류, 대상의 연령 등에 따라서 평가방법이 달라질 수 있다. 왜냐하면 어떤 검사는 특정 장애 영역의 사람들이 보이는 오류를 중점적으로 관찰할 수 있도록 제작되기 때문이다. 또한 연령대에 따라서 어린 아동에게는 쉬운 어휘를 중심으로 검사를 제작하고 성인에게는 성인에게 적절한 어휘로 검사를 제작한다. 검사대상의 조건 이외에도 검사자가 생각하는 검사의 목적에 따라서도 달라질 수 있다. 예를 들어 장애의 유무만 판단하여 전문가에게 의뢰하기 위한 검사라면 선별검사를 선택하여 검사를 진행해야 하고, 치료목표를 구체적으로 세우기 위해서라면 보다 심화수준의 역동적인 검사를 수행해야 할 것이다. 이 장에서는 먼저 검사의 목적에 따른 말소리장애 검사의 종류들을 살펴보자.

8.1.1   선별검사와 심화검사

선별검사는 심도 있는 진단 및 평가를 필요로 하는 대상을 선별하기 위한 검사이다. 선별검사는 심화검사와 달리 전문가 외에도 교사나 자원봉사자가 실시할 수도 있다. 말소리장애 아동은 대부분 발음이 이상하다거나 말소리가 분명하지 못하다는 이유로 부모나 교사 등이 의뢰한다. 청각장애나 뇌성마비 등 동반장애가 있는 경우 대부분 말소리장애의 출현은 필연적이며 조기에 발견되지만, 다른 장애가 동반되지 않고 순수하게 말소리에만 문제가 있는 경우에는 늦되는 아이 혹은 어리광을 부리는 아이 등으로 오해를 받아 학령기가 넘어서 교우관계나 학업문제, 자아개념 등에 손상을 주는 등 문제가 심각해진 뒤에 의뢰되는 경우도 많다. 학교에 들어가기 전 5~6세를 전후하여 선별검사제도가 법제화되어 시행된다면 많은 말소리장애 및 언어장애로 인한 2차적인 학업지체 위험 아동들을 지원할 수 있게 될 것이다.

조음음운 선별검사는 보통 5분 이내에 수행할 수 있는 것으로, 공식검사와 비공식 검사 방법이 있다. 선별검사 시행 중에 대상 아동의 연령에 견주어 완전습득연령에 해당하는 음소들을 오조음하는 경우 2차 검사를 받도록 보호자에게 추천해야 할 것이다. 완전습득연령은 제5장에 제시한 우리나라 아동의 조음음운발달 연령을 참고할 수 있다. 공식검사로 김수진(2017)은 발달적으로 어려운 음소와 음절구조를 포함하는 문장 따라말하기 방식으로 만 5세와 6세를 대상으로 하는 선별검사를 개발하였다(부록 4 참조). 다음은 간단하게 실시할 수 있는 비공식적 선별검사의 예로 수행기준은 또래 아동과 비교하여 심화검사를 추천하도록 해야 한다.

(1) 단순한 질문을 하여 아동이 답하는 것을 듣고 판단할 수 있다. 예를 들어 이름, 유치원 혹은 학교명, 좋아하는 만화, 장난감, 영화 등을 물어볼 수 있다.

(2) 기계적 발화를 유도하여 듣고 판단할 수 있다. 예를 들어 연령에 맞추어 숫자 세기, 요일 말하기, 한국어 음소이름 대기, 주소 말하기 등을 유도할 수 있다.

(3) 초기, 중기, 후기 발달 음소가 포함되는 낱말 혹은 문장을 따라 말하도록 한다. 예를 들어 초기 음소가 포함된 경우로는 /나무, 가방/, 중기 음소가 포함된 경우로는 /저금통, 가족/ 후기 음소가 포함된 경우로는 /주름, 선생님/ 등을 사용할 수 있다.

(4) 초기, 중기, 후기 발달 음소가 포함되도록 일반 조음음운장애 검사에서 5~6개의 낱말을 선정하여 그림을 보고 이름을 말하도록 한다.

심화검사는 검사하고자 하는 목적에 따라서 제작이 되는데, 예를 들어 자음능력을 평가함에 있어서도 음절 수, 모음맥락, 음절구조, 낱말 혹은 문장환경, 음소빈도, 음운규칙 등을 고려하여 제작할 수 있다. 또한 경우에 따라서는 청각장애, 마비말장애,

공명장애 영역과 같이 장애영역에 따라 취약한 부분들을 집중적으로 평가할 수 있도록 문항을 구성하는 것도 심화검사라고 할 수 있다.

8.1.2 표준화검사와 비표준화검사

표준화검사란 검사의 규준이 마련되어 있는 검사를 의미한다. 표준화검사는 나이나 성별이 분명하게 규정된 대표적인 규준집단의 기준을 만들어 둠으로써, 평가대상이 되는 각 개인의 점수를 원래 기준이 되었던 규준집단 내에서의 서열점수로 재해석할 수 있도록 제작된 검사이다. 다음에서 소개하는 심리측정적 검사의 해석에 필요한 기초의 정상분포와 변환점수를 통해 표준화의 의미를 좀 더 잘 이해할 수 있게 될 것이다. 표준화된 검사결과는 다른 또래의 아동이나 다른 능력과 비교할 수 있게 함으로써 보다 유용하게 점수를 활용할 수 있다.

실제 임상현장에서 많은 정보들은 비공식적인 검사들을 통해서도 얻어진다. 예를 들어 면접을 통한 평가, 자발적인 대화를 녹취하여 분석하는 것도 많이 사용하는 비공식적 평가방법이다. 비공식적인 평가방법은 유연성이 있어서 치료사가 평가 중에 방향을 바꾸어 가면서 유용한 정보를 얻을 수 있을 뿐 아니라 반응을 관찰할 수 있어 많은 정보를 얻을 수 있다. 그러나 신뢰도를 확보하는 데 어려움이 있으므로 반구조화된 상황으로 조작하여 실시하는 등의 방법을 통해 문제점을 개선하고자 하는 노력이 필요하다. 뒤에서 소개할 역동적 평가방법 역시 대부분 비표준화검사이지만 공식 검사 방식으로는 얻을 수 없는 학습 가능도와 심리적 과정에 대한 정보를 제공한다.

국내에서 말소리 산출능력을 평가할 수 있도록 개발되어 있으면서, 현재까지 표준화된 검사도구는 〈표 8-1〉과 같다. 각 검사도구들은 말소리 산출정확도를 구하고, 음운변동 분석을 할 수 있도록 하고 있다. 국내에서 최초로 표준화되어 출판된 말소리목록 공식검사는 '우리말 조음-음운평가(Urimal-Test of Articulation and Phonology U-TAP)'(김영태 · 신문자, 2004)이다. 임상현장에서 10년여 동안 '그림자음검사'라는 이름으로 사용되다가, 서울과 대구에서 2세부터 6세까지 아동을 대상으로 표준화 과정을 거쳐 출판되었다. 30개의 낱말을 그림을 보고 이름을 말하는 과정을 통해 한국어의 자음과 모음 산출정확도를 검사할 수 있으며, 같은 낱말을 문장맥락에서 그림을 보고 이야기하는 과정을 통해 검사한다. 개별 낱말과 문장맥락에서 말소리 목록분석과 음운변동 분석을 할 수 있고, 간편하게 사용할 수 있어 많은 연구에서도 말소리능

표 8-1	말소리 목록 표준화검사 비교				
	출판사(연도)/표준화 연령 등	음소검사맥락/모음	음운변동 분석	검사낱말/문장 수	특징
우리말 조음-음운평가 U-TAP	학지사(초판, 2004; 수정판, 2014) 2:0~6;11 1년 단위 집단별 30명	어절 내 어두초성, 어중초성과 어말종성/10개 단모음	음운체계 내 기계적 분류	30개 낱말/16개 문장	• 단어와 음절 내 위치 고려한 43개 자음정확도 계산 • 빠른 시간 안에 수행 가능하며 낱말과 문장맥락 각각에서 같은 낱말 검사
우리말 조음음운평가2 UTAP2	학지사 인사이트(2020) 2:6~7;11 6개월 단위 집단별 60명	어절 내 어두초성, 어중초성, 어중종성, 어말종성/7개 단모음	발달적 오류패턴에 기반한 분류	30개 낱말/11개 문장	• 단어단위 음운분석 지표 포함 • 전사 후 자동분석 프로그램 개발 • 문장 검사 표준화 • 전국 규모 표준화
아동용 발음평가 APAC	휴브알앤씨(2007) 2:6~6;5 6개월 단위 집단별 20~30명	어절 내 어두초성, 어중초성, 어중종성, 어말종성/모음 검사 없음	발달과정과 장애 양상에서 빈번한 오류패턴 분류	37개 낱말/8개 문장	• 일반 아동 발달과정과 조음장애 아동의 잦은 음운변동 분석 가능 • 빈도와 문맥 고려해 채점된 오류 수로 원점수 산출
한국어 표준그림 조음음운검사 KS-PAPT	학지사(2008) 3:0~6;11 1년 단위 집단별 20명	어절 내 어두초성, 어중초성, 어중종성, 어말종성/7개 단모음	음운체계 내 기계적 분류	선별 : 30개 정밀 : 75개 낱말	• 선별검사와 정밀검사를 나누어 실행 가능 • 정밀검사에서 음절 수 영향 파악 가능

력의 기준으로 자리매김되어 있다. 그러나 개발 후 15년 이상의 시간이 지나면서 그 동안 축적된 말소리장애의 최신 연구결과들을 반영하면서 동시에 그림과 어휘가 시 대에 맞게 변화되어야 하고, 문장 표준화검사의 필요성이 대두되었다. 이에 '우리말 조음음운평가2(Urimal Test of Articulation and Phonology UTAP2)'(김영태 · 신문자 · 김수진 · 하지완, 2020)가 개발되었다.

'아동용 발음평가(Assessment of Phonology and Articulation for Children APAC)'(김민정 · 배소영 · 박창일, 2007)의 검사낱말은 모두 37개로, 이전 검사와 비교하여 검사낱말의 선정과정에서 실제 음소빈도를 반영하고, 후행하는 모음환경과 어중종성 맥락을 고려하였다. 모음은 따로 검사하지 않는다. 2세 후반에서 6세 전반까지를 6개월 단위로 규준 자료를 제공하고 있다. 또한 왜곡을 반영한 **자음정확도(PCC)**뿐 아니라 **개정자음정확도(PCC-R)**를 모두 제공하였으며, 음운변동에서 실제로 우리말 화자의 언어발달과정에서 나타나는 전형적인 음운변동과 조음음운장애 아동들이 자주 산출하는 오류변동을 중심으로 묶을 수 있도록 하는 분석틀과 규준을 제공하였다. 문장검사는 낱말검사와 다른 맥락에서 그림 자료와 지연모방을 통해 발화를 유도하는 동시에 과거 경험 등 자유발화를 유도하는 절차를 포함하고 있다.

'한국어 표준 그림조음음운검사(The Korean Standard Picture of Articulation and Phonological Test, KS-PAPT)'(석동일 · 박상희 · 신혜정 · 박희정, 2008)의 가장 특징적인 면은 선별검사와 정밀검사로 나뉘어 있는 것으로 선별검사문항은 30개이며 정밀검사는 선별문항에 45개를 더하여 총 75개로 구성되어 있다. 선별검사결과에서 표준편차 −1 이하(16%ile 이하)에 속하는 경우 정밀검사를 실시하도록 권고하고 있으며, 정밀검사의 검사문항은 음소별로 음절의 수(1음절, 2음절, 다음절)에 따라 구성되어 있다. 이 검사는 자음과 모음을 검사하도록 되어 있으며 우리말 조음음운검사에서 10개의 단모음을 검사하도록 한 것과 달리 7개의 단모음을 검사하도록 하였고, 음소검사 맥락은 낱말 내 위치와 음절 내 위치로 아동용 발음평가와 같다. 또한 음운변동평가는 선별검사와 정밀검사 모두에서 할 수 있는데, 기본적인 틀은 우리말 조음음운검사와 같다. 아동발음의 전사체계는 IPA 기호의 사용이 용이하도록 기록지에 표준어를 기본으로 한 IPA 전사기호가 제공되어 있다. 3세에서 6세를 대상으로 표준화되어 있으며 문장검사는 실시하지 않는다.

위 검사들은 표준화 과정을 거치면서 2세에서 6세 사이 아동의 우리말소리 산출능력이 발달하는 과정을 보여주고 있으며, 그 내용은 바로 우리말소리 산출의 난이도를 반영하고 있으므로 진단과 치료 모든 절차에 매우 중요한 기여를 하고 있다. 또한 말소리 목록검사의 장점은 매우 많다. 첫째, 짧은 시간 안에 아동 혹은 성인의 우리말소리 체계를 파악할 수 있다. 둘째, 검사과정이 간편하고 따라서 신뢰도가 높다. 셋째, 낱말검사에서 나온 결과뿐 아니라 이 검사들은 단서를 통해 역동적 검사로 재활용하거나, 문장맥락과 비교하거나, 음운변동을 분석하거나, 음절 수에 따른 수행수준을 비교하는 등 치료과정에 활용할 수 있는 정보들도 함께 얻을 수 있다.

8.1.3 정적 평가와 역동적 평가

역동적 평가방법을 사용하면 진단과정에서도 우리는 치료과제에 대한 수행잠재력을 볼 수 있다(Lidz, 1991; Olswang et al., 1986; Pena, 1996; Wade & Haynes, 1989). 역동적 검사는 사전검사-교수활동-사후검사 순으로 이루어지는데, 사전검사 과정에서 혼자 힘으로 해결하는 독립적 수행수준을 평가하여 현재의 발달수준을 산출한다. 교수활동 혹은 치료활동은 과제의 완성수준에 이를 때까지 상호적으로 긴밀한 교수활동을 통해 문제해결전략을 제시해 준다. 다음으로 사후검사는 이런 치료과정에서 얼마나 많은 효과를 얻었는지를 측정하는 단계이다. Vygotsky(1978)의 근접발달영역(Zone of Proximal Development, ZPD) 개념을 활용한 평가방법으로 단서 등을 통한 수행수준의 변화량이나 과제숙달에 필요한 도움의 양 등을 기준으로 아동의 잠재적 능력, 학습방법 등에 대한 정보를 얻을 수 있다. 그뿐 아니라 실제 보다 나은 학습방법을 찾을 수 있도록 도와주는 전체 과정이 역동적 평가에 해당한다. 그래서 본격적인 치료과정에 앞서 진단적 치료과정에서 이미 많이 활용하고 있기도 하다.

정적 평가와 역동적 평가를 비교하면 〈표 8-2〉와 같다. 한 가지 주목해야 할 점은 아직 언어 영역에 있어서는 역동적인 검사방법으로 표준화된 검사는 없지만 역동적 검사를 표준화시킬 수 없는 것은 아니라는 것이다. 조음음운장애 영역에서 표준화된 역동적 검사는 없지만, 학습장애 진단에 있어서는 표준화된 검사들이 개발되어

| 표 8-2 | 정적 평가와 역동적 평가의 비교 |

구분	정적 평가	역동적 평가
피검자	수동적인 참여자(도움 없이 과제수행)	능동적인 참여자(질문, 피드백 가능)
검사자	검사자는 관찰(점수 중요, 정오 판단)	검사자는 함께 참여(피드백 제공, 전략 개발 지원)
검사결과	결과는 결함(deficit)을 확인시켜 줌	결과는 수정가능성(modifiability)을 묘사해 줌
절차	표준화된 진행절차에 따라 수행	유동적이며 반응적인 진행절차

있다(황해익, 2000). 미국에서는 가장 널리 사용되는 포괄적인 조음음운평가도구인 Goldman-Fristoe Test of Articulation-2(GFTA-2)(Goldman & Fristoe, 2000)의 하위검사로 자극반응도 검사가 있다. 이러한 자극반응도 검사는 역동적 검사의 한 예로, 평가체계가 표준화된다면 효과적인 치료전략을 찾기 위한 객관적인 평가방법으로도 기여할 수 있을 것이다.

8.1.4 검사의 선택

(1) 신뢰도

신뢰도란 검사의 일관성을 의미하는 것으로 측정도구가 어떤 특성을 오차 없이 정확하게 측정하고 있는 정도를 나타내는 개념이다. 물건의 길이를 측정하는 자를 검사도구에 비유한다면 고무줄로 만든 자보다 플라스틱으로 만든 자가 더 신뢰도가 높다고할 수 있다.

신뢰도의 종류에는 같은 검사를 다른 시기에 2회 이상 실시하여 결과를 비교하는검사-재검사 신뢰도, 2개의 동일한 형태의 검사를 실시하여 점수의 일치도를 보는동형검사 신뢰도, 이 외에도 검사문항의 내적 일치도를 평가하기 위한 방법인 반분신뢰도, Cronbach's α 계수 등이 있다. 대략 .80 이상의 신뢰도가 확보되었을 때 검사로서 제기능을 할 수 있는 것으로 본다.

검사의 신뢰도에 영향을 미칠 수 있는 변수는 다양한데, 검사의 신뢰도가 동일한상황에서라도 검사의 길이가 길어질수록, 검사시기의 간격이 좁을수록, 한 검사 내의변산도가 클수록, 반응자의 추측에 의한 응답이 적을수록, 그리고 검사상황의 동질성이 클수록 신뢰도는 높아진다.

아동용 한국어 조음검사(APAC)의 세 가지 신뢰도를 살펴보면, 내적 일치도를 보기 위한 Cronbach's α가 .94이며, 검사재검사 신뢰도는 92.57%, 채점자 간 신뢰도는 91.57%이다(김민정, 2005). 최근에 개발된 UTAP2(김영태 외, 2018)의 문항내적 일치성 신뢰도는 단어와 문장수준에서의 Cronbach's α 값이 .87 이상으로 나타났다. 또한반분신뢰도는 .87, 검사재검사 신뢰도는 .92로 나타났다. APAC의 신뢰도 결과는 매우 일관성 있게 평가할 수 있는 검사라는 것을 보여주는 것을 의미하며, UTAP2 역시단어와 문장검사라는 문맥적 차이에도 불구하고 일관되게 말소리 문제를 평가할 수있는 문항으로 구성되어 있음을 보여주는 것이다.

(2) 타당도

타당도란 검사가 측정해야 하는 특성을 제대로 측정하고 있는지의 정도를 의미한다. 물건의 길이를 측정하고 싶다면 저울이 아니고, 자를 측정도구로 선정해야 타당하다고 볼 수 있다. 아무리 신뢰성이 있다 하더라도 측정도구를 저울로 선정했다면 우리는 그 결과를 길이라고 할 수 없기 때문이다. 타당도의 종류에는 준거타당도, 구성타당도, 내용타당도 등이 있다. 기존의 검사결과와 새로 개발한 검사결과를 비교하여 상관을 내는 것은 새로운 검사의 준거타당도 산출과정이라고 볼 수 있다. 이때 주의할 것은 새로운 검사가 기존 검사의 개발의도와 같은 의도로 개발된 검사인지 확인해야 하는 것이다.

아동용 한국어 조음검사는 그림자음검사(김영태, 1994)와 Pearson 상관계수 .90의 상관을 보였다(김민정, 2005). 이는 아동용 한국어 조음검사(APAC)가 기존의 그림자음검사와 같은 의도로 개발된 검사임을 보여준 것이라고 할 수 있다. 최근 새로 개발된 UTAP2의 타당도를 검증하기 위해 내용타당도, 구인타당도, 공인타당도, 그리고 연령에 따른 발달적 타당도를 분석하여 제시하였다(김영태 외, 2018). 첫째, 내용타당도는 전문가 집단을 대상으로 설문지 방법에 의해 측정하였으며, 5점 만점에 전체 평균이 단어수준에서 4.52점, 문장수준에서 4.49점으로 나타났다. 구인타당도는 UTAP2의 단어와 문장수준에서의 조음 및 음운 측정치 간의 상관분석을 통해 검증하였으며, 단어와 문장수준에서 자음정확도와 주요 측정치 간의 구인타당도는 2~5세 집단에서 문장 PMLU를 제외한 모든 지표에서 유의한 수준으로 나타났다. 공인타당도는 UTAP2와 U-TAP의 측정치 간에 단어수준에서 .91~.98, 문장수준에서 .70~.93의 유의미한 상관을 보여 UTAP2의 타당도가 매우 높은 것으로 나타났다. 또한 연령에 따라 단어와 문장수준의 자음정확도가 유의한 차이를 나타내 발달적 타당도가 있는 것으로 측정되었다.

(3) 치료계획 및 방향 수립

우리가 진단을 하는 것은 언어치료의 임상적 관리로 이어지거나 다른 전문가들에게 의뢰하는 데 이용되며 예후를 짐작하게 할 뿐 아니라 부가적인 검사를 수행하도록 하기 위한 것이다. 아무리 '검사가 신뢰도와 타당도가 충분하지 않다'라고 할지라도 치료의 계획 및 방향 수립에 도움이 되는 것이라면 진단과정에 포함시켜야 할 것이다.

다만 개선안을 개발해 내려는 노력은 지속적으로 필요하다. 또한 평가는 진단을 해야 하는 중재의 초기에만 중요한 것은 아니다. 치료가 진행되고 마무리되는 중재의 중기와 말기에도 대상의 반응 혹은 진도를 점검하는 평가는 지속적으로 이루어져야 한다.

(4) 경제성

얼마나 많은 검사 그리고 얼마나 심도 있는 검사를 수행하는 것이 필요한가? 이에 대한 대답을 하는 것은 쉬운 일이 아닐 것이다. 크게 도움이 되지 않는 검사이면서 비용과 시간, 노력이 너무 많이 들어가는 검사라면 수행하지 않아야 할 것이다. 그러나 초보 치료사라면 조금 어렵고 많은 시간이 들더라도 배우는 과정이라고 생각하고 주변 지인들에게 부탁하여 가상으로 다양한 검사들을 시행하고 분석해 볼 것을 권한다.

장애아동을 키워 본 보호자들이라면 많은 기관과 사람들이 거의 비슷한 질문을 자주 하기 때문에 곤혹스러운 경험들을 공유하고 있을 것이다. 왜 전문가들 간에 같은 이야기를 공유하지 않는지 의아하다는 경험을 이야기하고는 한다. 프라이버시 보호와 검사결과의 공유 사이에서 곤란한 경우들이 있을 것이다. 모든 검사결과는 일단 개인의 사생활 보호라는 차원에서 보안유지가 필요하다. 그러나 보호자의 양해하에 아동에게 도움을 제공할 수 있는 전문가들 간에 진단결과의 공유는 팀접근의 시작이 될 것이다. 또한 면접이나 진단 전에 필요한 사전 정보들을 잘 검토하는 것은 치료사뿐 아니라 아동과 보호자에게도 시간과 에너지를 아껴주는 물리적인 배려인 동시에 심리적인 배려가 될 것이다.

(5) 검사의 목적

진단검사를 비롯한 평가과정의 목적은 단지 장애명칭을 정하거나 수준을 판가름하여 선언하기 위한 것만이 아니다. 말소리장애 영역에서도 다양한 검사들이 여러 가지 목적에 맞게 개발되고 있다. 검사의 개발은 우리가 알고 있는 것보다 훨씬 복잡할 수 있다. 예를 들어서 일상에서의 조음정확도 혹은 음운규칙을 반영하는 검사낱말을 선정하기 위해서는 연령별 자발화에서 사용되는 음소별, 음운별 비중을 고려해야 한다. 치료사들은 검사에 대한 지식을 축적하는 데 최선을 다해야 하겠지만, 최초 검사의 개발 당시 설정한 목적의 범위 안에서 사용하고 검사의 한계점을 끊임없이 상기해야 할 것이다.

잘못 사용된 대표적인 예로 검사문항을 직접 훈련하여 치료를 통해 규준검사의 백분위가 높아졌다면서 치료효과를 증명하는 우를 범하는 사례보고와 연구들이 종종 발견된다.

8.2 표준화검사의 실시와 해석

말소리장애를 진단하기 위해서는 다양한 방법이 사용된다. 대부분의 표준화된 검사 도구는 자음정확도와 같은 지표의 연령별 평균과 표준편차 등 규준을 제공하고 있으며, 부가적으로 아동이 보이는 오류를 패턴화하여 분석할 수 있도록 음운변동 분석 틀을 제공하고 있다. 조음정확도는 목표모음과 목표자음을 얼마나 정확히 산출했는가를 평가하는 방법으로, 특히 **자음정확도**(Percentage of Correct Consonant, PCC)가 말소리장애의 정도를 나타내는 지표로 가장 널리 사용되고 있다.

8.2.1 표준화검사 결과 해석에 필요한 기초

검사의 사용자 입장에서 검사를 선택하거나 검사결과를 이해하기 위해서는 최소한으로 필요한 통계학적 기초개념들은 익혀야 할 것이다. 검사의 오용과 결과에 대한 오해를 막기 위해서는 검사 사용자들이 전문적인 지식까지는 어렵다고 하더라도 기초적으로 익혀야 할 통계학, 교육학 및 심리학에서 함께 다루는 심리측정적 방법의 기본개념을 살펴보고자 한다.

아래 개념들은 모두 어떤 숫자(혹은 점수)의 집단을 표현하는 여러 방법이다. 심리측정적 방법 혹은 **규준**(norm)이라는 것은 우리의 일상에 존재하는 집단의 점수와 진단 대상인 특정인의 점수를 비교하는 것이다. 그렇다면 비교할 규준집단의 점수들을 어떻게 구하고 정리하여 표현해 낼 것인가? 이런 질문에 대한 답을 구하기 위해 다음에서 소개하는 내용을 이용할 수 있을 것이다.

(1) 중앙집중경향치

한 개의 숫자로 집단을 대표한다면? 상식적으로 우리는 평균이라고 답할 것이다. 평균치 외에도 중앙치, 최빈치가 있다. 여기에서는 척도의 문제를 다루지 않았으므로 설명이 부족하기는 하지만 척도에 따라 그리고 목적에 따라 중앙집중경향치를 선택할 수 있다. 말소리장애 검사에서 대부분 정확도나 명료도의 평균치를 구한다. 〈표 8

-3〉을 보면, 그림자음검사에서 3세 아동의 자음정확도의 평균은 88.94%임을 알 수 있다.

(2) 분산

특정 집단 내에서 개체들이 얼마나 퍼져 있는지를 알려주는 수치이다. 상식적으로 생각할 수 있는 것이 범위일 것이다. 범위는 가장 높은 점수와 가장 낮은 점수의 거리를 의미하는 것으로 극단 점수의 영향을 직접 받으므로 전체적인 변산도를 파악하는 데에는 문제가 있다. 분산(S^2)은 평균을 중심으로 각 값이 갖는 차이를 통계적으로 계산해 내는 것으로 정수로 계산이 되면 가감되므로 그 효과를 없애기 위하여 제곱하여 계산하고 다시 제곱근하여 표준편차(SD)를 계산한다. 분산은 이후 분산분석(혹은 변량분석)의 기초가 되는 개념으로 통계적 증명절차에 이용된다. 표집의 평균으로 전집의 평균을 추정하고, 표집의 표준편차(SD)로 전집의 표준편차(σ)를 추정한다.

$$S^2 = N\Sigma X^2 - (\Sigma X)^2/N(N-1)$$

〈표 8-3〉을 보면 2세 전체 아동은 표준편차가 13.28이고 3세 아동은 7.71임을 알 수 있다. 이는 2세 아동의 분산이 3세 아동보다 넓다는 것을 의미한다. 즉 2세 아동들은 개인차가 3세에 비해 크게 나타난다.

표 8-3   성, 연령, 지역에 따른 일반 자음정확도

구분		2세			3세			4세			5세			6세		
		N	$\overline{X}$	SD	N	$\overline{X}$	SD	N	$\overline{X}$	SD	N	$\overline{X}$	SD	N	$\overline{X}$	SD
성별	남아	11	71.46	14.23	12	88.31	10.26	15	90.99	7.70	18	97.38	3.91	13	97.50	3.73
	여아	21	80.41	11.97	19	89.34	5.85	17	94.25	5.99	12	94.95	5.68	17	96.87	2.81
	t		1.88*			0.32			1.34			1.39			0.52	
지역	서울	22	75.06	13.93	21	88.10	8.40	22	92.17	7.74	20	96.93	4.66	20	96.88	3.78
	경상도	10	82.33	10.70	10	90.70	6.00	10	93.95	4.80	10	95.35	5.02	10	97.67	1.55
	t		1.46			0.87			0.67			0.86			0.82	
전체		32	77.33	13.28	32	88.94	7.71	32	92.72	6.93	30	96.41	4.76	30	97.14	3.20

*$p < .01$ 수준에서 유의한 차이

(3) 정상분포

정상분포곡선은 한 집단의 분포를 나타내는 것으로 대체로 종모양을 엎어 놓은 모양과 같이 생긴 곡선을 의미한다. 이 곡선은 매우 복잡한 계산을 통해서 그려지지만 인간의 특성에 대한 분포는 대체로 이 곡선의 모양을 따른다는 가정 아래 다양한 통계적 유추와 계산을 유도해 내고 있다.

[그림 8-1]의 곡선이 정상분포를 의미하며 밑에 숫자는 평균으로부터 표준편차(σ 혹은 SD) 단위만큼씩의 거리를 의미한다. 곡선 가운데 있는 % 수치(0.13%, 2.14%, 13.59%, 34.13%)는 정상분포 곡선하에서 각 칸 안에 분포할 수 있는 사례 수의 비율을 의미하는 것이다. 절반의 합은 50%가 될 것이고 모두 더하면 100%가 될 것이다. 평균(mean)으로부터 표준편차 ±1σ 범위 안에는 68.26%의 사례 수가 있다. 평균으로부터 ±2σ 범위 안에는 95.44%의 사례가 있게 되고, ±1σ 범위 안에는 68.26%의 사례가 있게 된다. −2σ는 흔히 장애판정을 보조하는 기준으로 활용된다. 기능적 어려움을 동반하고 있으면서 −1σ, 혹은 −2σ 이하에 속하게 되면 검사에서 평가한 해당 영역의 하위 16퍼센타일 혹은 2.3퍼센타일 이하라고 보고 장애진단을 보조하는 데 활용하는 것이다.

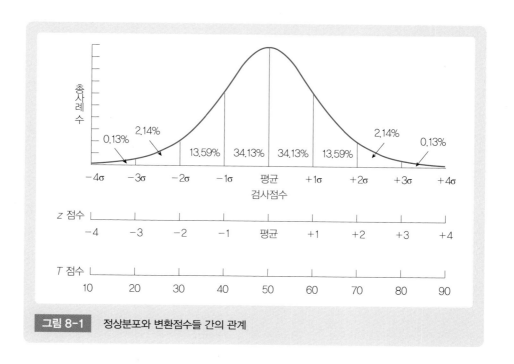

그림 8-1 정상분포와 변환점수들 간의 관계

(4) 변환점수

점수들 간에 비교가 용이하도록 변환점수 중 가장 많이 사용하는 것이 정상분포 성향을 반영할 수 있는 **표준점수**이다. 표준점수는 원점수를 변환시켜서 특정 평균과 표준편차를 갖도록 만든 것이다. 목적과 실용성에 따라서 여러 가지 중 선택하여 사용하는 데 가장 흔하게 사용되는 것이 T **점수**(M : 50, SD : 10)와 Z **점수**(M : 0, SD : 1), 그리고 IQ **점수**(M : 100, SD : 15)이다.

8.2.2 표준화검사 결과 해석 적용

과거에는 표준편차 2 이하(71.46−28.46=43%)인 43% 이하의 정확도를 가질 확률은 2.28% 이하이며 조음음운장애가 있다고 하였다. 그러나 최근에는 장애진단을 표준화검사 결과로 하지 않는다. 말소리장애 진단의 기준도 앞에서 살펴본 바와 같이 (1) 명료도의 손상으로 의사소통이 어렵고, (2) 사회적 참여에 제한이 있는가라는 진단기준을 설정하고 있다. 이런 기준은 '기능적 관점'에서 불이익이 있는지가 진단기준임을 보여주는 것이다. 여기에 명료도를 비교적 일관성 있게 관찰할 수 있는 자음정확도 등의 지표를 검사지표로 하여 전체 집단의 표준화 분포를 구하고 그 안에서 검사대상자의 상대적 위치(퍼센타일)를 구하고 장애진단의 보완장치로 표준화검사의 결과를 활용해야 한다.

이제 앞에서 배운 표준화검사 결과 해석에 필요한 지식을 〈표 8-3〉의 그림자음검사 자음정확도 해석에 적용해 보자. 2세 아동 11명(N은 사례 수를 의미함)의 남아는 자음정확도가 평균($\overline{X}$는 평균을 의미함) 71.46%이며 표준편차는 14.23이라는 것이다. 그러므로 71.46±14.23%의 범위 안에 68.26%의 사례들이 속한다는 것이다. 2세 여아의 경우에는 자음정확도의 평균이 80%를 넘는 것으로 나타났다. 사례 수가 매우 다르기는 하지만 두 집단이 같은 집단에서 표집하였을 확률을 검정해 보았다. 남아와 여아 두 집단 간의 차이 검증은 t 검정을 통해 이루어진다. 검정결과 2세의 경우 71% 정확도를 보인 남아와 80%의 정확도를 보인 여아 집단은 같은 모집단에서 표집되었을 가능성이 매우 희박한 것으로 나타났다. 다시 말해서 2세 아동은 남녀 간의 자음정확도의 차이가 통계적으로 의미가 있다고 결론을 내릴 수 있다. 그러나 3세, 4세, 5세, 6세는 남녀 간에 유의미한 차이가 없다.

최종적인 진단결과는 표준화검사 결과뿐 아니라 위에서 소개한 공식, 비공식의 모든 절차를 통해 수집된 정보에 대하여 치료사의 경험과 지식에 기반한 통찰력이 더해져서 나오는 것이다. 이렇게 나온 진단결과는 언어치료의 임상적 관리로 이어지거나 다른 전문가들에게 의뢰하는 데 이용되며 예후를 짐작하게 할 뿐 아니라 부가적인 검사를 수행할 것인지 판단하는 데 이용될 수 있다(Haynes & Pindzola, 1998). 치료사의 경험과 지식이 축적될수록 가장 효율적인 진단과 치료과정으로 이끄는 확률이 높아질 것이다. 경험과 지식의 축적과정이란 단지 물리적인 시간의 경과와 양적인 팽창만을 의미하는 것이 아니고, 전문적 지식의 축적과 진리를 추구하는 연구자로서의 끊임없는 노력의 과정을 의미한다.

8.3 음운오류패턴 분석 : 음운변동 분석

음운장애를 평가하기 위해서 영어권에서 사용하고 있는 음운오류패턴의 공식평가도구는 그 종류가 다양한데(Bankson & Bernthal, 1990; Grunwell, 1985; Hodson, 1986; Khan & Lewis, 1986; Lowe, 1995; Shriberg & Kwiatkowski, 1980; Smit & Hand, 1996; Weiner, 1979), 주로 3세에서 9세까지의 아동을 대상으로 표준화되어 있다. 하지만 검사마다 분석방법에서 제안하는 음운변동의 종류는 차이가 있다. 검사들이 공통적으로 포함하고 있는 변동들을 살펴보면 초기에 사라지는 변동으로는 '비강세음절 생략, (어말)종성자음생략, 자음동화, 반복' 등이 있으며, 후기까지 남는 변동으로는 '과도음화, 파찰음오류, 마찰음오류, 자음군 축약(단순화)' 등이 대표적이다 (Bernthal & Bankson, 2004; Lowe, 2002). 말소리발달이나 음운변동은 모국어 소리에 기반한 것이므로 이러한 외국의 연구결과물들은 부분적으로 도움을 줄 수 있으나 우리말소리 오류를 보이는 음운변동 분석틀로 이용하기에는 어려움이 많다.

아동이 보이는 발달적 음운현상에 대해서 음운변동, 음운패턴, 오류패턴, 발달패턴 등 다양한 명칭으로 사용되고 있다. 제7장에서 밝힌 바와 같이 음운변동이라는 용어가 일반 음운론에서 다른 의미로 사용되고 있는 만큼, 최근 언어치료분야에서는 변동보다는 패턴이라는 용어를 선호하는 경향이 있다. 오류패턴 분석은 **전체단어변동**(whole-word processes)과 **분절대치변동**(segment substitution processes)으로 다시 나누어 볼 수 있다(Bernthal, Bankson, & Flipsen, 2013).

말소리장애 아동의 음운변동 분석에서는 발달적 음운현상과 함께 언어치료사들이 주목하는 것은 비전형적 음운현상이다. 비전형적 음운현상에 대해서도 몇 가지 다른 이름이 있다. 비발달적 음운변동, 비전형적 오류패턴 특이한 오류패턴 등으로 부르는데 일반 아동이 정상적인 습득과정에서 잘 관찰되지 않는 오류패턴을 의미한다. 더 어린 일반 아동에게서는 흔하게 관찰되지만, 또래 아동에게서는 관찰하기 어려운 오류패턴은 지체된 오류패턴이라고 구분하여 부르거나, 구분하지 않고 비전형적 오류패턴이라고 할 수도 있다. 우리말소리에서 연령에 적절한 변동 혹은 발달적 음운변동은 이 책 제5장의 말소리 습득과정에서 보이는 발달적 음운변동을 참고할 수 있다(표 5-3 참조).

8.3.1   전체단어변동 : 단어단위변동

전체단어변동은 통단어변동 혹은 단어단위변동이라고 할 수도 있는데, 음소차원의 변화가 아니고 음운단어 안에서 변동이 일어난다는 의미이다. 전체단어변동 안에는 생략과 첨가 같은 음절구조 변동과 도치, 동화 등이 포함된다.

전체단어변동으로 우리말 습득과정에서 나타나는 발달적 오류패턴으로는 음절생략과 축약, 어말종성생략, 어중종성생략 및 역행동화(전형적 어중단순화)가 나타나는데, 2세 후반이 되면서 음절생략과 축약은 사라지며, 3세 후반이 되면 어말종성생략이 사라지고 4~5세가 되면서 어중종성의 생략과 역행동화가 사라진다(김민정, 2006; 김수진, 2014; 김수진, 2010).

(1) 음절구조변동

목표낱말의 음절구조에 영향을 주는 변동으로 어린 아동에게서 매우 다양한 형태로 나타난다. 특정음소가 생략(예 : '책'을 '채' 혹은 '태'라고 발음하는 경우)되거나 첨가되어 전체 낱말의 음절구조가 변화된다. 또 중첩어(예 : '물'을 '무무'로)를 사용하는 경우가 많고, 인접한 2개의 소리가 축약되면서 전체단어변동이 일어난다. 예를 들어 '큰엄마/크넘마/'를 발음해야 하는데 '/컴마/'라고 발음한다거나 '동그라미'를 '/동가미/'라고 발음하는 것이 그 예이다.

(2) 동화변동

단어 안에서 인접한 소리들끼리 영향을 미쳐 같은 모양 혹은 일부 같은 자질을 갖게 되는 것을 **동화**라고 한다. 동화는 영향을 주는 방향에 따라서 순행동화와 역행동화로 나눈다. 앞소리가 뒷소리에 영향을 줘서 뒷소리가 변한 경우를 **순행동화**라고 하고, 반대로 뒷소리의 영향으로 앞소리가 변화한 경우를 **역행동화**라고 한다. '가방'을 /가강/이라고 발음했다면 순행동화로, /바방/이라고 발음했다면 역행동화로 볼 수 있다. 또한 유사해지는 정도에 따라서 완전동화와 불완전동화로 나누기도 한다. 가방의 예는 완전히 같은 음소로 바뀌었으므로 **완전동화**라고 할 수 있다. 예컨대 '나비'를 /나미/라고 발음하였다면 앞소리의 영향으로 비음동화가 일어나기는 하였으나 완전히 일치하지는 않았기 때문에 **불완전동화**라고 한다. 동화에 비해 드물지만 **이화현상**도 일어난다. 한 단어 안에서 같은 음소가 인접해 있는 경우 다른 것으로 바꾸어 발음하는 경우이다.

동화변동의 경우 분절대치변동인지 동화변동인지 판단하기 위해서는 가설을 수립하고 검정하는 추가적 절차가 필요하다. 예를 들어 '땅콩'을 /강콩/이라고 산출했다면 이는 역행동화가 일어난 것이라고 할 수도 있고, 치경음의 연구개음화라는 분절음 대치변동이 일어난 것이라고 할 수도 있다. 이 아동이 다른 발화에서 /ㄷ/나 /ㄸ/가 정확하게 산출한 증거가 있는 경우, 즉 '땅'이라는 발음을 할 수 있다는 증거가 있어야만 뒤 음절 '콩'의 영향으로 연구개음 동화가 일어난 것이라고 결론내릴 수 있다는 것이다.

영미권 연구에서 동화변동은 2세 후반이면 사라지는 초기 발달적 오류패턴이다. 우리말에서도 어중종성의 역행동화를 제외하면 동화변동은 초기 발달적 오류패턴이다. 그러나 어중종성의 역행동화는 4세까지도 흔하게 나타나며, 말소리장애 아동에게서도 흔하게 관찰된다(김민정, 2006; 김수진, 2010). 어중종성 역행동화는 종성인 폐쇄음과 비음의 조음위치가 후행하는 초성과 같은 조음위치로 바뀌는 현상이다. 어중종성이 후행하는 어중초성에 역행동화되어 나타나는 경우를 세 가지로 나누어 볼 수 있다. 첫 번째로 /책쌍/을 /채쌍/이라고 발음되어 생략되는 경우인데, 어중에서 두 개의 장애음이 만나면서 후행하는 자음이 경음화되어 발음이 중첩되어 생략된다. 생략이라고 하는 이유는 우리말 어중에서 종성 'ㄷ'는 후행하는 초성이 경음화되면서 발음될 수 없기 때문이다(171쪽, '잠깐! 깃발 : 긷빨, 깁빨, 기빨' 참조). 두 번째로 /침대/가 /친대/로 발음되어 조음위치가 같게 동화되었다고 하는 경우인데, 양순음이나 연구개 비음이 후행하는 치경음 때문에 같은 치경음으로 대치된다. 세 번째는 두 번째와 유사하게 /왕잔님/이 /완잔님/으로 발음되어 조음위치가 동화되었다고 하는 경우로, 양순음과 연구개 비음이 후행하는 경구개음에 동화되어 일부 자질(설정성+)이 같은 치경음으로 발음되는 것이다.

8.3.2 분절대치변동 : 음소대치변동

분절대치변동은 다른 말로 **음소대치변동**이라고도 하고, 줄여서 **대치변동**이라고 하는데, 목표낱말의 특정음소를 다른 음소로 산출하는 것을 말한다. 변동의 명칭은 분석의 기준에 따라서 달라질 수 있다. 대부분 조음위치, 조음방법, 발성유형에 따라서 기술한다.

전형적인 우리말소리 발달과정에서 나타나는 대치오류패턴을 살펴보면 크게 두 가지 경향성이 관찰된다. 첫째, 어려운 소리는 아동이 할 수 있는 보다 산출하기 쉬운 음소로 대치된다. 그리고 둘째, 아동이 할 수 있는 음소들 가운데 가장 유사하게 들리는 음소로 대치되는데, 언어권에 관계없이 유사한 패턴을 보이면서 발달하는 것을 관찰할 수 있다(김민정, 2006; 김수진, 2014).

(1) 조음위치변동

조음위치에 따른 변동은 보통 크게 전방화와 후방화로 나눌 수 있다. 목표소리보다 앞에서 산출한다면 전방화가 되고 반대의 경우에는 후방화가 된다. 더 구체적으로는 산출되는 소리의 위치를 직접 일컬어서 양순음화, 치조음화, 경구개음화, 연구개음화라고 말할 수 있다.

조음위치에 따른 변동에서 가장 두드러진 발달적 오류패턴은 연구개음의 전방화이다. 흔히 우리말소리에서 파찰음이 파열음화되는 과정을 조음방법 변동과 함께 조음위치가 전방화되었다고 한다(김영태 · 신문자, 2004; 석동일 외, 2008). 그러나 이는 파찰음이 보다 단순한 파열음으로 변동되는 상황에서 같은 설정음인 치경파열음으로 산출되는 것이라고 볼 수 있기 때문에 굳이 파찰음의 전방화라고 분석하지 않는다(김민정, 2006; 김수진, 2014).

DSM-5에서 말소리장애 아동이 보이는 오류 특징의 대표적인 예로 조음위치의 전방화와 후방화가 언급될 만큼 조음위치변동은 말소리장애 아동의 평가과정에서 중요한 특징이다. 특히 우리말에서 연구개음의 전방화는 발달적인 패턴으로 일반 아동의 말소리발달 과정에서도 흔하게 관찰된다. 자발화와 단어검사 조건에서 말소리장애 아동 15명이 보이는 오류패턴을 분석한 결과, 단어보다 자발화에서 연구개음 전방화가 약간 더 빈번하게 관찰되었다. 특히 일반적인 발달과정에서 관찰되지 않은 비전형적 오류패턴을 분석한 결과에서 15명 중 10명이 후방화를 보이는 것으로 나타났다(박가연, 2015). 비발달적 패턴 가운데 가장 높은 빈도를 보인 것이 후방화였으며, 음소첨가, 기식음화 등도 나타났다.

(2) 조음방법변동

조음방법에 따른 변동은 산출하는 소리의 방법에 따라서 폐쇄음화, 마찰음화, 파찰음화, 유음화, 활음화라고 할 수 있다. 산출되는 소리 대신 목표소리를 기준으로 명칭을 붙여 **마찰음오류**(defrication), **파찰음오류**(deaffrication) 등으로 부르기도 한다.

조음방법에 따른 변동 중 상대적으로 오래 지속되는 오류패턴은 마찰음의 파열음화와 파찰음화, 그리고 파찰음의 파열음화이다. 조음방법에서 어려운 마찰음은 파열음화되거나 파찰음화가 되었으며(김수진 외, 2012), 파찰음은 파열음화되고(김민정, 2006), 유음은 생략되거나 활음화, 파열음화, 혹은 비음화되었다(최민실·김수진, 2013).

유음은 생략과 활음화가 가장 빈번했는데, 유음의 생략은 음절구조변동으로 볼 수도 있으나 분절대치변동으로 분석할 수도 있다. 유음은 공명성이 큰 자음으로 모음과 가장 유사한 특징이 있어서 어린 아동들은 모음을 연장하거나 활음으로 대치한 것이라고 볼 수 있기 때문이다. 또한 유음 이외의 초성이 탈락되지 않는 아동에게서 유음만 탈락시킨다면 이런 경우는 초성탈락이라고 오류를 분석하는 것보다 유음의 음성적 특징 때문에 나타난 오류라고 분석하는 것이 적절할 것이다.

(3) 발성유형변동

발성유형에 따른 변동을 살펴보면 이완음화(laxing), 긴장음화(tensing), 기식음화(aspiration)가 있다. 발성유형의 난이도는 경음이 가장 쉽고 평음과 기식음은 상대적으로 정확하게 산출하는 것이 어렵다(김수진, 2014). 따라서 우리말에서 '평음의 경음화'와 '기식음의 경음화'가 가장 두드러진 변동이다. 발성유형에 따른 변동에서 주의해야 할 것이 치경마찰음의 오류분석 과정이다. 치경마찰음 /ㅅ/는 음운적으로는 평음이지만 음향학적으로는 기식성을 갖고 있다. 따라서 지각적으로 기식성을 감지한 아동의 경우 /ㅌ/나 /ㅊ/로 대치하는데, 이를 기식음화로 분석하는 것은 적절하지 않다.

8.3.3 기타 변동 : 특정음소 선호

오류유형을 분석하다 보면 한두 개의 소리로 대부분의 소리를 대치하는 경우가 있다. 이는 전체단어변동이나 대치 때문이 아니고 특정음소 선호 때문이라고 하는 것이 더 적절할 것이다.

8.3.4 음운변동 분석 비교

말소리발달이나 음운변동은 모국어 소리에 기반한 것이므로 외국의 연구결과물들은 부분적으로 도움을 줄 수 있으나 우리말소리 오류를 보이는 음운변동 분석틀로 이용하기에는 어려움이 있다. 따라서 우리말에 적절한 음운변동 분석체계를 마련하는 일은 매우 중요하다. 국내에서 적용하는 음운변동 분석틀을 비교해 보자.

(1) UTAP2 음운오류패턴

UTAP2는 개정판을 내놓으면서 오류패턴 분석틀을 크게 수정하였다. 김수진(2014)의 자발화에서 관찰한 일반 아동의 발달적 음운오류패턴을 기본틀로 하였다(표 8-4 참조). 원래 산출하고자 했던 목표음이 무엇으로 변화했는지에 주목하여 실시하며 아동이 2회 이상 산출한 경우에만 요약하여 보고한다. 아동이 산출한 오류가 해당되는 패턴이 없다면 기타 오류에 직접 기록하고 비발달적 패턴으로 보고할 수 있도록 하였다. UTAP2의 오류패턴 분석은 단어수준과 문장수준에서 각각 실시할 수 있다. 문장수준에서 연령별로 10%, 5% 이상의 아동이 보이는 오류패턴은 [그림 8-2]와 같다.

　변동되기 전 형태를 기준으로 하고(유음오류, 마찰음오류, 파찰음오류), 나타난 현상의 결과를 그대로 이름으로 정해서(유음생략, 유음의 활음화) 비교적 쉽게 오류패턴을 찾을 수 있게 구성되어 있다. 그러나 유의해야 할 점은 유음의 분석이다. 유음은 우리말에서 매우 독특한 발달적 특성을 갖고 있는 음소로 가장 오랫동안 생략을 보이는 음소이며(최민실·김수진, 2013), 음소의 생략이라는 차원에서 음절구조변동에도 속하지만, 'ㄹ' 음소의 속성 때문에 일어나는 사건이므로 초성이나 종성생략 등에 포함하지 않고 유음생략은 따로 배치되어 있다.

　오류패턴 분석 과정에서 가장 신뢰도가 떨어지며 혼란을 초래하는 것이 **동화변동**이

표 8-4 UTAP2 음운오류패턴 분류 및 정의*

I. 음절구조변동 분류		설명	예
1. 음절생략		축약 혹은 음절생략	해바기/해바라기
2. 어중초성생략		어중초성의 생략(유음 제외)	바이/바지
3. 어중종성생략		어중종성의 생략(유음 제외)	호아이/호랑이 채찬(챈찬)/책쌍
4. 어말종성생략		어말종성의 생략(유음 제외)	책따/책쌍
5. 유음생략 (유음오류)	초성	탄설음생략	호앙이/호랑이
	종성	설측음생략	염피/염필

II. 대치 분류	소분류	설명	예
1. 유음오류	활음화	유음이 활음으로 산출	호얘이/호랑이
	비음화	유음이 비음으로 산출	호냥이/호랑이
	파열음화	유음이 파열음으로 산출	호당이/호랑이
2. 마찰음오류	파열음화	치경마찰음이 파열음으로 산출	타탕/사탕
	파찰음화	치경마찰음이 파찰음으로 산출	차탕/사탕
3. 파찰음오류	파열음화	파찰음이 파열음으로 산출	기타/기차
	기타	파찰음이 파열음 외 음소로 산출	자동ʃㅏ/자동차
4. 연구개음 전방화	초성	연구개음의 조음위치가 앞으로 이동되어 치경음 혹은 경구개음으로 산출	지차/기차 (다른 경우 /ㄱ/ 산출)
	종성		호라니/호랑이
5. 평음과 격음의 경음화		평음과 격음이 경음으로 산출	사땅/사탕

III. 기타 분류	설명	예
동화 : 어중종성 역행동화	어중종성이 후행하는 어중초성의 영향을 받아서 동일하거나 유사한 소리로 변화시켜서 산출	곤준님/공준님 돔무런/동무런
모음 : 단모음화	활음 'ㅣ(j)'를 생략하고 산출 -활음 'ㅜ(w)' 생략하는 경우는 제외	엄필/염필

음운오류패턴	3.0~3.5	3.6~:11	4.0~4.5	4.6~:11	5.0~5.5	5.6~:11	6.0~6.5
마찰음 파열음화	■	■	■	■	■	■	■
마찰음 파찰음화	■	■	■	■	■		
유음생략	■	■	■	■	■	■	
유음 활음화	■	■	■	■	■		
파찰음 파열음화	■	■	■	■			
어중종성생략	■	■	■	■			
어중종성 역행동화	■	■	■	■			
어말종성생략	■	■	■				
연구개음 전방화	■	■					
경음화	■						

그림 8-2   연령별로 10% 이상의 아동이 보인 우리말 음운오류패턴

출처 : 김수진, 하지완, 최영빈(2021). 문장수준 검사에서 나타난 3~6세 아동의 발달적 음운 오류패턴. *Communication Sciences & Disorders, 26*(1), 181-191.

다. 전통적인 동화변동은 자음의 산출방식으로 분석하는 것이 일반적이다(Bernthal, Bankson, & Flipsen, 2014). 우리말 자음 산출방식을 고려한다면 조음방법, 조음장소, 발성유형으로 분석할 수 있다(서은영 · 고유경 · 김수진, 2015). 또 다른 동화분석 방식은 앞에 있는 소리가 뒤에 있는 소리에 영향을 미치는 **순행동화**와 뒤에 있는 소리가 앞에 영향을 미치는 **역행동화**, 그리고 서로가 영향을 주고받는 **교차동화** 등이 있다. UTAP2에서는 우리말소리 발달과정에서 오래 남아 있으며 말소리장애 아동에게도 가장 빈번한 오류인 어중종성이 후행하는 어중초성에 역행동화되는 현상은 별도로 관찰할 수 있도록 하였다.

그러나 전사결과에서 어중종성 역행동화는 비음의 경우에서만 관찰되고 폐쇄음의 경우에는 후행하는 초성이 격음이거나 경음화되므로 생략과 동일하게 관찰된다. '책쌍'에서 어중종성 'ㄱ'는 후행하는 설정자질의 소리에 동화되어서 'ㄷ'로 변하고 다시

어중의 종성 'ㄷ'는 소리의 산출 여부를 확인할 수 없다. 이런 경우 종성 'ㄷ'를 쓰지 않는 것으로 전사원칙을 통일하고, 이를 관찰되는 현상 그대로 기술하는 음운변동 분류 원칙에 따라서 어중종성생략으로 분석하도록 하였다. 모음은 복모음이 단모음화 되는 경우만 추가되었다.

(2) APAC 음운변동

APAC은 우선 대분류에서 '전체단어변동'(표 8-5 참조)과 '음소변화변동'(표 8-6 참조)으로 나누고 전체단어변동은 바로 소분류로 하는 2중 분류체계를 채택하고 음소변화변동은 조음방법과 위치 및 발성유형의 중간 분류체계를 두고 다시 세분하는 3중

표 8-5 전체단어변동의 종류와 정의 및 예*

음운변동	정의	예
음절생략 · 축약	음절이 생략되거나 축약된다.	'할아버지'→[하버지] '할머니'→[함미]
종성생략	종성이 생략된다.	'책'→[채] '병원'→[벼어]
초성생략	초성이 생략된다.	'모자'→[오다]
음절반복 · 자음조화	동일한 음절이 반복되거나 자음의 조음위치나 조음방법이 반복된다.(단, 자음연쇄 상황은 제외)	'사탕'→[탕탕] '빗'→[빕] '포도'→[토도]
첨가	음소가 첨가된다.	'우산'→[무산] '햄버거'→[햄버건]
도치 · 이동	음절이나 자음이 서로 뒤바뀌거나 다른 위치로 이동한다.	'빨대'→[딸빼, 빠땔] '장갑'→[장박]
전형적 자음연쇄 단순화	어중에 두 자음이 연쇄되었을 때, 종성의 조음위치가 초성의 조음위치에 역행동화된다.	'양말'→[얌말] '침대'→[친대] '없어'(→[업써])→[어써] '옥수수'(→[옫쑤수])→[오쑤수]
비전형적 자음연쇄 단순화	어중에 두 자음이 연쇄되었을 때, 초성이 종성에 순행동화된다.	'없어'→[어뻐] '침대'→[침배, 침매]

* APAC-개정판(출판 준비 중)

| 표 8-6 | 음소변화변동의 종류와 정의 및 예* |

	음운변동		정의	예
발성유형변화	긴장성 변화	긴장음화	평음이 경음으로 변한다.	'포도' → [포또]
		이완음화	경음이나 격음이 평음으로 변한다.	'싸워' → [사워]
	기식성 변화	탈기식음화	격음이 경음으로 변하거나 /ㅎ/가 생략된다.	'컵' → [껍] '햄버거' → [앰버거]
		기식음화	평음이나 경음이 격음으로 변한다.	'뱀' → [팸] '찢어' → [치저]
조음방법변화	유음의 변화	유음의 비음화·파열음화	유음이 비음이나 파열음으로 변한다.	'이빨' → [이빤] '고래' → [고내, 고대]
		유음의 단순화	유음이 생략되거나 과도음으로 변한다.	'이빨' → [이빠] '고래' → [고애, 고jㅐ]
	장애음의 변화	파열음화	치조마찰음이나 파찰음이 파열음으로 변한다.	'색종이' → [택똥이]
		파찰음화	치조마찰음이 파찰음으로 변한다.	'없어' → [업쩌]
		마찰음화	파찰음이 치조마찰음으로 변한다.	'침대' → [심대]
	비음과 장애음 간의 변화	탈비음화	비음이 장애음으로 변한다.	'머리' → [버리]
		비음화	장애음이 비음으로 변한다.	'포도' → [모노]
조음위치변화	앞으로 가기	연구개음의 전방화	연구개음이 치조음이나 경구개음으로 변한다.	'거북이' → [더부지] '호랑이' → [호라니]
		양순음화	양순음이 아닌 자음이 양순음으로 변한다.	'고래' → [고배] '단추' → [반추]
	뒤로 가기	치경음화	양순음이 치경음으로 변한다.	'뱀' → [댐]
		연구개음화	양순음이나 치조음이나 경구개음이 연구개음으로 변한다.	'찢어' → [끼거] '우산' → [우상]
		성문음화	/ㅎ/ 이외의 자음이 성문음으로 변한다.	'사탕' → [하탕] '옥수수' → [오후후]
왜곡변화	치간음화		치경음(또는 경구개음)이 치간음으로 왜곡된다.	'싸워' → [ㅆㅏ워]
	구개음화		치경음이 구개음으로 왜곡된다.	'없어' → [업씨jㅓ]
	설측음화		치경음(또는 경구개음)이 설측음으로 왜곡된다.	'사탕' → [ㅅㅏ탕]

* APAC-개정판(출판 준비 중)

분류체계를 채택하였다. 위의 음운변동 분석과 가장 큰 차이는 모든 대치를 분석대상으로 하지 않는다는 점일 것이다. 3회 이상 동일한 패턴을 보인 것으로 된 것만 분석한다. APAC 역시 위 검사들과 같이 한 낱말에서 일어난 한 가지 현상에 대해서 중복하여 변동을 채택할 수는 있다. 예를 들어 /강콩/(땅콩의 오류반응)이라고 하는 경우, 동화의 조건을 충족시켰다면 APAC 음운변동 기준에 의하면, 전체단어변동에서 '반복 및 자음조화'에서 1회, 이완음화에서 1회, 연구개음화에서 1회 총 3회 변동이 나타난다고 하지만 3회 이상 나타나지 않는 변동은 보고하지 않는다.

(3) KS-PAPT

KS-PAPT는 U-TAP의 예전 변동체계를 그대로 적용하였다. 대분류로 '생략 및 첨가변동', '대치변동'으로 나누고 중분류로 '생략 및 첨가변동'은 다시 음절구조, 조음방법, 조음위치별로 나누고 '대치변동'은 조음위치변동, 조음방법변동, 발성유형변동과 동화변동으로 나눈 뒤 소분류로 가능한 모든 변화를 나열하는 3중 분류체계를 사용하여 동화변동이 대치변동에 포함된다(표 8-7 참조). 소분류의 개수는 총 43개에 달한다. 음절구조변동과 대치 등 오류유형에 따라 우선 대분류를 하고, 조음방법, 조음위치, 발성유형 등 기본 특징에 따라 중분류를 하고 마지막으로는 모든 특징을 기술하는 형태로 분류하였기 때문에 기계적으로 선택할 수 있어 쉽게 할 수 있는 장점이 있는 반면 너무 상세한 기술로 유목화하는 데 어려움이 있다.

8.3.5 그림자음검사로 연습하기

임상에서 사용되고 있지는 않지만 표준화검사의 하나인 그림자음검사(김영태, 1994)를 실제로 한번 연습해 보자. 이 검사는 22개의 그림을 통해 우리말 자음을 검사하는 것으로 자음을 각각 어두(18개), 어중(18개), 어말(7개)의 43개 위치에서 검사하는 것으로 실시방법이 간단하고 빠르게 검사할 수 있는 장점이 있다.

그림자음검사는 2004년 '우리말 조음음운평가(U-TAP)'(김영태·신문자, 2004)라는 이름으로 정식 출판되어 더 이상 사용되지 않는다. 그러나 한 가지 검사방법과 해석을 익힌다면 대부분의 검사들은 실시요령과 채점원리가 비슷하므로, 검사도구에 들어 있는 지침서를 잘 활용하면 새로운 검사를 수행하는 것도 어렵지 않을 것이다.

우선 첫 면(208쪽)에 아동의 발음을 전사한다. 제3장의 전사 원칙에 입각하여 IPA

표 8-7	KS-PAPT의 음운변동 분류체계	
대분류	**중분류**	**소분류**
생략 및 첨가변동	음절구조	음절감소, 초성생략, 종성생략, 첨가 (4)
	조음방법별 생략	폐쇄음생략, 마찰/폐찰음생략, 비음생략, 유음생략 (4)
	조음위치별 생략	양순음생략, 치조음생략, 경구개음생략, 연구개음생략, 성문음생략 (5)
대치변동	조음위치변동	전설음화(연구개, 경구개, 성문음의 전방화로 다시 세분), 후설음화(치조음, 경구개음의 후방화로 다시 세분), 양순음화, 치조음화, 연구개음화, 성문음화 (9)
	조음방법변동	폐쇄음화, 마찰음화, 폐찰음화, 유음화, 비음화 (5)
	동화	위치동화(양순음, 치조음, 경구개음, 연구개음으로 세분), 방법동화(폐쇄음, 마찰음, 폐찰음, 비음으로 세분), 발성유형동화(기식음동화, 긴장성동화) (10)
	긴장도변동	긴장음화, 이완음화 (2)
	기식도변동	기식음화, 탈기식음화 (2)
	기타	KS-PAPT 모음편차 (1)

로 전사하거나 한글로 전사할 수 있다. 독자들의 이해를 돕기 위하여 말소리장애가 있는 사례의 발음을 전사하였다. 발음된 전사에 기초하여 분석 연습을 해보자. 다음으로 자음오류분석표에 어두초성(I), 어중초성(M), 어말종성(F)의 각 자음칸에 오류를 직접 표기한다. 예를 들어 7번의 '사탕'을 '자탕'으로 대치하였다면 어두초성(I) 열의 'ㅅ'에 해당하는 칸에 'ㅈ'라고 표기한다. 목표음소를 생략한 경우에는 'ø' 표시를 한다. 왜곡한 경우에는 왜곡형태를 기록한다. 주의할 점은 목표발음 밑에 괄호로 표시된 경우의 오류만을 기록해야 한다는 것이다. 예를 들어 8번의 '다동따'라고 발음한 경우 어중초성 'ㅊ'의 오류는 기록하지 않는다.

마지막으로 요약지에 오류내용을 정리해야 한다. 가장 먼저 요약할 내용은 자음정확도이다. 자음정확도는 여러 가지 기준으로 계산할 수 있다. 한 가지 기준은 왜곡을 오류로 볼 것인가이다. 또 다른 기준은 지정된 자음에서만 오류로 볼 것인가 여부이다. 모든 자음에 대해서 자음정확도(total PCC)를 구할 수도 있고 지정된 소리로만 자음정확도를 구할 수 있는데, 말소리 검사에서 표준화에 사용되는 자음정확도는 일반적으로 자음산출 기회의 수를 제한하여 지정된 소리에서의 정반응으로 산출한다. 전체 자음정확도 역시 전반적인 명료도 예측에 중요하다는 주장이 있으며, 최근에는 전사만 하면 자동으로 계산되는 프로그램이 있어서 함께 사용되기도 한다(하지완 외, 2019).

또한 왜곡을 오류로 보는 기존 자음정확도와 함께 명료도 예측에는 왜곡을 정반응으로 보는 개정자음정확도(PCC-R)를 사용할 수 있다. 이 지표들은 선택한 검사에서 표준화점수를 구한 기준과 동일한 것을 선택하여 이용할 수 있으며, 대상자가 보이는 오류 특성에 따라서 언어치료사가 선택하여 적용할 수 있다.

철수의 전체 자음정확도는 산출해야 할 자음 수가 84개이며 정확한 자음 수는 63개이므로 75%이다. 표준화점수를 위한 자음정확도는 자음오류분석표(209쪽)에서 보는 바와 같이, 어두초성(I)과 어중초성(M) 그리고 종성(F)의 기회를 모두 한 번씩 하여 43회의 기회에 33회를 정반응하였으므로 76.7%의 자음정확도가 산출된다. 왜곡을 오류로 보지 않는 개정자음정확도는 풍선과 싸움에서 치경마찰음이 정조음된 것으로 하여, 전체 기회 43회 중 35회를 정반응하므로 81.4%의 자음정확도를 보였다고 할 수 있다.

오류분석표의 43칸에 적힌 오류내용을 근거로 자음정확도, 조음방법별, 조음위치별, 단어위치별, 오류형태별 오류들을 분석한다. 요약지에는 위에서 설명한 세 가지 오류패턴 분석틀로 나온 결과를 비교할 수 있도록 하였다. 음운오류패턴 표는 언어치료사가 대상자의 특성에 따라 분석틀을 더 세분화하거나 묶어서 볼 수 있다. 예를 들어 철수는 연구개음에 오류가 많다. 초성과 종성에서 어떤 특성을 보이는지 자세히 볼 필요가 있다면 나누어 볼 수 있다. 혹은 순행동화나 역행동화를 많이 보이는 아동이라면 임상가는 임의로 오류패턴을 지정하고 분석할 수 있을 것이다.

그림자음검사			
아동명	김철수	생년월일	2010. 11. 25
성별	남	검사일	2014. 11. 25
연령	4;0	검사자	***

그림	목표발음	아동의 발음	그림	목표발음	아동의 발음
1	바지 (ㅂ-I, ㅈ-M)	+	12	코끼리 (ㅋ-I, ㄲ-M)	코끼이
2	풍선 (ㅍ-I, ㅅ-M, ㄴ-F)	푼θ언	13	짝짜꿍 (ㅉ-I, ㅉ-M)	딱따꿍
3	모자 (ㅁ-I)	+	14	책상 (ㅊ-I, ㄱ-F)	택땅
4	나무 (ㄴ-I, ㅁ-M)	+	15	로봇 (ㄹ-I)	노볻
5	호랑이 (ㅎ-I, ㄹ-M)	호양이	16	연필 (ㅍ-M, ㄹ-F)	+
	어흥 (ㅎ-M)	+	17	장난감 (ㄴ-M, ㅁ-F)	단낭깜
6	가방 (ㄱ-I, ㅂ-M, ㅇ-F)	+	18	오뚜기 (ㄸ-M, ㄱ-M))	오뚜디
7	사탕 (ㅅ-I, ㅌ-M)	타탕	19	김밥 (ㅂ-F)	딤빱
8	자동차 (ㅈ-I, ㄷ-M)	자동타	20	못 (ㄷ-F)	+
	빵빵 (ㅃ-I, ㅃ-M)	+	21	눈썹 (ㅆ-M)	눈떱
9	단추 (ㄷ-I, ㅊ-M)	+	22	싸움 (ㅆ-I)	∫*ㅏ움
10	땅콩 (ㄸ-I, ㅋ-M)	땅컹			
11	토끼 (ㅌ-I)	토띠			
	깡충깡충 (ㄲ-I)	깐촌깐촌			

연습용

자음오류분석표			
목표음소	어두초성(I)	어중초성(M)	종성(F)
ㅂ	+	+	+
ㅃ	+	+	
ㅍ	+	+	
ㄷ	+	+	+
ㄸ	+	+	
ㅌ	+	+	
ㄱ	+	ㄷ	+
ㄲ	+	+	
ㅋ	+	+	
ㅈ	+		
ㅉ	ㄸ	ㄸ	
ㅊ	ㅌ	+	
ㅅ	ㅌ	θ	
ㅆ	∫	ㄸ	
ㅎ	+	+	
ㅁ	+	+	+
ㄴ	+	+	+
ㅇ			+
ㄹ	ㄴ	ø	+
	13/18	13/18	7/7

결과 요약지(음운변동 비교)			
자음정확도 : 33/43 (76.74%)	UTAP2	APAC	KS-PAPT
조음방법에서의 오류 　파열음 : 　파찰음 : ㅈ→ㄸ / ㅊ→ㅌ 　마찰음 : ㅅ→ㅌ / ㅆ→ㄸ 　유 음 : ㄹ→ㄴ, ø 　비 음 :	파찰음오류 (파열음화) 2 마찰음오류 (파열음화) 4 유음비음화 1 유음생략 1	마찰음파찰음의 파열음화 4 치간음화 1 구개음화 1 유음비음화 1 유음단순화 1	파열음화 4 비음화 1 기식음화 1
조음위치에서의 오류 　양 순 음 : 　치 조 음 : ㅅ→ㅌ, θ / ㅆ→ ʃ, ㄸ / ㄹ→ㄴ, ø 　경구개음 : ㅈ→ㄸ / ㅊ→ㅌ 　연구개음 : ㄱ→ㄷ 　성 문 음 :	연구개음 전방화 1	연구개음 전방화 1	전설음화 3 치조음화 3
단어위치에서의 오류 　어두-초성 : ㅈ→ㄸ/ㅊ→ㅌ/ㅅ→ㅌ/ㅆ→ʃ*/ㄹ→ㄴ 　어중-초성 : ㄱ→ㄷ/ㅈ→ㄸ/ㅅ→θ/ㅆ→ㄸ/ㄹ→ø 　종 성 :			초성생략 1 유음생략 1 치조음생략 1
오류의 형태(%) 　생략 : 10%(1/10)　　대치 : 30%(7/10) 　왜곡 : 20%(2/10)　　첨가 : 0%	5종 9회	6종 9회	9종 15회
43개 목표 음소 채점 이외에서 나타난 오류 분석 : 깐촌깐촌 — 어중종성의 역행동화, 즉 조음장소동화가 나타 　　　　났다고 보거나 연구개음 종성이 전방화된 것으 　　　　로 볼 수 있음 푼θ건 — 치경마찰음은 치간음화되거나 구개음화되는 왜곡 　　　　오류가 나타나고 있음. 동시에 어중종성에서 역행 　　　　동화, 즉 조음장소 동화가 있음	어중종성 역행동화 2	어중자음연쇄 단순화 2 치조음동화 2	치조음동화 2
/호랑이/와 /자동차/ 등에서 연구개비음종성이 산출되므로 어중종성에서 연구개비음이 불완전하다. 습득과정에 있으나 아직 불완전하다. 따라서 후행하는 음소의 설정음+자질에 역행동화되어 조음장소가 설정음+로 산출되었다고 추리할 수 있다.	6종 11회	7종 11회	10종 17회

음운변동 기록표(연습용)

이름: 김철수   생년월일: 2010. 11. 25 (4;0)   검사일: 2014. 11. 25

목표	아동반응	음절생략	어중초성생략	어중종성생략	어말종성생략	유음생략	활음화	비음화	파열음화(마찰음오류)	파찰음화(마찰음오류)	파열음화(파찰음오류)	초성(연구개음)	종성(연구개음)	경음화	어중종성역행동화	단모음화	기타(직접기술)
1. 바지																	
2. 풍선	푼θ선								1						1		
3. 모자																	
4. 나무																	
5. 호랑이	호양이						1										
6. 어흥																	
7. 가방																	
8. 사탕	타탕								1								
9. 자동차	자동타										1						
10. 빵빵																	
11. 단추																	
12. 땅콩	땅컹																
13. 토끼	토띠											1					
14. 깡총깡총	깐촌깐촌												2		2		
15. 코끼리	코끼이					1											
16. 짝짜꿍	딱따꿍										2						
17. 책상	택땅								1		1						
18. 로봇	노볼							1									
19. 연필																	
20. 장난감	단낭감														1		
21. 오뚜기	오뚜디											1					
22. 김밥	딤빱											1					
23. 못																	
24. 눈썹	눈떱								1								
25. 싸움	ʃ*ㅏ움																
발생빈도						3/3			4/5	4	3/10	2/18			4		
기회빈도		32	28	16	16	3			5	11	10	18	25				

표 8-8	그림자음검사의 자음정확도 규준				
	2세	3세	4세	5세	6세
사례수	32	32	32	30	30
평균	77.33	88.94	92.72	96.41	97.14
표준편차	13.28	7.71	6.93	4.76	3.20

분석을 마치고 구한 자음정확도는 〈표 8-8〉의 연령별 평균점수와 표준편차를 참고해 또래 아동의 수행수준과 비교한다. 만 4세 아동의 평균은 92.72, 표준편차는 6.93이므로 −2SD, 평균에서 14(2SD)를 빼면, 약 78%의 정확도이므로 철수는 2.5%ile 수준으로 볼 수 있다. 철수의 표준화검사 결과를 요약하면 낱말검사에서 자음정확도는 약 77%에, 2.5%ile 수준이라고 보고해야 한다. 엄밀하게 통계적 의미로 제공해 줄 수 있는 정보는 퍼센타일(%ile, 백분위 점수)이다. 등가연령을 찾아 2세 수준이라고 보고하는 것은 적절하지 않다.

오류패턴의 분석은 앞에서 소개한 세 가지 음운변동 분석방법을 함께 적용하여 비교하였다. UTAP2와 APAC은 한 가지 오류에 대하여 가능하면 한 가지 변동으로 분석하는 반면, KS−PAPT 변동패턴은 적용되는 모든 변동으로 분석하게 되어 같은 오류를 보인 아동에 대해서 더 많은 수의 변동 목록과 횟수를 보이게 된다. 철수의 오류형태를 볼 때 음절구조면에서는 어중종성에서 어려움을 보이는데, 특히 연구개비음이 전방화되고 있는데, 후행하는 어중초성을 따라 역행동화되는 것으로 보인다. 또한 주요 오류형태는 대치인데, 마찰음과 파찰음을 파열음화하며, 유음도 불안정하다. 더불어 연구개파열음도 전방화되고 있다.

보다 확실한 조음음운능력을 평가하기 위해서는 자발화 평가와 자극반응도 및 문맥검사를 추가적으로 실시할 필요가 있겠다. 다음 절에서는 전형적인 말소리장애의 진단평가 절차를 소개하고자 한다.

8.4 말소리장애 진단평가 절차

말소리장애의 진단과정은 다양한 맥락에서 이루어진다. 음절이나 단어단위 검사에서는 발견되지 않았던 오류들이 검사자극의 언어단위가 길어지면서 출현할 수도 있고, 자발화 분석을 통해 발견한 조음음운 오류들은 실제 의사소통 상황에서 더 중요한 영향을 미칠 수도 있기 때문이다. 세계보건기구(WHO)의 아동 및 청소년 국제기능장애건강분류(International Classification of Functioning, Disability, and Health-Children and Youth, ICF-CY)(World Health Organization, 2007)에서 전 세계 모든 아동 청소년의 건강 특성을 설명하는 총체적 접근법을 제시하였으며 장애 관련 분야의 의학, 교육, 관련 치료 영역에서 도입되고 있다. 이 분류법에서 강조하고 있는 것은 말소리장애 아동의 건강 및 장애 상태가 학습, 사회적 상호작용 직업 등을 포함하는 더 광범위한 영역에 미치는 특성까지 살펴서 평가하여 진단 분류해야 한다는 것이다.

이 절에서는 지금까지 익힌 검사를 일반적인 말소리장애 아동에게 적용하는 절차에 대해서 살펴보고자 한다. 이 과정을 통해 여러분은 다음의 여섯 가지 목표를 달성할 수 있어야 한다(Miccio, 2002; 박현주 외, 2014에서 재인용).

(1) 아동의 가정특성을 포함한 전반적 발달 배경 특성을 파악할 수 있다.
(2) 아동의 청력상태, 구강구조 및 기능 특성을 파악할 수 있다.
(3) 현재의 음운 및 언어 수행 특성을 파악할 수 있다.
(4) 말소리장애의 특성과 중증도를 알 수 있다.
(5) 음운 변화의 예후를 알 수 있다.
(6) 중재 과정을 결정할 수 있다.

8.4.1 청각 및 청지각 선별검사

(1) 청각 선별검사

배경정보를 조사하는 과정에서 청각장애 관련 진단 내용이 없다면, 검사를 진행하기 전에 최소한 검사자의 말소리를 들을 수 있는지 최소한의 검증을 해야 한다. 간단한 선별을 위해서는 Ling 6개음 검사(Ling, 1976)를 실시할 수 있다. Ling 검사는 /a, u, i, ʃ, s, m/, 6개의 음소를 입 모양을 보여주지 않고 아동에게 들려주고 아동이 감지할 수 있는지 확인하는 것이다. 만약 실시하기 어려운 상황이라면, 손으로 입을 가리고 30~40dB 정도의 낮은 소리로 아동의 이름을 불러 볼 수도 있을 것이다.

읽을거리 8-1

• 마찰음 오류를 보이는 아동에게 수행할 변별과제의 예 •

지시문 : 두 개의 소리를 듣고 같으면 손을 들어 주세요(순서를 바꾸어 가면서 들려줍니다).

어두초성	ㅅ	사-사	사-다	차-사
	ㅆ	싸-싸	싸-따	짜-싸
어중초성	ㅅ	아사-아사	아사-아타	아차-아사
	ㅆ	아싸-아싸	아싸-아따	아짜-아싸
어두초성	ㅅ	수박-수박	수박-투박	두박-수박
		사탕-사탕	사탕-타탕	다탕-사탕
어중초성		풍선-풍선	풍선-풍턴	풍던-풍선
		호수-호수	호수-호투	호두-호수

---

(2) 지각 변별검사

조음검사를 수행한 뒤 오류를 보이는 음소에 대해서 지각적으로도 변별이 안 되는 것
인지 확인할 필요가 있다. 변별과제는 무의미 낱말과 유의미 낱말에서 수행하도록 한
다(읽을거리 8-1 참조).

8.4.2 조음기관구조 및 기능 선별검사

비언어과제를 통해 말산출과 관련된 조음기관의 구조와 기능을 검사할 수 있다. 비
언어과제를 통해 검사하는 이유는 언어과제를 사용하는 경우 관찰된 문제가 언어
(language) 관련 기제의 문제가 아닌 단지 말 산출구조의 운동성(motor)으로 인한 문제
인지를 확인하기 위한 것이다.

검사해야 할 조음기관구조는 턱, 입술, 볼, 혀, 구개, 후두 등이다. 말 산출과 관련
된 조음기관 근육의 평가 상황은 크게 두 가지이다. 하나는 가만히 정지한 상태, 그
리고 다른 하나는 아래와 같은 특정 동작을 지시하고 이에 따른 움직임의 상태를 평
가하는 것이다. 입을 다물거나 크게 벌리도록 한 뒤 정지 상태를 관찰할 때에는 크

기, 모양, 색깔, 균형(좌우대칭)을 살펴야 한다. 움직임을 관찰할 때에 중요한 것은 강도(strength), 속도(speed), 범위(range), 안정성(steadiness), 근긴장도(tone), 정확성(accuracy)이다(유희 외, 2004; Darley, Aronson, & Brown, 1975).

(1) 턱과 치아
 • 턱을 열고 닫아 보라는 지시(치아는 교합상태를 확인)
(2) 입술
 • 동그랗게 오므리기
 • (과장된) 미소짓기
 • 볼을 부풀려 공기를 담고 있기 지시
(3) 혀
 • 혀를 밖으로 내밀었다가 끌어들이기 지시
 • 혀끝을 입술 위, 아래, 좌우에 대보도록 지시
 • 빠르게 좌우로 움직여 보기 지시
(4) 경구개와 연구개 및 인두
 • '아' 소리를 반복적으로 내도록 지시(구개의 움직임과 인두 뒷벽과 측면의 움직임)
(5) 후두
 • 자발적으로 기침하기 지시

이 외에도 조음기관의 구조와 기능을 검사하는 방법으로 모음연장과제와 교대 및 일련운동을 이용한다. 모음연장과제는 발화에 필요한 호흡능력을 볼 수 있는 과제로, 숨을 크게 들이쉰 상태에서 최대한 길게 '아'라는 모음발성을 지속하게 한다. 이때 환자가 가장 편안한 음의 높이와 크기로 하도록 하며, 발성을 위해 바른 자세를 취하도록 한다. 이때 모음을 연장한 시간을 **최대발성지속시간**(Maximum Phonation Time, MPT)이라고 한다. 정상인의 평균은 젊은 사람의 경우 남자는 28.5초, 여자는 22.7초이며 아동이나 노인의 경우 이보다는 짧아 평균 14초 내외의 수행력을 보인다. 최대발성지속시간을 7~8초 이상 연장한다면 호흡이 짧아서 정상적인 발화를 하지 못하는 것은 아니다. 또한 호흡훈련이 발화의 명료도나 정확도를 올리는 데는 크게 기여하지 못하는 것으로 알려져 있다.

길항운동능력(Diadochokinesis, DDK)에는 교대운동(AMR)과 일련운동(SMR)이 있다. 교대운동(Alterating Motion Rate, AMR)은 교호운동이라고도 하는데, /퍼, 터, 커/ 음절을 주로 이용하며, 한 음절씩 가능한 한 빠르고 정확하게 계속 반복하도록 하는 과제이다. 교대운동과 함께 실시하는 일련운동(Sequential Motion Rate, SMR)은 교대운동에서 사용한 세 가지 음절을 순서대로 반복하게 하는 것이다. 숨을 들이쉬고 가능한 한 빠르고 정확하게 반복하도록 해야 한다. 교대운동과 일련운동에서는 속도, 규칙성, 정확성에 대해 평가해야 한다. 정상적인 젊은 성인의 경우 교대운동은 초당 5~7회를 반복하며, 일련운동은 3~7회를 반복한다. 아동이나 노인의 경우에는 이보다 약간 느리게 반복한다. 18세 이상의 성인을 대상으로 국내에서 표준화된 조음기관 구조 · 기능 선별검사(Speech Mechanism Screening Test, SMST)(신문자 · 김재옥 · 이수복 · 이소연, 2010)의 일부 항목을 진단대상 아동에게 적용할 수도 있다.

이러한 비구어과제에서 문제가 발견되는 경우에는 조음기관의 구조적 결함이나 조절과 관련된 신경학적 결함으로 인해 말소리 산출에 문제가 있는 것이라고 할 수 있을 것이다. 주의할 점은 위의 비구어운동과제는 평가에 중요한 것이지 치료에 중요한 요소들이 아니므로 연습을 하고 그 기능이 좋아졌다고 하는 것은 의미가 없다.

8.4.3 표준화검사 및 심화평가 실시

우리말 조음음운장애의 표준화검사 중 한 가지를 선택하여 적용할 수 있다. 표준화 결과를 통해서 규준참조 수행평가를 하는 것은 물론이고, 낱말검사를 수행하면서 반응의 변이성을 살피고, 수행 후에는 오류패턴도 분석한다. 반응의 변이성은 같은 음소에 대한 오류가 일관되게 나타나는지 확인하는 것으로 반응이 일관되지 않은 것으로 의심되는 음소가 포함된 낱말을 2~3회 반복하도록 하여 바로 그 자리에서 확인할 수 있다. 오류패턴 분석결과는 자발화 평가결과와 비교할 필요가 있으며, 자극반응도와 문맥평가 등의 계획을 수립하는 데 근거가 된다. 자발화 평가에 앞서 문단읽기나 문장 따라말하기 등의 문장수준 검사를 시행할 수 있다.

8.4.4 자발화를 이용한 평가

자발화에서도 조음정확도, 문맥에 따른 오류패턴, 말명료도, 용인도 등을 평가할 수 있다. 적어도 2회 이상 같은 오류가 나타나는지 확인한 뒤에야 우리는 이 아동의 오류패턴에 대해서 언급하는 데 확신을 얻을 수 있다. Shriberg는 적절한 평가를 위해 수집해야 할 말표본 길이 기준으로 90-70-225라는 수를 제시한 바 있다(Shriberg & Kwiakowski, 1985; Shriberg, Kwiakowski, & Hoffmannm 1984). 90-70-225는 발화 자료에서 처음 90개의 단어(first-occurrence words), 혹은 70개의 발화나 총 225개의 단어를 의미하는 것으로, 평균적으로 6~8분 정도의 발화에 해당된다.

　　단어수준의 조음음운검사에서 유도된 발화와 대화를 통해 유도된 발화는 분석에 앞서 우선 정확하게 전사해야 한다. 전사 후에는 채점을 하고 오류의 양상을 분석한다. 오류 양상의 분석은 우선 탈락과 대치 등의 오류유형별 빈도를 살피고, 오류패턴을 살펴볼 필요가 있다. 자발적 대화에서는 음운뿐 아니라 말과 언어의 다양한 영역에 대한 평가가 가능하다. 특히 음성과 유창성, 어휘와 구문, 화용, 듣기 등의 의사소통적 행동을 관찰할 수 있다.

8.4.5 자극반응도와 문맥검사

(1) 자극반응도

오조음된 음소에 대하여 모방 등 다양한 촉진책을 통해 다양한 문맥에서 정조음을 유도한다. 다양한 촉진책은 조음위치나 조음방법에 대한 시각적 · 청각적 · 촉각적 단서를 주는 것 혹은 모방을 유도하는 것을 말하는데, 문맥검사 상황에서 자극반응도를 확인할 수도 있다.

(2) 문맥검사

제7장에서 기술한 바와 같이 정조음하지 못하는 음소를 다양한 문맥에서 평가할 필요가 있다. 특정 문맥에서 산출하는 것은 치료과정에서 열쇠음소로 활용할 수도 있으며, 특정 문맥에서 산출되지 않는다면 치료목표로 선정하여 연습할 필요가 있다. [읽을거리 8-2]는 자음목록검사와 자발화검사를 통해 /ㄹ, ㅅ, ㅆ, ㅋ/ 음소를 정확하게 산출하지 못하는 아동에게 문맥검사를 실시하고자 할 때 만든 기록지 예이다.

　　김민정(2014)은 심도 조음음운장애 아동이 특정 문맥에서만 모음에 의한 동시조음으로 인한 조음오류 사례에 대해 보고하였다. 연구개음은 전설모음 앞에서만 전방화되었고, 치경음은 후설모음 앞에서만 연구개음화되었으며 비음은 구강음 사이에서만 탈비음화되었다. 또 다른 아동의 경우 연구개음이 전설모음 앞에서만 치경음화되고

읽을거리 8-2

• 문맥검사 실시 기록지 예 •

음소	독립음	이			에			아			우			오			낱말	정확도 (%)
		어두	어중	어말	어두	어중	어말	어두	어중	어말	어두	어중	어말	어두	어중	어말		
ㄹ		리	이리	일	레	에레	엘	라	아라	알	루	우루	룰	로	오로	올		
ㅅ		시	이시		세	에세		사	아사		루	우루		소	오소			
ㅆ		씨	이씨		쎄	에쎄		싸	아싸		쑤	우쑤		쏘	오쏘			
ㅋ		키	이키		케	에케		카	아카		쿠	우쿠		코	오코			

원순모음 앞에서는 양순음화되었으며, 양순음은 / ㅣ / 모음 앞에서만 치경음화되었다. 이러한 임상사례에서는 자음오류를 분석할 때 자음과 인접한 모음의 동시조음을 고려한 문맥분석이 중요하다.

8.4.6 언어발달검사 및 관련 요인 검사

(1) 언어발달검사

앞에서 언급했던 바와 같이 말소리장애 아동의 60% 내외가 표현언어발달에서 지체가 있고, 30% 내외가 수용언어발달에도 지체를 보이는 것으로 알려져 있다. 수용표현 어휘발달검사와 언어 전반에 걸친 선별검사를 우선 실시하고, 문제가 발견되는 영역에 대한 심화검사를 실시한다.

(2) 관련 요인 검사

제6장의 말소리장애 원인에서 영향을 미칠 수 있는 것으로 논의된 요인을 검사한다. 음운처리능력 평가를 시행할 수도 있으며, 연령에 따라 학령전기라면 음운인식검사, 학령기라면 읽기검사를 실시한다.

8.5 말소리장애 아동 자발화 오류패턴 분석과 보고서 작성 연습

8.5.1 오류패턴 분석 연습

다음은 말소리장애로 진단된 만 5세 남아의 단어 유도 검사(30개 검사단어)에서 보인 오류패턴을 요약한 것이다.

음절구조			유음오류				마찰음오류		파찰음오류		연구개음전방화	평음과격음경음화	동화	
음절생략	어중종성생략	어말종성생략	유음생략	활음화	비음화	파열음화	파열음화	파찰음화	파열음화	기타			순행동화	역행동화
0	0	1	4	2	0	4	4	0	1	0	0	0	0	0
		1		10				4	1					

앞의 말소리장애 아동이 자발화에서 산출한 50어절을 전사한 자료를 다음에 제시하였다. 같은 어절을 같은 발음으로 산출한 경우에는 제외하고, 새로운 어절만 아동이 산출한 순서대로 전사하였다.

(1) 자발화의 오류패턴 분석표에 흰 종이로 답을 가리고 직접 분석하고 비교해 보십시오.
(2) 자신의 분석과 교재 분석 결과를 비교해 보십시오.
(3) 위에 제시한 낱말수준에서 나타난 오류패턴 요약과 같은 형태로 자발화 오류패턴 분석을 요약해 보십시오.
(4) 자발화 분석을 통해서만 발견할 수 있는 특징이 무엇인지 기술해 보십시오.

8.5.2 진단보고서 작성 연습

말소리장애 진단보고서의 작성방법이 다른 말언어장애 진단보고서와 크게 다르지는 않다. 우선 다른 보고서와 같이 꼭 필요한 요소로는 기본정보, 배경정보, 말언어청각 검사결과 및 내용 요약이 있다. 이 외에 검사에 활용한 검사도구를 정리하여 제시해 주는 것도 진단보고서를 읽는 다른 전문가들에게 도움이 될 것이다. 이 외에도 아동이 갖고 있는 의료적, 심리적, 인지 관련 검사결과들이 있다면 첨부할 수 있다. 같은

목표	아동반응	음절구조			유음오류				마찰음오류		탈파찰음화	연구개음		평음과 격음 경음화	동화		기타(직접기술)
		음절생략	어중종성생략	어말종성생략	유음생략	활음화	비음화	파열음화	파열음화	파찰음화	파열음화	초성	종성		순행동화	역행동화	
그럼	그엄				1												
선생님	턴탠님								2							1	
이거																	
만드러	만즈여					1											파찰음화 모음
봐써요	바떠여								1								
여기에서	너기에터								1								음소첨가 모음
근데																	
모래	모애				1												
업써요	옵조요										1						모음 2회
다릉거	다잉거				1												모음
해야																	
되자나																	
점토	덤토											1					
뭔데요																	
뭐에요																	
보여줘요	보여도요											1					
그냥																	
도미노																	
뽑끼																	
먼저	먼다											1					모음
모음																	
해볼께요	해버께요				1												
내가																	
괜차나요																	
뭐야																	
안돼																	
세부 오류 패턴 빈도(1)					4	1			4	1	3						

목표	아동반응	음절구조			유음오류				마찰음오류		탈파찰음화	연구개음		평음과격음경음화	동화		기타(직접기술)
		음절생략	어중종성생략	어말종성생략	유음생략	활음화	비음화	파열음화	파열음화	파찰음화	파열음화	초성	종성		순행동화	역행동화	
여기	너기																음소첨가 ㄴ
떠러져	떠여즈				1												모음
너무																	
어렵따	어엽따				1												
싸키	따키								1								
이러케	이어케				1												
동그랑거																	
핸드폰																	
이써요	이떠요								1								
되써요	대떠여								1								
준비	둔비										1						
시자칼께	치자칼께									1							
뭐야																	
동그라미																	
이제부터																	
다릉거																	
쓰러져써	스여져떠					1			1								이완음화
시간	치간									1							
사탕	차탕									1							
모양																	
아니요	아니여																
쓰러트려	쯔여트여				1	1					1						
알게찌요	아개찌요				1												
무슨																	
몰라서																	
세부오류패턴빈도(2)					4	3			4	4	1						
세부오류패턴빈도(1)					4	1			4	1	3						
					12/18				13/19		4/11						음소첨가2 모음문제6
기회수		140	23	8	18	14	18	18	19	19	11	21	9	58			

말소리장애라고 해도 원인이나 증상의 정도에 따라서 필요한 검사들이 조금씩 달라질 수 있다.

　조음음운능력의 평가결과를 기술하는 방식은 다양할 수 있다. 일반적으로 낱말수준, 문장수준, 읽기 및 자발화, 자극반응도에서 다양한 조음능력 지표를 구하고 유도과정 및 결과를 차례로 기술한다. 보고서의 흐름을 끊을 만큼 자세한 원자료나 검사결과는 부록으로 처리하고 결과의 기술방식이 너무 길고 복잡해지는 경우 표를 만들면 보고서를 읽는 사람들이 쉽게 이해할 수 있다. 독자들은 여러 참고자료를 종합하여 앞에서 분석 연습한 아동의 진단보고서를 작성해 볼 수 있다.

제 9 장

말소리장애 치료의 원리 1

9.1 말소리 치료를 할 것인가

9.2 치료를 시작할 때 고려할 요인

9.3 치료과정에서 고려할 요인

9.4 치료종결 시점에 고려할 요인

효과적인 말소리장애 치료를 위해서는 관련된 많은 것들을 고려해야 하며, 여러 가지 결정을 내려야 한다. 치료사는 말언어진단이 끝나고 나면 다음과 같은 내용들을 결정해야 한다. 이 장에서는 다음의 결정을 내릴 때 고려해야 할 요인들을 살펴보고자 한다.

① 언어치료를 할 것인가
② 한다면 얼마나 자주 할 것인가
③ 치료의 목표는 무엇으로 할 것인가
④ 치료접근방법은 어떤 것을 선택할 것인가
⑤ 치료의 종료시점은 언제로 할 것인가

9.1   말소리 치료를 할 것인가

치료를 할 것인지 결정하는 데 가장 중요한 요인은 말소리장애의 심각도와 말명료도의 정도이다. 이 외에도 동반장애의 유무 그리고 자극반응도 등을 고려하여 결정하게 된다.

9.1.1   말소리장애 심각도 : 자음정확도

말소리장애의 심각도를 나타내는 지표는 제7장에서 살펴본 바 있다. 이 지표들 중 가장 일반적으로 말소리장애의 심각한 정도를 표현하기 위해 널리 쓰이는 방법의 하나가 정확한 자음 백분율, 즉 **자음정확도**(Percentage of Correct Consonants, PCC)이다. 대부분 말소리장애의 경우 상대적으로 자음보다 모음에는 문제가 없다고 전제하고 자음정확도를 사용하지만, 모음에 문제가 있는 경우도 있다. 따라서 치료사들의 탄력적이고 유연한 지표 적용 능력이 요구된다. 일반적으로 낱말 유도 검사 문맥에서는 4세 후반이 되면 자음정확도가 95%에 이르게 되며, 자발화에서는 3세 후반이 되면 자발화에서 자음정확도가 95% 수준에 이르게 된다. 유도문맥보다 자발화에서는 아동이 잘 산출하는 소리를 위주로 발화하기 때문일 것이다.

9.1.2 말명료도

말명료도는 화자가 하는 말을 청자가 들어서 이해할 수 있는 정도를 말한다. 일반적으로 말명료도는 이해할 수 있는 낱말 수 혹은 음절 수의 백분율로 계산한다. 말명료도에 가장 큰 영향을 미치는 것으로는 정확한 음소산출 능력을 꼽을 수 있지만, 음소산출 능력 이외에도 다음과 같은 다양한 요인들이 영향을 미친다.

(1) 말소리 오류 : 심각한 조음오류일수록 명료도가 낮아진다. 2세에서 4세 일반 아동의 경우에는 개정자음정확도(PCCR)와 명료도 간의 상관이 .99로 매우 높게 나타났으며, 평균음운길이(PMLU)와 명료도 간의 상관도 .84로 나타났다(하승희 · 황현정, 2013). 그러나 특정 장애를 갖고 있는 경우 말소리 오류의 정도와 명료도의 상관이 그리 높지 않을 수도 있다.

(2) 오류 말소리의 일관성 : 특정 소리를 일관되게 다른 한 소리로 대치하는 경우보다 경우에 따라 다른 여러 가지 소리로 오류를 보이는 경우에는 명료도가 더 낮아진다.

(3) 오류 말소리의 빈도 : 고빈도 말소리에서 오류를 보이는 경우 명료도가 더 낮아진다.

(4) 화자의 운율적 요소 : 말속도, 높낮이 변화, 음질, 강도, 유창성 등 초분절적 요소들도 명료도에 영향을 미친다. 말속도의 경우 적절한 속도가 명료도에 더 긍정적이며, 적절한 곳에서 휴지를 갖는 것이 부적절한 곳에서 휴지를 갖는 것보다 명료도에 긍정적이다.

(5) 친숙도 : 엄마를 비롯한 친숙한 가족들은 아동의 오류 말소리 산출에도 불구하고 의도를 잘 아는 경향이 있다. 친숙하지 않은 사람일수록 명료도는 낮게 나타난다. 명료도라는 것이 화자요인만 중요한 것이 아니고 청자의 능력도 크게 영향을 미친다.

9.1.3 자극반응도

자극반응도란 치료사가 의도적으로 특정 자극(혹은 단서)을 제시할 때 원하던 반응이 나오는 정도를 의미한다. 예를 들어 검사를 수행할 때 조음하지 못했던 발음을 치료사가 하는 것을 따라해 보라고 지시하자 성공적으로 발음하였다면, 우리는 그 발음에 대하여 '자극반응도(stimulability)가 있다'고 표현한다. 자극은 모방을 하도록 유도하는 것뿐 아니라 다양한 단서(그림, 사진, 입 모양, 조음방법의 설명 등)나 상황도 해당할 수 있다.

아동의 경우 자극반응도가 높고, 조음음운의 자연적인 발달을 기대할 수 있다면 조음음운 치료를 수행하지 않고 치료개시 결정을 연기하기도 한다. 이때 치료사는 직접 중재는 하지 않지만, 부모로 하여금 아동을 주의 깊게 관찰하고 정해진 시기에 보고하고 다시 진단받을 수 있도록 조처해야 한다.

9.2 치료를 시작할 때 고려할 요인

치료를 하기로 결정하였다면, 평가과정에서 수집한 자료의 분석과 해석을 통하여 치료목표 말소리들과 이들 말소리들의 치료순서 및 치료방법을 결정해야 한다. 이를 위하여 다음과 같은 요소들을 고려해야 한다.

9.2.1 자극반응도

일반적으로 임상현장에서는 자극반응도가 있는 말소리를 먼저 치료하고 있다. 자극반응도가 있는 소리가 없는 소리보다 쉽게 치료되는 것이 일반적이다. 쉽게 치료된다면 아동은 성취감을 느끼게 되고, 아동과 보호자는 치료사에 대한 신뢰를 갖게 되어 열심히 치료과정에 참여하게 된다.

그러나 다른 한편에서는 자극반응도가 있는 말소리는 치료할 필요가 없다거나 나중에 치료한다고 주장하는 학자들도 있다. 그 이유는 앞에서도 언급한 바와 같이 자연회복이 될 수 있다는 것이다. 더 중요한 이유는 말소리장애 치료의 과정이 단순히 개별 음소의 습득을 통해 단순히 말소리 목록을 늘려가는 것이 아니고 음운체계 전체의 재구조화 과정이라는 것이다. 자극반응도가 있는 소리와 없는 소리를 치료할 때를 비교해 보면, 자극반응도가 없는 소리의 습득이 음운체계 전체의 재구조화에 더 많은 영향을 미친다는 것이다. 이러한 재구조화 과정에서 자극반응도가 있는 말소리들은 치료 없이도 정상적으로 바뀐다. 이러한 주장은 경우에 따라서 맞을 수도 있고 틀릴 수도 있다. 자연회복이 될 소리를 치료한다면 낭비가 될 것이고, 자연회복이 되지 않을 소리를 치료하지 않는다면 더 큰 낭패가 될 것이다. 치료과정에 있어 치료사들은

잠깐! 🔊 **자극과 반응**

'자극(stimulus)'과 '반응(response)'은 원래 '행동주의(behaviorism)'에서 기원한 용어이다. 인간을 중심으로 볼 때 외부세계의 모든 것은 '자극'에 해당하고 인간 혹은 유기체 내부세계의 모든 것은 '반응'에 해당한다. 행동주의는 유기체의 모든 행동은 학습되는 것이고 학습은 외부세계의 자극에 의해 혹은 자극과 강화에 의해 이루어진다고 설명하였다.

'학습(learning)'은 곧 '연합(association)'을 의미하고 연합의 종류는 매우 다양하다. 자극과 자극이 연합되기도 하고, 자극과 반응이 연합되기도 하고 반응과 강화가 연합되기도 한다. 연합이 되면 우리는 '조건화(conditioning)'되었다고 표현한다. 연합되고 나면 어떤 자극에는 특정 자극 혹은 반응이 조건화되어 바로 따라오게 된다는 것이다.

'자극과 반응' 그리고 '학습과 연합'은 모두 후천적으로 '경험'을 통해 습득하는 것을 강조하는 개념들이다. 이 개념들은 사회과학 전반으로 확산되어 이제 일반명사처럼 사용된다. 많은 언어장애 책에서도 자극과 반응 혹은 자극 일반화 혹은 반응 일반화라는 표현들을 볼 수 있을 것이다.

언어습득(acquisition)은 생득적이라고 설명하기도 하지만, 통사론적 개념 등 언어의 일부 특성에만 해당하는 것으로 받아들여지고 있다. 어휘학습과 같은 많은 부분은 외부세계를 통한 학습과정으로 설명하고 있다. 따라서 학습심리학에서 사용하는 많은 개념들이 언어습득 및 언어학습 과정에 그대로 사용되고 있다.

거의 매 회기 이러한 선택의 기로에 놓인다. 성공적인 선택을 하기 위해서는 치료사 스스로가 끊임없이 고민해야 한다.

9.2.2 문맥분석

잘못 발음하던 소리가 특정 문맥에서 발음되는 경우도 있다. 특정 말소리 문맥에서는 잘못 발음하던 소리가 발음되는 문맥이 있다면, 이 문맥에서 치료를 시작하여 다른 문맥으로 정확한 발음의 범위를 넓혀 가는 방법이 바람직하다. 예를 들어 '사과, 수건, 사탕' 등의 목표낱말에서 'ㅅ'를 발음하지 못하던 아동이 '시계'라는 목표낱말에서 'ㅅ'를 정확하게 발음하였다면 이 아동은 모음 'ㅣ' 앞이라는 문맥에서 'ㅅ'를 발음할 수 있다는 것이다. 이 경우 '시계'는 열쇠낱말이라고 한다. 문맥분석은 발음이 되는 모음환경을 찾거나 열쇠낱말을 찾기 위해서뿐 아니라 음절 내 위치와 어절 내 위치 등 다양한 문맥에 따른 오류의 일관성을 찾기 위해서도 실시해야 한다. 모든 문맥에서 일관되게 틀리는 경우가 있는가 하면, 문맥에 따라서 다르게 오류를 보이는 경우가 있다. 문맥에 따라 다른 오류의 예를 들면, 어두초성에서는 생략되지만 어중초성에서는 대치되다가 어말초성에서는 왜곡될 수 있다. 이렇게 다양한 문맥분석의 결과를 음운지식(phonological knowledge)의 수준이라고도 한다. Gierut, Elbert, Dinsen(1987)은 음소산출에 반영되는 음운지식의 수준을 6단계 유형으로 보았으며 〈표 9-1〉과 같이 나누었다.

　음운지식의 유형을 나눈 Gierut, Elbert, Dinsen(1987)은 최소한의 음운지식이 있는 5, 6번 유형의 음소부터 치료를 시작할 것을 권하였다. 실제로 단일피험자 실험설계를 통해서 6명의 기능적 조음음운장애 아동을 대상으로 치료를 실시한 결과 최소한의 음운지식을 갖고 있는 음소부터 치료한 아동은 치료목표 음소를 습득한 후 음운지식 수준이 높은 음소들로 일반화 효과가 나타난 반면, 높은 수준의 음운지식을 보이고 있는 음소를 먼저 치료한 아동들은 낮은 음운지식을 보이는 음소로 일반화되지 않았다.

　그러나 Rvachew와 Nowak(2001)은 위 연구를 반박하는 연구결과를 발표했다. 기능적 조음음운장애 아동 44명을 대상으로 두 집단으로 나누어서 한 집단은 음운지식이 높은 음소부터 치료를 진행하고, 다른 한 집단은 음운지식이 낮은 음소부터 치료를

표 9-1　음소산출에 반영되는 음운지식의 유형

유형	정의	문맥평가 후 기술 예
1	모든 형태소가 모든 단어위치에서 정확하게 산출된다.	모든 자리에서 정확하게 산출된다.
2	거의 모든 형태소가 정확하게 산출되지만 몇몇의 형태소는 목표음소와 다른 음소 사이에서 선택적인 규칙이 관찰된다.	종성으로 올 때, 혹은 문법 형태소에서만 오류가 나타난다.
3	모든 형태소가 거의 정확하게 산출된다. 하지만 고착된 유형은 항상 부정확하게 산출된다.	특정 단어만 오류를 보이고 대부분 정확하다.
4	하나 또는 그 이상의 단어위치에서 정확하게 산출되지만, 다른 단어위치에서 일관적인 오류를 보인다.	특정 모음 앞에서만 정확하게 산출된다.
5	하나 또는 그 이상의 단어위치에서 비일관적으로 잘못 산출되고, 다른 단어위치에서 일관적으로 잘못 산출된다.	특정 모음 앞에서 간혹 정반응이 관찰된다.
6	모든 단어위치와 모든 형태소가 부정확하게 산출된다.	모든 상황에서 오류를 보인다.

진행하였다. 음운지식이 높은 음소부터 치료를 진행한 집단의 아동들이 더 빠르게 개선되었으며, 일반화에서는 두 집단이 별 차이를 보이지 않았다. 그뿐만 아니라 부모들을 대상으로 만족도를 조사한 결과 음운지식이 높은 수준의 음소부터 치료를 시작한 집단의 만족도가 더 높은 것으로 나타났다. 치료순서에 대한 고민과 실험은 아직도 중요한 논쟁거리이며, 연구의 중요한 주제가 되고 있다.

9.2.3 말소리의 사용빈도 및 개인과 가족의 요구

제4장에서 제시한 전반적인 말소리 사용빈도를 고려하여 고빈도 음소를 정조음하게 한다면, 전반적인 말정확도를 효과적으로 높일 수 있을 것이다. 그뿐만 아니라 개인별로 중요한 말소리가 있을 수 있다. 예를 들어 8세의 '석소정'이라는 이름의 아동이 있다고 가정해 보자. 진단결과 'ㅅ, ㅈ, ㄹ'를 발음하지 못하고 조음 이외의 다른 문제는 없는 것으로 나왔다고 하자. 우리나라 사람들은 아이들을 만나면 의례적으로 이름과 나이를 묻는다. 그 아동은 8년이라는 생애 동안 첫 발화 이전인 1년을 제외하고 7년간 계속 같은 질문을 받았을 것이고 한 번도 정확하게 이름을 대지 못했을 것이다. 이 아동의 경우 바로 말소리장애 치료를 시작해야 한다. 그리고 만약 목표음소를 하나씩 치료하는 전략을 세운다면 발음하지 못했던 말소리들 가운데에서 'ㅅ' 음소 훈련을 가장 먼저 시작해야 할 것이다. 우리말소리의 발달순서를 고려하면 가장 먼저 종성 'ㄹ', 다음으로 초성 'ㅈ'와 'ㄹ', 그리고 마지막으로 초성 'ㅅ'가 될 것이다. 그러나 자신의 이름을 산출해야 하는 경우가 많으므로, /ㅅ/의 정확한 조음은 개인적으로 중요한 과제일 뿐 아니라 사용빈도가 매우 높은 과제이기 때문이다.

　목표음소를 정할 때 이외에도 훈련낱말과 평가낱말을 설정할 때에도 주의가 필요하다. 아동과 가족의 가치와 요구를 확인하여 훈련낱말을 정해야 할 것이다. 아동에게 의미 있는 어휘들로는 가족의 호칭이나 친한 친구들의 이름이 포함되어야 한다. 아동이 일상에서 많이 사용하는 어휘와 문장을 목표로 한다면 이는 일반화에도 더 도움이 될 수 있다.

9.2.4 발달상의 적절성

치료목표 말소리를 결정하는 데 있어 발달상의 적절성을 고려해야 한다. 치료대상 아동의 나이를 고려하여 목표를 설정해야 한다는 의미이다. 일반적인 발달여정을 보면

잠깐! 🔊))) **훈련낱말**

훈련목표가 결정되면 다시 훈련낱말을 정해야 한다. 이때 생각해 볼 문제는 연령에 맞는 의사소통적 기능과 문맥효과들일 것이다. 예를 들어 음운변동이 일어나는 낱말인가, 혹은 음절구조가 어려운 낱말인가 등을 고려해야 하는 것이다. 학생 치료사 선생님들이 임상실습을 할 때 생각보다 많이 하는 실수들 가운데 하나는 훈련낱말을 정할 때 이런 점들을 간과하는 것이다.

예를 들어 7세 아동의 경우 'ㄱ' 음소의 정확한 산출이 목표일 때 훈련낱말로 좋은 것은 어떤 것이 있을까. '고바우, 고기, 굴, 가위, 거위, 그림, 가지, 그래, 갈래요, 하고(하구), 가족, 고생, 똑같다, 가다(가), 갈치, 메기, 김, 김치, 공' 등의 낱말들을 선정할 수 있다. 이 중에서 여러분이 좋다고 생각하는 낱말은 어떤 것인가. 그리고 왜 그것이 좋다고 생각하는가.

4세 후반쯤 되면 'ㅅ' 음소가 어느 정도 바르게 산출된다. 이러한 발달을 고려한다면 말소리장애라고 진단된 6세 아동의 경우 'ㅅ'의 정확한 산출을 치료목표로 잡는 것은 적절하다. 그러나 4세의 말소리장애 아동의 경우에 낱말수준, 어휘 형태소에서 'ㅅ'의 산출을 90% 정확하게 산출하기를 목표로 할 수는 있지만, 문법 형태소까지 포함하여 자발화 문맥에서 90% 이상 정확하게 산출하기는 발달적으로 적절하지 않을 수 있다는 것이다.

9.2.5 말소리장애의 원인

앞에서도 언급했던 바와 같이 말소리장애의 원인은 아는 경우와 모르는 경우로 나눌 수 있다. 기질적인 경우에는 단기간의 치료로 개선될 것을 기대하기에는 무리가 있으므로 치료의 목표와 기간 및 회기 간격을 적절히 조정해야 한다. 기질적인 원인의 경우에도 청각장애, 마비말장애, 지적장애와 같이 다른 원인 및 동반장애를 갖고 있는 경우 모두 다른 특징을 갖게 된다. 이러한 개인적인 문제의 범위 안에서 최대한의 변화를 유도하는 것이 치료의 목표가 될 것이다.

아동의 조음음운장애 치료(김수진 외 역, 2012)는 구체적으로 원인에 따른 말소리장애의 치료기법을 소개하고 있다. 가장 주요한 세 가지 기질적 원인을 갖고 있는 말소리장애 아동의 치료전략에서 차별화되는 점을 요약하면 다음과 같다.

신경계 조절문제로 인한 말운동장애 가운데 마비말장애의 경우에는 호흡, 발성, 공명, 조음 시스템의 전체적인 조화와 속도조절을 유도하고 최대한 명료도를 높이기 위한 치료전략을 추천한다. 아동기 말실행증(CAS)으로 진단된 경우에는 의사소통적 상황에서 집중적인 반복훈련을 강조한다. 아동기 말실행증 아동을 대상으로 치료할 때 가장 널리 사용되는 치료접근은 운동기반학습 원리이다.

조음기관의 구조적 문제로 인한 말소리장애의 경우에는 구조손상으로 인한 필연적 오류와 보상적 오류 및 아동의 연령에 따른 발달적 오류를 구분한다. 그다음 필연적 오류를 제거하기 위한 의료적 처치를 끝낸 후에 보상적 오류를 제거하고 마지막으로 발달적 오류를 제거하는 전략을 추천하고 있다.

청각장애로 인한 말소리장애의 경우에는 듣기능력에 대한 모니터링을 강조하면서, 말소리 산출훈련 과정에서는 음성학적 접근과 음운론적 접근을 함께 적용한다. 간단하게 살펴보았지만 원인에 따라서 치료전략에 차이점이 있는 것은 분명하다. 그러나 원인보다는 말소리에 문제가 있다는 증상적인 공통점 때문에 말소리를 가르치는 전략에도 공통점은 있다.

9.3 치료과정에서 고려할 요인

9.3.1 치료의 기본 요소

치료의 수행과정에는 인간의 학습절차의 모든 요소들이 수반된다. 학습이 이루어지는 기전(mechanism)에 대한 심리학적 개념들 중 언어치료 현장에서 가장 기본이 되는 개념은 '선행사건(antecedent event)'과 '반응(response)' 그리고 '후속사건(consequent event)'을 들 수 있다.[1]

행동주의적 견해에 따르면 세상에 존재하는 모든 학습의 기초는 '연합'이라고 규정하고 있다. 고전적 조건형성에서는 자극과 자극의 연합을 그리고 도구적 조건형성에서는 자극과 반응의 연합을 또 반응과 강화의 연합을 강조하고 있다. 학습이란 것은 이러한 자극, 반응, 강화라는 사건들 간의 연합을 의미하며 학습을 촉진하는 것은 이들의 연합을 강력하게 만드는 과정인 것이다. '선행사건'은 조건형성 과정 가운데에서 '자극(stimulus)'에 해당하고 '후속사건'은 '강화(reinforcement)'에 해당한다. 예를 들어 맛있는 사탕을 들고 있는 어른을 보고 아동이 "사탕 주세요."라는 말을 하였더니

---

1 후속사건은 심리학자들과 의사소통을 위하여 심리학에서 사용하는 수반사건이라고 명명하는 것도 좋을 듯하다. 그러나 선행사건과 대조를 이루기 위해 후속사건이라고 명명하였다.

어른이 사탕을 주었다고 하자. 아동에게 있어 맛있는 사탕을 들고 있는 어른을 보는 사건이 '선행사건' 혹은 '자극'에 해당한다. 이 자극에 대하여 아동이 "사탕 주세요."라고 발화하는 것이 '반응'이다. 이 반응은 먹고 싶었던 사탕을 받는 '후속사건'을 수반하게 된다. 결국 자극과 반응이 연합되고, 반복적으로 후속사건이 이어지면 학습되게 된다.

말소리장애 치료장면에서 다시 예를 들어 보자. '선행사건'은 특정 반응을 유도하기 위한 것으로, 예를 들어 청각적 시각적 모델링을 위한 시범 혹은 그림이나 사진의 제시 상황 등을 들 수 있을 것이다. 기능적 치료접근에서는 구어발화를 해야만 하는 어떤 상황이 될 수도 있을 것이다. '반응'은 목표행동을 산출하는 것으로 때에 따라서는 고립된 말소리가 될 수도 있고 낱말 혹은 문장이 될 수도 있을 것이다. 치료사가 지속적으로 모니터링을 해주고 대상자 스스로 이러한 모니터링 기술을 익히게 되면서 정반응률을 높일 수 있게 될 것이다.

'후속사건'은 반응에 뒤따르는 강화나 피드백이다. 즉 후속사건이란 강화 혹은 벌 등의 행위로 언어치료 장면에서 가장 많이 사용하는 것은 **긍정적 강화**이다. 강화물에는 구체적인 것과 구체적이지 않은 것들이 모두 포함될 수 있다. 치료실에서 많이 사용하는 긍정적 강화의 예로는 토큰이나 점수, 과자, 그리고 미소나 관심, 따뜻한 말 등이 있다.

강화는 연속적으로 주어질 수도 있고 간헐적으로 주어질 수도 있다. 이러한 강화 제공방법을 **강화스케줄**이라고 한다. 연속 강화스케줄이란 매 반응에 대하여 모두 강화해 주는 것을 의미한다. 간헐적인 강화스케줄은 어떤 간격(시간)마다 혹은 일정 횟수마다 일어나는 반응에 대해서 강화하는 것을 의미한다. 우리가 받는 월급이나 시급 등은 간헐적인 고정시간 강화스케줄에 해당한다. 초기학습 시에는 반응마다 강화를 주는 연속적 강화가 효과적인 것으로 알려져 있다. 그러나 연속적 강화스케줄은 강화가 없어지면 학습효과가 빠르게 소거되므로 학습효과를 지속시키기 위해서는 간헐적 강화스케줄을 선호하는 경향이 있다.

학습효과가 없어지는 것을 '소거'라고 한다. 예를 들어 아무리 사탕을 들고 있는 어른에게 달라고 반응을 보여도 절대로 받을 수 없다면 달라는 반응은 소거될 것이다. 이는 사탕을 들고 있는 어른이라는 '자극'과 달라고 말하는 '반응' 간의 연합이 없어지는 것이다. 간헐적 강화는 간격과 비율을 고정하거나 혹은 변동시킨다. 그 학습이 되

잠깐! 🔊 말과 행동이 다르다? : 행동

이 무슨 뜬금없는 소리냐고요? 우리가 보는 언어치료학 분야의 많은 책들이 영어로 되어 있는 책들이다. 서양에서는 오래전부터 인문사회과학 분야의 기초학문은 심리학이었다. 심리학의 정의를 보면 '인간의 행동을 과학적으로 연구하는 학문'이라고 되어 있다. 여기에서 '행동', 영어로는 'behavior'라고 하는 이 개념은 일반적으로 사용하는 행동보다 광범

위하게 광범위한 개념이라고 할 수 있다. 즉 사고하고 말하고 느끼고 움직이는 모든 유기체의 반응양식을 행동이라고 표현한 것이다. 따라서 인문사회과학 전공 분야의 원서들을 보거나 언어치료학 교과서를 보면서 '행동'이라는 개념이 나온다면, 이는 우리가 주로 연구하는 말과 언어가 포함된다고 생각하면 될 것이다.

는 속도와 지속기간이 달라진다. 그러나 의사소통의 기능적 접근은 강화스케줄을 고려할 필요 없이, 의사소통이 갖는 자연적인 강화효과를 최대한 활용할 것을 적극 권장하고 있다. 인위적인 강화 프로그램은 일상에서 연계되거나 적용되지 않아 학습된 행동을 소거시킬 수 있는 반면, 자연스러운 의사소통 기능의 강화효과는 일상에서도 지속되기 때문에 학습된 행동이 유지된다는 것이다. 이제 이러한 주장은 널리 인정되고 수용되어 임상에서 자연스러운 의사소통적 강화전략이 사용되고 있다.

9.3.2 목표접근 전략

Fey(1986)는 조음음운장애를 가진 아동의 치료목표에 접근하는 기존의 전략을 수직적 접근, 수평적 접근, 주기적 접근(혹은 순환적 접근) 세 가지로 나눌 수 있다고 하였다. 수직적 접근은 하나의 목표가 정해진 수행준거까지 발전시킨 후 다음 목표로 이동하는 것이다. 즉 하나의 목표에 대한 높은 정반응률이 목표이며, 그 반응률이 성취되면 다음 목표로 진행해 가는 것이다. 전통적인 접근법은 주로 이러한 수직적 접근을 하였으면 한두 개의 말소리를 목표로 하였다. 이 접근의 가정은 제한된 목표음의 집중적인 훈련은 아직 훈련되지 않은 목표음의 일반화가 가능하게 한다는 것이다.

수평적 접근은 목표에 대한 도달수준이 분명하게 정해진다는 점에서 수직적 접근과 유사하나 여러 개의 목표를 동시에 치료한다는 점에서 차이가 있다. 여러 개의 목표 말소리를 설정함으로써 각 목표 말소리 간의 공통점이나 차이점 등 관계를 알 수 있기에 효율적이라는 것이다. 철저하고 집중적인 연습보다는 넓게 여러 가지를 연습하여 전반적인 음운체계를 수정하고자 하는 것이다.

주기적 접근은 목표도달 수준에 따라 목표를 이동하는 위의 두 가지 접근과 달리 시

잠깐! 🔊 **강화와 벌**

강화 : 자극과 반응의 연합을 강력하게 만드는 것이 강화이다. 즉 강화는 정적이건 부적이건 모두 반응이 일어날 확률을 높이는 것이다. 정적강화는 유기체가 원하는 상황을 제공하는 것, 즉 행복한 사건 자체를 제공하는 것이라고 할 수 있다. 부적강화는 혐오적인 사건 혹은 상황을 제거하는 것이다. 힘들고 갈등이 있는 상황에서 반응을 해서 벗어날 수 있다면 그 반응을 열심히 하지 않겠는가? 예를 들어 스티커를 좋아하는 아이가 있다고 하자. 치료시간에 그 아이는 원하는 스티커(정적강화)를 받기 위해 대답하기도 하고, 대답을 안 하면 선생님이 스티커를 빼앗아 간다면 빼앗기는 상황을 피하기(부적강화) 위해서도 대답할 것이다.

벌 : 많은 경우 부적강화와 벌(혹은 처벌)을 혼동한다. 벌은 반응의 비율을 낮추는 것이고, 부적강화는 반응의 비율을 높이는 것이다. 반응을 어떻게 규정하느냐에 따라 바뀔 수 있는 여지가 있다.

일반적으로 벌은 부정적인 반응패턴을 없애는 목적으로 사용된다. 그룹 치료시간에 계속 돌아다니면서 혼잣말을 하거나, 친구를 때리는 등의 반응을 줄이기 위해 아동이 원하는 장난감을 뺏을 수 있다. (칭찬은 고래도 춤추게 합니다. 최근에는 동물을 훈련할 때에도 처벌을 사용하지 않고 정적강화만으로 훈련시킨다고 합니다. 처벌보다는 긍정적 강화의 힘을 확인해 보십시오.)

간적 간격을 중시하는 방법이다. 여러 가지 목표를 동시에 공략한다는 점에서는 수평적 방법과 유사하다. 하나의 목표 말소리를 한 회기에 배당하여 일정하게 정해진 기간에 훈련하고, 목표달성 수준과 상관없이 완성되지 않았다면 다음 주기에서 다시 배우게 되는 것이다.

다양한 말소리에서 오류를 보이는 아동에게는 주기적 치료법이 효과적이고 제한된 말소리에서 오류를 보이는 아동에게는 수직적 접근법이 효과적인 것으로 알려져 있다. 주기적 접근과 수평적 접근에 있어 특히 초기 훈련단계에서 기억해야 할 중요한 것은 한 회기에 너무 다양한 말소리의 산출을 목표로 설정해서는 안 된다는 것이다.

9.3.3 치료스케줄과 치료강도

치료회기를 얼마나 자주 하는 것이 치료에 효과적이냐 하는 것도 고민이 필요한 문제이다. 치료스케줄은 빈도에 따라 집중적인 치료와 간헐적인 치료로 나눌 수 있다. 일주일에 4~5회의 치료회기를 수행한다면 이는 **집중치료**라고 할 수 있고, 일주일에 2~3회의 치료회기를 수행한다면 **간헐치료**라고 할 수 있다. 어느 것이 더 효과적인지 분명하게 결론을 내릴 수 있게 해줄 만한 연구는 없지만, 아동의 상황에 따라 달리 운영되어야 할 것이다. 예를 들어 학교에 입학하기 직전의 연령에 말소리장애라고 진단된 아동에게는 집중치료가 바람직할 것이다. 또한 아동의 가족들이 얼마나 치료에 협조할 수 있는가 하는 문제도 스케줄을 정하는 데 중요하게 고려해야 한다.

회기 간격을 정하는 문제와 함께 한 회기의 지속시간을 어느 정도 하는 것이 적절할 것인가 하는 문제도 치료를 계획할 때 고려해야 한다. 대부분의 학교나 복지관, 병원 등 언어치료실에서는 정해진 시간이 있다. 25분에서 40분 정도가 일반적이다. 특히 어린 아동의 경우에는 30분 이상 집중하는 것이 어려워서 더 긴 시간 치료는 치료효과를 반감시킬 수 있으므로 주의를 요한다. 청소년이나 성인의 경우에도 특히 다른 질병으로 인해 신체가 쇠약해진 경우 탄력적으로 운영할 수 있어야 할 것이다.

일반적으로 원인을 모르는 말소리장애로 진단된 아동에게 중재강도는 어느 정도가 적절할 것인가. 여기에서 중재강도란 원하는 결과를 달성하는 데 필요한 일련의 중재기간 내 연습량을 뜻하는 것으로 주당, 회기당 반응 빈도와 기간을 포함한다. 산출연습은 말소리 학습의 필수요소이다. 중재강도는 중증도에 따라 달라져서 심각할수록 더 많은 연습이 필요하다. 언어치료 전문가들은 중재효과를 보려면 적어도 약 30회기, 30분 동안 50회 이상의 산출 연습이 필요하다고 제안하고 있다. 심한 아동은 약 40회기, 회기마다 70회 이상의 연습이 필요하다(박현주 외, 2014 재인용).

9.3.4 부모참여

최근 치료에서 가장 강조되고 있는 큰 흐름 가운데 하나는 근거에 기반한 접근이다. 미국의 언어청각임상학회(American Speech-Language-Hearing Association, ASHA)에서 수행된 전국성과평가체계(National Outcome Measurement System, NOMS)는 말언어장애의 치료자료를 수집할 목적으로 수행된 과제이다(ASHA, 2006). 이 결과에서 말소리장애 치료를 통해 긍정적인 효과를 본 경우는 (1) 10시간 이상 치료를 받았고, (2) 개별 혹은 집단으로 치료받은 경우, (3) 보호자들이 집에서 치료를 보조 수행하는 아동이었다. 치료사들이 수행한 치료법의 이론적 배경과 접근이 다름에도 불구하고 개선된 것을 분명히 보여주었다. 또한 아동의 말소리치료에서 공통적으로 효과적인 요소들을 확인할 수 있었는데, (1) 치료에 충분한 시간을 할애하는 것, (2) 집단보다는 개별적으로 하는 것, 그리고 (3) 보호자의 적절한 지원이었다.

Ruscello(2008; 김수진 외 역, 2012)는 아동의 말소리장애 치료모형을 제안하면서 모든 구성원에게 공통된 최종적인 치료모형의 변인은 바로 사회적 상호작용이라고 제안하였다. 일반적으로 학령전기의 말소리장애 아동치료의 암묵적 목표는 아동과 보호자 사이에 긍정적인 상호작용이 안정적으로 일어날 수 있도록 하는 것이다. 특히 어린 아동에게는 부모가 세상에서 상호작용하는 의사소통 상대로 가장 중요하기 때문이다. 상호작용이 잘 일어날 수 있도록 하는 긍정적 관계의 발달은 라포형성을 통해서 가능한 것으로 잘 알려져 있다. 라포(rapport)는 사람 사이에 서로를 지지하는 신뢰의 관계로, 치료사와 아동의 관계에서와 마찬가지로 치료사와 보호자 사이에도 역시 형성되어야 한다. 치료사와 부모의 관계가 긍정적 치료결과와 직결되는 요인이기 때문에 치료기간 내내 지속적으로 유지해야 한다.

부모는 치료과정에서 두 가지 측면에서 아동치료에 매우 중요한 역할을 한다. 첫째는 아동을 치료에 적극적으로 참여할 수 있도록 하는 역할을 수행해야 하며, 둘째는 치료사와 치료방법에 대한 신뢰감을 갖는 태도를 보여 치료사를 격려하는 역할을 수행하는 것이다. Kahmi(1999)는 보호자들이 치료사와 적용하는 치료기법 모두를 신뢰할 수 있게 해야 하는데, 그 이유는 보호자들이 자녀의 복지에 최고의 관심을 갖고 있는 사람이기 때문이라고 하였다. 부모는 아동의 말소리장애로 인해 치료사의 지원을 찾고, 덕분에 치료사는 부모들을 만나게 된다. 보호자는 치료사가 아동에게 최선의 결과를 만들기 위해 치료하고 있다는 것을 믿을 수 있어야 한다. 일반적으로 치료사들은 부모에게 집에서도 복습할 수 있도록 하기 위해서 치료회기에 참석하도록 한다. 부모의 치료과정에 대한 적극적인 참여의지는 치료효과에 매우 긍정적인 영향을 주었다(Bowen & Cupples, 1999; 2004). 보호자의 관심과 참여는 일반적으로 긍정적인 요인이지만 간혹 보호자와 아동 간의 상호작용이 긍정적이지 못할 때는 오히려 치료결과에 부정적인 영향을 초래할 수 있다. 예를 들어 만일 보호자가 가정에서 교육하는 동안 지나치게 엄할 때는 과제를 줄이거나 아예 주지 않는 것이 나을 수도 있다.

9.3.5 학교에서의 언어치료 / 통합 및 분리 상황

전통적인 언어치료가 이루어지는 상황은 분리된 장소에서 개별적이고 대상자 개인에게 집중하는 상황이다. 그러나 최근 통합교육 및 통합치료가 강조되는 상황에서 교실장면에서의 치료에 대한 관심이 고조되고 있다. 미국의 경우 언어치료사의 절반 이상이 학교에서 근무하고 있다. 그러나 우리나라의 경우 아직은 제한된 수의 전문인력이 불안정한 지위로 근무하고 있는 실정이다.

언어치료사가 학교에서 근무하는 경우 중재하는 방법에는 직접중재와 간접중재가 있다. **직접중재**는 아동을 직접 치료하는 과업을 의미하고, **간접중재**는 교사나 다른 전문가들이 아동을 지도하는 데 필요한 언어적 목표를 함께 수립하고 지도하는 방법을 자문하는 것이다. 직접중재를 할 때에도 전통적인 방식으로 분리된 장소(예 : 치료실)에서 중재하는 방법과 교실에서 다른 아동들이 함께 있는 통합상황에서 중재하는 방법이 있다.

교실에서의 통합치료 접근법은 아동의 교육적 목표와 교재, 숙제, 수업과정 등에 치료사가 중재하여 교사와 협조하여 진행한다. 교사와 동료들을 통한 간접치료와 개별치료 시 학습한 내용에 대한 일반화 과정에 역점을 둔다. 특수교육현장에서 관련서비스 분야 중 전문가 채용을 한다면 가장 필요한 분야를 물었을 때, 가장 많은 욕구를 갖고 있는 분야는 언어치료였다(김수진·황복선, 2002). '교육현장에서의 언어치료'는 학교에서의 언어치료전문가들의 활약을 위해 더 많은 연구가 필요한 영역이다.

학교현장에서는 개별치료와 집단치료를 결정할 수 있다. 말소리장애 치료의 경우 대개 서너 명의 비슷한 목표행동을 갖고 있는 같은 연령대의 아동으로 구성하는 것이 바람직하다. 집단치료는 단지 한 장소에 모아놓고 한 사람씩 치료하는 동안 나머지 대상자들은 자기 차례를 기다리는 상황을 뜻하는 것이 아니다. 치료 대상자들이 함께 공동과제 혹은 공동주제를 놓고 유기적인 상호작용을 하며 참여하는 치료형태를 뜻한다. 이러한 유기적인 상호작용을 통한 말소리장애 치료는 개인치료보다 효과가 크다는 연구결과들도 있다. 개인치료와 집단치료 중 한 가지만을 적용하는 것 외에도 두 가지 치료를 병행하는 보완적인 형태도 가능하다.

아동들의 개인적인 가정형편 등에 구애받지 않고 언어치료 서비스를 가장 잘 받을 수 있는 환경은 학교환경이다. 이러한 학교에 교사 이외의 전문가가 들어가기 위해서는 교사들의 의견이 매우 중요하다. 일반 언어치료실에서 부모의 협조가 치료 성패의 중요한 요인의 하나인 것과 마찬가지로 학교에서는 교사들의 협조가 매우 중요하다. 교사들의 협조를 얻기 위해서 교사들은 언제 언어치료사의 도움을 필요로 느끼는지 알 필요가 있다. 이를 위해 충청남도 초등 일반학교 특수학급 교사 50명을 대상으로 학교 언어치료사로부터 어떤 지원을 원하는지 알아보았다(김수진·최승숙·김정연, 2006). 원하는 가장 주된 지원은 대상 아동의 조음, 발성, 유창성과 같은 말 영역의 문제와 상황에 적절히 말하기, 다양한 어휘력 향상과 같은 언어 영역의 문제에 대한 직접 치료였다(59%). 그다음으로는 교사가 교실 내에서 대상 학생에게 직접 적용할 수 있는 언어치료 방법에 대한 조언이라고 응답하였다(30%). 특히 집중면담을 하였을 때 모든 교사가 구체적으로 말소리장애의 치료를 원한다고 응답하였다.

9.3.6   치료스타일

Shriberg와 Kwiatkowski(1982)는 치료스타일을 반복연습, 놀이연습, 구조화된 놀이, 놀이의 4단계로 제시하고 효율성을 비교하는 연구를 수행하였다.

반복연습(drill)은 치료사가 자극물을 제시하고 이 선행사건에 의해 교육이 이루어진다. 예를 들어서 목표음소가 들어간 어휘목록을 보고 읽거나 그림을 보고 말하면서 체크표시를 할 수 있을 것이다. 반복연습에서 아동은 치료자극의 제시나 행위를 통제할 수 없는 수동적인 존재이다.

놀이연습(drill play)은 반복연습과 유사한 형태이지만 아동의 동기를 유발하기 위한 여러 가지 도구 및 놀이를 사용하는 것이다. **구조화된 놀이**(structured play)는 구조적으로는 놀이연습과 비슷하다. 그러나 훈련자극이 놀이처럼 제시되는 것이다. 예를 들어서 가게에서 파는 상품들을 목표어로 나열하여 사고파는 놀이를 하면서 정확하게 수행하는 경우에만 놀이가 성공할 수 있도록 구성할 수 있다('잠깐! 놀이연습과 구조화된 놀이의 예' 참조).

놀이(play)는 아동이 치료가 아닌 놀이에 참여하고 있다고 생각하도록 구성된다. 치료사는 목표반응이 그 놀이 상황에서 자연스럽게 이어지도록 활동을 계획한다. 역할놀이를 통해서 반복적으로 산출하는 대사에 목표음소가 포함되도록 할 수 있다.

연구결과에 따르면 말소리장애 치료에서 가장 효과적인 것은 놀이연습과 반복연습인 것으로 나타났다. 치료사는 아동의 연령에 따라 적절한 놀이연습 방법을 익혀둘 필요가 있다. 아동의 연령 이외에도 치료의 단계에 따라 치료스타일을 선택해야 할 것이다. 어린 아동에게는 반복연습보다는 놀이연습을 적용하는 것이 효과적이다.

9.3.7   치료접근법

치료접근법을 나누는 방법은 여러 가지이다. 전통적 접근법과 언어학적 접근법으로 나누기도 하고, 음성학적 접근과 음운론적 접근으로 나누기도 하고 혹은 행동주의적 접근과 인지주의적 접근으로 나누기도 한다. 최근의 치료접근법들은 대부분 이런 다양한 접근에서 유용한 것으로 밝혀진 요인들을 도입하여 절충적 접근법을 만들어 내

잠깐! 🔊 **놀이연습과 구조화된 놀이의 예**

조음음운 훈련활동을 선정할 때 주의할 점은 놀이가 복잡하거나 시간이 많이 걸리는 것은 지양한다. 아동의 주의집중이 바르게 발음하고자 하는 일에 집중할 수 있어야 하기 때문이다. 수준별 놀이의 예는 다음과 같다.

낱말수준 놀이연습 1	낱말수준 놀이연습 2	문장수준 놀이연습	구조화된 놀이
• 아동에게 퍼즐을 끼우게 한다. 아동이 목표낱말을 정확하게 발음하면 퍼즐 한 조각을 끼우게 한다. • 아동이 흥미 있어 하는 자동차, 동물모형, 비행기 등으로 회기마다 바꾸어 시행한다.	• 그림카드를 뒤집어 엎어 한 줄로 늘어놓고 아동의 손에 장난감 기차를 들려준 뒤, 아동이 정확하게 발음하면 그림카드 레일을 한 칸 건너갈 수 있게 한다. • 아동이 흥미 있어 하는 자동차, 동물모형, 비행기 등으로 회기마다 바꾸어 시행한다.	• 치료사가 그림카드를 숨기면 아동이 찾아서 "여기 …있어요."라고 말한다. • 아동이 그림카드를 숨기고 치료사가 그림카드를 찾아 보여주면 아동이 "…찾았어요."라고 말한다.	• 아동과 치료사가 각각 주인과 손님이 되어 가게놀이를 하며 목표낱말인 '고마워'를 발음한다. • 치료사가 그림카드를 숨기면 아동이 찾아서 "여기… 있어요."라고 말한다. 목표낱말은 '여기'이다. • 가게놀이를 이용하여 주인 역할을 하는 아동이 파는 물건에 대해 질문하거나 의도를 물어 '싫어'라는 목표낱말을 유도한다. • 가게놀이를 이용하여 주인 역할을 하는 아동이 물건에 대해 질문하거나 의도를 물어 '좋아'라는 목표낱말을 유도한다.
• 고리던지기의 고리를 하나씩 목표낱말을 정확하게 산출할 때마다 아동의 팔에 끼우게 하고, 모두 끼우면 이번에는 다시 고리막대에 산출연습을 하면서 하나씩 꽂는다.	• 아동이 목표낱말을 정확하게 발음하면 그림카드를 장난감 우체통에 넣게 한다. 이때 목표낱말을 정확하게 발음하여야 우체통이 열린다.	• 가게놀이에서 아동이 그림카드에 대해 "…얼마예요?"라고 말하게 한다. 이때 목표낱말을 정확하게 발음하여야 치료사가 물건의 가격을 말한다. • 아동이 그림카드에 대해 "…넣어요."라고 말하며 장난감 우체통에 넣는다. 이때 목표낱말을 정확하게 발음하여야 우체통이 열린다.	• 아동에게 두 가지 대상에 대한 선택의문문 질문을 하여 '이거'라는 목표낱말을 말하게 한다. • 자유놀이 상황에서 아동에게 목표낱말인 '신문'이라는 답이 나올 수 있는 질문으로 목표낱말을 자연스럽게 말하도록 유도한다.(예 : 아빠가 아침에 커다란 종이 보는 게 뭐지?) • 자유놀이 상황에서 목표낱말인 '의자'를 유도한다.(예 : …는 지금 어디에 앉아 있니?)
• 찰흙에 목표낱말을 정확하게 발음하면 찍기 기구에 한 번 찍을 수 있게 한다. • 목표낱말을 정확하게 산출할 때마다 도장을 찍도록 한다.	• 아동에게 장난감 공구세트를 이용하여 망치를 두드리게 한다. 역시 아동이 목표낱말을 정확하게 발음하면 망치를 한 번 두드릴 수 있게 해준다. • 망치 두드리기, 너트 끼우기, 너트 빼기 등으로 매 회기 바꾸어 시행한다.	• 바닥에 그림카드를 순서 없이 뒤집어 깔아놓고 아동이 밟은 그림카드를 들고 "…밟아요."라고 말한다. • 장난감 집에 그림카드를 넣으며 아동이 "…들어가요."라고 말한다.	• 자유놀이 상황에서 아동에게 목표낱말인 '안경'을 말하도록 유도한다.(예 : 눈이 나쁘면 얼굴에 쓰는 게 뭐지?) • 자유놀이 상황에서 아동에게 목표낱말인 '손'을 말하도록 유도한다.(예 : 장갑은 어디에 끼지?) • 자유놀이 상황에서 아동에게 목표낱말인 '진우'를 말하도록 유도한다.(예 : 너 이름이 뭐니?)

고 있다.

치료목표를 조직화하기 위해서는 치료대상자의 학습(learning)에 대한 이론적 틀이 중요하며, 조음음운장애 영역에서는 **도구적 학습**(instrumental learning)과 **운동기술 학습**(motor skill learning)에 기반한 치료접근법들이 경험적인 치료효과를 검증받았으며 타당한 것으로 인정받고 있다. 치료사는 일반적으로 도구적 학습이나 운동기술 학습 중한 가지 틀을 적용하게 될 것이다. Ruscello(2008; 김수진 외 역, 2012)는 〈표 9-2〉와 같이 여덟 가지 측면에서 두 가지 학습의 이론모형을 비교하였다. 비교한 내용을 살펴보면 정반응을 유도하기 위하여 다양한 단서와 촉진책을 사용한다는 점에서는 유사하다.

두 가지 접근법에서 가장 주요한 차이는 인지적 측면을 연습에 이용하는가 하는 점이다. 운동기술 학습은 전통적인 음성적 접근법과 인지주의가 결합한 형태로 볼 수

표 9-2　말소리장애 치료접근법의 두 가지 학습 틀 비교

도구적 학습	운동기술 학습
음소적, 음성적 치료 둘 다 적용	음성적 치료에만 적용
반응발달 단계를 포함하지 않음	통제기술 단계와 연관된 반응발달 단계 포함, 습득은 자동화 단계로 이어짐/결과지식(KR : knowledge of result)
자극-반응-강화의 주기 내에서 치료가 주도됨	자극-반응-피드백의 주기 내에서 치료가 주도됨
말소리 산출자질에 인지적 측면을 강조하지 않음	말소리 산출자질에 인지적 측면에 역점을 둠. 특히 초기개발 단계에서 사용
반응을 유도하기 위해 다양한 단서와 촉진을 사용	반응을 유도하기 위해 다양한 단서와 촉진을 사용
다양한 언어적 연습재료를 소개하기 위해 계단식 전략을 사용	다양한 언어적 연습재료를 다른 수준으로 소개하기 위해서 무선제시 방법이나 계단식 전략 사용
정신적 반추(mental rehearsal)를 사용하지 않음	습득된 후에 정신적 반추를 사용함
음운적인 구조를 재구성하기 위한 학습 틀로 이용	말소리 산출에 필수적인 운동기술을 가르치기 위한 학습 틀로 이용

있다. 따라서 말 산출기술에 있어서 전통적 접근과 유사하지만, 인지적 측면을 더 강조한다. 대상 아동에게 원하는 운동패턴을 습득시키기 위해서는 아동이 운동패턴에 대해서 내적인 성찰을 하도록 해야 하며, 기술발달의 초기단계에는 운동과제를 수행하면서 인지적인 측면에 더 집중하도록 강조한다. 이에 반해 도구적 조건화에서 음소치료는 목적보다는 수단이라고 할 수 있다. 음소습득은 자신이 얻고자 하는 의사소통 성공이라는 강화를 얻기 위한 도구이다. 다시 말해서 도구적 조건화를 통한 학습은 음소대조를 체계적이고 효과적인 방법으로 산출하는 데 이용되기 때문이다. 음소대조는 대상자의 내적 음소체계를 바꿀 수 있도록 치료사가 고안해야 한다.

치료접근법에 대해서는 더 자세히 살펴보기 위하여 장을 나누어 다음 장인 제10장 '말소리장애 치료의 원리 2'에서 다루고자 한다.

9.3.8 일반화

다른 말로 전이(transfer/carryover)라고도 하는 일반화(generalization)는 치료실에서 이루어진 목표행동이 치료가 행해지지 않는 다른 상황조건에서 재현되는 것을 말한다(Stroke & Baer, 1977). 치료사는 치료의 계획단계인 초기부터 이러한 일반화를 고려해야 한다. 치료와 교육의 궁극적인 효과는 결국 일반화를 얼마나 이루었는가에 달려 있다고 해도 과언이 아니기 때문이다.

일반화는 크게 자극 일반화와 반응 일반화로 구분할 수 있다. 자극 일반화란 예를 들어 치료사의 시범을 보고 모방하여 발음할 수 있는 것을 그림자극을 보고 무엇이냐는 질문에 제대로 대답할 수 있게 되는 것이다. 이 경우 시범이라는 자극에 대한 학습효과가 그림이라는 자극에 대해서도 일반화되었다는 의미이다.

반응 일반화는 단어와 음절 내 위치 일반화, 음성적 문맥 일반화, 언어적 단위 일반화, 말소리/변별자질 일반화, 상황 일반화 등이 있다. 반응 일반화의 내용을 간단하게 살펴보면 다음과 같다.

치료효과를 확인하는 일반화 절차에 가장 많이 사용되는 것은 평가단어(probing words)를 설정하여 간헐적으로 평가하는 것이다. 일반적으로 평가단어는 10개에서 15개를 선정하여 반복적으로 사용할 수 있다. 매 회기 평가하기보다는 4~5회기에 한 번씩 평가하는 것으로 일반화를 평가할 수 있는데, 이 평가는 치료효과를 객관적으로 보여주는 데도 활용될 수 있다.

(1) **단어/음절 위치 일반화** : 단어 내 위치 일반화는 단어 안의 특정 위치에서 다른 위치로 일반화하는 것을 말한다. 예를 들어 어두의 말소리를 정확하게 산출하게 한 뒤 어중 혹은 어말에서 일반화하는 것이다. 음절 내에서 초성자음에서 학습한 것이 종성자음으로 일반화하는 것은 음절 내 위치 일반화에 해당한다.

(2) **음성적 문맥 일반화** : 음성적 문맥 일반화는 다양한 음성적 환경으로의 일반화를 말한다. 음성적 환경으로의 일반화, 예를 들면 'ㅅ'를 모음 'ㅣ' 앞에서 정확하게 산출하는 것을 학습한 것이 'ㅏ, ㅗ, ㅓ' 등의 모음 앞에서도 일반화되는 것이다.

(3) **언어적 단위 일반화** : 독립된 말소리, 음절, 낱말, 구 문장 등 복잡성이 증가해 가는 언어적 단위를 따라 일반화하는 것을 말한다. 언어적 단위가 커질수록 말소리들 사이의 영향 관계가 커진다. 독립음 수준에서만 발음할 수 있다면 동시조음현상이 없기 때문에 일상에서 자연스럽게 조음할 수 없다. 따라서 보다 복잡한 언어적 단위로의 일반화는 자연스럽고 자발적인 대화의 필수요건이 된다.

(4) **말소리/변별자질 일반화** : 말소리/변별자질 일반화는 특정 변별자질을 공유한 말소리로의 일반화를 의미한다. 각 말소리는 여러 가지 변별자질의 묶음으로 변별자질을 공유한 말소리들의 묶음을 '자연부류'라고 한다. 예를 들어 'ㅅ'와 'ㅆ'는 [+자음성], [−공명성], [+지속성], [+전방성], [+설정성]에서 공통되므로 이 둘을 자연부류라고 할 수 있다. 따라서 'ㅅ'를 치료하게 되면 같은 자연부류인 'ㅆ'로 일반화될 가능성이 크다.

(5) **상황 일반화** : 치료실에서 정확하게 발음할 수 있게 된 말소리를 치료실 밖의 다른 장소에서 사용할 수 있게 되었다면 상황 일반화가 이루어졌다고 말할 수 있다. 상황은 장소만을 지칭하는 것은 아니고 대화의 상대자, 다른 주제 등 다양한 경우가 해당할 수 있다. 낱말에서 정확하게 산출할 수만 있게 되면 바로 상황 일반화를 계획할 필요가 있다.

9.4 치료종결 시점에 고려할 요인

9.4.1 유지

학자에 따라서는 유지(maintenance)를 시간적 일반화로 규정하기도 한다. 치료의 마지막 단계를 유지단계라고 한다. 이 단계에서는 일반화를 더욱 강조할 뿐만 아니라 지금까지 습득한 정반응을 여러 상황에서 유지할 수 있어야 한다. 유지에 대한 책임은 치료사에서 대상자로 점차 전이되도록 해야 한다. 이를 위해 **자기 모니터링**(self-monitoring) 방법을 가르쳐야 하고 대상자도 스스로 부단히 노력하며 개발해야 한다. 새로 배운 기술은 반복적인 연습을 통해 자동화(automatization)된다. 이러한 자동화가 이루어졌을 때 비로소 치료가 된 것이라고 할 수 있다.

9.4.2 종결기준

임상현장에서 종결기준은 치료를 시작하면서 장단기목표를 세울 때 함께 설정해야 한다. 단일기준을 설정할 수 없지만 일반적으로 말소리장애의 경우 연 2분기 혹은 4분기를 기준으로 장기목표는 2~4개를 선정하는데, 원인을 모르는 말소리장애 아동이라면 장기목표 한 개를 넘어가는 기준을 보통 자발화에서는 75~80%, 훈련단어(training words)에서는 95~100%, 평가단어(probing words)에서는 80% 내외의 수준으로 성공할 때를 기준으로 한다. 또한 유지되는 것을 확인하기 위하여 단 한 번 성공 수준에 도달했다고 끝내지 않고, 성공수준을 2~3회기 이상 반복적으로 성취해야만 다음 수준으로 넘어가도록 한다. 평가단어는 치료 중에 훈련하지 않고 평가만을 하기 위한 목록으로, 보통 한 음소당 10개 내외를 한 세트로 마련하며, 2~4회기에 한 번씩 평가한다.

현장에서 치료의 목표를 정할 때 사용하는 기준은 구체적인 수치를 사용하는 경우가 대부분이다. 과거 일반적으로 종결기준은 '자발화에서 75% 이상의 정반응'을 보이는 것이었으며, 여전히 자발화에서는 80% 내외의 기준을 적용하고 있다. Diedrich와 Bangert(1976)는 자발화에서 75%라는 기준을 통과하여 종결한 뒤 4개월 후에 다시 검

잠깐! 🔊)) **유지와 종결을 위한 지침(Bernthal & Bankson, 2004)**

- 치료의 종결은 아동 문제점의 본질과 연령을 고려해 결정한다. 학령기 아동은 학령전기 아동에 비해 일반적으로 치료종결 기준이 좀 더 엄격해진다.
- 유지기간 동안 아동은 자신의 말소리에 대해 자기점검을 할 수 있는 능력과 정확한 말소리를 유지할 수 있는 능력을 증가시켜 나가야 한다.

- 강화스케줄은 유지단계, 일반화단계에서 간헐적으로 중단시키고, 궁극적으로 강화 없이도 훈련성과를 지속할 수 있게 해야 한다.
- 비용과 이익의 비율을 고려해 필요 이상의 치료를 하지 않도록 해야 한다.

사한 결과 약 20%의 아동이 자발화에서 조음정확도가 75% 이하로 나타났다고 보고하였다. 이는 자발화에서 75% 이상의 정확도를 보인다고 하여도 일정기간 지속적인 유지 평가를 하고 보완치료가 필요하다는 것을 의미한다.

어린 아동에게는 나이가 많은 아동보다 덜 엄격한 종결기준을 적용할 것을 권하기도 한다. Elbert 등(1990)은 학령전기 아동들에게 치료가 종결된 뒤 3개월 후에 단어와 일상대화 발화를 표집하여 분석한 결과 지속적으로 개선되고 있음을 보여주었다. 이는 어린 아동의 경우 치료가 종결된 뒤에도 음운체계가 계속 발달되고 있으며 적극적으로 학습하고 있음을 보여주는 증거라고 하였다. 또한 어린 아동의 경우에는 습관으로 덜 굳어지기도 하였으며, 성장 잠재력도 더 큰 것으로 보이기 때문이다.

전체 치료의 종결시기를 결정하는 것은 쉽지 않다. 치료를 종결하기 위해서는 치료하는 사람과 받는 사람이 적어도 다음의 네 가지 능력이 생겼다는 확신이 있어야 한다. 첫째, 자기 모니터링 능력을 확인해야 하는데, 자신의 산출에 오류가 나타났을 때 이를 스스로 교정할 수 있는지를 통해 알 수 있다. 둘째 자동화는 조음훈련과정에서 매우 중요한 목표인데, 처음으로 하는 조음 동작이 초기에는 어렵지만 반복을 통해 익숙해지면 의식하지 않고도 정확한 동작을 할 수 있게 되는 것을 의미한다. 예를 들어서 걷기나 수영하기와 같은 신체적인 대근육 운동의 자동화 과정을 생각해 본다면 쉽게 이해할 수 있다. 조음 동작을 의식하고 말해야만 정반응을 보인다면 종결을 고려할 때가 아니고, 더 많은 반복연습 과정이 필요함을 의미하는 것이다. 셋째, 반대연습(negative practice)을 할 수 있는데, 의도적으로 말소리 오류를 산출해 보도록 하는 것이다. 어린 아동이라면 재미있는 게임을 통해 정반응과 오류반응을 산출하도록 하고 강화할 수 있다. 마지막으로 넷째는 일반화를 확인하는 것이다. 일반화는 9.3.8에서 살펴본 바와 같이 매우 다양하게 평가할 수 있다.

치료의 종결을 결정할 때 Elbert(1967; Bernthal & Bankson, 2004 재인용)는 다음의 두 가지 질문에 바탕을 두어야 한다고 조언하였다. 첫째 질문은 대상자가 이룰 수 있는 최대한의 변화가 이루어졌는가 하는 것이고, 둘째 질문은 추가적인 다른 노력 없이 현재 이룬 수준을 유지해 갈 수 있는가 하는 것이다. 앞에서 언급한 네 가지 능력을 확신할 수 있다면 우리는 이 질문에 대해서 어느 정도 그렇다고 대답할 수 있을 것이다.

제 10 장

말소리장애 치료의 원리 2

10.1 음성적 치료접근법

10.2 음운적 치료접근법

10.3 의사소통적 치료접근법

10.4 혼합 치료접근법 : 사례

언어 연쇄(speech chain)는 제1장에서 살펴본 바와 같이 화자의 언어학적 차원에 서 시작하여 생리학적 차원을 거쳐 공기를 통한 음파의 전달과정, 즉 물리적인 차원을 거쳐 청자의 생리학적 차원과 언어학적인 차원으로 귀결되는 과정이다. 이 과정 가운데에서 화자의 언어학적인 차원에 있는 소리의 문제에 관심을 갖고 해결해 가려고 하는 것이 **음운적 치료접근**(phonological approach)이고, 화자의 발화과정 중 생리학적 차원의 문제에 관심을 갖고 치료해 가는 것이 **음성적 치료접근**(phonetic approach)이라고 할 수 있을 것이다.

음성적 접근은 이미 19세기 말에 유럽에서 조음장애의 치료원리로 적용되기 시작하였다(Kussmaul, 1885; Bauman-Waengler, 2000에서 재인용). 이 접근법은 20세기 초 미국에 소개되고, Van Riper(1939)가 「Speech Correction」에 체계적으로 정리하여 소개한 이후 수십 년간 조음치료의 전통적인 치료기법으로 자리매김하였다. 그러나 1980년대 이후 개별적인 말소리에 접근하는 것보다는 변별자질이나 음운변동과 같이 체계적으로 분석하여 진단하고 치료하는 것이 더 효율적이라는 주장이 대두되면서, 조음장애를 음운장애로 보고 접근해야 한다는 입장이 크게 유행하게 되었고, 이에 따라 음운적 치료접근에 기반을 둔 프로그램들이 개발되었다.

언어학적 배경에서 치료원리를 구분한 것이 음성적 접근과 음운적 접근이라고 할 수 있다. 이와 비교해서 심리학적 배경으로 치료의 원리를 분류해 본다면 행동주의적 접근과 인지적 접근으로 나눌 수 있다. **행동주의적 접근**은 정확한 행동의 관찰과 기록을 강조하고, 작은 단계로 과제를 구성하여 연결하며, 모방을 비롯한 다양한 단서를 활용하고, 지속적이며 선택적인 보상을 강조한다. 전통적인 조음치료법, 즉 음성적 접근법을 살펴보면 이러한 행동주의적 접근이 그대로 반영되고 있음을 알 수 있다. 이에 반해 **언어/인지적 접근**은 자기점검능력을 강조하고 상위언어학적 지식(metalinguistics)을 강조하는 것으로, 음운적 접근법에 이런 원리들이 반영되어 있다. Ruscello(2008; 김수진 외 역, 2012)는 아동의 조음음운장애 치료접근을 **도구적 학습**과 **운동기술 학습**으로 나눌 수 있다고 제안했다(표 9-2 참조). 도구적 학습 접근법은 행동주의적 전통이 도입된 모든 접근법을 망라한 것으로 음성적 음운적 접근을 포함하고 있으며, 운동기술 학습 접근법은 전통적인 음성적 접근법에 인지적 접근을 일부 도입한 형태이다.

이 장에서는 가장 전통적인 분류방식인 음성적 접근과 음운적 접근으로 나누어서 치료법을 살펴보고자 한다. 또한 언어장애를 동반한 말소리장애 아동에게 효과적인 것으로 알려져 있고, 최근에 주목받고 있는 의사소통 기반 접근법을 소개하고자 한다. 제9장의 '말소리장애 치료의 원리 1'에서는 '말소리'라고 우리말 표기를 선호하였으나 이 장에서는 '음성'과 대구를 이룰 수 있도록 '말소리'라는 표기보다는 '음소 혹은 음운'으로 표기하였음을 밝혀둔다.

　독자들은 우선 이 장에서 소개하는 치료법들 간의 차이에 주목할 필요가 있을 것이다. 그러나 여러 가지 치료법을 살펴보다 보면 공통점들을 발견하게 될 것이다. 적용 상황에서 공통적이고 핵심적인 것은 세 가지로 요약된다. 첫째, 자신의 말소리에 대한 모니터링 둘째, 자동화를 위한 연습 셋째, 일상에의 적용이다. 이 세 가지 핵심 요소는 치료시기에 따라 중요한 내용이 달라진다. 치료 초기에는 화자의 모니터링 능력을 증진시켜서 말소리에 대한 자신의 피드백 체계를 발전시키는 것, 그리고 중기에는 연습을 통하여 산출과 피드백을 자동화시키는 것, 끝으로 후기에는 다양한 맥락으로의 일반화기술이 중요해지는 것이다.

10.1 음성적 치료접근법

음성적 접근은 **전통적 접근 혹은 말운동 접근법**이라고도 한다. 특정 말소리를 정상적으로 산출할 수 있는 범위에 조음자들의 위치를 잡아주는 이 방법은 오류 하나하나를 차례대로 치료해 간다. 음운장애를 보이는 환자라 할지라도 운동능력의 제한으로 인한 오류가 있다고 판단된다면 음성적 접근을 추천하고 있다(김영태·심현섭·김수진, 2012). 어떤 경우에 전통적인 음성적 접근법이 가장 효과적인가 하는 질문에 답을 하는 것이 간단한 일은 아니다. 그러나 통상적으로 본다면, 목표음소가 치료 대상자의 음성목록에 아예 없는 경우나 운동능력의 한계로 인한 조음오류가 나타나는 경우라고 할 수 있다.

　전통적인 조음훈련 프로그램들은 목표음소를 독립음이나 음절 또는 낱말에서 집중적으로 훈련시킨 후 구나 문장으로 일반화시킨다. 치료 시 이 과정은 단계적으로 진행된다. 맥락별 목표로 하는 단계를 설정한다. 단계별로 진행하기 위한 반응의 정확도 수준은 치료사와 환자의 기대와 능력에 따라 다르겠지만 일반적으로 구조화된 치료 상황에서는 80~90%를 정확하게 수행하여야 하고, 치료를 종료하기 위해서는 적어도 자발화에서 50% 이상 정확해야 한다. Van Riper와 Emerick(1996)에 소개되어 있고, 흔히 사용하는 전통적 치료의 절차는 다음과 같다.

10.1.1 전통적 치료 절차

(1) 청감각-지각 훈련

이 단계는 목표음과 그 외의 다른 소리들을 변별하는 능력을 키우는 것이 목적이다.

① 확인(identification) : 목표음에 대한 시각, 청각, 촉각을 묘사하고 시연한다. 처음에는 변별이 쉬운 대조를 사용하다가 점차 난이도를 높인다. 예를 들어 /ㅅ/음소와 /ㅂ/음소를 섞어서 들려주며 목표음소에 반응하도록 하고, 잘 구별하여 반응하면 /ㅅ/와 /ㅈ/같이 보다 유사한 대조를 들려주고 목표음소를 찾아 반응하도록 한다. 단순히 오류음과 목표음을 대조하는 것보다 덜 유사한 소리부터 유사한 소리까지 위계적으로 배열된 음소대조를 훈련하는 것이 더 효과적이다. 아동들에게는 각 소리에 대하여 어떤 느낌인지 소리마다 특징적인 이름을 붙이면 도움이 된다(Bleile, 1995). 예를 들어 /ㅅ/ 소리는 뱀소리라고 하고 /ㅊ/소리는 기차소리라고 하는 것이다. 또한 활동에 대한 흥미를 높이기 위해 목표소리가 들리면 벨을 울리거나 호루라기를 불게 하는 것도 좋다.

② 분리/고립(isolation) : 확인과제를 좀 더 다양한 환경에서 수행할 수 있도록 하는 과제이다. 낱말 안에서 목표음이 있는지를 판단하고, 있다면 포함된 목표음의 어절 내 위치(어두, 어중, 어말)와 음절 내 위치(초성, 종성)를 판별하도록 한다. 어두초성에서 들리는 것이 가장 쉬우므로 처음에는 목표음소가 어두초성에 있는 단어를 들려주다가 점차 문장으로 나가 복잡한 환경에서 듣고 표시하도록 한다. 어두에서 확인할 수 있는 음소를 어중과 어말위치에서 듣고 판단하도록 한다.

③ 자극(stimulation) : 목표음을 다양한 방법으로 변화시켜 들려준다. 이 단계의 목적은 화자나 문맥이 변하여도 목표음을 판별할 수 있도록 하는 것이다.

④ 변별(discrimination) : 목표음과 이에 대한 오류음을 듣고 오류음을 구별하여 찾아내게 한다. 이때 오류음은 환자의 것을 포함하여 들려준다. 어떤 소리가 왜 오류인지 설명하고, 가능하면 수정하고자 할 때 어떻게 해야 하는지 질문한다. 예를 들어 치간음으로 치경마찰음을 산출한 아동에게는 혀가 시작할 때 치아 사이

로 나왔음을 거울로 보면서 발음을 듣고 구별할 수 있도록 하는 것이다.

(2) 독립음 산출

① 청각적 자극/모방(auditory stimulation/imitation) : 말을 배울 때 언어치료가 아닌 일상에서도 일반적으로 사용하는 방법이다. 치료사가 먼저 들려주고 따라하도록 한다. 모방하기까지의 시간을 조금씩 지연시키는 방법으로 훈련강도를 높인다.

② 조음점 지시법/조음지시법(phonetic placement method) : 목표말소리의 조음위치 와 조음방법에 대한 자세한 정보를 주는 것으로, 말로 설명할 수도 있지만 치료 사가 직접 손이나 도구를 이용해 알려줄 수도 있다.

③ 말소리 수정법(sound modification method) : 목표음에 근접한 소리부터 점진적으 로 강화하여 나가 궁극적으로 목표음에 도달하게 한다(250쪽, '잠깐! 수정법의 비밀 : 비둘기와 발레' 참조).

(3) 무의미 음절 산출

최근 대부분의 치료사들이 아동의 흥미와 의사소통적 기능을 고려하여 무의미 음절 단계를 생략하고 낱말단계에서 훈련을 하는 경향이 있다. 그러나 필요하다면 무의미 음절로도 창의적으로 재미있는 활동을 꾸밀 수도 있다. 어린 아동들에게는 동물의 울 음소리나 사물의 특징을 소리로 만들어 반복놀이로 만들 수도 있다. 특히 아직 타인 이 수용할 만큼 정확하게 낱말을 말할 수 없는 아동의 중재에서 또는 오래된 오류형 태가 정반응을 간섭하지 못하도록 중재에서 무의미 음절맥락은 유용하게 활용될 수 있다. 오래된 오류형태의 간섭효과란 예컨대 아동이 오랜 기간 할머니를 '하니'라고 하였다면 아무리 유음을 훈련하여 산출할 수 있어도 '할머니'란 단어를 말해야 하는 경우에는 '하니'라고 계속 말할 수 있는 경우를 말한다.

(4) 낱말 산출

① 낱말의 길이 : 짧을수록 쉽다.

② 음절과 단어 내 말소리 위치 : 일반적으로 초성 자음은 단어(어절)의 어두에서 가 장 먼저 발달하고, 종성 자음은 단어(어절)의 어말에서 먼저 발달한다.

③ 음절구조 : 종성이 없는 개방형 음절구조(예 : CV, VCV)가 종성이 있는 폐쇄형 음절구조(예 : CVC)보다 더 쉽다.

잠깐! 수정법의 비밀 : 비둘기와 발레

제9장의 잠깐! '자극과 반응(227쪽 참조)'에서 '학습'은 '연합'을 의미한다고 소개한 바 있다. 여기에서 '연합'은 또 '조건화'를 의미한다. 즉 학습의 원리를 계속 쪼개고 나누면 그 기저에 '조건화'라는 기제가 있다는 것이 행동주의자들의 주장인 것이다. 행동의 조건화에는 크게 고전적 조건화(classical conditioning)와 도구적 조건화(instrumental conditioning)가 있다. 초기에 조건화 실험들은 주로 동물실험을 통해 증명되거나 제안되었다.

고전적 조건화는 자극과 자극이 연합(S-S)되는 것으로 먹이와 종소리가 연합되어 나중에는 개가 종소리만 들어도 침을 흘리는 실험을 통해 증명된다. 도구적 조건화는 자극과 반응이 연합(S-R)되는 것으로 스키너의 쥐 상자 실험이 유명하다. 쥐는 불빛이 들어오는 자극을 보면, 레버를 누르는 반응을 하고 그 결과로 강화물 먹이가 제공되고, 강화물은 자극과 반응의 연합을 더욱 강하게 해준다.

이후 도구적 조건화는 다양한 실험을 통해 변형된 여러 학습상황을 설명한다. 그중 가장 대표적인 것이 조작적 조건화(operational conditioning)이다. 조작적 조건화의 실험은 비둘기 상자에서 유도되었는데, 처음에는 비둘기가 음악소리가 나올

때, 발레와 전혀 관련이 없는 우연한 반응(예 : 한쪽 발을 들었을 때)을 하고, 실험자는 그 우연한 반응에 대해 강화를 제공하여 반복하도록 한다. 그 반응이 강화와 확실하게 연합되면 실험자는 그다음으로 바라는 반응에 대해서만 강화한다. 예를 들어 비둘기는 발을 들어도 강화가 제공되지 않으면 그 자리에서 발을 들고 굴러 본다든지, 흔들어 볼 것이다. 이 때 실험자는 다시 강화하고 계속해서 조금씩 변화시켜 가면서 원하는 반응을 강화하는 것이다. 그러다 보면 비둘기는 백조의 호수 음악만 나오면 한쪽 발을 들고 한 바퀴를 우아하게 도는 동작도 할 수 있게 되는 것이다.

조작적 조건화 절차는 조형(shaping), 수정법(modification) 혹은 점진법(approximation)이라고도 하며 처음에 도달하기에 너무 어려운 동작이나 내용을 학습할 때 이용한다. 그러나 일단 방출된 반응을 강화하는 것인데 아무런 반응을 안 하는 경우에는 적용할 수 없다. 그리고 중간의 수정과정이 지나치게 오래 걸리는 경우도 있을 수 있고, 또 중간 과정에 학습된 내용이 습관이 되거나, 소거되지 않을 수도 있으므로 적용에 주의를 요한다.

④ 동시조음 : 개인마다 다를 수는 있겠지만 어느 정도 공통적으로 쉬운 조음환경이 있다. 가장 널리 알려진 것으로 치경마찰음은 전설고모음인 /ㅣ/모음 앞에서 가장 잘 산출되는 것으로 알려져 있다. 그러나 /ㅣ/모음 앞에서 산출되는 /ㅅ/는 구개음화된 소리로 다른 모음 앞에서 산출되는 치경음/ㅅ/와 차이가 있어 아동에 따라 다른 모음 문맥으로 일반화가 어려운 경우가 있다. 그러므로 상대적으로 고모음이 쉬운 환경이므로 후설고모음인 /ㅡ/나 /ㅜ/와 함께 산출할 수 있도록 유도하는 것을 권하기도 한다.

⑤ 친숙도(빈도) : 친숙하고 사용빈도가 높은 낱말이 쉽다. 간혹 보상조음 등의 발달로 익숙한 낱말이 더 어려울 수도 있다.

제9장에서 언급했던 것처럼 연습을 통해서 자동화를 이루는 것이 중요하다. 여러

분도 처음 운전을 배우거나 수영 동작을 익힐 때 어려운 경험을 해보았을 것이다. 그러나 이러한 동작들은 시간이 지나고 계속 반복되게 되면 어느 사이에 의식하지 않고도 할 수 있을 만큼 자동화된다. 조음동작도 이와 같다고 생각하면 된다. 자동화를 위해 반복연습하기에 낱말수준은 매우 효율적인 단위라고 할 수 있다. 낱말은 의사소통을 하는 가장 작은 언어학적 단위로, 의사소통이 가능하면서도 다른 언어적·인지적 부담을 최소한으로 주기 때문이다.

　행동주의에서 비롯된 전통적 접근에서는 체계적으로 조금씩 난이도를 높여 가는 과정과 반응의 기록을 매우 중요시 여긴다. 같은 낱말에서도 음절수, 음절구조, 빈도 등 난이도에 영향을 줄 수 있는 요소들을 조금씩 변화시켜 체계적으로 연습할 수 있도록 해야 한다는 것이다.

(5) 간단한 문장 산출

전달구를 포함하는 쉬운 문장을 통해 반복연습한다. 예를 들어 목표음소를 포함하는 낱말들에 "-가 있네(없네).", "-가 좋아요(나빠요)." 등의 운반구를 이용하여 먼저 연습한다.

(6) 자발화 산출

초기의 음성적 접근법 치료에는 자발화에서의 연습이 강조되지는 않았었다. 일상에서의 언어치료의 일반화 효과에 대한 문제가 제기되면서 최근에는 전통적 접근을 적용하는 치료에서도 자발화 맥락의 연습을 강조하고 있다.

10.1.2 조음지시법

엄밀한 의미에서 조음점 지시법은 조음지시법이라고 해야 할 것이다. 문헌들에서 조음점 지시법의 지시내용을 살펴보면 조음점뿐 아니라 조음방법에 대한 지시도 함께 포함되어 있다. 조음지시법은 임상에서 특히 초기에 산출을 유도하는 과정에서 유용하게 사용되고 있다. 또한 유념해야 할 것은 임상에서는 자주 이용되는 유도법들이 명확한 산출방법과는 약간의 차이가 있을 수 있다는 점이다. 가장 명확한 소리의 산출을 위해서는 훈련된 귀에 의존하여 피드백을 제공해야 한다. 그 이유는 많은 말소리의 조음점이 물리적으로는 그리 큰 차이를 보이지 않기 때문이다. 조음기관에서의 미묘한 움직임만으로도 산출되는 소리의 특성에는 큰 차이를 가져온다.

(1) 주요 음소에 대한 조음지시법

우리말 음소 가운데 가장 많은 오류를 보여 임상현장에서 자주 이용하는 조음방법과 조음위치에 따른 음소의 조음지시법 예는 〈표 10-1〉과 같다. 조음방법 측면에서 가장 오류가 많은 음소는 마찰음과 파찰음, 유음이며 조음위치 측면에서 가장 오류가 많은 음소는 연구개음이다.

우리말소리는 같은 조음방법과 조음위치에서도 두 가지 혹은 세 가지 발성유형을 갖고 있다. 치경마찰음은 평음과 경음(긴장음)이 있다. 파열음이나 파찰음은 평음과 경음, 격음(기식음)이 있다. 치경마찰음의 평음은 음운론적으로는 평음이지만 음향학적으로는 기식성을 갖고 있다. 언어치료 임상현장에서 발성유형 측면에서 보면 격음의 오류가 가장 많이 나타난다. 다음으로는 평음이 어렵다. 격음의 조음지시법은 가장 간단한 방법으로 손바닥이나 휴지를 입 앞에 대고 산출하면서 기류의 양을 느껴 보도록 하는 것이다. 긴장음은 폐쇄시간이 길고 압력이 커야 한다.

(2) 왜곡 음소에 대한 조음지시법

언어치료 임상현장에서 가장 많은 왜곡 오류는 치경마찰음에서 나타나고 다음으로는 파찰음에서 나타난다. 마찰음은 약간 전방화(치음)되거나 후방화(구개음화)되거나 측음화된다. 조음점이 약간 전방화되어 치음[θ]으로 발음이 되고, 후방화되어 구개음화되면 영어의 음소[ʃ]로 들리거나 활음 /j/가 이어지는 것으로 들리기도 한다. 마찰음 오류는 우리말 화자뿐 아니라 영어권에서도 흔하게 나타난다. 조음점 위치에 대한 피드백과 함께 조음위치의 변화에 따른 음향적 차이에 청각적으로 집중할 수 있도록 피드백을 제공할 필요가 있다.

음향적 피드백은 청각적으로 들리는 소리의 차이에 집중하도록 하는 것만으로도 제공할 수 있으며, 스펙트로그램과 같은 시각적 피드백을 함께 제공할 수도 있다. 예를 들어 마찰음과 파찰음이 측음화될 때 /s/의 측음오류는 혀끝이 치경에 닿은 채 기류가 혀의 양옆(또는 한쪽)으로 흘러서 발생하는데, 음향학적으로는 [s]보다 주파수와 강도가 낮아지는 결과를 가져온다. 음향음성학적 피드백의 양상과 그 이유에 대한 더 상세한 내용은 '한국어의 말소리(신지영, 2014ㄴ)'를 참고할 수 있다.

파찰음 왜곡의 경우는 영어권 화자에게서 보이는 양상과 차이를 보인다. 영어권에서는 파찰음도 전방화, 후방화, 측음화가 모두 흔하게 나타난다. 우리말에서도 전방

표 10-1 특정 음소 조음지시법 예

음소	조음지시법(예)
치경마찰음	가장 많은 아동들이 늦게까지 발달하지 않거나 오류를 보이는 소리이다. 혀끝은 아랫니 뒤에 살짝 대고 혓날은 치경에 가까이 올려 좁은 통로를 만들어 숨을 세게 내쉰다. 통로를 만들지 못하는 경우 빨대를 혓날과 치경으로 잡고 혀끝은 아랫니에 대고 컵에 있는 물을 불면서 조음방법의 감을 익히도록 유도하거나 휴지를 앞에 대고 소리를 내면서 지속적인 공기유출을 느끼도록 한다.
파찰음	폐쇄음처럼 구강의 완전 폐쇄가 일어나지만 폐쇄음과는 달리 폐쇄의 개방이 즉각적으로 이루어지지 않는다. 폐쇄가 개방될 때 한꺼번에 통로가 커지면서 개방되는 것이 아니라 마찰음처럼 통로가 좁아지면서 난기류에 의한 소음이 이어서 난다. 치경폐쇄음이 가능한 아동의 경우 /ㄷ/를 여러 번 반복 산출하다가 이를 앙 다물고 천천히 길게 /ㄷ/ 소리를 내라고 하고 입술을 둥글게 바꾸면 /주/와 비슷한 소리가 산출하게 되고 이것을 시작으로 파찰음을 유도할 수도 있다. 이때 치경음은 조음점이 앞이므로 설압자 등을 이용하여 약간 뒤쪽이 조음점이라는 것을 알려줄 수 있다. 그러나 혀를 단순히 뒤로 미는 것이 아니라 혓날은 아랫니와 아랫잇몸의 경계에 대고 발음하는 것이 더 정확하다. 혹은 이를 다문 채로 재채기하듯 소리를 내면서 /ㅊ/와 유사한 소리를 유도하고, 혀차기와 같은 동작을 모방하도록 하면서 /ㅉ/와 유사한 소리를 유도해 볼 수도 있다.
초성유음 (탄설음)	어중초성 유음은 가장 늦게 발달되고, 많은 아동이 오류를 보이는 소리 중 하나이다. 혀끝은 아랫니와 아래 잇몸 뒤에 대고, 혓날은 치경경구개에 닿았다가 살짝 떼면서 발음한다. 혀는 그냥 전체를 편 상태에서 넓게 앞쪽 혀 끝부분을 순간적으로 대었다가 내리면서 산출하는데, 이때 혀끝이 이에 닿지 않는다.
종성유음 (설측음)	종성유음은 혀끝을 들어 윗니 윗부분과 치경 앞부분을 막고, 혀의 옆쪽은 내린 상태에서 혀 옆으로 통로를 만들어 소리를 낸다. 조음자세가 잘 되었는지 알아보는 방법은 그 상태에서 숨을 들이마실 때 가운데 부분으로는 숨이 들어가지 않고, 옆쪽으로 숨이 들어와 혀 옆이 시원한 느낌이 든다.
연구개 폐쇄음	혀끝을 아랫잇몸 깊숙이 넣은 상태에서 혓몸의 뒷부분을 입천장에 닿게 하여 소리를 낸다. 초성을 유도할 때에는 이 상태에서 발성을 시작하고, 종성을 유도할 때에는 '아' 모음을 발성하다가 조음자세를 잡고 멈춘다. 치경파열음으로 대치하는 경우에는 설압자나 손으로 혀의 앞부분을 누르고 발음하도록 하거나, 거울을 통해 시각적 피드백을 함께 제공한다. 잘 유도되지 않는 경우 가글링의 흉내를 통해 뒷소리의 감각을 느끼도록 할 수 있으나 이는 연구개보다 더 뒤에서 나는 소리이므로 약간 앞으로 조음점을 옮기도록 지시하는 등의 주의가 필요하다. 혓몸이 조음에 관여하는 연구개음은 초성인 경우 후행하는 모음에 따라서 기류를 막는 지점에서 큰 차이를 보인다. 전설모음 /i/와 결합하는 경우 경구개음[c]에 가깝게 난다. 종성인 경우에도 선행하는 모음에 따라서 조음위치가 달라진다.

잠깐! 평음, 경음, 격음의 음향음성학적 차이

우리말의 폐쇄음과 파찰음은 평음과 경음, 격음의 발성유형을 갖고 있다. 세 가지 발성유형은 기식성과 긴장성이라는 두 가지 자질에 의해서 구분된다. 경음과 격음은 긴장성을 갖고 있어 평음과 구별되며, 격음은 기식성을 갖고 있어서 경음과 구별된다. 음향음성학적으로는 성대 진동 시작시간(Voice Onset Time, VOT)과 폐쇄시간 및 후행모음의 음높이로 구분된다. 특히 기식성을 산출하기 위해서는 성대가 멀리 떨어진 상태에서 조음되기 때문에 성대가 진동되기 시작하는 시간인 VOT가 길게 나타날 수밖에 없다(격음>평음, 경음). 폐쇄시간은 긴장성 자질을 갖고 있는 경음과 격음이 평음에 비해서 상대적으로 길다(경음, 격음<평음). 음향적 단서로 폐쇄시간은 어중에서만 관찰이 가능하다. 어두에서

는 단서로 사용할 수 없다. 이럴 때는 후행하는 모음의 음높이(F0)에서 차이가 난다. 우리는 의식도 하지 않고 평음은 낮추고, 경음과 격음은 높인다는 것이다(평음<경음, 격음).

폐쇄음에서 발성유형을 구분하여 산출하지 못하는 한국어가 모국어인 아동 8명의 평음과 경음, 격음의 스펙트로그램을 분석한 Kim(2013)은 청각적으로는 구별되게 산출하지 못하지만, 음향학적으로는 구별해서 산출하는 것을 보여주었다. 8명 중 일부 아동의 경우에 격음은 VOT를 길게, 평음은 VOT를 짧게 산출하는 것을 보여주었다. 또한 2~3세 어린 아동이 폐쇄음을 습득할 때에도 평음에서 후행 모음의 음높이를 낮추는 것이 VOT 길이 조절보다 늦게 발달한다고 하였다.

화와 측음화된 왜곡은 자주 관찰된다. 그러나 후방화는 우리말 특성상 임상현장에서 거의 문제가 되지 않는다. 우리말에서 파찰음이 전방화되어 조음점이 앞으로 오면 마치 영어의 음소([z])와 유사한 조음위치의 소리를 낸다. 이런 경우에는 조음점을 뒤로 보내도록 하는 지시법을 사용하면서 들리는 소리의 차이에 집중하도록 하며 의사소통에 기능적인 말을 목표어로 정하여 반복연습할 수 있도록 하는 것이 도움이 된다.

종성유음은 혀끝을 들어 윗니 윗부분과 치경 앞부분을 막고, 혀의 옆쪽은 내린 상태에서 혀 옆으로 통로를 만들어 소리를 낸다. 조음자세가 잘 되었는지 알아보는 방법은 그 상태에서 숨을 들이마실 때 가운데 부분으로는 숨이 들어가지 않고, 옆쪽으로 숨이 들어와 혀 옆이 시원한 느낌이 든다.

10.1.3 짝자극 기법

짝자극 기법(paired stimuli approach)(Irwin & Weston, 1971)은 낱말수준에서 시작하여 문장과 대화수준으로 진행시키는 매우 구조화된 치료기법으로 열쇠낱말 기법이라고도 한다. 여러 음소에서 오류를 보이는 아동에게 효과적인 방법으로 체계적이고 자세한 목표수준을 세워야 하고 강화절차를 중요하게 여긴다. 구체적인 치료방법은 열쇠낱말을 찾고 열쇠낱말과 치료목표낱말들을 함께 반응하도록 하는 것이다. 예를 들어

/ㅅ/ 음소를 고모음 /ㅜ/ 문맥인 /수영/이라는 낱말을 말할 수 있을 때, 이 낱말을 열쇠낱말이라고 한다. 열쇠낱말을 가운데 두고 그 둘레에 치료목표낱말 10개 '수건, 사과, 선물, 이사, 가수, 세배, 마술, 선생님, 미소, 생일'을 그림(혹은 문자)으로 표현하여 두고 열쇠낱말인 수영과 목표낱말 사과를 함께 '수영-사과'라고 말하도록 하고, 목표낱말 하나가 바르게 산출될 때마다 강화하는 것이다. 짝자극 기법의 문제점은 열쇠낱말을 찾기 어려울 때 적용하기 어렵다는 것이다.

10.1.4 감각운동 기법

감각운동 기법(sensorymotor approach)(McDonald, 1964)은 몇 가지 가정을 기본으로 한 치료법이다. 그 가정들을 살펴보면, 첫째로 말의 기본 단위는 음절이고, 둘째는 오류음소가 어떤 맥락에서는 정확하게 산출될 수 있으며, 세 번째로 음성학적 맥락을 조절하여 정반응을 촉진할 수 있으며, 네 번째로 동작을 계속 연습하면 소리에 대한 감각을 익히게 된다는 것이다. 결국 다양한 맥락에서 음절들을 반복연습하다 보면 음소를 정확하게 산출할 수 있도록 학습하게 된다는 것이다. 특히 여기에서 감각을 익힌다는 것은 소리에 대하여 청각뿐 아니라 운동감각 및 촉각적 감각 모두를 말하는 것이다.

10.1.5 다중감각 접근법

다중감각 접근법(multi sensory approach)은 기존의 감각운동 기법을 보다 확장하여 적용한 치료접근법이라고 할 수 있다. 청각, 시각 및 촉각 감각정보를 통합한 다중감각 치료는 말소리장애뿐만 아니라 자폐증, 말운동장애의 말운동 패턴 및 말명료도 결과 측정에 긍정적인 영향을 주는 것으로 알려져 있다. 특히 말 산출 프로그래밍에 오류를 보이는 비일관성 음운장애 아동에게 적용했을 때 훈련단어와 일반화단어 모두에서 효과를 나타냈다(Square et al., 2014). 다중감각치료는 전통적 치료법보다 더 개선된 결과를 나타내며, 심한 말소리장애 아동의 조음능력을 직접적으로 향상시킬 뿐만 아니라 음소인식 및 소리 대응을 촉진하기 때문에 음소인식능력과 문해력 기술을 향상시켰다(Pieretti et al., 2015). 그러나 다중감각치료를 비롯한 음성접근법은 음운장애 아동에게 적용할 경우 단독으로 사용하는 것은 효과적이지 않으며, 반드시 음운접근법과 동시에 사용할 것을 추천하고 있다(Dodd, 2006).

구체적인 치료방법을 살펴보면 말운동장애 성인의 중재에 사용되는 PROMPT (Prompts for Restructuring Oral Muscular Phonetic Targets)와 유사하다(Hayden, 2004). 아동에게 목표음소에 대한 청각, 촉각, 시각 자극을 모두 사용하여 현재 산출할 수 있는 최상의 반응을 찾는 것이 첫 번째 과제이다. 즉 조음방법, 조음장소, 각 음소의 시간 정보, 발성유형에 대하여 치료사가 특정 촉각정보 등을 함께 제공하는 것이다. 치료사는 이렇게 찾아낸 최선의 반응을 집중적으로 연습하도록 하여 아동이 음절과 단어 수준에서 보다 쉽게 산출할 수 있도록 하는 것이다.

감각자극의 제공순서는 1단계로 우선 시각적 자극과 청각적 자극을 동시에 제공하고, 이 두 가지 자극에도 목표음 산출이 어려운 경우는 촉각적 자극, 시각적 자극 및 청각적 자극을 동시에 제시한다. 예를 들어 조음지시를 통해 촉각적 자극을 제공하고, 시각적으로 해당 조음위치를 모델링해주고 동시에 목표음을 들려준다.

다음으로 2단계에서는 촉각적 자극을 점차적으로 소거하고 시각적 자극과 청각적 자극을 제공한다. 이때 시각적 자극은 air PROMPT와 유사하게 조음위치를 알려주는 사진이나 손동작 등을 사용하여 조음자에 대한 시각적 단서를 제공한다. air PROMPT란 목표음의 조음위치에 대한 사진이나 손동작 등을 사용하여 조음위치 근처에서 목표음에 대한 시각적 모델링을 제공하는 것이다. 예를 들어 유음 산출 시 설압자를 윗입술 근처에 갖다 대면 혀를 올려서 치경 위치에서 소리를 내야 한다는 신호를 주고 기억하여 반응하도록 하는 것이다.

3단계에서는 시각적 자극과 촉각적 자극을 소거하고 청각적 자극만 제공하되, 간혹 아동이 청각적 자극만으로 목표음(또는 목표단어) 산출에 오류를 보이는 경우는 2단계의 시각적 자극을 동시에 제시한다. 2단계의 시각적 자극은 치료사가 제시하지 않아도 목표음을 산출하는 동안 자기 피드백 형태로 자발적으로 동작을 수행하도록 한다.

마지막 4단계에서는 목표음(또는 목표단어)을 감각자극 제시 없이 자발적으로 산출하도록 한다. 자발적으로 산출하는 동안 목표음 산출에 오류를 보이는 경우는 청각적 자극을 제시하고, 청각적 제시에도 오류를 보이는 경우는 2단계의 시각적 자극과 청각적 자극을 동시에 제시한다. 4단계까지 진행하는 동안 점차적으로 다른 촉진 자극의 빈도를 줄이도록 한다.

10.1.6 운동기술 학습 접근법

무엇이든 처음에 학습하는 사람은 의식적인 통제하에서 연습을 통해 운동기술을 습득한다. 다시 말해서 학습자들은 연습하는 내용을 '생각'하면서 해야 한다. 어떤 과제를 연습하는 초기 상태에는 정신적인 집중을 해야 하는 것이다. 학습 초기에 생각하는 데 도움을 주는 정보는 두 가지인데, 하나는 안에서 오는 것이고 다른 하나는 밖에서 오는 것이다. 밖에서 오는 정보를 Ruscello(2008)는 '결과에 대한 지식(knowledge of results, KR)'이라고 했고, 안에서 오는 정보는 '스스로 유도한 피드백(self guided mode feedback)'이라고 하였다. 결국 초기에는 치료사의 피드백과 자기 스스로 만드는 피드백 두 가지에 의존하여 제한적으로만 수행한다. 자기가 만드는 피드백은 학습자가 연습 중에 다양한 형태의 감각적 피드백과 의식적인 자기성찰과정을 통해 내적으로 만들어 내는 정보이다. 치료사가 제공한다는 결과에 대한 지식은 질적인 것도 있고("잘했어!"), 양적인 것도 있고("네 혀가 너무 나왔잖아!"), 두 가지 모두를 줄 때도 있다.

연습은 운동기술 학습에서 중요한 부분으로 치료의 각 단계에서 다양한 종류의 연습을 사용한다. 대상자가 주의를 기울여서 수행하는 연습을 통해 해당 기술을 습득하면, 다음 단계의 연습활동을 제시하여 기술패턴이 자동화되도록 하는 것이다. 자동화가 되면 학습자가 습득한 기술을 정신적으로 더 이상 집중할 필요가 없어지지만, 다양한 조건과 맥락 혹은 좀 더 어려운 조건에서 연습하도록 해야 한다. 이 기술은 이제 학습자의 가능한 운동기술 목록이 되어 가는 것이다.

운동기술 학습 접근법은 무의미 음절부터 시작하고 스스로 산출한 소리에 대한 지각과 변별을 강조하며, 즉각적인 강화나 조언을 제공하는 절차에서 도구적 절차의 방법들과 조음지시법을 도입하고 있어 전통적 접근법과 유사한 듯하지만 피드백 시스템을 강조하고 인식을 강조하는 점은 차이점이라고 할 수 있다.

10.1.7 바이오피드백을 이용한 접근법

운동기술 학습 접근법에서 주목을 받고 있는 한 가지 방법이 바이오피드백 접근법이다. 특히 바이오피드백은 잔존오류의 치료나 다른 말소리와 삼킴장애치료에 광범위하게 사용되고, 잔존오류(residual errors)에 어느 정도 효과적인 것으로 평가받고 있다(김수진 외, 2012). 잔존오류는 조음음운오류의 한 가지 하위 유형으로 분류하기도 하는데, 치료나 성장을 통해 정상화되지 않고, 말소리 습득이 기대되는 시기가 지나서도 지속되는 오류를 말한다. 잔존오류는 고학년 아동이나 성인의 말소리장애라고 할 수 있다. 대부분의 잔존오류는 음소의 왜곡오류 형태이다. 예를 들면 /s/의 측음오류 (lisp)는 혀끝이 치경에 닿은 채 기류가 혀의 양옆이나 한쪽으로 흘러서 발생한다. 음향학적으로는 /s/보다 주파수와 강도가 낮아지는 결과를 가져온다(김수진 외, 2012).

말소리장애 치료에 활용되는 바이오피드백 기구의 종류로는 음향적 바이오피드백 (acoustic biofeedback)과 생리적 바이오피드백(physiological biofeedback) 등이 있다. 음향적인 것은 산출된 목표음 소리의 주파수나 강도 같은 특성을 시각적으로 제공해 주는 방법으로 국내에서 스피치미러(클루 소프트, 2012) 등의 상품으로 개발은 이루어졌으나 아직 임상적으로 충분한 증거가 축적되지는 않았다. 생리적인 것으로는 전자구개도나 초음파 장치 등이 있는데, 외국의 경우에도 비싼 제작비와 번거로운 절차 등을 이유로 널리 사용되고 있지는 않다. 전자구개도는 입천장에 붙은 전자구개 장치에 혀가 닿으면 접촉지점의 전극이 컴퓨터 화면에서 변화를 보여서 정확한 조음지점에 대한 시각적 피드백을 제공해 주는 장치이다.

바이오피드백은 일반적으로 의식적인 수준에서 사용될 수 없는 수행정보를 학습자의 현재 수행 수정을 위해 제공해 주는 것이다. 예를 들면 대상자에게 목표음에 관련된 실제적인 주파수와 강도 정보 또는 색깔이 화려한 화면으로 보이는 신호를 제공할 수 있다. 말소리장애에서 가장 널리 사용되고 있는 음향적 바이오피드백 (acoustic biofeedback)은 대부분 목표 산출을 수정하기 위해서 스펙트로그래프(sound spectrograph) 같은 실제적인 음향적 신호를 사용한다. Shuster와 동료들(1995)은 잔존

잠깐! 바이오피드백

피드백 시스템을 연상할 수 있는 가장 좋은 예는 자동온도조절장치이다. 보일러나 에어컨을 생각해 보자. 일정 온도가 되면 시스템의 작동을 멈추고 다시 정한 온도 범위를 벗어나면 시스템이 작동된다. 우리의 신체 움직임에서도 우리는 범위를 정하고 그 범위에 맞추어 신체의 시스템을 작동시킨다.

특히 바이오피드백은 명확하게 지각하지 못하는 신경 시스템의 조절을 받고 있는 특정 생리적 시스템에 대한 순간순간의 정보를 제공하는 기구를 사용하는 것이라고 정의할 수 있다. 바이오피드백은 훈련하는 동안 애매한 내적 단서를 명확하게 하고, 따라서 목표반응(예: 근육의 긴장이나 이완 정도)의 변화에 대한 정확한 정보를 제공하는 것에 효과가 있다. 보통은 다양한 기구를 사용하는데 생리적인 사건을 정확하게 탐지하여 전기적 신호로 청각적, 시각적, 촉각적, 또는 운동학적 피드백으로 변환함으로써 대상자는 생리학적인 사건의 수준을 즉각적이고 지속적으로 인식할 수 있게 된다.

오류를 보이는 두 명의 청소년을 치료하였다. 음향적 정보를 시각적으로 보여주기 위해 실시간 스펙트로그래프를 사용했는데, 일차적으로 대상자가 잘못 발음한 것과 치료사의 올바른 산출형태를 비교하도록 하였다. 다음으로 두 가지 말소리 형태에서 보이는 차이에 대해 논의를 한 후 대상자가 계속해서 시각적 피드백 자료를 확인하도록 지도하면서 정확한 산출을 할 수 있도록 가르쳤다. 두 대상자 모두 오랜 시간의 전통적 치료방법으로 습득되지 않던 목표음소를 성공적으로 습득하였다. 국내에서도 심우정 · 최양규(2012)는 Gold Wave®를 이용한 시각적 피드백이 기능적 조음음운장애 아동의 /ㅅ/음소 산출을 개선시켜 주는 것을 보여주었다.

생리적 바이오피드백(physiologic biofeedback)은 수행정보를 제공한다는 의미에서는 유사하지만, 측정하고자 하는 기능과 제공하는 정보의 종류에 차이가 있다. Ruscello(1995)는 /s/를 산출할 때만 비강 누출을 보이는 성인을 치료하기 위해 비강 기류 신호를 보내주는 나조미터(nasometer)를 사용하였다. 그 대상자는 그 정보를 이용하여 /s/의 산출을 수정할 수 있었다. /s/를 습득한 후에 바이오피드백 신호는 없애고 그 음소를 자발적인 대화 상황에서 익숙하게 사용할 수 있도록 자동화 연습활동을 했다.

임상현장에서 기계를 익숙하게 사용하지 못하거나 기계가 없기 때문에 바이오피드백 기구의 사용을 꺼리는 경우가 많다. 그러나 바이오피드백 과정의 초기 요소들은 목표음에 정신적으로 집중(mental focus)할 수 있도록 고안된 것으로 다른 치료방법으로 도움을 받지 못하는 일부 대상자들에게는 꼭 필요한 방법이라고 할 수 있다.

10.2 음운적 치료접근법

음운적 접근법들의 기저에 있는 치료원리의 공통점을 Fey(1992)는 다음과 같이 세 가지로 정리하였다. 첫째, 유사한 패턴을 보이는 음소들을 묶어서 치료목표로 한다. 음성적 접근이 차례로 하나씩 오류가 있는 말소리를 공략해 가는 것에 반해 음운적 접근은 오류패턴을 치료목표로 하는 것이다. 둘째, 이 접근의 치료방법들은 대부분 음운의 대조를 이용한다. 목표로 한 특정 대조를 구분할 수 있게 되면 다른 음운대조에 대한 지식으로도 일반화할 수 있게 된다. 셋째, 자연스러운 의사소통 맥락을 강조한다. 그러므로 무의미 음절이나 독립음소보다는 의사소통기능을 고려한 의미낱말에서

부터 치료를 시작한다. 독립적인 음소의 차이는 물리적으로 그리 큰 것이 아닐 수도 있으나, 낱말에 포함된 음소는 낱말의 의미를 분화시키고 이 차이는 물리적으로나 심리적으로 매우 큰 차이가 나는 점을 치료에 이용하는 것이다. 예를 들어 치경마찰음 /ㅅ/를 경구개파찰음 /ㅊ/로 바꾸어 산출하는 아동에게 '색'과 '책'이라는 낱말쌍을 비교 산출하도록 연습하게 하는 것이다. 아동에게 음성학적으로 /ㅅ/와 /ㅊ/는 유사할 수 있지만 의미적으로 '색'과 '책'은 아주 다른 뜻이므로 음소대조를 통한 의미대조를 강조하여 음소를 분화시켜 사용할 수 있도록 격려하는 것이다.

음운적 접근법을 기반으로 한 치료 프로그램들은 변별자질 혹은 음운변동 분석 등 각기 다른 분석체계를 이용하고 있기는 하지만, 공통적으로 음소대조 치료기법을 사용한다. 다음에서는 이러한 음소대조를 이용한 접근법과 주기적 접근법(cycle training), 상위음운지식 치료법(metaphon therapy) 등을 소개하고자 한다.

10.2.1 음소대조를 이용한 접근법

음운적 접근법은 대부분 음소대조를 이용한다. 음소대조 치료법은 다른 말로 '최소대립쌍(minimal pair)' 접근법이라고 할 수 있다. 여기에서 최소대립은 음소대조를 의미한다. 한 쌍의 의미 있는 낱말에서 단 한 개의 음소만 대조되어 다른 뜻을 갖게 되는 경우를 최소대립쌍이라고 한다.

이 접근법에서는 아동의 음운체계에서 아직 자리 잡지 못한 음소의 대조를 치료목표로 삼는다. 예를 들어서 마찰음을 파열음으로 모두 대치하는 아동의 경우 마찰음과 파열음을 대조시켜 산출하는 것에 실패한다고 볼 수 있다. 실제로 어떤 아동이 /ㅅ/는 /ㄷ/로 /ㅆ/는 /ㄸ/로 파열음화시킨다고 하자. 이 아동에게 '달 : 살'과 같은 낱말쌍을 통해 파열음과 마찰음 대조를 습득하도록 하면, 다른 마찰음으로도 일반화가 일어나서 '땀 : 쌈'도 습득될 것이라는 원리를 이용하는 것이다. 음소대조를 이용한 접근법은 생략이나 왜곡이 많은 경우보다는 목표음소를 특정 음소로 계속 대치하는 경우에 효과적이다. 영어권에서 최소대립쌍은 대부분 1음절 낱말(혹은 2음절 낱말)로 한 개의 음소를 바꾸어 다른 의미의 낱말이 되는 경우를 가장 많이 활용한다. 우리말에서는 1음절 낱말이 상대적으로 제한적이다. 최소대립쌍을 찾기에 어려움이 있는 경우 아동의 오류형태에 맞추어 '순이'와 '준이'같이 인형의 이름을 만들어 주는 등의 활동으로 대체할 수 있다.

10.2.2 음소 자질대조를 이용한 접근법

언어학적으로 최소대립쌍은 음소차원에서 대조시킨 것이지만 언어치료학 분야에서는 치료효과 혹은 일반화효과를 극대화하는 방법을 찾기 위해서 음소차원의 대조를 다시 구체적으로 다양한 음소 자질대조 접근법을 발전시켜 왔다. 음소의 변별자질을 대조하는 방법으로 (1) 변별자질(distinctive feature contrast) 접근법, (2) 최소대립자질(minimal contrast) 접근법, (3) 최대대립자질(maximal contrast) 접근법, (4) 다중대립자질(multiple contrast) 접근법 등이 있다.

(1) 변별자질 접근법

변별자질을 이용한 다양한 치료법이 모두 최소대립쌍을 이용하는 것은 아니다. 그러나 흔히 최소대립쌍을 같이 적용하고 있다. 특정 자질의 해당 음소를 습득하면 같은 자질을 공유하는 다른 음소로도 일반화된다는 증거가 있기는 하지만(Costello, 1975) 피험자의 수와 연구의 수가 충분하지는 않다.

변별자질을 이용한 프로그램으로 McReynolds와 Bennett(1972), Costello(1975), Weiner와 Bankson(1978), Blache(1989) 등이 있다. 이 가운데 Blache(1989)의 프로그램을 소개하면 다음과 같다.

Blache(1989)의 변별자질 접근법은 네 단계로 프로그램이 구성되어 있다. 첫 단계에서 아동이 치료에 사용할 어휘의 개념을 알고 있는지 확인한다. 한 가지 변별자질을 가르치기 위해 계획한 몇 개의 최소대립쌍 가운데 한 쌍을 선택한 후 그 아동이 선택된 낱말을 알고 있는지 우선 확인한다. 예를 들어 '돈 : 손'을 선택하였다면, 그림이나 사진을 보여주고 아동에게 "이게 뭐지?"라고 질문한다.

두 번째는 변별검사 및 훈련단계이다. 아동이 대립자질을 변별할 수 있는지 알아보기 위해 검사를 실시한다. 치료사가 '돈 : 손', '달 : 딸'과 같은 대립쌍을 제시하고 아동이 그림을 지적하도록 한다. 7회 연속으로 정확하게 반응하면 대립쌍의 변별이 확립된 것으로 인정한다.

세 번째는 산출훈련단계이다. 최소대립쌍을 변별하여 지각하고 있다는 사실이 확인되면 다음은 그 자질을 산출하도록 훈련하는 것이다. 아동이 낱말을 말하도록 지시하고 치료사는 아동이 발음한 낱말에 해당하는 그림을 가리킨다. 적어도 낱말쌍 가운데 하나는 정확하게 발음할 수 있어야 한다.

네 번째는 전이훈련단계이다. 목표낱말을 산출할 수 있게 되면, 낱말보다 복잡한 언어학적 맥락에서 연습할 기회를 갖도록 한다.

변별자질 접근법의 장점은 말산출과 직접적으로 관련된 조음에 기초한 자질들의 체계를 이용할 수 있다는 것이다. 그뿐만 아니라 여러 가지 음소들이 공통적으로 포함하고 있는 특정 자질을 훈련하면 그 효과가 공통자질을 갖고 있는 음소로 일반화될 것이라는 기대를 갖게 한다. 그러나 우리말에서 그 효과를 입증하는 연구들은 더 축적되어야 할 것이다. 또한 변별자질 접근법의 단점은 변별자질이 원래 임상치료를 목적으로 사용하기 위해 설계된 것이 아니라는 것이다. 즉 변별자질은 세계 언어체계 속에서 음소의 분절요소를 찾아내고 분류하기 위해 사용된 일련의 분석과정에서 도출된 것이어서 임상치료에 사용하기에는 부족하거나, 반대로 번거로울 수 있다. 예를 들어 제4장에서 살펴본 우리말 변별자질에서는 설측성 자질은 채택되어 이용되지만 비음성 자질은 잉여자질로 채택하지 않았다. 그러나 임상적으로 연인두 폐쇄의 문제로 비음과 구강음의 변별에 어려움을 보이는 경우, 우리말에서 잉여자질인 비음성을 도입할 수 있다. 구체적인 변별자질 접근법은 이 치료법을 이용하여 과대비성 문제가 있는 구개파열 아동의 조음정확도를 개선시키는 연구(권남인 · 석동일 · 신혜정, 2003) 등을 참고할 수 있다.

(2) 최소대립자질 접근법

최소대립자질 접근법(minimal opposition approach)에서는 치료의 목표음소를 다음과 같은 기준으로 선정한다. 첫째로는 음운대치가 일어나는 음소, 둘째로는 목표음소와 대치음소의 조음위치 · 조음방법 등 자질에서 차이가 적은 것, 셋째로 정상적인 발달연령이 빠른 음소, 넷째로 명료도에 미치는 영향이 큰 것, 다섯째로는 자극반응도가 있는 소리부터 목표로 한다. 주된 오류형태가 대치인 경우, 그리고 목표음소가 자극반응도가 있는 경우에 최소대립자질 접근법의 선택을 권할 만하다.

프로그램의 적용절차는 우선 최소대립자질(즉 한 가지 자질에서만 차이가 나는) 낱말쌍을 선택한다. 이때 적절한 낱말쌍이 별로 없다면 최소대립자질에 유사한(즉 자질의 차이가 가장 적은) 낱말쌍을 찾는다. 앞에서 소개한 변별자질 접근 절차와 유사하게 변별하기, 모방하기, 자발적으로 산출하기를 차례대로 연습한다. 연습의 절차로는 우선 낱말쌍의 그림과 사물을 통해 어휘를 익히고, 치료사가 말하는 것을 듣고 아동이 그림이나 사물을 선택하도록 한다. 성공적이라고 판단되면 역할을 바꾸어 아동이 말하는 것을 듣고 치료사가 해당 낱말의 그림이나 사물을 선택한다. 목표낱말이 아니면 아동이 자가 수정할 기회를 주고 치료사가 목표한 낱말을 선택함으로써 보상이 되도록 한다. 연습 뒤에 일상적인 의사소통상황에서 오류가 일어나면 역시 수정하도록 한다(Lowe, 1994).

(3) 최대대립자질 접근법

최대대립자질 접근법(maximal opposition approach)이 등장하게 된 배경에 있는 가정은 더 복잡하고 미세한 운동을 요구하는, 즉 어려운 음소의 조음을 먼저 배우면 좀 더 단순한 운동을 요구하는 음소는 쉽게 습득될 수 있을 것이라는 가정이다. 이 프로그램에서는 목표대조쌍을 선정할 때는 아동의 음소목록에 없는 소리 가운데 변별자질이 가장 차이가 많이 나는 것을 두 개 선택하거나, 한 개가 목록에 있고 다른 한 개가 목록에 없지만 여러 자질에서 차이가 나는 음소로 선택한다. 최소대립자질 접근법과는 달리 지각훈련(변별연습)은 하지 않는다. 그러나 어려운 과제를 수행한다는 것을 감안하여 흥미를 유지할 수 있는 활동들을 병행하는 것이 중요하다.

예를 들어 최소대립자질 접근법에서 'ㅅ'를 'ㄷ'로 대치하는 아동에게 '담 : 삼' 낱말쌍을 훈련시킨다면, 최대대립자질 접근법에서는 '삼'을 '감, 밤, 잠'과 같이 조음방법과 조음위치 자질들이 모두 다른 낱말들과 대조시켜 훈련시키는 것이다. 이때 자질은 성절성, 공명성과 같은 주요 부류자질에서 차이가 나는 것이 자질의 차이가 크다고 할 수 있으며, 조음위치나 방법에서도 그 거리와 차이가 클수록 자질의 차이가 크다고 할 수 있다. 모방단계는 연속적인 2~7회기에서 75%의 정확도가 나타날 때까지 수행하고 다음으로 자발적 단계에서는 연속적인 3~12회기에서 90% 이상의 정확도가 성취될 때까지 치료한다(Gierut, 1989). 일부 연구자들은 중등도에서 심도의 음운장애를 보이는 아동들에게 최대대립자질을 산출할 수 있게 되면 최소대립자질의 낱말들도 산출할 수 있게 되므로 더 효과적이라고 주장하였다.

(4) 다중대립자질 접근법

최소대립쌍과 변별자질 접근법에서 나온 다른 변형으로 다중대립자질 접근법(multiple opposition approach)이 있다. 이 접근법은 여러 개의 목표음소를 비교음소와 동시에 대조시키는 방법이다. 여러 음소에서 오류를 갖고 있으며 심한 정도의 음운결함을 보이는 아동을 위해 고안된 방법이다. 이 치료법에서는 개별 음소보다 전체적인 음운체계의 확립을 우선 목표로 한다. 예를 들어 한 아동이 /ㅅ/, /ㅈ/, /ㄱ/를 모두 /ㄷ/로 대치한다면 음소별로 대조쌍을 만들어 연습하는 것이 아니라 여러 개의 최소대립쌍(삼-담, 잠-담, 감-삼)을 만들어 함께 연습시키는 것이다. Williams(2000)는 이 접근법이 최소한의 노력과 시간으로 최대한의 효과를 거둘 수 있다고 하였다.

10.2.3 음운변동 접근법

음운변동 접근법은 가장 널리 이용되는 치료접근법의 하나이다. 이 접근법은 아동의 오류패턴을 분석하여 많이 나타나는 음운변동들을 제거시킴으로써 성인의 말소리에 접근할 수 있도록 하는 것이다.

음성적 치료의 목표 수립 시 80~90%의 산출정확도를 목표로 했던 것과 유사하게 음운변동 접근법에서는 음운변동의 소거를 목표로 할 수 있다. 특정 음운변동을 구조화된 맥락에서 10~20% 이하로 감소시키는 것을 목표로 할 수 있다.

10.2.4 주기법

Hodson과 Paden(1983)이 제안한 주기법 역시 음운변동을 이용한 접근법으로 오류변동들을 주기적으로 바꾸면서 반복하여 훈련함으로써, 프로그램이 진행됨에 따라 아동의 잘못된 음운변동들이 점차 줄어들어 성인의 음운체계와 유사해지도록 하는 것이다. 그러므로 이 치료 프로그램의 목적은 개별 음소들의 정확도보다는 전반적인 말의 명료도 개선에 있다.

목표수준을 정한 뒤 목표수준에 도달하면 다음 목표로 나아가는 방법이 아니고 일정주기를 단위로 목표를 바꾸어 진행한 뒤 전체 목표를 다 다루고 나서 다시 처음부터 진행하는 방법이다. 목표수준이 아닌 주기(cycle)를 단위로 치료한다고 하여 **주기법**(cycle training)이라고 부른다.

심한 조음음운장애 아동 혹은 명료도가 매우 낮은 아동들에게 효과적인 것으로 알려진 주기법의 치료단계는 다음과 같다. 첫째로 명료도에 영향을 미치는 정도와 발생률에 따라서 우선 목표로 할 음운변동의 순위를 정한 후 주기적으로 치료를 계획한다. 둘째로 한 주기당 3~4개의 음운변동을 목표로 계획한다. 또한 각 음운변동당 1~3개의 목표음소를 계획한다. 예를 들어 첫 번째 주기에 발생률이 가장 높은 변동들로 종성생략과 마찰음의 파열음화 그리고 유음의 활음화라는 3개의 변동을 목표로 정했다고 하자. 이 중 종성생략이라는 음운변동에 대하여 1~3개의 목표음소의 중재를 계획한다. 이때 종성 가운데 사용빈도를 고려하여 'ㄴ, ㄹ, ㅇ'을 목표음소로 계획할 수 있다는 것이다. 셋째로 한 회기의 계획을 세워 진행한다. 이때 한 회기의 내용은 다음과 같이 진행한다.

① 복습하기(지난 시간의 목표단어 산출연습 과제 점검)
② 청각적 자극(조금 크고 또박또박하게 목표음소가 포함된 12개 내외의 단어를 들려준다. 해드폰이나 이어폰 등을 활용할 수도 있다.)
③ 목표단어 카드 제작(글자 혹은 그림으로 두 쌍의 목표단어 카드를 제작한다.)
④ 산출훈련(3~5가지 놀이활동을 통해 목표음소가 포함된 목표단어 4~6개를 반복 산출하도록 한다.)
⑤ 구조화된 문장에서 산출훈련(전달구를 이용하거나 조금 더 활동적인 맥락 구성)
⑥ 청각적 자극(반복)
⑦ 자극반응도(다음 회기 목표단어 선정을 위한 단계)
⑧ 부모상담 및 과제 부과

Hodson(1989)은 임상현장에서 오랜 기간 적용해 본 뒤 주기적 접근에서 가장 효율적인 목표행동과 주기에 대하여 몇 가지를 조언했다. 조언한 내용을 요약하면 다음과 같다. 한 개의 목표음소는 적어도 60분 정도를 치료해야 한다. 30분짜리 회기라면 2회기, 20분짜리 회기라면 3회기 정도를 한 음소를 목표로 치료한 뒤 다음 음소로 넘어가야 한다. 한 가지 패턴(음운변동)은 120분에서 360분 정도를 목표로 한다. 오류패턴마다 훈련해야 할 음소의 수가 다르므로 그 수에 따라서 시간도 달라질 것이다. 한 가지 오류패턴을 목표로 할 때 적어도 2개 이상의 음소를 훈련하도록 한다. 그렇게 해야만 한 가지 오류패턴을 두 시간 이상 목표로 할 수 있기 때문이다. 마지막으로 유의할 점은 한 회기에는 한 가지 음소(아동수준에 따라 /ㄱ/ 혹은 /ㄱ, ㄲ, ㅋ/)만을 중심 목표로 하여 훈련목표에 집중할 수 있는 여건을 만들어 주어야 한다.

주기법을 제안한 Hodson(2007)은 주기마다 우선 목표로 해야 할 오류패턴에 대하여 새로운 조언을 발표했다. 전반적으로 우선시하는 목표는 초기 발달형태로 전반적인 명료도에 매우 중요한 요소이며, 차선으로 제시한 목표들은 우선 목표가 확립된 뒤에 정교하게 정확도를 높이는 요소로 구성되어 있다. Hodson이 영어에서 제안한 목표의 우선순위를 응용하여, 우리말의 음운변동 순서와 빈도 등을 고려하여(김수진, 2014) 제안하면 다음과 같다. 이러한 우선목표와 차선목표들이 우리말에서도 명료도에 미치는 영향력에 차이를 주는지 검증하는 후속연구가 필요하다.

① **우선목표** : 음절(핵-모음), 기본적인 낱말 구조 음소(어두초성, 어중초성과 어말종성), 자음의 조음방법 대치(마찰음과 파찰음, 유음), 조음위치 전후 대치

② **차선목표** : 2차적인 낱말 구조 음소(활음, 어중종성), 발성유형 대치

10.2.5 상위음운지식 접근법

말소리장애를 갖고 있는 아동 중 많은 수는 언어문제뿐 아니라 상위음운인식에 어려움이 있는 것으로 확인되었다(McDowell et al., 2007; 서은영 외, 2017). 말소리장애 아동의 말소리 산출문제가 음운에 의한 것이고 언어장애를 동반한 말소리장애 아동의 경우 숙련된 상위음운지식을 습득하는 데에 실패할 위험이 크기 때문이다(Lewis et al., 2000). 상위음운지식 습득에 지연을 보이는 말소리장애 아동을 대상으로 상위음운접근법을 적용했을 때 더 나은 말소리 산출능력뿐만 아니라 언어능력과 읽기능력도 개선되는 것으로 나타났다(Gillon, 2002; Kirk & Gillon, 2007; Kirk et al., 2010).

이 접근법은 음운장애 아동은 자신의 음운구조에 대한 상위언어학적 지식이 부족하다는 증거에 기반을 두고 제안된 것이다. 즉 음운장애 아동들은 의사소통에서 음운체계의 중요성을 깨닫지 못한다고 가정한다. 그러므로 치료사가 이런 아동들의 규칙체계를 변화시킬 수 있는 정보들을 제공하고, 스스로 체계를 변화시킬 수 있게 격려하면 아동의 말 산출이 변화하게 된다. 상위음운지식을 이용한 접근법도 주기법과 같이 중등도에서 심도의 음운장애를 갖고 있는 아동에게 적합하다. 또한 일반적으로 학령전기가 상위음운지식이 발달하고 있는 시기이므로 학령전기의 음운장애 아동에게 이 치료법을 적용하는 것이 효과적이다. 상위음운지식법을 응용한 치료법은 매우 다양하다. 그 가운데 한 가지만 소개하면 다음과 같다.

치료단계의 첫 번째는 음운인식을 발달시키는 단계(developing phonological awareness)이다. 소리특성을 인식하는 훈련과정을 통해 현실적인 의사소통의 근거를 마련하는 것이다. 이를 위해서는 아동의 소리체계에 대한 흥미를 갖도록 해야 한다. 활동은 치

료사와 아동이 함께 소리의 특성(concept, sound, phoneme/ syllable, word level)을 탐험하고 어떻게 그 소리들이 다른지 찾아보는 것이다. 이 단계에서 할 수 있는 활동의 한 예를 들어본다면 동그라미 그리기 놀이를 할 수 있다. 유음/ㄹ/를 비음/ㄴ/로 대치하는 아동에게 글자 /ㄹ/판과 /ㄴ/판을 주고 해당 음소를 들을 때마다 해당 판에 동그라미를 그리라고 할 수 있다. 독립음소에서 잘 수행하면 다음 단계로는 낱말 안에서 목표음소가 어두초성에서 나올 때 표시할 수 있도록 하고, 어중초성, 어말종성, 어중종성에서 나오는 경우로 발전시킨다.

두 번째는 음운론과 의사소통의 인식을 발달시키는 단계(developing phonological and communicative awareness)이다. 이 단계의 목적은 다음과 같은 세 가지로 요약할 수 있다. (1) 첫 번째 단계에서 획득한 상위음운지식을 실제 의사소통 상황에 전이시키고, (2) 다른 사람과 의사소통하면서 산출한 말과 의도한 뜻이 일치하지 않을 때 알아챌 수 있는 의사소통 인식을 확립한다. 또한 (3) 의도한 뜻이 전달되지 않을 때 산출한 말을 수정할 수 있을 만큼 음운인식을 발달시킨다. 이 단계에서 할 수 있는 활동의 한 예를 들어본다면, 카드 뺏기 놀이를 할 수 있다. /ㅅ/를 /ㅈ/로 대치하는 아동과 카드를 나누어 갖는다. 교사는 /ㅅ/가 포함된 낱말카드를 갖고 있고, 아동은 /ㅈ/가 포함된 낱말카드를 갖고 있도록 한다. 교대로 한 번씩 상대가 펴는 카드의 이름을 정확하게 산출하면 가져갈 수 있으나 틀리게 말하면 카드를 가져갈 수 없고, 다시 정확하게 말하도록 유도하고 정확하게 수정하여 말하면 가져갈 수 있도록 하는 것이다.

위와 같은 두 단계의 훈련과정은 핵심활동(core activity)으로 구성된다. 핵심활동에서는 개인의 흥미를 고려하여 활동을 설정하고, 목표음과 관련하여 긍정적이고 자연스러운 강화를 하며, 틀린 경우에도 산출 목표음과 관련된 카드를 제시하여 자연스럽게 수정을 유도하고 틀린 것에 대해서는 직접적으로 언급하지 않는다. 아동에게 음소 간의 대립되는 특징에 주의를 두도록 하여 스스로 수정하도록 한다. 국내외에서 상위음운 중재가 조음음운장애 치료에 널리 사용되고 그 효과를 검증받았다. 고유경(2019), 신주영 · 석동일 · 박은주(2006) 등은 상위음운중재를 통해 학령전기 말소리장애 아동의 음운능력이 개선되었음을 보여주었다.

10.3   의사소통적 치료접근법

위에서 살펴본 음성학적 접근과 음운론적 접근법은 모두 치료전략이 **상향식**(bottom-up orientation)이었다면, 지금 소개하고자 하는 의사소통적 언어기반 접근법은 **하향식**(topdown orientation)으로 보다 상위의 언어적 단위로 시작하여 하위의 말소리 산출 기술까지 증진시키는 것이다.

일반적으로 음운론과 형태구문론과의 관계는 밀접한 것으로 알려져 있다. 실제로도 많은 음운장애 아동이 형태구문적 문제를 함께 갖고 있으며, 전반적인 언어학습과정에서 어려움을 보이고 있다. 이렇게 언어문제를 동반한 말소리장애 아동에게 언어기반 의사소통적 접근법으로 언어중재를 하면서 말소리발달 지체문제도 어느 정도 개선시켜 줄 수 있다. 특히 언어와 말 모두 심각한 수준의 지체를 보이는 경우에 기존의 조음치료 접근보다 더 효과적이라고 한다(Bernthal, Bankson, & Flipsen, 2013).

10.3.1   핵심어휘 접근법

Dodd(2005)는 말소리장애의 증상에 기반하여 하위집단 유형을 네 가지로 나누고 집단별로 유효한 치료접근법을 찾기 위해 노력했다. 가장 심각한 하위집단으로 분류된 '비일관성 음운장애' 집단의 특징은 발달적 변동뿐 아니라 특이한 비전형적 오류패턴도 보이며 비일관성을 보이는 경우인데, 핵심어휘 접근법이 이 집단에게 가장 효과적이라고 하였다. 이 집단의 특징은 언어장애와 지적문제를 동반한 비율도 높으며 학령기 이후 읽기문제를 보이는 경우도 가장 높은 것으로 나타났다.

핵심어휘 접근법은 우선 어휘 표상을 강력하게 해주기 위한 노력을 경주하기 때문에, 인지언어학적 문제에 기반을 둔 비일관성 음운장애를 보이는 아동에게 효과적이다. 핵심어휘 접근법은 기능적인 의사소통에서 아동이 자주 사용하는 어휘를 선택하여 비일관성 오류의 명료도 향상에 초점을 맞추고 있다. 이 과정에서 아동은 어휘목록이 확장되며, 훈련받지 않은 비일관성을 보였던 낱말까지도 일관성을 확립할 수 있게 된다(Norris & Hoffman, 1990). 그러나 핵심어휘 접근법의 치료목표는 정확한 발음이 아니고 '아동이 산출할 수 있는 최선의 일관된 발음'이다. 따라서 핵심어휘 접근법을 통해 일관성을 확립하였으나 음운오류를 보이는 목표음에 대해서는 다른 음운적 치료법을 적용하여 정확하게 조음할 수 있도록 해야 한다.

치료목표는 일상에서 비일관되게 산출하는 고빈도 어휘 50개 이상(50~70개)을 일관성 있게 산출할 수 있도록 하는 것이다. 이렇게 선정된 50개 이상의 어휘를 핵심어휘라고 한다. 많이 사용하는 고빈도 어휘로 핵심어휘를 만들어야 연습과 일반화효과를 배가시킬 수 있으므로 아동과 부모와 교사 등 보호자의 도움을 받아서 핵심어휘 목록을 만들어야 한다. 치료절차로는 우선 비일관성 오류를 나타내는 50개 어휘를 목표어휘로 선정한다. 50개 어휘 중 회기당 5~10개씩 목표로 하여 훈련한다. 치료를 진행하는 동안에도 지속적으로 다른 고빈도 어휘를 보고하도록 하고, 이미 선정된 기존 목표보다 고빈도인 경우 교체한다. 치료를 진행하면서 고빈도 어휘를 70개까지 추가할 수 있는데, 치료효과의 극대화를 위해 아동이 일상생활에서 자주 사용하는 고빈도 어휘를 선정할 수 있도록 부모나 교사와 지속적으로 논의를 하는 것이 중요하다. 만일 아동이 사용하는 어휘가 50개 미만이라면 산출할 수 있는 음소를 이용하여 새롭게 사용할 수 있는 어휘를 보충하여 최소 50개가 될 수 있도록 한다. 예를 들어 /ㅂ, ㅃ, ㄷ, ㄸ, ㅁ, ㄴ/의 음소들을 산출할 수 있다면 정확도가 떨어지더라도 "빵, 밥, 맘마, 물, 먹어, 뽀뽀, 빵빵, 뿡, 봐, 나, 너, 넣어, 빼, 누나, 오빠, 아빠, 안마, 뭐, 놀아, 누워, 멍멍, 아냐" 등 연령에 따른 고빈도의 기능적 어휘를 일관된 발음으로 사용할 수 있도록 추가해야 한다.

핵심어휘 접근법을 적용하면서 일관성 있게 산출할 수 있도록 하기 위해서는 조음지시법이나 다중감각 접근법 등 다양한 방법을 사용할 수 있다. 목표형태를 정할 때는 기존에 아동이 산출한 형태 중 목표음과 가장 근접한 최상의 말소리를 목표로 한다. 예를 들어 아동이 '파란색'을 '파얀택, 파안책, 바앙책'이라고 발음한 아동이라면 항상 '파안책'이라고 동일하게 발음하도록 유도하는 것이다. 이때 아동이 자발적 산출에서는 나타나지 않았으나 자극반응도, 다중감각 접근법 등을 사용하여 최상의 음을 산출할 수 있도록 유도했을 때 최상의 음을 찾게 되면 유도된 형태로 발음하도록 한다. 예를 들어 아동이 자발적으로 연속하여 목표단어 '파란색'을 말할 때 '파안책'이 최상의 음이었으나, 자극반응도를 통해 '파란책'을 발음할 수 있게 된다면 '파란책'으로 일관성을 확립할 수 있도록 연습한다.

핵심어휘 접근법에서 강조하는 내용을 본다면 특정 분류로 구분하는 데 어려움이 있다. 운동기술적 접근으로 볼 수도 있으며, 인지언어적 접근이라고 분류할 수도 있고 또 의사소통적 접근이라고도 볼 수 있다. 이 책에서는 아동이 일상의 의사소통 상황에서 가장 많이 쓰는 단어를 목표로 하고 우선 일관성을 목표로 하여 명료도를 높이는 상황을 고려하여 의사소통적 치료접근이라고 분류하였다.

10.3.2   언어기반 접근법

언어발달 문제가 있는 아동의 경우 언어중재 목표를 수행하면서 목표하는 어휘나 형태구문, 이야기 구조, 화용적 목표와 함께 음운능력을 동시에 향상시키기 위하여 중재는 자연스럽고 상호작용적인 활동으로 이루어져야 한다. 일단 아동이 표현언어를 습득한 다음에 해당 표현언어의 명료도를 향상시키는 전략이다. 치료사는 우선 아동이 참여할 만한 환경을 조성하고 아동의 발화에 대하여 촉진하기, 질문하기, 정보 요구하기 등과 같은 가교 전략(scaffolding strategy)을 사용한다. 이렇게 유도된 아동의 산출에 대해서 의사소통 효과가 나타나는 자연스러운 강화와 피드백을 제공한다.

긴밀한 상호작용을 할 수 있는 대화식 이야기 구성을 통해 치료사는 명료화를 요구하거나 사건을 추가하고 난이도를 증가시킬 수 있다(Norris & Hoffman, 1990). 이런 언어기반 중재에서 구문과 의미, 이야기 기술에 초점을 두기는 하지만 올바른 음운적 시범과 피드백도 제공하는 것이다.

예를 들어 한 낱말수준의 아동들에게는 우선 어휘 50개를 사용하도록 목표로 할 수 있다. 이때 어휘습득은 다양한 음소 확립과 음운구조의 습득과 함께 이루어질 수 있을 것이다. 치료사는 어휘를 선정하고 확장시키는 과정에서 아동의 말소리 목록과 음운구조 목록에 기반하여 확장시켜야 한다. 이와 같이 어휘목록 확장, 낱말 조합, 형태구문, 이야기 구조화 등 언어적 목표에 음운적 목표를 함께 구현해 나가는 이 접근방법의 효과에 대한 검증이 지속적으로 이루어지고 있다.

10.3.3   아동중심 접근법

심각한 말언어지체를 보이는 아동에게 가장 쉽게 접근할 수 있는 이 방법은 우선 아동이 산출하는 음성에 지속적인 상징으로 이용할 수 있는 의미를 부여해 주고 점진적으로 명료도를 높이는 전략이다. 자연스러운 중재(naturalistic intervention)라고도 하는 아동중심 접근법에 대해서 Camarata(2010)는 두 단계로 진행할 것을 권하고 있다. 첫 단계로는 우선 명료도를 진작하는 단계로 아동이 보내는 메시지에 대해 반복적이고 즐거운 피드백을 지속적으로 제공하는 데 집중하는 것이다. 두 번째는 이러한 피드백을 통해 새로운 발화 시도를 다양하게 유도하는 것이다. 말과 언어는 결국 이런 집중적인 상호작용 과정의 결과로 발달하기 때문이다. 가장 자연스럽게 말과 언어가 습득되는 과정을 그대로 말소리 치료과정에 활용하는 이 방법은 어릴수록, 말소리 결함이 클수록 유용한 것으로 보인다.

10.4 혼합 치료접근법 : 사례

말소리장애의 원인이나 중증도에 따라서 위에서 제시한 치료접근법을 선택하여 사용해야 한다. 그러나 중도 이상의 심각한 말소리장애일수록 특정 음소 산출 문제만 있는 것이 아니고 비전형적인 오류패턴과 비일관성 음운오류를 많이 나타내고, 언어장애와 지적장애 등 다양하고 복합적인 문제를 보이는 경우가 많다. 복합적인 문제를 가진 아동을 치료하는 경우 언어치료사들은 여러 접근법을 혼합하여 적용하는 것이 일반적이다. 언어치료사를 대상으로 한 조사연구(Oliveira et al., 2015)를 보면 대부분의 많은 치료사들이 말소리장애 아동을 치료하는 경우 여러 개의 접근법을 개인의 판단에 따라 순서를 정하고 혼합하여 사용하고 있다.

앞에서 소개했던 치료법들 가운데 세 가지 치료법을 적용한 사례를 구체적으로 살펴보자. 사례 아동은 〈표 10-2〉와 같이 복합적인 말언어 문제를 갖고 있는 4세 6개월인 남아로 음운인식검사에서도 2%ile 이하로 나타났다. 음소 산출 문제, 음운오류패턴, 비일관성 음운오류 등을 해결하기 위하여 다중감각 치료접근법(MSA)과 상위음운

표 10-2 사례 아동의 말언어 특성

비언어 지능[a]	언어능력[b]		어휘력[c]		PCC[d]	오류패턴유형		
	수용	표현	수용	표현		발달	비발달	비일관
<2%ile	<2%ile	<5%ile	20~30%ile	<10%ile	<2%ile 7.1%	68.6%	29.7%	24.3%

[a] 레이븐 지능검사(Korean-Coloured Progressive Matrices; K-CPM)(임호찬, 2004)
[b] 취학전 아동의 수용 및 표현언어 척도(PRES)(김영태 · 성태제 · 이윤경, 2003)
[c] 수용 및 표현 어휘력 검사(REVT)(김영태 · 홍경훈 · 김경희 · 장혜성 · 이주연, 2009)
[d] 아동용 발음평가(APAC)(김민정 · 배소영 · 박창일, 2010)

치료접근법(MPA), 핵심어휘 치료접근법(CVA)을 혼합하여 통합프로그램(Integrated Treatment Program for Children with Severe Speech Sound Disorders, ITP-SSD)을 구성 제안하였다(고유경, 2019).

사례 아동이 비일관되게 산출하는 60개 어휘를 우선 선정하였다. 이 중 50개의 목표어휘와 10개의 평가어휘를 정하고 핵심어휘 접근법(CVA)과 다중감각 치료접근법(MSA)을 함께 적용하여 목표단어를 일관되게 발음할 수 있도록 하였다. 목표한 50개의 어휘를 모두 일관되게 발음하게 된 다음에 상위음운 치료접근법(MPA)을 적용하였다. 상위음운 치료접근법은 아래와 같은 12단계 훈련 프로그램을 적용하였는데, 이 프로그램에서는 가능하면 순서대로 진행하지만, 꼭 한 단계를 마치고 다음 단계로 가야 하는 것은 아니며 병행하거나 역행할 수 있다. 실제로 위 아동은 1~6단계는 순차적으로 진행하였고, 7단계부터는 단어수준에서 산출연습(목표음의 정확한 소리 산출)을 함께 실시하였다. 단어 산출연습은 7~11단계의 수행 회기 동안 동시에 진행되었다. 각 단계는 정반응이 90%가 되면 해당 단계 훈련을 마쳤다. 구체적인 활동은 〈부록 7〉을 참고할 수 있다.

- 1단계 : 음운대조훈련 Ⅰ (초성)
- 2단계 : 음소탐지훈련 Ⅰ (목표음소의 시각적 위치탐지)
- 3단계 : 음운대조훈련 Ⅱ (종성)
- 4단계 : 음소탐지훈련 Ⅱ (목표음소의 청각적 위치탐지)
- 5단계 : 음소탐지훈련 Ⅲ (목표음소의 시청각적 위치탐지)
- 6단계 : 음소분리훈련 Ⅰ (목표음소의 청각적 음소분리)
- 7단계 : 음소탐지훈련 Ⅳ (오류음 감지)
- 8단계 : 음소분리훈련 Ⅱ
- 9단계 : 음소대치훈련
- 10단계 : 음소탐지훈련 Ⅴ(5단계와 같은 활동 내용으로 속삭이는 목소리를 사용)
- 11단계 : 음소탐지훈련 Ⅵ(소리가 다른 이상한 단어 찾기)
- 12단계 : 산출연습 (문장수준에서의 목표음 소리 산출)

사례 아동에게 핵심어휘 접근과 다중감각 접근을 적용하고 10회기 이후 비일관성이 감소되었고(그림 10-1 참조), 이후 일반적인 핵심어휘 접근법에서 후속 치료법으

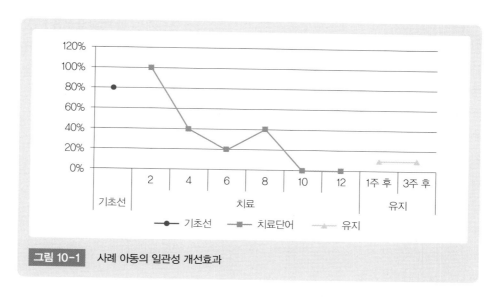

그림 10-1 사례 아동의 일관성 개선효과

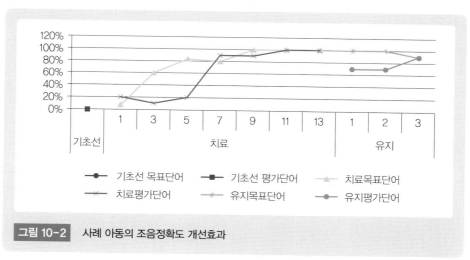

그림 10-2 사례 아동의 조음정확도 개선효과

로 권하고 있는 최소대립쌍 훈련을 수행하였지만 잘 반응하지 못하였다. 따라서 치료법을 변경하여 상위음운인식 접근법과 다중감각 접근을 함께 적용하자 음소정확도가 [그림 10-2]와 같이 개선되었다.

이 책에서는 지금까지 출판된 중재법을 중심으로 중재원리에 따라 간략하게 소개하였다. 말소리장애의 원인에 따른 중재 혹은 중증도에 따른 구체적인 조음음운장애의 치료절차를 구체적으로 다루지 않았다. 말소리장애 치료 대상자의 속성에 따라 효율적인 치료접근을 선정하기 위해서는 중재효과를 검정한 연구논문들을 참고해야 할 것이다. 근거기반 중재법을 선택하기 위해서 노력해야 한다. 그러나 이때에도 대상자의 속성이 유사한 경우에만 유사한 중재효과를 기대할 수 있다. 중재효과를 검증한 국내 연구논문들을 보다 쉽게 검색할 수 있도록 2000년부터 2014년까지 15년간 수행된 원인과 접근방법에 따른 조음음운장애의 중재 연구결과를 〈부록 6〉에 실었다. 그 외에도 보다 상세한 원인에 따른 말소리장애의 치료에 대해서는 아동의 조음음운장애 치료(*Treating Articulation and Phonological Disorders in Children*)(Ruscello, 2008; 김수진 외 역, 2012)를 참고할 수 있을 것이다. 또한 동반장애와 증상에 따른 치료접근법에 대해서는 말소리장애 아동의 감별진단과 치료(*Differential Diagnosis and Treatment of Children with Speech Disorder*, 2nd ed)(Dodd, 2002; 하승희 역, 2014) 등을 참고할 수 있을 것이다.

부록

1. 한국어 자음 음운과 주요 변이음

2. 각종 음운 빈도

3. 연령별 음절 빈도

4. 5~6세 아동을 위한 놀이동산 따라말하기 선별검사

5. 말 · 언어 평가 보고서 (예)

6. 국내 조음음운치료 연구: 2000~2014년까지

7. 상위음운치료 훈련 활동 예

한국어 자음 음운과 주요 변이음

(신지영 · 차채은, 2003, 79쪽)

범주		음소	주요 변이음	환경
폐쇄음	평음	p	p	어두초성
			b	어중초성
			p̚	종성
		t	t	어두초성
			d	어중초성
			t̚	종성
		k	k	어두초성
			g	어중초성
			k̚	종성
	격음	pʰ tʰ kʰ	pʰ tʰ kʰ	어두초성
	경음	p* t* k*	p* t* k*	어두초성
마찰음	평음	s	ɕ	j i wi 앞
			s	그 외 모음 앞
	경음	s*	ɕ*	j i 앞
			s*	그 외 모음 앞
	성문음	h	ˌɕ	어두초성 i j 앞
			x	어두초성 ɯ 앞
			ɸw	어두초성 u, o 앞
			h	그 외 어두초성 모음 앞
			ɦ	어중초성
파찰음	평음	tɕ	tɕ	어두초성
			dʑ	어중초성
	격음	tɕʰ	tɕʰ	어두초성
	경음	tɕ*	tɕ*	어두초성
비음		m n ŋ	m n	음절초성
			m̚ n̚ ŋ	음절 종성
설측음		l	l	음절종성, /ㄹ/ 뒤 초성
			ɾ	어중초성

각종 음운 빈도

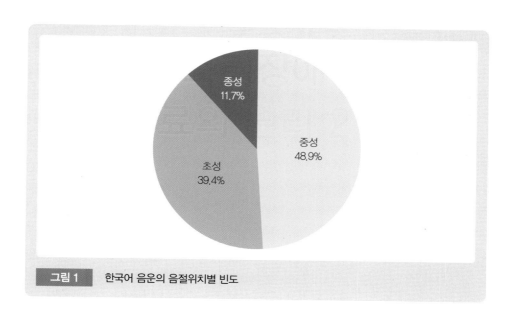

그림 1　한국어 음운의 음절위치별 빈도

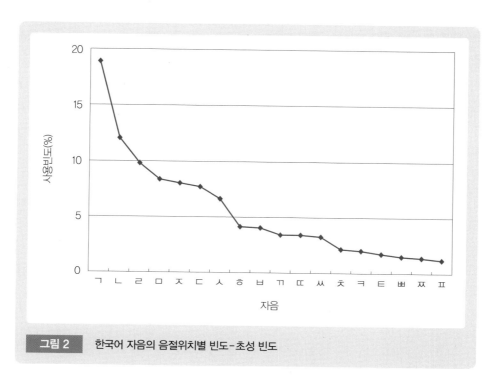

그림 2　한국어 자음의 음절위치별 빈도-초성 빈도

| 표 1 | 연령별 초성 빈도 순위와 비율(%) |

순위	3세		4세		5세		6세		7세		8세		전체	
	자음	비율	자음	비율	자음	비율	자음	비율	자음	비율	자음	비율	자음	비율
1	ㄱ	19.2	ㄱ	18.3	ㄱ	19.4	ㄱ	18.9	ㄱ	18.8	ㄱ	19.0	ㄱ	18.9
2	ㄴ	12.3	ㄴ	12.7	ㄴ	11.7	ㄴ	11.5	ㄴ	12.5	ㄴ	11.7	ㄴ	12.0
3	ㅁ	9.4	ㄷ	9.8	ㄹ	10.6	ㄹ	10.1	ㄹ	10.3	ㄹ	10.8	ㄹ	9.8
4	ㄹ	8.0	ㅈ	8.4	ㄷ	8.2	ㅈ	8.5	ㅁ	8.9	ㅁ	8.7	ㅁ	8.4
5	ㅈ	7.3	ㅁ	8.3	ㅈ	8.0	ㅁ	7.7	ㅈ	8.0	ㅈ	8.1	ㅈ	8.1
6	ㄷ	6.9	ㄹ	7.5	ㅁ	7.6	ㄷ	7.0	ㄷ	7.3	ㅅ	7.5	ㄷ	7.7
7	ㄸ	5.7	ㅅ	6.3	ㅅ	7.0	ㅅ	6.1	ㅅ	6.9	ㄷ	7.3	ㅅ	6.7
8	ㅅ	4.5	ㅂ	4.6	ㅂ	4.4	ㅎ	4.6	ㅎ	4.1	ㅎ	5.0	ㅎ	4.2
9	ㄲ	4.4	ㅎ	3.7	ㅆ	3.9	ㄲ	4.2	ㅂ	4.0	ㅂ	3.6	ㅂ	4.1
10	ㅂ	3.7	ㄸ	3.6	ㅎ	3.4	ㅂ	4.1	ㄸ	3.6	ㅆ	3.5	ㄲ	3.4
11	ㅎ	3.6	ㄲ	3.3	ㄸ	3.2	ㄸ	3.1	ㄲ	3.5	ㄲ	3.1	ㄸ	3.4
12	ㅋ	2.7	ㅆ	3.1	ㄲ	2.8	ㅆ	2.6	ㅆ	3.4	ㄸ	2.6	ㅆ	3.3
13	ㅊ	2.6	ㅊ	2.6	ㅋ	2.3	ㅉ	2.3	ㅊ	1.8	ㅊ	2.3	ㅊ	2.2
14	ㅃ	2.5	ㅋ	2.1	ㅌ	2.1	ㅋ	2.2	ㅃ	1.6	ㅋ	1.8	ㅋ	2.0
15	ㅆ	2.2	ㅃ	2.0	ㅊ	2.0	ㅊ	2.1	ㅋ	1.5	ㅌ	1.5	ㅌ	1.7
16	ㅌ	1.9	ㅌ	1.7	ㅉ	1.2	ㅌ	2.0	ㅌ	1.5	ㅃ	1.3	ㅃ	1.5
17	ㅍ	1.7	ㅍ	1.1	ㅍ	1.1	ㅃ	1.7	ㅉ	1.3	ㅍ	1.2	ㅉ	1.4
18	ㅉ	1.3	ㅉ	1.0	ㅃ	1.0	ㅍ	1.2	ㅍ	1.2	ㅃ	1.0	ㅍ	1.2

| 표 2 | 연령별 초성의 조음위치별 비율(%) |

구분	3세	4세	5세	6세	7세	8세	전체
치경	41.5	44.7	46.7	42.4	45.5	44.9	44.7
연구개	26.4	23.7	24.6	25.3	23.8	23.9	24.4
양순	17.3	15.9	14.1	14.8	15.6	14.4	15.2
치경경구개	11.1	11.9	11.2	12.9	11.1	11.7	11.6
후두	3.6	3.7	3.4	4.6	4.1	5.0	4.2

표 3   연령별 초성의 폐쇄음과 비음의 조음위치별 비율(%)〈폐 : 폐쇄음, 비 : 비음〉

구분	3세		4세		5세		6세		7세		8세		전체	
	폐	비	폐	비	폐	비	폐	비	폐	비	폐	비	폐	비
연구개	64.3	–	55.9	–	60.5	–	63.0	–	62.6	–	63.6	–	61.6	–
치경	23.2	56.6	30.0	60.6	25.7	60.7	23.2	59.8	24.2	58.6	24.5	57.4	25.2	58.9
양순	12.5	43.4	14.1	39.4	13.8	39.3	13.8	40.2	13.2	41.4	11.9	42.6	13.2	41.1

표 4   연령별 초성의 조음방법별 비율(%)

구분	3세	4세	5세	6세	7세	8세	전체
폐쇄음	48.9	46.6	44.7	44.4	42.9	41.1	44.0
비음	21.6	21.0	19.2	19.3	21.4	20.4	20.4
마찰음	10.4	13.0	14.3	13.3	14.4	16.1	14.1
파찰음	11.1	11.9	11.2	12.9	11.1	11.7	11.6
유음	8.0	7.5	10.6	10.1	10.3	10.8	9.8

표 5   연령별 초성의 발성유형별 비율(%)

구분	3세	4세	5세	6세	7세	8세	전체
평음	65.0	72.7	72.5	69.8	71.9	73.9	71.7
경음	25.2	19.9	18.9	21.8	21.5	18.7	20.5
기음	9.8	7.4	8.6	8.4	6.6	7.4	7.8

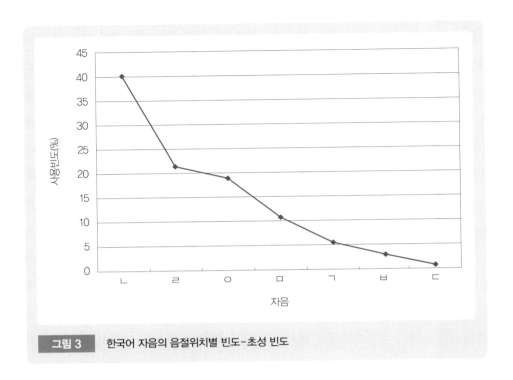

그림 3   한국어 자음의 음절위치별 빈도-초성 빈도

표 6   연령별 종성 빈도 순위와 비율(%)

순위	3세		4세		5세		6세		7세		8세		전체	
	자음	비율	자음	비율	자음	비율	자음	비율	자음	비율	자음	비율	자음	비율
1	ㄴ	40.6	ㄴ	40.0	ㄴ	40.7	ㄴ	39.8	ㄴ	40.1	ㄴ	39.6	ㄴ	40.1
2	ㄹ	18.6	ㅇ	21.6	ㅇ	19.7	ㅇ	21.5	ㄹ	24.7	ㄹ	23.0	ㄹ	21.3
3	ㅇ	17.3	ㄹ	16.9	ㄹ	18.9	ㄹ	20.6	ㅇ	16.4	ㅇ	18.7	ㅇ	18.9
4	ㅁ	15.3	ㅁ	13.0	ㅁ	12.1	ㅁ	9.9	ㅁ	8.3	ㅁ	9.7	ㅁ	10.7
5	ㄱ	4.7	ㄱ	4.4	ㄱ	5.1	ㄱ	4.7	ㄱ	6.8	ㄱ	5.6	ㄱ	5.4
6	ㄷ	2.6	ㄷ	2.8	ㄷ	2.8	ㄷ	2.9	ㄷ	3.0	ㄷ	3.0	ㄷ	2.9
7	ㅂ	0.9	ㅂ	1.4	ㅂ	0.7	ㅂ	0.7	ㅂ	0.7	ㅂ	0.4	ㅂ	0.7

| 표 7 | 연령별 종성의 조음위치별 비율(%) |

구분	3세	4세	5세	6세	7세	8세	전체
치경	60.0	58.2	60.2	62.0	65.5	63.0	62.1
연구개	22.0	26.0	24.8	25.3	23.2	24.3	24.3
양순	18.0	15.8	14.9	12.8	11.3	12.7	13.6

| 표 8 | 연령별 종성의 폐쇄음과 비음의 조음위치별 비율(%)〈폐 : 폐쇄음, 비 : 비음〉 |

구분	3세		4세		5세		6세		7세		8세		전체	
	폐	비	폐	비	폐	비	폐	비	폐	비	폐	비	폐	비
연구개	57.3	23.6	51.5	29.0	59.6	27.2	56.3	29.3	65.2	25.3	62.3	27.5	60.2	27.1
양순	31.7	21.0	32.6	17.4	32.6	16.7	35.2	14.0	28.4	12.8	33.5	14.2	31.9	15.4
치경	11.0	55.4	15.9	53.6	7.8	56.1	8.5	56.6	6.4	61.8	4.3	58.3	7.9	57.6

| 표 9 | 연령별 종성의 조음방법별 비율(%) |

구분	3세	4세	5세	6세	7세	8세	전체
비음	73.2	74.6	72.5	70.2	64.9	68.0	69.6
유음	18.6	16.9	18.9	21.5	24.7	23.0	21.3
폐쇄음	8.3	8.5	8.6	8.3	10.4	9.0	9.0

연령별 음절 빈도

표 1	**연령별 고빈도 음절형 및 빈도(%)**

〈고빈도순으로 누적 빈도 50% 이상을 보이는 음절형만을 보였으며, 폐음절은 진하게 표시하였다.〉

순위	3세		4세		5세		6세		7세		8세		전체	
1	이	6.7	이	4.9	요	4.0	이	3.8	가	4.5	가	3.7	이	3.7
2	거	3.4	가	3.2	이	3.5	가	3.5	**는**	**3.1**	그	2.8	가	3.6
3	아	2.6	아	2.7	가	3.3	거	2.6	이	3.0	이	2.7	**는**	**2.4**
4	가	2.6	거	2.4	**는**	**2.3**	고	2.3	여	2.9	고	2.6	거	2.1
5	요	2.4	나	2.2	그	2.3	**는**	**2.0**	고	2.0	**는**	**2.5**	고	2.0
6	**는**	**2.1**	대	2.1	대	2.3	요	2.0	그	1.9	서	2.2	요	2.0
7	야	2.0	**는**	**2.1**	거	2.2	그	1.9	거	1.8	여	1.9	그	2.0
8	기	2.0	여	1.9	아	2.1	지	1.9	대	1.8	요	1.8	아	2.0
9	고	1.8	자	1.9	써	2.1	아	1.8	자	1.7	써	1.8	여	1.9
10	여	1.7	다	1.8	지	2.0	나	1.6	서	1.7	니	1.7	대	1.8
11	어	1.7	기	1.7	여	1.8	니	1.6	지	1.7	리	1.7	지	1.7
12	나	1.6	야	1.7	고	1.7	서	1.4	니	1.7	아	1.6	써	1.6
13	대	1.5	써	1.6	어	1.7	기	1.3	써	1.6	대	1.6	나	1.6
14	러	1.5	니	1.6	기	1.7	러	1.3	아	1.6	지	1.5	서	1.6
15	마	1.5	마	1.5	서	1.7	야	1.3	리	1.6	나	1.5	니	1.5
16	따	1.4	지	1.5	나	1.4	써	1.3	나	1.5	마	1.5	기	1.4
17	내	1.3	리	1.3	러	1.4	리	1.2	다	1.4	거	1.4	자	1.4
18	지	1.3	고	1.3	자	1.3	다	1.2	마	1.3	하	1.4	리	1.4
19	자	1.3	개	1.2	리	1.3	하	1.2	애	1.2	래	1.2	마	1.3
20	라	1.2	따	1.2	니	1.2	내	1.2	때	1.1	기	1.2	다	1.3
21	모	1.2	어	1.2	애	1.2	개	1.1	러	1.1	다	1.2	어	1.2
22	다	1.2	머	1.2	다	1.2	라	1.1	라	1.1	어	1.1	러	1.2
23	머	1.2	하	1.1	마	1.1	대	1.1	구	1.1	구	1.1	라	1.1
24	니	1.1	내	1.1	라	1.1	마	1.1	모	1.1	러	1.1	하	1.1
25	캐	1.1	러	1.1	래	1.1	래	1.0	어	1.1	해	1.1	애	1.0
26	써	1.1	그	1.1	내	1.1	여	1.0	머	1.1	자	1.1	내	1.0
27	빠	1.0	요	1.1	구	1.0	자	1.0	기	1.0	라	1.1	래	1.0
28	**엄**	**1.0**	바	1.1	하	1.0	해	0.9	**를**	**1.0**	애	1.0	구	0.9
29			애	1.0	개	1.0	어	0.9	래	0.9	**를**	**1.0**	야	0.9
30			서	1.0			꼬	0.9	해	0.9	때	0.8	개	0.9
31							저	0.9	내	0.8	내	0.8	머	0.8
32							캐	0.8	개	0.8	**엄**	**0.8**	해	0.8
33							오	0.8						
34							따	0.8						
35							머	0.7						

| 표 2 | 연령별 개음절과 폐음절의 비율(%) |

구분	3세	4세	5세	6세	7세	8세	전체
개음절	79.1	78.7	76.8	75.8	73.9	74.4	76.0
폐음절	20.9	21.3	23.2	24.2	26.1	25.6	24.0

| 표 3 | 연령별 초성이 있는 음절과 없는 음절의 비율(%) |

구분	3세	4세	5세	6세	7세	8세	전체
있는 음절	74.0	77.7	79.9	81.2	82.8	83.8	80.6
없는 음절	26.0	22.3	20.1	18.8	17.2	16.2	19.4

5~6세 아동을 위한 놀이동산 따라말하기 선별검사

1. 놀이동산 문단 따라말하기 검사 지시문

각 문장을 자연스럽게 말하듯이 적당한 속도로 읽어 줍니다. 녹음 버튼을 누르고 시작하세요.

　"선생님이 지금부터 짧은 이야기를 들려줄 거예요. 한 문장씩 듣고 나서 똑같이 말해 주세요."

|연습문항|　오늘은 일요일입니다.

(아동이 따라하면 다음 문장을 읽어줍니다. 다른 말을 하거나 따라하지 못하면 다시 들려주면서 그대로 따라해 보라고 지시하고 격려해 줍니다. 성공하면 칭찬한 뒤 검사를 시작합니다.)

　1. 자동차를 타고 놀이동산에 갔어요. (기다림)
　2. 호랑이, 코끼리, 사슴 같은 동물 친구들도 있었어요. (기다림)
　3. 왕자님, 공주님이 된 것처럼 우리는 신이 났어요. (기다림)

　따라말하기 선별검사 1단계는 언어와 조음을 평가할 수 있으며, 2단계는 조음만 평가하기 위한 검사이다. 1단계로 단서 없이 모방하기, 2단계로 [그림 1]의 그림 단서를 보면서, 한 문장을 둘로 나누어 모방하기, 마지막으로 읽을 수 있는 아동은 읽기의 3단계까지 실시한다.

　조음오류와 상관없이 언어적으로 4어절 이상(채점지의 오류기록 칸이 어절) 오류를 보이면 2단계를 진행하고, 3어절 이하의 오류를 보인 아동은 바로 3단계의 읽기단계를 실시한다.

그림 1 2단계 모방과제 그림단서

2단계 따라말하기

1. 자동차를 타고 (기다림) 놀이동산에 갔어요. (기다림)

2. 호랑이, 코끼리, 사슴 같은 (기다림) 동물 친구들도 있었어요. (기다림)

3. 왕자님, 공주님이 된 것처럼 (기다림) 우리는 신이 났어요. (기다림)

1단계는 따라말하기 언어선별(어절, 음절)과 조음선별(어절, 자음) 채점을 나누어 실시해야 하며, 채점지와 채점기준은 다음과 같다. 2단계는 1단계 채점지를 복사하여 사용할 수 있지만 조음선별만 채점한다.

놀이동산 선별검사 채점지

이름(ID) : _____ (_____) 생년월일 : ____. ____. (____ ; ____) 성별 : _____

검사일 : _____ 검사자 : _____

1. 따라말하기(1단계~2단계)

	아동 오류 반응							어절	음절	조음-어절	조음-자음	시간
								아동 오류 반응 횟수				
1	자동차를	타고	놀이동산에	갔어요				/4	/14			
조음	자동차를	타고	노리동사네	가써요								
2	호랑이	코끼리	사슴	같은	동물	친구들도	있었어요	/7	/20			
조음	호랑이	코끼리	사슴	가튼	동물	칭구들도	이써써요					
3	왕자님	공주님이	된	것처럼	우리는	신이	났어요	/7	/19			
조음	왕잔님	공준니미	됭	거처럼	우리는	시니	나써요					
합								/18	/53			

* 음절은 글자에 해당합니다.

2. 읽기(3단계)

	오류 반응 및 횟수 기록							어절	변동	시간
								아동 오류 반응 횟수		
1	자동차를	타고	노리동사네(2)	가써요(1)				/4	/ /3	
2	호랑이	코끼리	사슴	가튼(1)	동물	칭구들도	이써써요(2)	/7	/ /3	
3	왕잔님(1)	공준니미(2)	됭	거처럼	우리는	시니(1)	나써요(1)	/7	/ /5	
합								/18	/ /11	

* 음절은 글자에 해당합니다.

조음 정확성 평정	0 - 1 - 2 - 3
읽기 유창성 평정	0 - 1 - 2

채점 요령

1. 아동이 오류로 반응한 어절, 음절, 조음-어절, 조음-자음을 '아동 오류 반응 횟수'에 기입합니다. 오류가 없는 경우 0으로 기입합니다.

2. 성인의 구어 표현 방식을 기준으로 채점합니다. 틀리게 반응할 경우 문장 바로 밑에 아동의 반응을 그대로 적어 주세요.

3. 스스로 교정해서 말할 때 교정한 것이 맞으면 맞는 것으로, 틀리면 틀린 것으로 채점합니다.

4. 언어-어절과 언어-음절 열에는 아동이 지시문과 다르게 반응한 오류의 개수를 기록합니다. 언어 열에서는 조음에 오류가 있어도 정반응으로 채점합니다. 1단계에서만 언어를 채점합니다.

5. 조음-어절과 조음-자음 열은 아동의 발음에서 자음에 오류가 있는 경우의 수를 기록합니다. /ㅇ/이 초성에 올 때는 자음으로 취급하지 않습니다. 1단계만 진행한 아동은 1단계에서 조음을 채점하고 2단계를 진행한 아동은 2단계에서만 조음을 채점합니다. 조음은 어휘나 문법 오류와 관련 없이 발음 오류 횟수만 기입합니다.

6. 읽기(3단계)도 따라말하기(1~2단계)처럼 채점합니다. **굵은 표시**는 음운변동이 적용되는 어절이고, 변동이 일어난 횟수는 작은 괄호로 표시했습니다. 음운변동을 적용시켜 읽지 못한 경우 오류의 수를 세어 기록합니다.

7. 조음정확성과 읽기유창성을 평정합니다. 정확성은 4점 척도에 표시합니다(0 : 정확함, 3 : 조음오류 심각함). 유창성은 3점 척도에 표시합니다(0 : 유창함, 2 : 매우 유창하지 않음).

- 예를 들어 "자동차를 타고"를 "자동찰 타고"라고 하거나, "우리는"을 "우린"으로 반응한 경우에 언어, 조음 모두 정반응으로 간주합니다. 제시 문장에서 밑줄로 표시된 조사 부분은 약하게 발음되거나 문맥에 맞게 축약되는 경우 정반응으로 간주합니다.

- 3번 문장에서 모두 정반응인데 "공주님이 된 것처럼"을 "콘주니미 됭 거처덤"이라고 반응한 아동의 경우 어절과 음절에는 오류가 없으므로 모두 '0'이라고 적고, 조음-어절은 2(2개의 어절에서 조음 오류), 조음-자음은 3(세 개의 자음에서 조음 오류)이라고 적습니다.

- 다른 예로 3번 문장에서 모두 정반응인데 "공주님이 된 것처럼"을 "공준님처럼"이라고 반응한 아동은 어절에는 3(3어절 오류)라고 적고, 음절에는 3(3음절 오류)이라고 적습니다. 그리고 '공주님이' 밑에 칸에 '공준님-'이라 적고, '된' 밑에는 - 표시를 하고, '것처럼' 밑에는 '-처럼'이라고 적습니다. 조음 오류는 없으므로 모두 '0'으로 표시합니다.

	아동 오류 반응(예)							아동 오류 반응 횟수				시간
								어절	음절	조음-어절	조음-자음	
3	왕자님	공주님이	된	것처럼	우리는	신이	났어요	3 /7	3 /19			
	+	공준님-	-	-처럼	+	+	+					
조음	왕잔님	공준니미	됭	거처럼	우리는	시니	나써요					

2. 따라말하기 검사의 조음 타당성 검증 예비연구

만 5세와 6세 사이의 표준화검사로 진단된 기능적 조음음운장애 아동(-2SD) 7명과, 경계선급 (경증) 조음음운장애 아동(-1SD~-2SD) 2명과 일반 아동 4명을 대상으로 하였다. 대상 아동의 조음음운능력 평가는 우리말 조음음운평가(U-TAP)(김영태·신문자, 2004)로 실시하였다.

(1) 자음정확도 점수와 선별검사의 상관

U-TAP 검사의 자음정확도와 선별검사의 어절과 자음의 오류 점수와의 상관은 〈표 1〉과 같다. 어절 오류 수와 우리말 조음음운평가의 자음정확도 간의 상관이 -.85로 나타났다.

표 1 자음정확도와 선별검사 점수(어절, 자음)의 상관

	어절오류 수	자음오류 수	어절-자음 오류
자음정확도	-.85	-.72	.96

(2) 세 집단별 선별검사 점수

조음장애 집단은 네 어절 이상에서 조음오류를 보였으며, 6개 이상의 자음에서 오류를 보였다. 일반 아동은 세 어절 이하의 오류를 보이며 5개 이하의 자음오류를 보였다(표 2 참조). 조음음운 장애가 있는 아동은 일반 아동과 비교하여 차별되게 많은 오류를 보였다.

표 2　집단별 선별검사의 오류 평균, 표준편차 및 범위

	조음오류-어절			조음오류-자음		
	조음음운장애	경계	일반	조음음운장애	경계	일반
평균(SD)	10.3(4.30)	7.5(2.12)	1.5(1.29)	24.1(14.66)	22(12.73)	2(2.16)
범위	4~17	6~9	0~3	6~47	13~31	0~5

　김수진(2016)에서 600명의 5~6세 아동을 대상으로 이 선별검사를 실시한 결과 발음 측면에서 오류어절 수는 평균 1.1개(SD=1.5), 오류자음 수는 평균 1.3개(SD=2.0)였다. 일반 아동 5~6세에게 실시했을 때 조음 측면에서 2~3개 이상의 어절, 혹은 3개 이상의 자음에서 오류를 보인다면 정식으로 조음음운 평가를 받도록 추천한다.

말 · 언어 평가 보고서 (예)

성별 표시가 빠졌습니다. 진단보고서 상단 자료는 검사 결과 해석에 매우 중요한 부분입니다. 내용을 보니 (남)아네요.

이름(성별)	김○수	생년월일(연령)	2013. 9. 18 (6;1)
정보제공자	아동의 어머니	장애유형	원인을 모르는 말소리장애
검사자	윤○희	연락처	×××-××××
검사일	2019. 11. 5	지도교수	김○진

Ⅰ. 배경정보

김○수 아동은 나이에 비해 발음이 부정확하다는 어머니의 주 호소 문제로 본 기관에 내원하였다. 어머니의 보고에 따르면, 임신 및 출산 과정에 큰 이상이 없이 자연분만으로 태어났다고 한다. 걷기, 대소변 가리기 등의 발달과정에 있어 큰 문제를 보이지 않았다고 한다. 첫 낱말은 '엄마'로 13개월 정도에 나타났으나, 첫 문장이 나타난 시기는 30개월경으로 또래에 비해 늦었으며, 타 언어치료 기관에서 1년가량 치료를 받은 경험이 있다. 현재는 일반 유치원에 다니고 있으며, 또래와 어울리는 것을 좋아하고 명랑한 성격을 보이지만, 낯선 환경에 적응하는 데에는 어려움을 보인다고 한다. 아동이 4세가 된 이후로 부모님의 맞벌이로 주양육자는 할머니라고 한다.

Ⅱ. 검사태도

진단 시 적절한 목소리로 검사자의 질문에 모두 잘 대답해 주었다. 모든 검사에 협조적이고 적극적인 모습을 보였으며, 목소리는 전반적으로 큰 편이었다. 아동은 자신의 발음이 부정확하다는 것을 인지하고는 있지만, 그에 대해 크게 불안감을 보이지는 않았다.

Ⅲ. 실시한 검사

1. REVT 수용-표현어휘력검사(김영태 외, 2009)
2. 우리말 조음음운검사 U-TAP2(김영태 외, 2019)
3. 음운인식선별검사(김수진 외, 2018)

Ⅳ. 검사결과

1. 청지각 능력

가. 청각능력

청각 선별검사인 Ling 6개음 검사를 실시한 결과, 수행에 어려움이 없었다.

나. 지각능력

조음검사 수행결과 지속적으로 오류를 보이는 마찰음 / ㅅ, ㅆ/와 파찰음 /ㅈ/에 대해 지각 변별 검사를 수행한 결과, 수행에 문제가 없었다.

어중종성에 대한 지각 변별 검사 결과도 첨부하세요.

2. 말하기 능력

가. 조음기관 구조

비언어과제를 통해 말산출과 관련된 조음기관의 구조와 기능을 살펴본 결과, 이상이 없었다.

나. 목소리

목소리의 음도, 음질, 음량은 정상이었다.

다. 유창성

구, 어절 단위에서 반복이 나타났다. 100어절 중 7번의 반복이 나타나 7%의 문제를 보였고 최대 단위반복수는 3회로 측정되었다.

3. 언어능력

언어능력을 알아보기 위해 어휘 표준화검사 REVT를 실시한 결과 수용언어는 50%ile 수준으로 나타나 일반 범위에 속하고, 표현언어는 30%ile 수준으로 수용언어에 비해 지체되는 것으로 나타났다.

백분위 점수로 이런 비교를 하는 것은 부적절합니다.
그리고 30%ile은 지체된 수준이 아니지요

4. 조음음운능력

가. 낱말수준

낱말수준에서 조음능력을 살펴보기 위해 표준화검사인 우리말 조음음운검사(U-TAP2)를 실시한 결과, 단어수준 검사에서의 자음정확도(PCC)는 68.75%로, 백분위점수는 1%tile 이하로 측정되어 일반 아동들에 비해 많이 지체되어 있다. 말소리 목록 분석 결과는 〈표 1〉과 같다. 음소목록 표를 살펴보면, 폐쇄음과 양순음, 성문음은 잘 사용하는 모습을 보였지만, 마찰음과 공명음,

우선 긍정적인 목록분석 다음에 오류목록을 분석해봅시다.
초성에서 파열음과 비음은 잘 사용한다. 파찰음도 경음과 격음은 정반응을 보였다. 마찰음과 파찰음(평음) 유음에서는 오류를 보였다.
종성은 양순폐쇄음과 유음은 잘 산출하지만 대부분 어려움을 보였다. 특히 어말보다 어중에서 더 많은 오류를 보였다.
이 아동의 경우에는 초성과 종성 조건으로 나누고 그다음에 단어 내 위치 조건으로 나누어 보고 그다음에 조음방법과 조음장소를 나누어 정리하면 좋겠습니다.

종성에서는 빈번한 오류가 관찰되었다. 특히 비음의 경우 초성에서는 괜찮지만 종성에서는 어려움을 보이며, 유음은 반대로 종성에서는 괜찮지만 초성에서는 어려움을 보인다.

표 1 말소리 목록 분석 결과

	ㅂ	ㅃ	ㅍ	ㄷ	ㄸ	ㅌ	ㄱ	ㄲ	ㅋ	ㅈ	ㅉ	ㅊ	ㅅ	ㅆ	ㅎ	ㅁ	ㄴ	ㅇ	ㄹ
어두초성	+	+	ㅂ	+	+	+	+		+	ㄷ	+	+	ㅌ	ㅌ	+	+	+		ㄴ
어중초성	+	+	+	+	+	+	+		+	ㅉ	+	+	ㅌ	ㅌ		ㅂ	+		ø
어중종성	+						ㅂ									ø	ø	ø	+
어말종성	+			+			+								+		ø	ㅇ	+

유음 마찰음 오류는 세부 오류패턴을 합해서 다시 기술해줄 필요가 있음.
어중종성탈락과 어중종성 역행동화도 합해서 볼 수 있음.

단어수준 검사에서의 음운오류패턴 분석 결과는 〈부록 1〉과 같다. 마찰음의 파열음화가 83%로 가장 많이 나타났고, 그다음으로는 어중종성생략이 69%로 빈번하게 나타났다. 유음생략 역시 38%로 다소 높게 나타났으며, 파찰음의 파열음화는 23%로 나타났는데, 이 패턴은 한 단어 내에서 두 번 이상 반복되는 경향을 보였다.

나타났다.
(한 단어에서 오류 음소가 두 번 들어가면 당연히 반복되지 않을까요. 중요하다고 판단되거나 해석할 수 있는 내용만 보고서에 포함하는 것이 좋습니다. 그냥 사건들을 기술하다 보면 산만해집니다.)

나. 문장/자발화수준

자발화수준에서의 50어절을 분석한 결과, 단어단위 정확률(PWC)은 0.56, 자음정확도는 48%로 나타났다. 어중종성생략이 85%로 가장 많이 나타났고, 그다음으로는 마찰음의 파열음화와 유음생략이 각각 80%와 57%로 높게 나타났다. 파찰음의 파열음화 역시 42% 정도로 유의미한 결과를 보였다. 이 결과는 단어수준의 자음정확도 분석에서 나타난 오류패턴과 유사한 패턴과 수치를 보여준다. 하지만 낱말수준에 비해 문장/자발화수준에서 명료도와 자음정확도가 크게 떨어진다.

자발화는 최소 새로운 100어절은 해야 적절한 수준을 볼 수 있습니다. 자음정확도나 음운오류패턴 발생률은 자발화에서 매번 계산이 어려우므로 발생횟수만 언급해도 됩니다.

PCC 언급은 두 조건에서 있으니까 적절.
명료도 결과는 비교 안 하고 이런 결론은 부적절.

유의미 언급은 실험연구에서 검정 결과를 ... 때 쓰는 표현 ... 여기에서는 그 ...
-보였다거나
... 수준이라고 ...

다. 음운인식선별검사

선별된 20개의 어휘를 바탕으로 탈락선별검사를 실시한 결과, 또래의 평균인 17.33점에 비해 아동의 음운인식 수준은 11점으로 2%ile 미만이며, 지체되어 있다.

일반적으로 사용하지 않는 검사를 이용할 때는 해당 논문을 검색하여 평균과 표준편차를 함께 제공해주는 것이 좋습니다.

라. 문맥분석 및 자극반응도

오류를 빈번히 보이는 음소인 마찰음 /ㅅ, ㅆ/와 유음 /ㄹ/, 파찰음 /ㅈ/가 포함된 낱말에 대하여 시각적, 청각적, 촉각적 단서를 주고 이를 모방하도록 하여 자극반응도를 살펴본 결과 /ㅅ, ㅆ/

는 40%(2/5), /ㄹ/는 100%(5/5), /ㅈ/는 80%(4/5)로 나타났다. 동시에 오류 음소에 대해 문맥검사도 함께 실시한 결과, /ㅅ, ㅆ/는 40%(4/10), /ㄹ/는 66.7%(10/15), /ㅈ/는 70%(7/10)로 나타났다. /ㅅ/, /ㅆ/, /ㅈ/는 모두 전설모음 /ㅣ/와 /ㅔ/ 앞에서는 모방이 가능하였고, 반대로 /ㄹ/는 후설 원순 모음 /ㅜ/와 /ㅗ/ 앞에서 모방이 가능하였다. 문맥검사 결과표는 〈부록 2〉와 같다.

어중종성에 대한 자극반응도 결과도 추가해주세요.

마. 명료도

5점 척도로 평가한 결과 3점으로 판단된다.

명료도 평정은 자발화 문맥인가요? 평가 문맥도 중요합니다.

V. 결론 및 제언

30%ile도 일반적인 발달수준입니다. 10~16%ile 수준을 경계선급이라고 할 수 있습니다.

김○수 아동은 원인을 모르는 말소리장애(SSD)로 진단된다. 특별한 기질적인 문제는 관찰되지 않았고, 지각능력이나 운동발달도 정상적이었으며 집중력과 사회적 상호작용 능력도 좋은 편이었다. 수용언어능력 또한 일반적인 수준에 속하였지만 표현어휘능력은 30%ile 수준이었다.

　단어수준에서의 표준화검사 결과 백분위는 1%ile 미만으로 나타났다. 주요 오류패턴은 마찰음의 파열음화, 어중종성생략, 유음생략, 파찰음의 파열음화로 단어수준과 자발화수준 모두에서 일관된 모습을 보인다. 하지만 낱말수준과 문장/자발화수준에서의 명료도와 자음정확도 차이가 큰 편이다. 오류음소 중 파찰음과 유음은 낱말 모방에서의 자극반응도가 좋았고, 자극반응도가 낮았던 /ㅅ, ㅆ/는 문맥검사에서 전설 고모음 앞에서는 좋은 반응을 보였지만, 후설 모음 앞에서는 어려움을 보였다. *결론 및 제언에서 문맥검사 결과까지 요약할 필요는 없어 보입니다.*

　음운인식 선별검사 결과가 2%ile 미만이므로 추가 음운인식검사를 수행할 필요가 있다.

　아동은 마찰음과 파찰음을 중심으로 한 집중적인 말소리치료와 조음훈련이 필요하다고 판단된다. 또한 곧 학령기가 될 아동이기 때문에 표현언어발달을 향상시킬 수 있는 접근과 음운인식 훈련을 하는 것을 추천한다.

마찰음과 파찰음 음 어중종성을 심으로 한

음운인식 심화검사를 추천한 것으로 적절한 조언입니다. 심화검사에서 괜찮다면 훈련이 필요 없겠죠.

부록1   음운오류패턴 분석 결과

단 /회 오류는 오류패턴분석에 포함할 필요가 없습니다.
위에서 마찰음의 파찰음화는 /회여도 파열음화와 함께
마찰음의 오류양상을 보여주는 것이므로 의미가 있습니다.
연구개음 전방화는 /4번의 기회 중 /회인 것도 의미가 없을 뿐 아니라
연구개음이 전방화가 되었다고 분석할 때는 치경파열음이나
경구개파열음 혹은 파찰음으로 오는 것만 발달적 패턴입니다.

음운변동			오류 수/기회 수	발생률(%)	예시
음절구조변동	음절구조	어중종성생략	11/16	68.5	김빵→기빵
대치변동	유음오류	유음생략	3/8	37.5	해바라기→해바아기
		비음화	2/8	25	라면→나멍
	마찰음오류	파열음화	5/6	83.33	사탕→타탕
		파찰음화	1/6	16.67	접씨→더치
	파찰음오류	파열음화	3/13	23.08	자동차→다도타
	연구개음 전방화	초성	1/14	7.14	빨간색→빨라택
	경음화	평음	2/23	8.7	냉장고→내짜꼬
기타			7		

비전형적 오류내용을 분석해서 추가하세요.

부록2   문맥검사 결과표

	이			에			아			우			오			정확도(%)
	어두	어중	어말	어두	어중	어말	어두	어중	어말	어두	어중	어말	어두	어중	어말	
ㅅ	시	이시	–	세	에세	–	타	아타	–	투	우두	–	토	오토	–	40
ㅆ	씨	이씨	–	쎄	에쎄	–	타	아타	–	투	우뚜	–	토	오토	–	40
ㄹ	리	이이	일	에	에에	엘	나	아아	알	루	우루	울	로	오로	올	66.7
ㅈ	지	이지	–	제	에제	–	다	아자	–	두	우주	–	조	오도	–	70

국내 조음음운치료 연구 : 2000~2014년까지

최민실 · 김수진

2000년부터 2014년까지 15년간 국내의 조음음운 치료는 기능적 조음음운장애, 청각장애, 구개파열, 지적장애, 뇌성마비, 마비말장애의 다양한 장애를 갖고 있는 대상으로 연구되어 왔다. 치료접근법으로는 음성적 접근법, 음운적 접근법, 구강운동 접근법 및 기타 훈련 프로그램 등이 있다. 보다 효율적인 치료법을 개발하는 것은 중요한 일이며, 이를 위해서는 기존의 각 치료접근법에 따른 연구결과들을 검토할 필요가 있다. 본고에서는 기존 연구결과의 대상자 특성과 연구설계를 비교하는 것을 통해 각 치료법의 효과들을 간접적으로 비교 분석하고자 한다.

1. 음성적 접근법

국내에서 음성적 접근법을 사용하여 중재를 실시한 논문은 총 6편이었고, 이 중에서 한 편은 음성적 접근법과 음운적 접근법을 비교한 연구였다. 6편 연구의 대상자 특성 및 연구설계는 〈표 1〉과 같다. 연구대상군은 청각장애인(1편), 인공와우이식 아동(3편), 지적장애 아동(1편), 기능적 조음장애 아동(1편)이었다. 연구방법은 단일대상자 연구와 집단 간 차이 분석을 적용하였다. 대부분의 연구들은 구체적인 치료법이 제목에 소개되어 있었다. 이는 치료법 자체가 연구주제임을 의미하며, 구체적으로 살펴보면 말소리 변별 및 목표음에 대한 집중적인 듣기 훈련, Van Riper의 전통적 접근법, 짝자극 기법, 전통적 산출 훈련, 촉각에 초점을 둔 치료를 적용한 연구가 있었다.

| 표 1 | 음성적 접근 적용 연구목록 |

저자	제목	연도	출처	대상	설계
강주혜 석동일 박상희	촉감각적 지시법(wafer-method)에 의한 청각장애 아동의 조음개선 효과	2000	언어청각장애연구 5(2), 121-143.	청각장애 아동 3명	단일대상자 대상자 간 중다기초선 설계
김기주 석동일 박상희	조음조절 프로그램에 의한 조음장애 아동의 /ㄹ/ 조음명료도 개선	2002	난청과 언어장애 연구 23(2), 191-203.	기능적 조음장애 아동 3명	단일대상자 대상자 간 중다기초선 설계 사전, 사후 설계
박윤 정은희	조음점 지시법과 짝자극 훈련 프로그램이 인공와우 아동의 치경음 /ㄷ/의 조음 개선에 미치는 효과	2007	언어치료연구 16(3), 31-46.	인공와우 이식 아동 3명	단일대상자 대상자 간 중다기초선 설계
석동일	인공와우이식 아동의 조음음운치료에서 음성적 치료와 음운적 치료의 효과 비교	2009	언어치료연구 18(4), 55-73.	인공와우 이식 아동 10명	사전-사후 집단 2×2 혼합설계 반복측정 분산분석
이지은 강영심	짝자극 기법을 통한 지적장애 아동의 조음정확도 개선과 오류유형의 변화	2011	지적장애연구 13(1), 29-51.	지적장애 아동 3명	단일대상자 사전, 중재, 사후 비교
이현주 박은혜	듣기 중심의 언어중재가 특수학교 인공와우이식 중등부 학생의 말지각과 말명료도에 미치는 영향	2013	특수교육학연구 48(3), 39-66.	인공와우 이식 중등 8명	사전-사후 검사결과 윌콕슨 부호 순위 검정

(1) 말소리 변별 및 목표음에 대한 집중적인 듣기 훈련

해당 논문으로는 인공와우 착용자를 위한 듣기 중심 언어중재 프로그램으로 중재를 실시한 논문(이현주·박은혜, 2013)이 있었다. 이 중재 프로그램은 특정 오류패턴을 보이는 대상자들을 위해 국외에서 개발된 훈련 프로그램(ASP)(Romanik, 2008)을 기반으로 국내에 맞게 구성한 훈련 프로그램이다. 듣기 중심 언어중재 결과, 인공와우 이식자(중등)는 말 지각력(담화 및 문장 수준의 청각 이해) 향상 및 말명료도의 향상을 나타냈다.

(2) Van Riper의 전통 접근법

인공와우이식 아동을 대상으로 음성적 접근법과 음운적 접근법을 비교한 연구(석동일, 2009ㄱ)

는 음성적 접근법에서 Van Riper의 '확인과 변별' 단계 훈련과 말운동 접근법을 결합하여 훈련을 실시하였다. 연구방법은 음성치료 집단과 음운치료 집단의 집단 간 차이를 치료의 사전–사후로 비교하였는데 집단별 인원이 5명이었다. 중재결과 단어단위 정확률, 복잡률, 근접률에서 향상을 보였다.

(3) 짝자극 기법

인공와우이식 아동 3명에게도 조음점 지시법을 실시한 후 짝자극 기법을 통하여 훈련을 실시한 결과 치경음 /ㄷ/의 음소, 음절, 구에서 조음정확도의 향상을 보였다(박윤·정은희, 2007). 그리고 지적장애 아동 3명에게 짝자극 기법을 통하여 핵심단어를 중심으로 단어수준, 문장수준, 회화수준으로 나누어 중재를 실시하고 사전, 중재, 사후 평가를 실시한 결과 단어, 문장, 회화 수준에서 모두 조음정확도가 개선되고 조음오류 유형이 감소한 것으로 나타났다(이지은·강영심, 2011).

(4) 전통적 산출 훈련

구어 모델링과 강화를 이용하여 전통적 산출 훈련을 실시하는 Baker와 Ryan(1971)의 조음조절 프로그램을 한국어에 맞게 고안하여 조음조절 프로그램 실시하였다. 연구결과 유음 /ㄹ/의 조음명료도가 개선되고, 조음위치별 및 언어단위별 조음명료도가 개선되고, 의사소통 상황에서도 일반화 효과가 나타났다(김기주·석동일·박상희, 2002).

(5) 촉각에 초점을 둔 치료

청각장애를 대상으로 한 wafer-method를 통한 촉감각적 지시법 프로그램(강주혜·석동일·박상희, 2000)과 인공와우 아동을 위한 시각적 및 촉각적 피드백과 동작 모방을 통한 청각재활프로그램이 있다. 연구결과 청각장애 아동은 개별음소(치조음, 연구개음)의 개선 및 단어수준으로도 전이효과가 나타났고, 인공와우 아동은 초분절적 능력 향상 및 발성의 다양성에 변화를 가져왔다.

2. 음운적 접근법

국내에서 음운적 접근법을 이용한 중재 논문은 총 7편이었다. 7편의 연구대상자 특성 및 연구설계는 〈표 2〉와 같다. 연구대상군은 기능적 조음음운장애 아동(5편), 구개파열 아동(2편)이며, 훈련은 변별자질 접근법(2편), 상위음운 중재(5편)가 있었다. 연구설계는 상위음운 중재 한 편(대

| 표 2 | 음운적 접근 적용 연구목록 | | | | |

저자	제목	연도	출처	대상	설계
김시영 이규식	언어적 단위를 이용한 프로그램이 구개파열 조음 및 음성에 미치는 변화 분석	2000	난청과언어장애연구 23(2), 205-216.	연구개 오조음 하는 구개파열 아동 2명, 성인 1명	단일대상자 사전-사후 비교
석동일	조음장애 아동에 대한 상위 음운치료의 효과	2002	난청과언어장애연구 25(2), 19-31.	조음장애 아동 2명	단일대상자 사전-사후 설계
황보명 강수균	음운자각 중재가 음운장애 아동의 음운자각도 및 음운 산출능력에 미치는 효과	2002	언어청각장애연구 7(2), 134-151.	기능적 음운장애 아동 3명	단일대상자 피험자 간 중다기초선 설계
권남인 석동일 신혜정	변별자질 접근을 이용한 치료 프로그램이 구개파열 아동의 조음정확도에 미치는 영향	2003	언어청각장애연구 8(3), 149-170.	구개파열 아동 3명	단일대상자 사전-사후 설계
신주영 석동일 박은주	상위음운 중재가 취학 전 조음 음운장애 아동의 음운 능력에 미치는 효과	2006	음성과학 13(3), 169-183.	조음음운장애 아동 4명	단일대상자 사전-사후 설계
김문정 석동일	청지각 기반 음운인식 훈련 프로그램이 조음음운장애 유아의 음운인식 및 조음음운 능력에 미치는 효과	2008	지적장애연구 17(2), 117-137.	조음음운장애 유아 4명	단일대상자 대상자 간 중다 간헐 기초선 설계
김유신 안성우	음운인식 프로그램이 조음 음운장애 유아의 음운인식 능력과 조음오류 개선에 미치는 효과	2009	언어치료연구 18(1), 99-116.	조음음운장애 유아 10명	사전-사후 검사 차이 대응표본 t 검정

응표본 t 검정)을 제외하고는 모두 단일대상 연구로 이루어졌다. 구체적인 치료법으로는 변별자질치료, 상위음운치료(상위음운치료, 음운자각도 중재, 음운인식 훈련)를 적용하였다.

(1) 자질을 고려한 음운대조 치료:변별자질 치료

변별자질 접근법으로 중재를 실시한 연구는 두 편이다. 먼저 연구개음을 오조음하는 구개파열 아동 2명과 성인 1명을 대상으로 언어적 단위를 이용한 프로그램에 의한 중재를 실시한 연구가 있다(김시영 · 이규식, 2000). 이 연구는 언어단위를 음절, 단어, 정형화된 문장, 대화수준으로 나누어 변별자질 접근법을 통하여 중재를 하였다. 연구결과 언어적 단위에 따라 음절, 단어, 정형화된 문장, 대화수준 모두 연구개음 /ㄱ, ㅋ, ㅇ/의 조음 개선이 있었다. 다음으로 구개파열 아동 3명을 대상으로 변별자질 접근을 통해 훈련한 결과 마찰음, 파찰음의 조음정확도에 향상이 있었다(권남인 · 석동일 · 신혜정, 2003).

(2) 소리에 대한 지식을 강조하는 상위음운치료

상위음운치료를 한 연구는 총 5편이었다. 상위음운 중재는 음운변동 접근법을 통한 연구와 음운인식과 음운변동 접근법을 병행하여 실시한 연구가 있었다. 상위음운치료의 종류를 세 가지 형태로 나누어 볼 수 있는데, 첫 번째 형태로는 국외의 음운변동 접근 프로그램을 통한 상위음운 중재 연구가 두 편이 있다. 먼저 취학 전 조음음운장애 아동 4명에게 Howell과 Dean(1991)이 개발한 음운변동을 토대로 상위음운 중재를 실시한 연구로 중재 전 · 후의 상위음운 능력을 평가하였다. 중재결과 일반적 상위음운 능력이 향상되고, 구어 명료도도 향상되었다(신주영 · 석동일 · 박은주, 2006). 다음으로 조음장애 아동 2명에게 Bird와 Bishop(1992), Major와 Bernhardt(1998)의 프로그램을 참조하여 상위음운치료를 실시하였다. 치료결과 부정적 음운변동이 감소하였고 구어 명료도 및 전반적 상위음운 능력에 향상이 있었다(석동일, 2002). 두 번째 형태로는 조음장애 아동을 대상으로 음운인식 훈련 프로그램을 통하여 중재를 실시한 연구가 두 편이 있다. 두 편의 음운인식 훈련 프로그램으로 중재를 실시한 결과, 기능적 조음음운장애 아동들은 전체 음운인식 능력 및 하위음운인식 능력이 개선되었으며, 조음음운 능력에서 자음정확도가 향상되고 음운변동률이 감소하였다(김문정 · 석동일, 2008; 김유신 · 안성우, 2009). 세 번째 형태로는 음운자각중재 프로그램이 있다. 기능적 조음음운장애 아동 3명에게 Bird와 Bishop(1992)과 Major와 Bernhardt(1998)의 프로그램을 바탕으로 음운자각중재 프로그램을 고안하여 실시하였다. 중재결과 기능적 조음음운장애 아동은 음운자각도 수행력과 음운산출 정확도 향상을 보였으며, 개별음소(유음 /ㄹ/)의 조음명료도 개선 및 조음위치별, 단어단위별 조음명료도 개선 및 의사소통 상황에서의 일반화 효과가 있었다(황보명 · 강수균, 2002).

3. 구강운동 접근법

국내에서 비구어운동 접근법을 통하여 중재를 실시한 연구는 총 5편으로 대상자는 모두 마비말장애군이라는 특징을 갖고 있었다. 이 중 한 편은 비구어운동 훈련과 촉각적 피드백(전기 자극)

을 병행하여 실시한 경우였고, 또 다른 한편은 비구어운동과 발성 훈련이 혼합된 경우였다. 이들 연구대상자 특성 및 연구설계는 〈표 3〉과 같다.

　연구대상군은 뇌성마비(경직형, 실조형, 무정위운동형) 아동(4편), 마비말장애 성인(1편)이었다. 연구방법을 보면 단일대상 연구가 4편, 사전-사후 설계로 33명을 11명씩 세 집단으로 나누어 집단 간 치료 전후 차이를 일원분산분석을 실시한 경우가 1편이었다. 단일대상 연구 4편은 모두 '사전, 치료, 유지' 시점의 점수를 비교하였다.

　훈련 방법은 첫째, 발성이나 조음 산출 훈련은 포함시키지 않고 호흡 훈련, 조음기관 훈련, 체간과 머리자세 조정만을 실시한 경우 3편(김선희·권도하, 2000; 이금숙·유재연, 2008; 이필상, 2012), 둘째, 호흡 및 조음기관 훈련과 함께 자음과 모음을 중심으로 발성 훈련을 실시한 경우 1편(정재권·양동, 2001), 셋째, 전기자극을 이용하고 조음기관 훈련 및 발성 훈련을 함께 실

표 3　구강운동 접근법 적용 연구목록

저자	제목	연도	출처	대상	설계
김선희 권도하	자세 조정을 이용한 호흡 및 조음기관 훈련 프로그램이 뇌성마비 아동의 구어 기초능력 향상에 미치는 효과	2000	언어치료연구 9(1), 89-106.	뇌성마비 아동 4명	단일대상자 치료 전, 치료, 유지 평가
정재권 양동	조음훈련 프로그램이 뇌성마비 아동의 조음개선에 미치는 효과	2001	지체·중복·건강장애연구(구 중복·지체부자유아교육) 37, 101-119.	뇌성마비 아동 3명	단일대상자 사전-사후 평가
이금숙 유재연	호흡 및 조음기관 훈련 프로그램이 뇌성마비 아동의 말 산출 기초능력에 미치는 효과	2008	음성과학 15(3), 103-116.	뇌성마비 아동 4명	단일대상자 전-후 비교
이필상	조음기관 근육이완 훈련 프로그램이 경직형 뇌성마비 아동의 조음능력 향상에 미치는 효과	2012	발달장애연구 16(1), 75-93.	뇌성마비 아동 3명	단일대상자 사전, 중재, 사후 평가
조비인 안종복	조음기관 훈련과 전기자극치료의 병행치료가 경직형 마비말장애 대상자의 호흡 및 조음 개선에 미치는 효과	2012	지체·중복·건강장애연구 55(4), 451-470.	마비말장애 33명	사전-사후 설계 치료 전·후차 일원분산분석, Tukey 사후 검증

시한 경우 1편(조비인·안종복, 2012)으로 나눌 수 있다. 훈련 결과 대상자의 최대연장 발성시간, 발성강도, 음절교호운동 능력에 향상이 있었고, 자음·모음 및 음절 정확도가 높아졌다고 보고하였다. 또한 뇌성마비 아동은 비구어운동 및 발성 훈련 결과 조음기관 기능의 수준이 향상되었고, 전체적인 조음 상태가 개선되었다.

4. 혼합법(절충법)

국내에서 음성적, 음운적 접근법을 혼합하여 연구한 중재 논문은 총 4편이었다. 이들 연구대상자 특성 및 연구설계는 〈표 4〉와 같다. 연구대상군은 인공와우 아동, 지적장애 아동, 다운증후군 아동, 조음음운장애 아동이었다. 구체적인 치료법으로는 첫째, 인공와우 아동을 위한 따라말하기와 전통적 접근의 피드백을 결합한 훈련 프로그램(석동일·박상희, 2002), 둘째, 지적장애를 위한 의사소통 중심 프로그램에 기반하여 음성적 접근의 피드백을 결합한 훈련 프로그램(태해경·석동일, 2001), 셋째, 다운증후군 아동을 위한 단어단위 분석법에 의한 중재 프로그램(김지원·신혜정, 2012), 넷째, 기능적 조음음운장애를 위한 인간 중심주의 언어치료 철학에 기반(즐거운 언어치료, 인간 목적의 과정중심치료, 완전학습의 언어치료), 음운인식 과제 훈련, 가족교육과 참여 및 가정치료, 변별자질 접근법과 음운변동분석 접근법의 결합의 하이브리드 접근 프로그램(석동일, 2009ㄱ)이 있다.

표 4 혼합법 적용 연구목록

저자	제목	연도	출처	대상	설계
태해경 석동일	의사소통 중심 언어중재가 경도 지적장애 아동의 조음 개선에 미치는 효과	2001	언어치료연구 10(2), 175-202.	지적장애 아동 3명	단일대상자 대상자 간 중다기초선 설계
석동일 박상희	따라말하기를 통한 말소리 지각 훈련이 인공와우이식 아동의 조음명료도 개선에 미치는 영향	2002	난청과언어장애 연구 25(2), 67-83.	인공와우이식 아동 2명	단일대상자 사전-사후 설계
석동일	하이브리드 접근법에 의한 조음음운장애 치료 효과	2009ㄴ	언어치료연구 18(1), 73-87.	조음음운장애 3명	단일대상자 AB 설계
김지원 신혜정	단어단위 분석법에 의한 다운증후군 아동의 조음음운 능력 개선의 효과	2012	언어치료연구 21(3), 349-364.	다운증후군 아동 3명	단일대상자 사전-사후 설계

혼합법의 중재결과 인공와우 아동은 따라말하기와 전통적 피드백 결과 조음정확도(자음, 모음) 및 명료도 개선이 있었다. 또한 지적장애 아동은 의사소통 중심 프로그램(전통적 피드백을 제공하는)으로 단어, 구 수준에서 조음오류의 개선이 나타났고, 다운증후군 아동은 단어단위 분석법에 의한 중재결과 단어단위 정확률, 복잡률, 근접률, 변화율에서 모두 개선을 나타내었으며, 자발화 산출 시 자음정확도와 모음정확도가 향상되었다. 그리고 기능적 조음음운장애 아동은 하이브리드 접근으로 단어단위 정확률, 복잡률, 근접률에서 향상을 보였다.

5. 기타

국내의 기타 조음치료 논문으로는 총 5편이 있었다. 5편의 연구대상자 특성 및 연구설계는 〈표 5〉와 같다. 연구대상군은 기능적 조음장애 아동(2편), 청각장애 아동(1편), 구개파열 아동(1편), 다양한 문제행동을 동반한 조음음운장애 아동(1편)이었다. 구체적인 치료법으로는 기기나 컴퓨터 프로그램을 이용하여 자극과 시각적 피드백을 제공하는 치료, 음성치료 기법을 활용한 치료

표 5   기타 연구목록

저자	제목	연도	출처	대상	설계
권은경 심현섭	동요를 이용한 조음음운치료 사례연구 : 어중초성 /ㄹ/를 대상으로	2001	언어청각장애연구 6(2), 493-504	기능적 조음음운장애 3명	단일대상자 피험자 간 중다 기초선 설계
이소영 김영태	성대이완 조음치료가 구개파열 아동의 조음정확도 향상과 보상조음 감소에 미치는 효과	2001	음성과학 8(3), 185-200.	구개파열 아동 3명	단일대상자 대상자 간 중다 기초선 설계
강수균 이필상	혀전방화 프로그램이 구개파열 아동의 과대비성 개선에 미치는 효과	2004	난청과언어장애연구 27(1), 231-266.	구개파열 아동 3명	단일대상자 사전-사후 비교
이근매 이상희 조경덕	미술치료를 병행한 언어치료가 조음장애 아동의 조음 정확도 및 문제행동에 미치는 효과	2004	미술치료연구 11(2), 149-167.	문제행동 있는 조음장애 아동 1명	단일대상자 치료 전후 비교
심우정 최양규	골드웨이브를 이용한 시각적 피드백이 기능적 조음장애 아동의 /ㅅ/음 산출에 미치는 효과	2012	심리행동연구 4(2), 83-114.	기능적 조음음운장애 아동 5명	단일대상자 사전-사후 검사 비모수 검정

법, 심리치료와 조음치료를 병행한 경우가 있었다.

(1) 기기나 컴퓨터 프로그램을 이용하여 자극과 시각적 피드백을 제공하는 치료

시각적 피드백을 제공하는 훈련으로 기능적 조음음운장애 아동 5명에게 시각적 피드백을 제공하는 소프트웨어(골드웨이브)를 사용한 훈련 1편이 있었다(심우정 · 최양규, 2012). 훈련 결과 개별음소(치경마찰음)의 자음정확도 개선 및 전이효과, 조음위치별, 언어단위별 자음정확도 개선이 있었다.

(2) 음성치료 기법을 활용한 치료법

음성치료 기법을 활용한 중재 연구는 총 2편이다. 특정 오류패턴을 보이는 대상자들을 위해 국외에서 개발된 훈련 프로그램을 기반으로 국내에 맞게 구성한 훈련 프로그램으로 구개파열 아동을 위한 성문파열음 치료기법에 기반한 성대이완 조음치료 프로그램(이소영 · 김영태, 2001)과 혀전방화 프로그램(강수균 · 이필상, 2004)이 있었다. 훈련 결과 구개파열 아동은 성문파열 치료법으로 파열자음 습득과 유지효과가 있었으며, 혀전방화 프로그램으로 과대비성, 조음능력 개선과 전이효과가 있었다.

(3) 심리치료와 조음치료를 병행한 경우

심리치료와 병행하여 조음치료를 실시한 경우는 2편이 있었다. 첫째, 동요를 이용한 중재결과 기능적 조음음운장애 아동은 개별음소(/ㄹ/)의 조음정확도가 향상되었다(권은경 · 심현섭, 2001). 둘째, 미술치료를 병행한 전통적 피드백을 통한 조음치료 결과 조음정확도의 향상과 함께 문제행동이 감소한 것으로 나타났다(이근매 · 이상희 · 조경덕, 2004).

6. 결론

지금까지 국내의 조음치료 관련 논문을 분석해 보았다. 15년의 조음치료 논문들을 분석해 본 결과 연구대상자는 기능적 조음음운장애, 구개파열, 지적장애, 마비말장애 등 비교적 다양하게 분포하였으나 다문화가정이나 중복장애 대상자에 관한 연구는 없었다. 따라서 앞으로는 다문화가정과 중복장애 대상자에 대한 중재 연구도 필요하다.

그리고 연구설계는 단일대상자 설계가 주를 이루었다. 임상현장에서 만나는 대상자들은 일반인들보다 개인 편차가 크므로 평균만으로 실험집단과 통제집단의 차이를 비교하거나 중재집단의 사전-사후 점수 차이를 비교하는 것으로 인과관계를 밝히기는 어렵다. 그래서 대상자의 수가 제한적일 때 단일대상자 설계로 검증하게 된다. 그러나 국내의 조음치료 관련 일부 단일대상자 설계 연구들에서는 조음오류, 오류패턴, 명료도의 비율이나 빈도의 중재 전후 변화를 단순히 비교하는 것에 그쳤다. 다시 말해서 단일대상자 설계인데 사전-사후 비교만을 실시한 경우가 대부분이어서 사례연구로 분류될 수도 있고 결과를 신뢰하기에 위험성이 존재할 수 있다. 따라서 앞으로는 단순히 사전-사후의 수치 차이의 비교를 통한 분석을 넘어서 무선적 배치와 단일대상자 연구설계를 명확하게 하여 근거기반 중재기법을 밝힐 필요가 있다. Baker와 Mcleod (2011)의 134개 치료논문을 검토한 결과 46가지 접근법이 있었는데, 그중 23개의 접근법만이 1회 이상 중재효과가 과학적으로 검증되었다. ASHA는 근거기반을 가장 높고 정밀한 수준 I부터 전문가나 임상가의 경험적 권위에 의한 수준 IV까지 설정하고 있으며, 조음음운장애의 치료법 가운데에는 음소대조 접근법, 자극반응도 접근법, 핵심어휘 접근법, 상위음운 접근법 등이 높은 수준의 근거기반 치료법으로 조명을 받았다(Bernthal, Bankson, & Flipsen, 2013). 국내 치료논문들은 이렇게 근거 수준이 높은 것으로 알려진 접근법을 중심으로 연구되어 왔다.

연구에서 사용된 치료법을 보면 음성적 접근법, 음운적 접근법, 구강운동 접근법, 혼합법 및 기타 접근법에서 하나의 접근법에 국한되지 않고 다양하게 조음치료 연구가 실시되어 온 것을 살펴볼 수 있었다. 치료법 중에서 국외의 치료 프로그램을 차용하여 실시한 경우가 많았는데, 이러한 경우에는 국내의 대상자에게 적용하였을 때 어떤 효용성이 있는지를 명확하게 밝혀주는 것이 필요할 것이다. 국내 혹은 국외의 프로그램을 통하여 중재를 실시할 때 개발된 프로그램의 검증이 중요할 것이며 또한 이에 대한 근거의 축적이 중요하다. 그리고 앞으로 국내에서는 국외의 프로그램을 단순히 차용하기보다 국내의 대상자의 특성과 치료 실정에 맞추어 새로운 프로그램을 개발할 필요가 있을 것이다.

상위음운치료 훈련 활동 예

목적	• 아동으로 하여금 단어형식에 대한 인식을 높이고, 성인의 말과 자신의 말이 어떻게 다른지, 소리들 간의 유사성과 차이점을 확인하여, 자질에 따른 소리를 인식 및 분류하고 소리들을 연결시켜 목표음을 정확히 산출하는 데 목적이 있다.
장기목표	• 상위언어학적 인식을 향상시키고, 정확한 조음위치를 확립하여 다양한 문맥에서 목표음을 정확히 듣고 산출할 수 있도록 한다.
단기목표	목표 1. 음운체계와 음운목록을 기반으로 각 목표의 적절한 산출방법을 아동이 인식할 수 있다. 목표 2. 목표음을 단어 내 음소의 위치, 모음맥락에 제한 없이 단어 및 문장수준에서 정확히 산출할 수 있다.
목표음소 설정 시 주의사항	**단기목표로 설정하여 대조를 통해 함께 치료할 목표음소는 아래 세 가지를 모두 충족해야 한다.** (1) 조음위치가 같으며 (2) 두 가지 이내의 자질 차이를 보이며 (3) 아동이 음운오류를 나타내어 치료가 필요한 음소 **단기목표 설정 시 아래 두 가지 중 한 가지에 해당하는 목표를 설정할 수 있다.** (1) 음운 변별이 어려워 소리 차이를 구분하지 못하는 음소들의 대조 (2) 목표음소들의 소리 차이는 구분하지만 위의 세 가지 충족 조건에 모두 해당되는 음소들의 대조
제공주기 및 시간	• 1단계~12단계까지 모든 절차의 달성기준 완료 시까지 • Hesketh 등(2000)은 주 2회/ 회당 40분 / 총 18회기가 가장 효과적이었다고 제언

제공절차	• **1단계 : 음운대조훈련 Ⅰ (초성)**
	  ① 대조되는 목표음들의 글자를 보여주며 소리 들려주기
	  ② 대조되는 목표음들의 소리 변별하기
	
	• **2단계 : 음소탐지훈련 Ⅰ (목표음소의 시각적 위치탐지)**
	  ① 단어에서 목표음 위치를 시각적으로 구분하여 탐지하기
	  ② 단어에서 목표음의 초성 및 종성 위치를 시각적으로 구분하여 탐지하기
	
	• **3단계 : 음운대조훈련 Ⅱ (종성)**
	  ① 대조되는 목표음들의 글자를 보여주며 소리 들려주기
	  ② 대조되는 목표음들의 소리 변별하기
	
	• **4단계 : 음소탐지훈련 Ⅱ (목표음소의 청각적 위치탐지)**
	
	• **5단계 : 음소탐지훈련 Ⅲ (목표음소의 시청각적 위치탐지)**
	
	• **6단계 : 음소분리훈련 Ⅰ (목표음소의 청각적 음소분리)**
	  ① 초성 위치가 같은 사물 찾기
	  ② 종성 위치가 같은 사물 찾기

제공절차	• ★ 단계 : 산출연습 (단어수준에서 목표음의 정확한 소리 산출)
	  − 조음자의 위치를 찾지 못하는 경우 다중감각치료 프로그램 등과 동시 사용
	  − ★ 단계는 단계순서에 따라 시행하지 않고 6단계 달성 이후 7~11단계와 함께 회기 내에서 동시에 진행
	
	• 7단계 : 음소탐지훈련 Ⅳ (오류음 감지)
	
	• 8단계 : 음소분리훈련 Ⅱ
	  ① 초성음소 분리: 어두초성 → 어중초성
	  ② 종성음소 분리: 어말종성 → 어중종성
	
	• 9단계 : 음소대치훈련
	
	• 10단계 : 음소탐지훈련 Ⅴ
	  * 5단계와 같은 활동 내용으로 속삭이는 목소리를 사용한 탐지훈련
	
	• 11단계 : 음소탐지훈련 Ⅵ (소리가 다른 이상한 단어 찾기)
	  * 아동에 따라 차이가 있을 수 있지만 음운인식 훈련 과제 중 가장 어려운 과제(Hulme et al., 2002)
	
	• 12단계 : 산출연습 (문장수준에서의 목표음 산출)

프로그램 세부 절차	

1단계	**음운대조훈련 Ⅰ (초성)**
	• 대조되는 목표음들의 글자를 보여주며 소리 들려주기
	  ① 글자인식이 어려운 아동은 글자 대신 기호나 도형상징을 사용하여 지도
	    −글자 모양과 그 소리를 매칭하기 어려워하는 아동
	    예) /ㄹ/ → ☆, /ㄴ/ → △
	    ☆ 모양을 가리키며 "이것은 /ㄹ/ 소리야."
	    △ 모양을 가리키며 "이것은 /ㄴ/ 소리야."
	  ② 도형상징과 소리 매칭이 가능해진 이후에는 도형상징을 글자로 바꾸어 소리와 글자를 매칭
	    −도형상징에서 글자로 바로 바꾸었을 때에도 어려워하는 아동은 글자 하단 우측에 도형 단서를 제시

		• 변별 시 각 대조음소를 연속하여 8회 동안 정확하게 찾으면 1단계 달성으로 간주하여 다음 단계로 이동
		
		• 도형상징과 소리를 먼저 매칭하여 연습한 아동은 도형상징과 소리에서 연속하여 8회 동안 정확하게 찾은 이후, 글자모양으로 목표음과 대조자음을 연속하여 8회 동안 정확하게 찾은 후에 다음 단계로 이동
		
		• 도형상징을 글자로 바꾼 이후에도 글자 하단의 도형 단서 없이 글자와 소리의 매칭이 어려운 아동의 경우에도 도형 단서를 제시했을 때 연속하여 8회 이상 변별 과제를 완료하면 변별과제

1단계	ㄹ ☆　　ㄴ △ • 대조되는 목표음들의 소리 변별하기 　① 치료사가 들려주는 두 가지의 말소리 중 목표자음/대조자음에 해당하는 글자 또는 도형(☆, △)을 건네주기(연속 8회 정반응) 　② 치료사가 들려주는 네 가지의 각자 다른 말소리 중 목표자음/대조자음에 해당되는 글자 또는 도형(☆, △)을 건네주기 　　－대조되는 목표음들은 해당 글자 또는 도형(☆, △)을 건네주도록 하지만, 이에 해당하지 않는 다른 말소리는 도형(○)으로 건네주도록 함	를 습득한 것으로 간주하여 다음 단계로 이동 ※ 변별과제 주의사항 －변별과제를 시행하는 동안 치료사가 제시한 자음을 <u>반드시 아동이 따라 말하지 않도록 주의</u> －아동이 따라 말하면 자신이 산출한 틀린 발음을 듣고 선택할 수 있기 때문 －아동이 듣고 따라 말하는 경우는 "따라 말하지 마세요. 듣기만 하고 고르세요."라고 지시하고 다시 들려줌
2단계	**음소탐지훈련 I (목표음소의 시각적 위치탐지)** • 단어에서 목표음 위치를 시각적으로 구분하여 탐지하기 　－목표음이 포함된 단어의 그림들을 보여주며, 그 소리들의 위치를 들려주고 알려주기 　① 각 시트를 차례로 소개하고, 문자를 손가락으로 가리키거나 펜으로 직접 표시해 보고, 그림이 소리에 어떻게 연결되어 있는지 상기시켜 주기 　② 도형상징이 없이 글자 확인이 어려운 아동은 목표음 하단에 해당 도형상징을 표시해 주기 요구르트 ☆ • 단어에서 목표음의 초성 및 종성 위치를 시각적으로 구분하여 탐지하기	• 대조를 사용하지 않고 음소별 목표음 소리 확인 실시

2단계	① 각 단어의 목표음이 어디에 위치해 있는지 소리 내며 알려주기 　－목표음을 색깔, 진하기, 화살표 등으로 강조하기 오 ㄹㅣ ↑　　　　교 시ㄹ ↓ ② 각 단어의 목표음이 어디에 위치해 있는지 아동이 직접 표시하기 　－그림 하단에 강조 없이 글자를 제시하고 초성과 종성 위치의 글자에 다른 색 펜으로 표시하거나 초성에는 화살표(↑), 종성에는 화살표(↓)를 표시하도록 하여 소리의 위치가 다르다는 것을 확인하기	• 대조를 사용하지 않고 음소별 목표음 소리 확인 실시 　－위치를 파악하면 소리 내며 알려줄 때 반드시 자음과 모음을 모두 분절하여 천천히 소리 낼 것 　－종성은 어말종성 위치의 단어부터 연습하고, 아동이 모두 숙달되면 어중종성 위치 단어 연습 　－목표단어 내의 목표음의 모든 위치를 아동이 정확하게 표시하면 다음 단계로 이동
3단계	**음운대조훈련 Ⅱ (종성)** • 대조되는 목표음들의 글자를 보여주며 소리 들려주기 　① 글자인식이 어려운 아동은 글자 대신 기호나 도형상징을 사용하여 지도 　　－글자모양과 그 소리를 매칭하기 어려워하는 아동 　　예) /을/ → ★, /은/ → ▲ 　　★ 모양을 가리키며 "이것은 /을/ 소리야." 　　▲ 모양을 가리키며 "이것은 /은/ 소리야." 　② 도형상징과 소리 매칭이 가능해진 이후에는 도형상징을 글자로 바꾸어 소리와 글자를 매칭 　　－도형상징에서 글자로 바로 바꾸었을 때에도 어려워하는 아동은 글자 하단 우측에 도형 단서를 제시 　　－도형은 초성에서는 ☆, △로 표시하고, 종성에서는 ★, ▲로 표시 　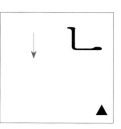	• 달성기준: 1단계와 동일 ※ 변별과제 주의사항 　－변별과제를 시행하는 동안 치료사가 제시한 자음을 반드시 아동이 따라 말하지 않도록 주의 　－아동이 따라 말하면 자신이 산출한 틀린 발음을 듣고 선택할 수 있기 때문 　－아동이 듣고 따라 말하는 경우는 "따라 말하지 마세요. 듣기만 하고 고르세요."라고 지시하고 다시 들려줌

3단계	• 대조되는 목표음들의 소리 변별하기 ① 치료사가 들려주는 두 가지의 말소리 중 목표자음/대조 자음에 해당하는 글자 또는 도형(★, ▲)을 건네주기(연속 8회 정반응) ② 치료사가 들려주는 네 가지 각자 다른 말소리 중 목표자음/대조자음에 해당되는 글자 또는 도형(★, ▲)을 건네주기 　－대조되는 목표음들은 해당 글자 또는 도형(★, ▲)을 건네주도록 하지만, 이에 해당하지 않는 다른 말소리는 도형(●)으로 건네주도록 함	
4단계	**음소탐지훈련 Ⅱ (목표음소의 청각적 위치탐지)** • 목표음이 포함된 단어그림을 펼쳐놓고 치료사가 단어의 이름을 천천히 말하면 아동은 그림 하단의 글자 수만큼 그려 놓은 동그라미 안에 목표음의 위치 표시하기 　－동그라미는 두 줄로 각 줄당 글자 수만큼 동그라미 그려 놓기 　－종성은 아래 줄에 표시하도록 하기 	• 대조를 사용하지 않고 음소별 목표음 소리 확인 실시 　－목표단어 내의 목표음의 위치를 아동이 90% 이상 정확하게 표시하면 다음 단계로 이동
5단계	**음소탐지훈련 Ⅲ (목표음소의 시청각적 위치탐지)** • 자음의 위치에 따라 단어 정렬하기 ① 아동 앞에서 단어그림들을 펼친 후 순서를 예측할 수 없게 그림을 섞기 ② 아동에게 /ㄹ/로 시작하는 단어를 찾아주라고 요청 　－아동이 정반응을 보이면, "맞았어! 레몬, 앞에 /ㄹ/로 시작해. 레몬이 /ㄴ/ 소리가 나면 네몬이 되는 거야." 　－아동이 대조음으로 오반응을 보이면, "나비는 /ㄴ/로 시작해. 다시 /ㄹ/로 시작하는 단어를 찾아주세요." ③ 아동에게 /ㄹ/가 가운데 있는 단어를 찾아주라고 요청 ④ 아동에게 /ㄹ/로 끝나는 단어를 찾아주라고 요청 ⑤ 아동에게 /ㄹ/가 가운데 있는 단어를 찾아주라고 요청	－그림을 제시할 때는 그림을 무작위로 선정하여 제시 －목표단어 외에도 목표음이 포함된 다른 그림들을 무작위로 선정하여 제시(반복연습을 통한 이미지 학습을 방지하기 위함) －한 번에 8장의 단어를 나열하고 요청했을 때, 연속 2세트 동안 100% 정반응 시 다음 단계로 이동

5단계	※ 초성과 종성 위치의 목표자음 소리를 구분해서 제시 예 1) 초성자음 요구 시 : "/르/가 가운데 있는 단어를 찾아주세요." 예 2) 종성자음 요구 시 : "/을/이 가운데 있는 단어를 찾아주세요."	
6단계	**음소분리훈련 Ⅰ (목표음소의 청각적 음소분리)** –음소분리 과제에서는 과제를 제시할 때 아동이 대답할 때 모두 각 자음과 모음을 분절하여 산출 –각 음소분리에 대한 시각적 단서를 제공 　(예 : 각 음소당 게임말 한 칸씩 움직여 시각적 단서 제공하기) 예) 이 인형의 이름은 / ㄹ ＿ ㅍ ㅣ / (루피)입니다. / ㄹ ＿ ㅍ ㅣ / 　와 같은 소리로 시작하는 장난감을 모두 찾으세요.	–한 번에 8장의 단어를 나열하고 요청했을 때, 연속 2세트 동안 100% 정반응 시 다음 단계로 이동
★단계	**산출연습 (단어수준에서 목표음의 정확한 소리 산출)** • 대조되는 목표음 각 그림의 소리를 모방하도록 요청 　① 소리 모방 시 조음의 위치를 찾지 못하는 경우 MSA(다중감각접근법/PROMPT)를 적용하여 조음자 찾아주기 　② 직접적인 조음자 외에도 해당 조음 위치에 대한 air PROPMPT를 지도하고 연습 　　–조음자를 찾은 후에도 산출하는 동안 조음자의 위치에 조음기관을 위치하지 못하는 경우에는 산출하는 동안 air PROPMPT의 지각적 단서 제공 　③ 그림카드를 한 장씩 제시하면 아동은 단어의 이름을 산출 　　–정반응 카드는 책상 위에 5장씩 모이면 투명한 통 안에 넣기 * 책상 위에 있는 5장의 카드가 통 안에 들어갈 때마다 7초 이내에 해결할 수 있는 강화제(예 : 작은 스낵 한 개 또는 젠가 한 개 빼기) 제공 –오반응 카드는 책상 위에 다른 통이나 책상 위에 쌓기, 이 때 아동이 오류를 보인 음소를 확인해 주고 다시 산출하도록 함 –오반응 카드들만 다시 산출하기	* 단어수준에서의 연습기간에는 ★ 단계는 단계순서에 따라 시행하지 않고 6단계 달성 이후 7~11단계와 함께 회기 내에서 동시에 진행 * 단, 7~11단계 과제에서 지속적으로 성공하는 확률이 높아지면 연속 3회기 동안 목표단어 정반응률이 96% 이상 달성될 때까지 산출활동을 집중적으로 연습 * 7~11단계를 모두 달성하지 않았으나 산출 활동에서 연속 3회기 동안 목표단어 정반응률이 96% 이상이면 7~11단계와 12단계를 동시에 진행
7단계	**음소탐지훈련 Ⅳ (오류음 감지)** • 아동과 치료사의 역할을 바꾸어 치료사가 목표단어를 산출하는 동안 아동이 오류음을 감지하고 수정하기 　–아동과 치료사 역할 바꾸기 　① 아동이 목표단어의 그림카드를 치료사에게 한 장씩 보여주면 치료사는 무작위로 반 정도의 카드를 목표음의 대조음으로 틀리게 산출	

7단계	② 변별훈련 : 치료사가 적절하게 산출하면 아동은 '통과'라고 말해 주고, 틀리게 반응하면 '삑'소리로 반응 ③ 산출훈련 : 아동이 목표음을 다시 정확하게 모델링해 주면 치료사는 아동이 산출한 목표음을 따라말하기	② 변별훈련 단계에서 치료사가 정오반응 보인 모든 목표 단어를 정확히 변별하고, ③ 산출훈련 단계에서 96% 이상 정확한 모델링을 제시하면 다음 단계로 이동
8단계	**음소분리훈련 Ⅱ** • 초성음소 분리 ① 그림카드를 제시하지 않고 청각적 단서만으로 초성음소를 분리하도록 제시 　예)"나한테 /로션/의 첫 번째 소리를 말해 줘." 　－본 과제를 실시하기 전 예시 두 가지를 실시하고 답을 알려줌 ② 2개 예시를 알려주어도 ①번 과제에서 아동이 실패하거나 과제를 이해하지 못하면 분절된 그림을 보여주면서 실시, 분절된 그림 중 목표음에 해당되는 그림을 다른 그림과 5cm 정도의 간격으로 떨어뜨려 놓으며 과제 제시 　－목표음은 1단계에서 아동과 약속된 도형을 사용하고 나머지 자음/모음은 동그라미 도형을 사용할 것 　－음운인식 훈련에서는 문자를 사용하지 않음 　－모음인식을 별도로 실시하는 아동을 제외하고 이중모음도 하나의 도형만 사용(목표음에 집중해야 하는 아동의 혼동을 줄이기 위해) 　－치료사가 과제 제시를 위한 음운 산출 시 모든 자음과 모음을 분절하여 산출 　－아동이 분절하지 않고도 과제수행이 가능하면 /로션/으로 산출 가능 　예시 1)로션 / ㄹ ㅗ ㅅ ㅕ ㄴ/ 　☆　○　○　○　○ • 종성음소 분리 　－"나한테 /계란/의 끝나는 소리를 알려줘." 　예시 2)계란 / ㄱ ㅖ ㄹ ㅏ ㄴ/ 　○　○　○　○　▲	※ 그림 자료를 사용하여 아동이 연속 8회 동안 정반응을 보이면 그림 자료 없이 청각적 단서만으로 음소분리훈련 －자음 위치별 연속 8회 동안 정반응을 보이면 다음 단계로 이동
9단계	**음소대치훈련** ① 그림카드를 제시하지 않고 청각적 단서만으로 초성음소를 분리하도록 제시	

9단계	예) /라면/의 /ㄹ/ 소리를 /ㄴ/로 바꾸면 무슨 소리가 될까?
	    -본 과제를 실시하기 전 예시 두 개를 실시하고 답을 알려줌
	② 2개 예시 답을 알려주어도 ①번 과제에서 아동이 실패하거나 과제를 이해하지 못하면 분절된 그림을 보여주면서 실시, 목표음의 상징도형과 대치한 음의 상징도형을 바꾸어 제시
	    -목표음은 1단계에서 아동과 약속된 도형을 사용하고 나머지 자음/모음은 동그라미 도형을 사용할 것
	    -음운인식 훈련에서는 문자를 사용하지 않음
	    -모음인식을 별도로 실시하는 아동을 제외하고 이중모음도 하나의 도형만 사용
	    예) /노래/의 /ㄹ/ 소리를 /ㄴ/로 바꾸면 무슨 소리가 될까?
		※ 그림 자료를 사용하여 아동이 연속 8회 동안 정반응을 보이면 그림 자료 없이 청각적 단서만으로 음소대치훈련
		-자음 위치별 연속 8회 동안 정반응을 보이면 다음 단계로 이동

	음소탐지훈련 Ⅴ
	-5단계와 같은 활동 내용으로 속삭이는 목소리를 사용한 탐지훈련
	-속삭이는 목소리로 사용할 때 아동이 다시 말해달라고 요청해도 한 번씩만 제시하고 틀리면 다음 과제로 넘어감
	-아동이 틀린 반응을 해도 피드백 없이 다음
	① 아동 앞에서 단어그림들을 펼친 후 순서를 예측할 수 없게 그림을 섞기
	② 아동에게 /ㄹ/로 시작하는 단어를 찾아주라고 속삭이는 목소리로 요청
	    -속삭이는 목소리로 사용할 때 아동이 다시 말해달라고 요청해도 한 번씩만 제시하고 틀리면 다음 과제로 넘어감(5단계에서는 요청하면 다시 말해 줌)
	    -정반응에서만 피드백 제공하고 아동이 오반응을 해도 오반응 확인만 해주고 피드백 없이 다음 단어로 넘어감(5단계에서는 피드백 제시)
	    -단, 같은 단어의 같은 목표음 위치에서 연속 2회 이상 틀리면 피드백 제시
	    -오반응 단어는 오반응 확인 후 바로 다시 시도해 보도록 지시
	    -아동이 정반응을 보이면 "맞았어!"라고 피드백 제시
		-그림을 제시할 때는 그림을 무작위로 선정하여 제시
		-목표단어 외에도 목표음이 포함된 다른 그림들을 무작위로 선정하여 제시(반복 연습을 통한 이미지 학습을 방지하기 위함)
		-한 번에 8장의 단어를 나열하고 요청했을 때, 연속 2세트 동안 100% 정반응 시 다음 단계로 이동

10단계

11단계	**음소탐지훈련 Ⅵ (소리가 다른 이상한 단어 찾기)** －라면 / 로봇 / 나비 / 레몬 단어 중 이상한(소리가 다른) 단어는 무엇일까? －이 단계에서는 분절된 그림을 제시하지 않고 청각적 단서로만 제시 ① 목표음의 같은 위치(예 : 어두초성), 같은 모음맥락 & 대조음의 목표음과 다른 모음맥락에서 찾기 　－3개 단어에서 찾기 →4개 단어에서 찾기 　　예) 라면/ 라디오/ 노래/ 락스 ② 목표음의 같은 위치, 같은 모음맥락 & 대조음의 목표음과 같은 모음맥락에서 찾기 　－3개의 단어에서 찾기 →4개의 단어에서 찾기 　　예) 라면/ 라디오/ 나비/ 락스 ③ 목표음과 대조음의 같은 위치, 다른 모음맥락에서 찾기 　　예) 라면/ 로봇/ 노랑/ 루피 ＊아동에 따라 어려운 과제가 다를 수 있지만 분리과제와 변별과제보다 이상한 단어 찾기 과제가 가장 어려울 수 있음 　(Hulme et al., 2002)	①~④번 과제별 각 8회 연속 정반응 시 다음 단계로 이동
12단계	**산출연습 (문장수준에서의 목표음 소리 산출)** －운반구, 스크립트 문맥 사용하기, 이야기 재구성, 역할놀이 상황에서 연습 －음운오류가 나타나는 경우는 7~11단계의 음운인식 전략을 사용하여 음운 단서 제공 　(동화, 음운변동 오류 등 음운과 관련한 오류들은 반응 오류로 계산하지만 문법 형태소 등 구문오류는 반응오류로 계산하지 않음)	－연속 3회기 동안 운반구, 스크립트 문맥, 이야기 재구성 과제에서 아동이 자발적으로 산출한 문장에서 80% 이상 정조음 산출 시 종료

출처 : 고유경. 바른소리언어치료센터

•········ 부록 참고문헌 ········•

강수균, 이필상(2004). 전방화 프로그램이 구개파열 아동의 과대비성 개선에 미치는 효과.『언어청각장애연구』, 난청과언어장애연구, 27(1), 231-266.

강주혜, 석동일, 박상희(2000). 촉감각적 지시법(Wafer-method)에 의한 청각장애아동의 조음개선 효과.『언어청각장애연구』, 5(2), 121-143.

고유경. (2019). 통합적 중재(ITP-SSD)가 심한 말소리장애 아동의 말소리 비일관성과 정확도에 미치는 효과. 2019 한국언어청각임상학회, 한국언어치료학회 통합 학술대회 자료집.

권남인, 석동일, 신혜정(2003). 변별자질접근을 이용한 치료 프로그램이 구개파열 아동의 조음 정확도에 미치는 영향.『언어청각장애연구』, 8(3), 149-170.

권은경, 심현섭(2001). 동요를 이용한 조음음운치료 사례연구 : 어중초성 /ㄹ/를 대상으로.『언어청각장애연구』, 6(2), 493-504.

김기주, 석동일, 박상희(2002). 조음조절 프로그램에 의한 조음장애아동의 /ㄹ/ 조음명료도 개선.『난청과언어장애연구』, 23(2), 191-203.

김문정, 석동일(2008). 청지각 기반 음운인식 훈련 프로그램이 조음음운장애 유아의 음운인식 및 조음음운능력에 미치는 효과.『지적장애연구』, 17(2), 117-137.

김선희, 권도하(2000). 자세 조정을 이용한 호흡 및 조음기관 훈련 프로그램이 뇌성마비 아동의 구어 기초능력 향상에 미치는 효과.『언어치료연구』, 9(1), 89-106.

김시영, 이규식(2000). 언어적 단위를 이용한 프로그램이 구개파열자의 조음 및 음성에 미치는 변화 분석.『난청과언어장애연구』, 23(2), 205-216.

김영태, 성태제, 이윤경. (2003). 취학전 아동의 수용언어 및 표현언어 발달척도. 서울: 서울장애인종합복지관.

김영태, 홍경훈, 김경희, 장혜성, 이주연. (2009). 수용·표현 어휘력 검사. 서울: 서울장애인종합복지관.

김유신, 안성우(2009). 음운인식 프로그램이 조음음운장애유아의 음운인식능력과 조음오류개선에 미치는 효과.『언어치료연구』, 18(1), 99-116.

김지원, 신혜정(2012). 단어단위 분석법에 의한 다운증후군아동의 조음음운능력 개선의 효과.『언어치료연구』, 21(3), 349-364.

박윤, 정은희(2007). 조음점 지시법과 짝자극 훈련 프로그램이 인공 와우 아동의 치경음 /ㄷ/의 조음 개선에 미치는 효과.『언어치료연구』, 16(3), 31-46.

석동일(2009ㄱ). 인공와우이식 아동의 조음음운치료에서 음성적 치료와 음운적 치료의 효과 비교.『언어치료연구』, 18(4), 55-73.

석동일(2009ㄴ). 하이브리드 접근법에 의한 조음음운장애 치료 효과.『언어치료연구』, 18(1),

73-87.

석동일(2002). 조음장애 아동에 대한 상위음운 치료의 효과.『난청과언어장애연구』, 25(2), 19-31.

석동일, 박상희(2002). 따라말하기를 통한 말소리 지각 훈련이 인공와우 이식 아동의 조음명료도 개선에 미치는 영향.『난청과 언어장애』, 25(2), 67-83.

신주영, 석동일, 박은주(2006). 상위음운 중재가 취학 전 조음음운장애 아동의 음운 능력에 미치는 효과.『음성과학』, 13(3), 169-183.

심우정, 최양규(2012). Gold Wave®를 이용한 시각적 피드백이 기능적 조음장애 아동의 /ㅅ/음 산출에 미치는 효과.『심리행동연구』, 4(2), 83-114.

이근매, 이상희, 조경덕(2004). 미술치료를 병행한 언어치료가 조음장애아동의 조음 정확도 및 문제 행동에 미치는 효과.『미술치료연구』, 11(2), 149-167.

이금숙, 유재연(2008). 호흡 및 조음기관 훈련 프로그램이 뇌성마비아동의 말 산출 기초능력에 미치는 효과.『음성과학』, 15(3), 103-116.

이소영, 김영태(2001). 성대이완 조음치료가 구개파열 아동의 조음정확도 향상과 보상조음 감소에 미치는 효과.『음성과학』, 8(3), 185-200.

이지은, 강영심(2011). 짝자극 기법을 통한 정신지체아동의 조음 정확도 개선과 오류 유형의 변화.『지적장애연구』, 13(1), 29-51.

이필상(2012). 조음기관 근육이완훈련 프로그램이 경직형 뇌성마비 아동의 조음능력 향상에 미치는 효과.『발달장애연구』, 16(1), 75-93.

이현주, 박은혜(2013). 듣기 중심의 언어중재가 특수학교 인공와우 이식 중등부 학생의 말 지각과 말 명료도에 미치는 영향.『특수교육학연구』, 48(3), 39-66.

임호찬. (2004). 한국판 Raven CPM 유아용 지능검사. 서울: 한국가이던스.

정재권, 양동(2001). 조음훈련 프로그램이 뇌성마비아의 조음개선에 미치는 효과. 지체중복건강장애연구(구 중복 ·『지체부자유아교육』, 37, 101-119.

조비인, 안종복(2012). 조음기관 훈련과 전기자극 치료의 병행 치료가 경직형 마비말장애 대상자의 호흡 및 조음 개선에 미치는 효과.『지체 · 중복 · 건강장애연구』, 55(4), 451-470.

태해경, 석동일(2001). 의사소통중심 언어중재가 경도 정신지체아동의 조음개선에 미치는 효과.『언어치료연구』, 10(2), 175-202.

황보명, 강수균(2002). 음운자각 중재가 음운장애 아동의 음운자각도 및 음운산출능력에 미치는 효과.『언어청각장애연구』, 7(2), 134-151.

Baker, R. D., & Ryan, B. P. (1971). *Programmed Conditioning for Articulation*. Monterey, CA : Monterey Learning Systems.

Bird, J., & Bishop, D. (1992). Perception and awareness of phonemes in phonologically impaired children. *International Journal of Language and Communication Disorders, 27*(4), 289–311.

Dodd, B. (2005). *Differential Diagnosis and Treatment of Children with Speech Disorder* (2nd ed.). London: Whurr Publishers.

Hayden, D. A. (2004). PROMPT: A tactually grounded treatment approach to speech production disorders. In Stockman, I.(Ed.). Movement and action in learning and development: Clinical implications for pervasive developmental disorders. San Diego, CA: Elsevier-Academic Press.

Howell, J., & Dean, E. (1991). *Treating Phonological Disorders in Children : Metaphon-Theory to Practice.* San Diego, CA : Singular.

M. Major Barbara Handford Bernhardt, E. (1998). Metaphonological skills of children with phonological disorders before and after phonological and metaphonological intervention. *International Journal of Language and Communication Disorders, 33*(4), 413–444.

McDowell K. D., Lonigan C. J., & Goldstein H. (2007). Relations among socioeconomic status, age, and predictors of phonological awareness. *Journal of Speech, Language, and Hearing Research.* 50: 1079–1092.

Norris, J. & Hoffman, P. (1990). Language intervention within naturalistic environments. *Language, Speech, & Hearing Service in Schools*, 2: 72–84.

Oliveira, C., Lousada, M., & Luis, M. T. (2015). The clinical practice of speech and language therapists with children with phonologically based speech sound disorders. *Child Language Teaching & Therapy, 31*(2). 173–194.

Pieretti, R. A., Kaul, S. D., Zarchy, R. M., & O'Hanlon, L. M. (2015). Using a multimodal approach to facilitate articulation, phonemic awareness, and literacy in young children. *Communication Disorders Quarterly, 36*(3): 131–141.

Romanik, S. (2008). *Auditory Skills Program Students with Hearing Impairment*(2nd Ed.) NSW Department of Education and Training.

Square, P. A., Namasivayam, A. K., Bose, A., Goshulak, D., & Hayden, D. (2014). Multi-sensory treatment for children with developmental motor speech disorders. *International Journal of Language and Communication Disorders, 49*(5): 527–542.

Van Riper, C., & Emerick, L. (1996). *Speech Correction : An Introduction to Speech Pathology and Audiology* (9th ed.). Englewood Cliffs, NJ : Prentice-Hall.

참고문헌

강옥미(2003).『한국어 음운론』. 서울 : 태학사.

고유경, 김수진 (2010). 기능적 조음음운장애아동과 일반아동의 음운인식과 읽기능력의 비교 및 상관.『언어청각장애연구』, 15(2), 157-167.

구현옥(2003).『국어 음운학의 이해(수정증보판)』. 서울 : 한국문화사.

국립국어연구원(1995).『한국 어문 규정집』. 국립국어연구원.

권남인, 석동일, 신혜정(2003). 변별자질접근을 이용한 치료 프로그램이 구개파열 아동의 조음 정확도에 미치는 영향.『언어청각장애연구』. 8(3), 149-170.

김경일(1985).『한국어 음절구조에 관한 통계분석』. 서울대학교 석사학위논문.

김나연, 하지완(2014). 조음음운장애아동과 일반아동의 음운표상의 질과 음운표상 부호화 능력 비교. *Communication Sciences & Disorders, 19*(2), 226-237.

김동일, 김계현, 김병석, 김봉환, 김창대, 김혜숙, 신종호(2002).『특수아동상담』. 서울 : 학지사.

김무림(1992).『국어음운론』. 서울 : 한신문화사.

김미진, 하승희 (2012). 청자의 친숙도에 따라 낱말수준에서 살펴본 24~48개월 아동의 말 명료도 발달 연구.『언어청각장애연구』, 17(4), 582-590.

김민정(2005).『아동용 한국어 조음검사의 개발』. 연세대학교 박사학위논문.

김민정(2006). '아동용 조음검사'에 나타난 취학 전 아동의 음운 오류패턴.『언어청각장애연구』, 11(2), 17-31.

김민정 (2014). 심도의 기능적 말소리장애 사례 : 모음에 의한 자음 동화.『2014년 학술대회 발표논문집』, 50-52. 한국언어청각임상학회.

김민정, 배소영(2000). 정상아동과 기능적 음운장애 아동의 음운 오류 비교 : 자음정확도와 발달 유형을 중심으로.『음성과학』. 7(2), 7-18.

김민정, 배소영(2005). '아동용 조음검사'를 이용한 연령별 자음정확도와 우리말 자음의 습득연령.『음성과학』, 12(2), 139-149.

김민정, 배소영, 고도흥(2001). 2~5세 아동의 자발적 발화에 나타난 한국어 음절 및 음운 빈도.『음성과학』, 8(4), 99-107.

김민정, 배소영, 박창일(2007).『아동용 발음평가(APAC)』, 서울 : 휴브알앤씨.

김민정, 하승희 (2018). 가중평균음운길이의 개발과 타당도 검증, *Communication sciences & disorders, 23*(3), 692-702.

김민정·김수진·하지완·하승희(2015). 말소리장애의 동반장애 유형 및 말-언어 특성에 관한 설문조사. *Communication Sciences & Disorders, 20*(3), 446-455.

김선정, 김영태(2006). 음운생략과제를 통한 5~6세 아동의 음운인식 발달 및 음운처리 능력과의 상관도 연구.『언어청각장애연구』, 11(3), 16-28.

김선철(2003).『표준 발음 실태 조사 II』. 국립국어연구원.

김성규, 정승철(2005).『소리와 발음』. 한국방송통신대학교출판부.

김수진(2001).『일음절 낱말대조 명료도 평가방법을 이용한 마비말장애의 분절적 특성연구』. 이화여자대학교 박사학위 논문.

김수진(2002). 언어장애인의 명료도에 영향을 미치는 말요인 : 문헌연구.『말소리와 음성과학』. 43, 25-44.

김수진(2010). 기능적 조음음운장애 아동의 종성 음운변동 분석.『언어청각장애연구』, 15(4), 549-560.

김수진(2014). 자발화에 나타나는 발달적 음운오류패턴. *Communication Sciences & Disorders, 19*(4), 1-10.

김수진(2015). 다문화 아동의 의사소통 문제 현황 조사연구. 언어치료연구, 24(3), 89-102.

김수진, 김민정, 하승희, 하지완 (2015). 임상현장의 말소리장애 현황. *Communication Sciences & Disorders, 20*(2), 133-144.

김수진, 김민정, 하지완, 하승희 (2014). 임상현장의 말소리장애 현황.『가을학술대회 자료집』, 153-154, 한국음성학회.

김수진, 김영태, 김향희(2001). 일음절 낱말대조 명료도 평가방법을 이용한 마비말장애의 분절적 특성 연구.『2001년 학술대회 발표논문 모음집』. 31-42. 한국언어청각임상학회.

김수진, 김정미, 윤미선(2013). 자발화에서의 2~4세 아동의 말명료도 발달. *Communication Sciences & Disorders, 18*(3), 311-317.

김수진, 김정미, 윤미선, 이봉원(2005).『장애음성 데이터베이스 설계 및 구축을 위한 기초 연구』. 음성기술지원센터(사이텍) 미발행 연구보고서.

김수진, 김정미, 윤미선, 장문수, 차재은(2012). 자발화에 나타난 형태소 유형에 따른 3~4세 아동의 치경마찰음 오류.『말소리와 음성과학』, 4(3), 129-136.

김수진, 도연지(2005). 청각장애 성인의 일음절 낱말대조 명료도 특성.『말소리』. 56, 1-13.

김수진, 신지영(2007).『조음음운장애』, 서울 : 시그마프레스.

김수진, 유영준(2011). 언어치료사의 전문성 인식 연구.『언어청각장애연구』, 16(3), 397-407.

김수진, 유하진 (2014). 5, 6세 아동을 위한 따라말하기 선별검사의 개발.『2014년 학술대회 발표논문집』, 43-46. 한국언어청각임상학회.

김수진, 최승숙, 김정연(2006). 특수학급 교사들의 학교언어치료 서비스 모형에 관한 인식조사. 『언어청각장애연구』, 11(1), 121-139.

김수진, 한진순, 장선아, 박상희 (2012)『아동의 조음음운장애치료』. Ruscello, D. (2008). *Treating Articulation and Phonological Disorders in Children.* 서울 : 박학사.

김수진, 황복선(2002). 충청지역 내 특수교육교사의 관련서비스 교육실태 및 욕구조사.『2002년 가을학술대회』. 한국언어청각임상학회.

김수진 · 고유경 · 서은영 · 오경아(2017). 우리나라 6세 아동의 말소리장애 출현율. *Communication Sciences & Disorders, 22*(2), 309-317.

김수진 · 김민정 · 하승희 · 하지완(2015). 임상현장의 말소리장애 현황. *Communication Sciences & Disorders, 20*(2), 133-144.

김수진 · 오경아 · 서은영 · 고유경(2018). 연령과 성에 따른 음운인식 탈락과제 수행력: 학령전기 아동을 위한 음운인식 선별검사 개발. 말소리와 음성과학, 10(2), 61-68.

김영송(1981).『우리말 소리의 연구』(고친판). 서울 : 과학사.

김영진(1990). 모음체계,『국어연구 어디까지 왔나』. 서울 : 동아출판사.

김영태(1994). 그림자음검사.『구어-언어진단 검사』. 한국언어치료학회.

김영태(1996ㄱ). 그림자음검사를 이용한 취학 전 아동의 자음 정확도 연구.『언어청각장애연구』1, 7-33.

김영태 (1996ㄴ). 조음장애와 정상아의 음운변동 패턴에 관한 비교 연구.『특수교육논총』. 12, 211-255.

김영태(2001). 조음음운장애의 진단 및 치료를 위한 임상이론 고찰.『교육과학연구』. 32(1), 62-83.

김영태(2002).『아동언어장애의 진단 및 치료』. 서울 : 학지사.

김영태(2006). 조음음운장애. 심현섭 외.『의사소통장애학 개론』. 서울 : 학지사.

김영태, Lombardino, L. J.(2006). 학령전 아동의 한국어 초기읽기 능력검사.『읽기장애의 진단 및 치료 워크샵』. 이화여자대학교 발달장애아동센터.

김영태, Lombardino, L. J., 박은혜, 이소현(2006). 한국 아동들의 초기읽기 발달.『읽기장애의 진단 및 치료 워크샵』. 이화여자대학교 발달장애아동센터.

김영태, 김수진, 이희란(1997). 주기를 이용한 기능적 조음치료법의 치료 및 일반화 효과에 관한 연구.『말-언어장애연구』. 2, 65-88.

김영태, 신문자 (2004).『우리말 조음-음운평가(Urimal-Test of Articulation and Phonology; U-

TAP)』. 서울 : 학지사.

김영태, 신문자, 김수진 (2014).『우리말 조음음운평가(U-TAP)』수정·보완판. 서울 : 학지사.

김영태, 신문자, 김수진, 하지완 (2020) UTAP2. 학지사 인사이트.

김영태, 신문자, 김수진, 하지완. (2020). 우리말조음음운평가2(UTAP2). 서울: 학지사.

김영태, 심현섭, 김수진 (2012).『조음 음운 장애 : 아동의 말소리 장애』. 제6판. Bernthal, J. Bankson, N., & Flipsen, P. (2009). *Articulation and Phonological Disorders*, 6th ed. 서울 : 박학사.

김영태·박희영·강진경·김정아·신문자·김수진·하지완. (2018). 우리말 조음·음운평가-2 (U-TAP2) 개발을 위한 타당도 및 신뢰도 분석. *Communication Sciences & Disorders, 23*(4), 959-970.

김종현(1997). 변별자질 접근법. 권도하 외『조음장애 치료』. 한국언어치료학회.

김효정, 최선영, 하지완. (2015). 아동기 말실행증 조음음운장애 및 일반 아동의 말-운동프로그램/프로그래밍 능력 비교. *Communication Sciences & Disorders, 20*(1), 60-71.

김홍규, 강범모(1997).『한글 사용빈도의 분석』. 고려대학교 민족문화연구소.

김희윤, 하승희(2016). 24-36개월 아동의 조음 변이성 연구. *Communication sciences & disorders, 21*(2), 333-342.

대한해부학회(1999).『해부학』. 서울 : 고려의학.

문희원, 하승희(2012). 12~24개월 구개열 유아와 일반 유아의 음운발달.『언어청각장애연구』, 17(1), 118-129.

박가연(2015).『말소리장애 아동의 자발화와 단어 문맥의 음운오류패턴 비교』. 나사렛대학교 석사학위 논문.

박상희(2006). 이중언어환경 아동의 조음음운 산출경향.『2006 가을학술대회』. 한국언어청각임상학회.

박상희, 석동일(2003). Off-switch 상태의 인공와우 이식 아동에 대한 청각 재활프로그램 적용 후 초분절적 자질 변화에 관한 연구.『언어치료연구』. 12(2), 147-174.

박서린(2000).『성인의 일상적인 대화에서 나타나는 말소리 출현빈도 연구』. 이화여자대학교 대학원 석사학위논문.

박종희(1983).『국어음운론연구』. 원광대 출판국.

박현주, 이은주, 표화영, 한진순 역. (2014).『임상근거기반 의사소통장애』(제3판). Justice, L., & Redle, E. *Communication Sciences and Disorders : A Clinical Evidence-based Approach*. (2014). Pearson. 서울 : 시그마프레스.

박현주, 이은주, 표화영, 한진순 옮김(2014). 임상근거기반 의사소통장애(Justice, L. & Redle, E.), 시그마프레스.

박희정, 석동일. (2006). 발달성 말실행증 아동과 조음음운장애 아동의 문미 억양 강세 산출에 대한 청지각, 음향학적 특성 연구. 언어치료연구, 15(3), 1-18.

배소영(1994). 정상 말소리 발달(I) : 1;4세부터 3;11세 아동. 한국언어병리학회(편).『아동의 조음장애치료』, 서울 : 군자출판사.

배주채(1996).『국어음운론개설』. 서울 : 신구문화사.

배주채(2003).『한국어의 발음』. 서울 : 삼경문화사.

서은영, 고유경, 김수진(2015). 말소리장애 아동과 다문화 아동의 동화변동 분석. 한국음성학회 봄 학술대회 발표 논문집, 157-158.

서은영 · 고유경 · 오경아 · 김수진(2017). 말소리장애 아동의 음운인식과 어휘 특성. *Communication Sciences & Disorders*, 22(2), 318-327.

석동일(1999). 의사소통중심 조음치료 프로그램에 의한 조음개선 효과.『언어치료연구』. 8(2), 51-69.

석동일(2001). 조음조절 프로그램에 의한 청각장애 아동의 조음개선.『언어치료연구』. 10(2), 49-72.

석동일(2002). /ㅋ/-/ㄱ/ 변별훈련 프로그램이 청각장애 아동의 어음변별력 개선 효과.『언어치료연구』, 11(1), 165-183.

석동일(2004). 단어단위 접근법에 의한 조음 음운장애아동의음운분석.『특수교육저널 : 이론과 실천』, 5(1), 87-102.

석동일, 권미지, 김유경, 박상희, 박현, 박희정, 신혜정, 이은경(2013).『조음음운장애 치료 4판』 (치료교육총서 V), 대구 : 대구대학교출판부.

석동일, 박상희, 신혜정, 박희정 (2008).『한국어 표준 그림 조음음운 검사(KS-PAPT)』. 서울 : 학지사.

손은희, 석동일(2004). 청각장애 아동과 건청 아동의 음운인식능력 비교 연구.『언어청각장애연구』, 9(2), 65-82.

신문자, 김재욱, 이수복, 이소연(2010).『조음기관구조기능선별검사(SMST)』. 서울 : 학지사.

신주영, 석동일, 박은주(2006). 상위음운 중재가 취학 전 조음음운장애 아동의 음운 능력에 미치는 효과.『음성과학』, 13(3), 169-183.

신지영(1999). 이중모음 /ㅢ/의 통시적 연구.『민족문화』, 32, 473-497.

신지영(2000).『말소리의 이해』. 서울 : 한국문화사.

신지영(2005ㄱ). 3세~8세 아동의 자유 발화 분석을 바탕으로 한 한국어 말소리의 빈도 관련 정보,『한국어학』27, 163-200.

신지영(2005ㄴ). 한국어 음소의 전이 빈도 : 3세~8세 아동의 자유 발화 자료를 바탕으로.『한국어학』28, 81-109.

신지영(2006). 표준 발음법의 비판적 검토.『한국어학』. 30, 133-158.

신지영(2008ㄱ). 성인 자유 발화 자료 분석을 바탕으로 한 한국어의 음소 및 음절 관련 빈도, 『언어청각장애연구』13(2), 193-215.

신지영(2008ㄴ). 성인 자유 발화 자료 분석을 바탕으로 한 한국어의 음소 전이 빈도,『언어청각장애연구』13(3), 477-502.

신지영(2010). 한국어 사전 표제어 발음의 음소 및 음절 빈도,『언어청각장애연구』15(1), 94-106.

신지영(2011).『한국어의 말소리』(1판). 서울 : 지식과 교양.

신지영(2014ㄱ).『(개정판)말소리의 이해』. 서울 : 한국문화사.

신지영(2014ㄴ).『한국어의 말소리』(2판). 서울 : 박이정.

신지영, 차재은(2003).『우리말 소리의 체계』. 서울 : 한국문화사.

신혜정 · 박희정 · 장현진. (2009). 4세~6세 아동의 음절 및 음소인식 능력 발달 연구. 언어치료연구, 18, 99-114.)

신화정 · 이은주(2015). 단어단위 음운분석에 의한 말 늦은 아동의 음운 특성. *Communication Sciences & Disorders, 20*, 157-165.

신후남, 석동일(1996). 최소 단어짝 훈련이 조음장애 아동의 종성생략 개선에 미치는 효과.『언어치료 연구』. 5, 77-113.

심우정, 최양규(2012). Gold Wave®를 이용한 시각적 피드백이 기능적 조음장애 아동의 /ㅅ/음 산출에 미치는 효과.『심리행동연구』, 4(2), 83-114.

심혜림 · 하승희(2014). 18-30개월 말늦은 아동과 일반 아동의 음운 발달 비교. *Communication Sciences & Disorders, 19*, 99-112.

양인홍, 권정순, 이규식(1986). 幼兒들의 會話에서 나타난 音素 頻度調查.『難聽과 言語障碍研究』. 9(1). 35-39.

엄정희(1994). 정상 말소리 발달(II) : 3, 4, 5세 아동. 한국언어병리학회(편).『아동의 조음장애 치료』, 서울 : 군자출판사.

오정란(1993).『현대 국어음운론』. 서울 : 형설출판사.

우혜경, 김수진(2013). 자발화에 나타난 3~4세 아동의 어중종성 습득.『말소리와 음성과학』, *5(3), 73-81*.

유희, 고도흥, 김연희, 김현기 역(2004).『알기 쉬운 말 · 언어병리 평가』. 서울 : 정담미디어.

윤미선(2007). 청각장애 아동의 진단과 평가 시 의사소통능력 평가의 중요성에 관한 질적연구.『언어청각장애연구』, 12(3), 447-464.

윤미선, 김수진, 김정미(2013). 자발화 문맥에서의 단어단위 음운 평가.『언어치료연구』. 22(4), 69-85.

이기문(1972).『국어 음운사 연구』. 한국문화연구원.

이기문, 김진우, 이상억(1984).『국어음운론』. 서울 : 학연사.

이기문, 김진우, 이상억(2000).『국어음운론(증보판)』. 서울 : 학연사.

이루다, 김수진(2019), 말소리검사와 단어 특성 및 말소리장애 아동 검사 결과의 비교. *Communication Sciences & Disorders, 24*(4), 1-4.

이병근, 최명옥(1997).『국어음운론』. 한국방송대학교출판부.

이성은, 김향희, 심현섭, 남정모, 최재영, 박은숙(2010). 청각장애 성인의 청지각적 말 평가 : 초분절적 요소, 말 명료도, 말 용인도를 중심으로.『언어청각장애연구』, 15(4), 477-493.

이소현, 박은혜, 김영태(2000).『교육 및 임상현장 적용을 위한 단일대상연구』. 서울 : 학지사.

이숙 · 김화수. (2014). 일반아동의 음절 · 음절체 · 각운 · 음소의 발달 특성. 언어치료연구, 23, 127-156.

이영미 (2018). 말소리장애 아동 선별을 위한 말명료도 부모 평정의 효용성 탐색. *Communication Sciences & Disorders, 23*(1), 198-207.

이우주(1990).『의학대사전』. 서울 : 아카데미서적.

이은정(1992).『표준 발음법에 따른 우리말 발음 사전』. 서울 : 백산출판사.

이진호(2005).『국어 음운론 강의』. 서울 : 삼경문화사.

이철수(1985).『한국어음운학』. 인하대출판부.

이현복(1988).『우리말의 표준발음』. 서울 : 탐구당.

이현복, 김선희(1991).『한국어발음검사』. 서울 : 국제출판사.

이호영(1996).『국어음성학』. 서울 : 태학사.

이흥임 · 김수진(2017). 말소리장애 아동과 일반 아동의 발화 속도와 쉼 비교. 말소리와 음성과학, 9(2), 111-118.

장종호, 김수진(출판 준비중). 학령전기 어휘와 조음능력이 초등 국어성적과 학교적응에 미치는 영향.

전희정, 이승환(1999). 2~7세 정상아동의 /ㅅ/, /ㅆ/ 말소리 발달 연구.『언어청각장애연구』, 4, 37-60.

정경일 외(2000).『한국어의 탐구와 이해』. 서울 : 박이정.

정동영, 김형일, 정동일(2001).『특수교육 요구아동 출현율 조사』. 국립특수교육원.

정세아, 박미경, 황민아(2010). 연인두폐쇄부전 아동의 낱말과 자발화 수준에서 나타난 보상조음 출현율 비교.『언어청각장애연구』, 15, 2, 220~231.

정연찬(1997).『개정 한국어 음운론』. 서울 : 한국문화사.

조병순, 심현섭 (2000). 기능적 조음장애 아동의 말소리 변별능력에 관한 연구.『언어청각장애연구』, 5(2), 264-275.

조승연, 이은주(2012). 다문화 가정의 조음음운장애아동 어머니와 일반아동 어머니의 한국어 능력 비교.『언어청각장애연구』, 17(3), 414~423.

최명옥(2004).『국어 음운론』. 서울 : 태학사.

최민실, 김수진(2013). 자발화에 나타난 3~4세 아동의 형태소 유형별 유음 발달 특성. *Communication Sciences & Disorders, 18*(1), 76-85.

최민실, 김수진, 김효선(2014). 2세 전후반의 어휘능력과 음운능력 : 자발화를 중심으로.『유아특수교육연구』, 14(1), 133-152.

최영빈, 김수진 (2019). 학령전 아동의 UTAP2 문장과제에서 나타난 음운오류패턴. 한국음성학회 봄학술대회 발표 논문집, 55-56.

최혜원(2002).『표준 발음 실태 조사』. 국립국어연구원.

최혜원(2004).『표준 발음 실태 조사 3』. 국립국어연구원.

하승희 & Oller, D. K. (2019). 4-9개월 한국 아동의 음절성 옹알이. *Communication Sciences & Disorders, 24*(1), 1-8.

하승희, 김민정, 피민경. (2019). 일음절 낱말 과제에서 살펴본 한국 아동의 자음정확도와 습득 연령. *Communication Sciences & Disorders, 24*(2), 460-468.

하승희, 황진경(2013). 18~47개월 아동의 자발화 분석에 기초한 말소리 측정치에 관한 연구. *Communication Sciences and Disorders, 18*(4), 425-434.

하지완, 김수진, 김영태, 신문자. (2019). 자음정확도와 단어단위 음운지표를 이용한 일반아동의 말소리 산출능력에 대한 발달 연구. *Communication Sciences & Disorders, 24*(2), 469-477.

한진순(2002). 조음지시법 사례.『언어청능장애 연수회』. 한국언어청각임상학회.

한진순, 심현섭(2008). 구개열 아동과 일반 아동 및 기능적조음장애 아동의 자음정확도, 말 명료도 및 말 용인도비교.『언어청각장애연구』. 13(3), 454-476.

허웅(1982).『國語音韻學(改稿 新版)』. 서울 : 정음사.

홍성인(2001).『한국아동의 음운인식 발달』. 연세대학교 대학원 석사학위논문.

홍진희, 배소영(2002). 2세부터 5세 아동의 종성발달에 관한 연구.『언어청각장애연구』, 7(2), 297-307.

황보명, 강수균(2002). 음운자각 중재가 음운장애 아동의 음운 지각도 및 음운산출 능력에 미치는 효과.『언어청각장애연구』, 7(2), 134-151.

황상심 · 김수진(2015). 베트남 다문화 아동과 말소리장애 아동의 음운오류패턴.

Communication Sciences & Disorders, 20, 456-468.

황해익(2000). Vygotsky의 사회 문화적 이론과 교육적 시사. 황정규 (편). 『현대교육심리학의 쟁점과 전망』. 서울 : 교육과학사.

Aase, D., Horve, C., Krause, K., Schelfhout, S., Smith. J., & Carpenter, L. (2000). *Contextual Test of Articulation*. Eau Clair, Wis : Thinking Publications.

Abberton, E. (1972). Some Laryngographic data for Korean stops. *Journal of the International Phonetic Association, 2(2)*, 67-78.

Abramson, A. S., & Lisker, L. (1972). Voice timing in Korean Stops. *Proceedings of the Seventh International Congress of Phonetic Science*, 439-446.

Adams, M. J. (1990). *Beginning to Read : Thinking and Learning about Print*, Cambridge, MA: MTP Press.

Amayreh, M., & Dyson, A. (1998). The acquisition of Arabic consonants. *Journal of Speech, Language, and Hearing Research, 41*, 642-653.

Ameriaca Speech-Language-Hearing Association. (2007). *Childhood apraxia of speech* [Position Statement]. Rockville, MD : ASHA.

American Psychiatric Association(APA)(2013). *Diagnostic and Statistical Manual of Mental Disorders -5(DSM-5)*. Washinton, DC : APA.

American Speech-Language-Hearing Association. (2007). Childhood apraxia of speech. http://www. asha.org/public/speech/disorders/ChildhoodApraxia/.

Ashby, M., & Maidment, J. (2005). *Introducing Phonetic Science*, Cambridge University Press : Cambridge.

Bankson, N. W., & Bernthal, J. E. (1990). *Bankson-Bernthal Test of Phonology*. San Antonio, TX : Special Press.

Baudonck, N. L. H., Buekers, R., Gillebert, S., & Van Lierde, K. M. (2009). Speech intelligibility of Flemish children as judged by their parents. *Folia Phoniatrica et Logopaedica, 61*(5), 288-295.

Bauman-Waengler, J.(2000). Articulatory and Phonological Impairments : A Clinical Focus. Boston: Al-lyn & Bacon.

Beckman, M. E., & Jun, Sun-Ah. (1998) K-ToBI (KOREAN ToBI) Labelling Conventions, http://www.linguistics.ucla.edu/people/jun-sun-ah.htm.

Beitchman, J. H., Nair, R., Clegg, M., Ferguson, B., & Patel, P. G. (1986). Prevalence of Psychiatric Disorders in Children with Speech and Language Disorders. *Journal of the American*

Academy of Child Psychiatry, 25(4), 528–535.

Bernthal, J. E., & Bankson, N. W. (1990). *Quick Screen of Phonology*. Chicago : The Riverside Publishing Company.

Bernthal, J. E., Bankson, N. B., & Flipsen, P., Jr. (2013). *Articulation and Phonological Disorders : Speech Sound Disorders in Children*(7th ed.). Boston : Pearson.

Bernthal J. E., & Bankson, N. W. (2004). *Articulation and Phonological Disorders*(5th ed.). Boston : Allyn & Bacon.

Bieile, K. M., (1995). *Manual of Articulation and Phonological Disorders : Infancy Through adulthood*. Clifton Park, NY : Delmar Learning.

Bishop, D., & Adams, C. (1990). A prospective study of the relationship between specific language impairment phonological disorders and reading retardation. *Journal of Child Psychology and Psychiatry*, 31, 1027–1050.

Blache, S.(1989). A distinctive feature approach. In N. Creaghead, P. Newman & W. Secord(Eds.), *Assessment and Remediation of Articulatory and Phonological Disorders*(2nd ed.) (pp.361–382). New York : Macmillan.

Bleile, K. M.(1995). Manual of Articulation and Phonological Disorders. San Diego, CA : Singular.

Bleile, K. M.(2004). *Manual of Articulation and Phonological Disorders : Infancy Through Adulthood* (2nd ed). Clifton Park, NY : Thomson Delmar Learning.

Borden, G. J., Harris, K. S., & Raphael, L. J. (1994). *Speech Science Primer*. Baltimore : Williams & Wilkins.

Bowen, C. (2002). Personal communication.

Bowen, C., & Cupples, L. (1999). Parents and children together (PACT) : a collaborative approach to phonological therapy. *International Journal of Language & Communication Disorders, 34*(1), 35–55.

Bowen, C., & Cupples, L. (2004). The role of families in optimizing phonological therapy outcomes. *Child Language Teaching and Therapy, 20*(3), 245–260.

Carr, P. (1993). *Phonology*. Basingstoke : Macmillan.

Catford J. C. (1988). *A Practical Introduction to Phonetics*. Clarendon Press : Oxford.

Catts, H. W. (1991). Early identification of reading disabilities. *Topics in language disorders, 12*. 1–16.

Catts, H. W., Fey, M. E., Zhang, X., & Tomblin, J. B. (2001). Estimating the risk of future reading difficulties in kindergarten children: A research-based model and its clinical implementation. *Language, Speech, and Hearing Services in Schools, 32*, 38–50.

Chaney, C. (1992). Language development, metalinguistic skills, and print awareness in 3-year-old children. *Applied psycholinguistics, 13*, 485–514.

Chomsky, N., & Halle, M. (1968). *The Sound Pattern of English*. The Hague : Mouton.

Chung, Kook. (1980). *Neutralization in Korean : a functional view*. Ph.D. dissertation. Texas University.

Clark, J., & Yallop, C. (1990). *An Introduction to Phonetics and Phonology*. Oxford : Blackwell.

Clark-Klein, S., & Hodson, B. (1995). A phonologically based analysis of misspellings by third graders with disordered-phonology histories. *Journal of Speech, Language, and Hearing Research, 38*, 49–72.

Clements, G. N., (1985). *The Geometry of Phonological Feature*. Phonology Yearbook 2.

Coplan, J., & Gleason, J. R. (1988). Unclear speech : Recognition and significance of unintelligible speech in preschool children. *Pediatrics, 82*(3), 447–452.

Costello, J. (1975). Articulation instruction based on distinctive features theory. *Language, Speech, and Hearing Services in Schools*, 6, 61–71.

Crary, M.A., & Groher, M.E. (2000). Basic concepts of surface electromyographic biofeedback in the treatment of dysphagia : a tutorial. *American Journal of Speech-Language Pathology*, 9(2), 116–125.

Crystal, D. (1995). *The Cambridge Encyclopedia of the English Language*. Cambridge : Cambridge University Press.

Darley, F. L., Aronson, A. E., & Brown, J. R. (1969). Clusters of deviant speech dimensions in the dysarthrias. *Journal of Speech and Hearing Research, 12*, 462–496.

Denes, P. B., & Pinson, E. N. (1993) *The Speech Chain : the Physics and Biology of Spoken Language*. Second edition. NewYork : Freeman.

Diedrich, W. M., & Bangert, J. (1976). *Training and Speech Clinicians in Recording and Analysis of Articulatory Behavior*. Washington, D. C. : U. S. Office of Education.

Dodd, B., Holm, A., Hua, Z., & Crosbie, S. (2003). phonological development : A normative study of British English-speaking children. *Clinical linguistics and phonetics, 17*, 617–643.

Dodd, B., Hua Z., Crosbie S., Holm, A., & Ozanne, A. (2002). *Diagnostic Evaluation of Articulation and Phonology (DEAP)*. London : Psychological Corporation.

DuBois, E. M., & Bernthal, J. E. (1978). A comparison of three methods for obtaining articulatory responses. *Journal of Speech and Hearing Disorders, 43*(3), 295−305.

Duffy, J. R. (1997). Identification of Motor Speech Disorders. Rockville, MD : American Speech -Language-Hearing Association.

Durand, J. (1990). *Generative and Non-linear Phonology.* Harlow : Longman.

Eimas, P. E., Siqueland, P., & Vigorito, J. (1971). Speech perception in infants. *Science, 171*, 303 −306.

Elbert, Dinnsen, Swartzlander & Chin(1990). Generalization to conversational speech. *Journal of Conversational Speech and Hearing Disorders, 55,* 694−699.

Elbert, M.(1967). *Dismissal Criteria from Therapy.* Unpublished Manuscript.

Fey, M. E. (1986). *Language Intervention with Young Children.* San Diego, Calf. : College Hill Press/Little Brown.

Fey, M. E.(1992). Clinical forum : Phonological assessment and treatment. Articulation and phonology : Inextricable constructs in speech pathology. *Language, Speech, and Hearing Services in Schools, 23,* 225−232.

Flipsen, P., Jr. (2006a). Syllables per word in typical and delayed speech acquisition. *Clinical Linguistics and Phonetics, 20,* 4 : 293−301.

Flipsen, P., Jr. (2006b). Measuring the intelligibility of conversational speech in children. *Clinical Linguistics and Phonetics, 20,* 4 : 303−312.

Fry, D. B. (1947). *The Frequency of Occurrence of Speech Sounds in Southern English,* Archives Néerlandaises de Phonétique Experimentales.

Gierut, J.(1989). Maximal opposition approach to phonological treatment. *Journal of Speech and Hearing Disorders, 54,* 9−19.

Gierut, J.(1998). Treatment efficacy : Functional phonological disorders in children. *Journal of Speech, Language, and Hearing Research, 41,* s85−s100.

Gierut, J., Elbert, M., & Dinsen, D.(1987). A functional analysis of phonological knowledge and generalization learning in misarticulating children. *Journal of Speech, Language, and Hearing Research, 30,* 462−479

Golding-Kushner, K. J. (2001). Getting an early start : Infants and toddlers with cleft palate. *Therapy Techniques for Cleft Palate Speech and Related Disorders.* San Diego : Singular Press, 35−60.

Goldman, R., & Fristoe, M. (2000). *Goldman-Fristoe Test of Articulation.* Circle Pines, Minn. : American Guidance Service.

Gordon-Brannan, M. (1994). Assessing intelligibility : children's expressive phonologies. In K.

Butler, and B Hodson(Eds.) *Topics in Language Disorders, 14*, 17-25.

Grunwell, P. (1985). Phonological Assessment of Child Speech (PACS). Windsor, UK : NFER-Nelson.

Halle, M., & Stevens K. N. (1971). A Note on Laryngeal Feature. Quarterly Progress Report No. 101. Messachusetts Institute of Research Laboratory of Electronics.

Han, M. S., & Weitzman, R. S. (1965). Acoustic characteristics of Korean stop consonants. Studies in the phonology of Asian languages. Acoustics Phonetics Research Laboratory, University of Southern California.

Han, M. S., & Weitzman, R. S. (1970). Acoustic features of Korean /P,T,K/, /p,t,k/ and /ph,th,kh/. *Phonetica*, 22, 112-128.

Hardcastle, W. J. (1973). Some observations on the tense-lax distinction in initial stops in Korean. *Journal of Phonetics, 1(3)*, 263-272.

Hardcastle, W. J., & Laver J. (1997). *The Handbook of Phonetic Sciences*. Oxford : Blackwell

Haynes, W. O., & Pindzola, R. H.(1998). *Diagnosis and Evaluation in Speech Pathology* (5th ed.). Boston : Allyn & Bacon.

Hayward, K. (2000). *Experimental Phonetics*. Pearson Education Limited : Essex.

Hirose, H., Lee, C. Y., & Ushijima, T. (1974). Laryngeal control in Korean stop production. *Journal of Phonetics, 2(2)*, 145-152.

Hirose, H., Park, H. S., Yoshioka, H., Sawashima, M., & Umeda, H. (1981). An electromyographic study of laryngeal adjustment for the Korean stops. *Annual Bulletin Research Institute of Logopedics and Phoniatrics, 15*, 31-43.

Hodson, B. (1989). Phonological remediation : A cycles approach. In N. Creaghead, P. Newman, and W. Secord (Eds.), *Assessing and Remediation of Articulation and Phonological Disorders*. Columbus, Ohio : Charles E. Merrill.

Hodson, B. W. (1986). *Assessment of phonological processes-revised*. Austin : Pro-Ed.

Hodson, B. W., & Paden, E. P.(1983). *Targeting Intelligible Speech : A Phonological Approach to Remediation*. San Diego : College-Hill Press.

Hong, K., Niimi, S., & Hirose, H. (1991). Laryngeal adjustments for the Korean stops, affricates and fricatives : an electromyographic study. *Annual Bulletin Research Institute of Logopedics and Phoniatrics, 25*, 17-31.

Howell, J., & Dean, E.(1994). *Treating Phonological Disorders in Children : Metaphon-Theory to Practice*(2nd ed.). London : Whurr.

Hua, Z., & Dodd, B. (2000). The phonological acquisition of Putonghua (modern standard Chinese). *Journal of Child Language, 27*(01), 3–42.

Hyman, L. M. (1975). *Phonology : Theory and Analysis.* New York : Holt, Reinehart and Winston.

Ingram, D. (2002). The measurement of whole-word productions. *Journal of Child Language, 29*(04), 713–733.

Ingram, D., & Ingram, K. D. (2001). A whole-word approach to phonological analysis and intervention. *Language, Speech, and Hearing Services in Schools, 32*(4), 271–283.

International Phonetic Association (1999). *Handbook of the International Phonetic Association : a guide to the use of the international phonetic alphabet.* Cambridge : Cambridge University Press

Jakobson, R., Fant, G., & Halle, M. (1952). *Preliminaries to Speech Analysis.* Cambridge : MIT Press.

James, D. (2001). The use of phonological processes in Australian children aged 2 to 7 : 11 years. *Advances in Speech-Language Pathology, 3,* 109–128.

Jun, Sun-Ah. (2000). *K-ToBI (Korean ToBI) Labelling Conventions*(version 3.1, in November 2000). http://www.linguistics.ucla.edu/people/jun/sun-ah.htm.

Kagaya, R. (1971). Laryngeal gestures in Korean stop consonants. *Annual Bulletin Research Institute of Logopedics and Phoniatrics, 5,* 15–23.

Kagaya, R. (1974). A fiberscopic and acoustic study of the Korean stops, affricates and fricatives. *Journal of Phonetics, 2,* 161–180.

Kamhi, A. G. (1999). To Use or Not to UseFactors That Influence the Selection of New Treatment Approaches. *Language, Speech, and Hearing Services in Schools,* 30(1), 92–98.

Kamhi, A. G., & Catts, H. W. (2012). *Language and Reading Disabilities.* 3rd ed. New York, NY: Pearson.

Katmba, F. (1989). *An Introduction to Phonology.* London : Longman.

Katz, R. (1986). Phonological deficiencies in children with reading disability : Evidence from an object-naming task. *Cognition, 22,* 225–257.

Kenstowicz, M. (1994). *Phonology in Generative Grammar.* Oxford : Blackwell

Kent, R. D., G. Miolo., & S. Bloedel. (1994). Intelligibility of children's speech : a review of evaluation procedure. *American Journal of Speech-Language Pathology, May,* 81–95.

Khan, M. M., & Lewis, N. (1986). Khan-Lewis phonological analysis. American Guidance Service.

Kim, Chin-Wu. (1965). On the Autonomy of the Tensity Feature in Stop Classification. *Word, 21*, 339–359.

Kim, Chin-Wu. (1970). A Theory of Aspiration. *Phonetica 21*, 107–116.

Kim, M. (2013). 한국어 단어 초 폐쇄음의 음소 대립의 발달 양상. *Communication Sciences & Disorders, 18*(4). 417–424.

Kim, M., & Stoel-Gammon, C.(2011). Phonological development of word-initial Korean obstruents in young Korean children. *Journal of Child Language, 38*, 316–340.

Kim, M., Kim, S. J., & Stoel-Gammon, C. (2017). Phonological acquisition of Korean consonants in conversational speech produced by young Korean children. *Journal of Child Language, 44*(4), 1010–1023.

Ladefoged, P. (1982). *A Course in Phonetics* (2nd ed.). Harcourt Brace Jovanovich : New York.

Ladefoged, P., & Maddieson, I. (1996). *The Sounds of the World's Languages*. Oxford : Blackwell.

Lass, N. (1996). *Principles of Experimental Phonetics*. Mosby : Missouri.

Lass, R. (1984). *Phonology : An Introduction to Basic Concepts*. Cambridge : Cambridge University Press

Leitão, S., Hogben, J., & Fletcher, J. (1997). Prediction of literacy difficulties in speech impaired subjects. *The Australian Communication Quarterly*, Autumn, 32–34.

Lewis, B. A., Avrich, A. A., Freebairn, L. A., Hansen, A. J., Sucheston, L. E., Kuo, I., ... & Stein, C. M. (2011). Literacy outcomes of children with early childhood speech sound disorders: Impact of endophenotypes. *Journal of Speech, Language, and Hearing Research, 54*(6), 1628–1643.

Lewis, B. A., Freebairn, L., Tag, J., Ciesla, A. A., Iyengar, S. K., Stein, C. M., & Taylor, H. G. (2015). Adolescent outcomes of children with early speech sound disorders with and without language impairment. *American Journal of Speech-Language Pathology, 24*(2), 150–163.

Lidz, C.(1991). *A Practitioner's Guide to Dynamic Assessment*. New York : Guilford Press.

Lowe, R. J. (1994). *Phonology : Assessment and Intervention Applications in Speech Pathology*. Baltimore : Williams & Wilkins.

Masterson, J., & Bernhardt, B. (2002). *Computerized Articulation and Phonology Evaluation System* (CAPES). San Antonio, Tex : The Psychological Corporation.

McDonald, A. D. (1964). Deafness in children of very low birth weight. *Archives of Disease in Childhood, 39*(205), 272.

McGuire, J. E. (1995). *What works : Reducing reoffending : Guidelines from research and practice.*

London : John Wiley & Sons.

McRaynolds, L. V., & Bennett, S.(1972). Distinctive feature generalization in articulation training. *Journal of Speech and Hearing Disorders, 37*, 462-470.

McRaynolds, L. V., & Kerns, K. P. (1983). *Single Subject Experimental Designs in Communicative disorders.* Baltimore : University Park.

Miccico, A. W., Elbert, M., & Forrest, K. (1999). The relationship between stimulability and phonological acquisition in children with normally developing and disordered phonologies. *American Journal of Speech-Language Pathology, 8*, 347-363.

Miccio, A. W. (2002). Clinical problem solving : Assessment of phonological disorders. *American Journal of Speech-Language Pathology, 11*, 221-229.

Moats, L. (2000). *Speech to Print.* Baltimore, Md : Brookes.

Most, T., Tobin, Y., & Mimran, R. C. (2000). Acoustic and perceptual characteristics of esophageal and tracheoesophageal speech production. *Journal of Communication Disorders, 33*(2), 165-181.

Northern, J. L., & Downs, M. P. (2002). Hearing in children. Lippincott : Williams & Wilkins.

Oller, D. K. (1980). The emergence of the sound of speech in infancy. *Chid Phonolology, 1, Production.* New York : Academic Press.

Oller Jr., J. W., S. D. Oller, and L. C. Badon (2006). *Milestones : Normal Speech and Language Development Across the Lifespan.* San Diego, CA : Plural Publishing.

Olswang, L., Bain, B., Rosendahl, P., Olback, S., & Smith, A.(1986). Language learning : Moving from a context-dependent to independent state. *Child Language Teaching and Therapy, 2*, 180-210.

Olswang, L. B. (1990). Treatment efficacy research : A path to quality assurance. *ASHA, 32*, 45-47.

Ostello, J. (1975). Articulation instruction based on distinctive features theory. *Language, Speech, and Hearing Services in Schools, 6*, 61-71.

Owens, R. (1992). *Language Development : An Introduction* (2nd ed.). Columbus, OH : Charles E. Merrill.

Peckham, C. S. (1973). Speech defects in a national sample of children aged seven years. *British Journal of Disorders of Communication, 8*(1), 2-8.

Pena, E.(1996). Dynamic assessment : The model and its language applications. In P. Cole, D. Dale & D. Thal(Eds.), *Assessment of Communication and Language.* Baltimore : Paul H. Brookes.

Powell, T. W., Elbert, M., & Dinnsen. D. A. (1991). Stimulability as a factor in the phonologic generalization of misarticulating preschool children. *Journal of Speech and Hearing Research, 34,* 1318–1328.

Robertson, C., & Salter, W. (1997). *The Phonological Awareness Test.* East Moline Ⅲ. : Linguisystems.

Robin, D. A. (1998). Assessment and treatment of DAS. Short course sponsored by Therapy Services LLC and the West Virginia Speech-Language Hearing Association, Morgantown, WV.

Roca, I. (1997). *Derivations and Constraints in Phonology.* Oxford : Oxford University Press.

Ruscello, D. M. (1995). Speech appliances in the treatment of phonological disorders. *Journal of Communication Disorders,* 28, 331–353.

Ruscello, D.M. (2008). *Treating Articulation and Phonological Disorders in Children.* St Louis : Mosby Elsvier.

Rvachew, S., & Nowak, M. (2001). The effect of target-selection strategy on phonological learning. *Journal of Speech, Language, and Hearing Research,* 44(3), 610–623.

Rvachew, S., Nowak, M., & Cloutier, G. (2004). Effect of phonemic perception training on the speech production and phonological awareness skills of chidren with expressive phonological delay. *American Journal of Speech-Language Pathology, 13(3),* 250–263.

Shprintzen, R. J., & Bardach, J. (1995). *Cleft Palate Speech Management : A Multidisciplinary Approach.* St. Louis : Mosby.

Shriberg, L., & Kwiatkowski, J. (1980). *Natural Process Analysis.* New York : John Wiley and Sons.

Shriberg, L. D. (1993). Four new speech and prosody-voice measures for genetics research and other studies in developmental phonological disorders. *Journal of Speech and Hearing Research, 36(1),* 105–140.

Shriberg, L. D. (1994). Development phonological disorders I : A clinical profile. *Journal of Speech and Hearing Research, 37(5),* 1026–1100.

Shriberg, L. D., & Kwiatkowski, J. (1982). Phonological disorders Ⅲ : A procedure for assessing severity of involvement. *Journal of Speech and Hearing Disorders, 47,* 256–270.

Shriberg, L. D., & Kwiatkowski, J. (1983). Computer-assisted natural process analysis(NPA) : recent issue and data. In J. Locke (Ed.) *Assessing and Treating Phonological disorders : Current Approaches, Seminars in Speech and Language, 4,* New York : Theme-Stratton.

Shriberg, L. D., & Kwiatkowski, J. (1985). Continuous speech sampling for phonologic analyses of speech-delayed children. *Journal of Speech and Hearing Disorders*, 50(4), 323–334.

Shriberg, L. D., Austin, D., Lewis, B. A., McSweeny, J. L., & Wilson, D. L. (1997). The Percentage of Consonants Correct (PCC) MetricExtensions and Reliability Data. *Journal of Speech and Hearing Research*, 40(4), 708–722.

Shriberg, L. D., Fourakis, M., Hall, S. D., Karlsson, H. B., Lohmeier, H. L., McSweeny, J. L., & Wilson, D. L.(2010). Extensions to the Speech Disorders Classification System (SDCS). *Clinical Linguistics and Phonetics*, 24(10), 795–824.

Shriberg, L. D., Kwiatkowski, J., & Hoffmann, K. (1984). A procedure for phonetic transcription by consensus. *Journal of Speech and Hearing Research*, 27(3), 456–465.

Shriberg, L. D., Strand, E. .A., Fourakis, M., Jakielski, K. J., Hall, S. D., Karlsson, H. B., Mabie, H. L., McSweeny. J. L., Tilkens, C. M., & Wilson, D. L. (2017a). A diagnostic marker to discriminate childhood apraxia of speech from speech delay: introduction. *Journal of Speech, Language, and Hearing Research*, 60, 1094–1095.

Shriberg, L. D., Strand, E. .A., Fourakis, M., Jakielski, K. J., Hall, S. D., Karlsson, H. B., Mabie, H. L., McSweeny. J. L., Tilkens, C. M., & Wilson, D. L. (2017b). A diagnostic marker to discriminate childhood apraxia of speech from speech delay: Ⅰ. development and description of the pause marker. *Journal of Speech, Language, and Hearing Research*, 60, 1096–1117.

Shriberg, L. D., Strand, E. .A., Fourakis, M., Jakielski, K. J., Hall, S. D., Karlsson, H. B., Mabie, H. L., McSweeny. J. L., Tilkens, C. M., & Wilson, D. L. (2017c). A diagnostic marker to discriminate childhood apraxia of speech from speech delay: Ⅱ. validity studies of the pause marker. *Journal of Speech, Language, and Hearing Research*, 60, 1118–1134.

Shriberg, L. D., Strand, E. .A., Fourakis, M., Jakielski, K. J., Hall, S. D., Karlsson, H. B., Mabie, H. L., McSweeny. J. L., Tilkens, C. M., & Wilson, D. L. (2017d). A diagnostic marker to discriminate childhood apraxia of speech from speech delay: Ⅲ. theoretical coherence of the pause marker with speech processing deficits in childhood apraxia of speech. *Journal of Speech, Language, and Hearing Research*, 60, 1135–1152.

Shriberg, L. D., Strand, E. .A., Fourakis, M., Jakielski, K. J., Hall, S. D., Karlsson, H. B., Mabie, H. L., McSweeny. J. L., Tilkens, C. M., & Wilson, D. L. (2017e). A diagnostic marker to discriminate childhood apraxia of speech from speech delay: Ⅳ. the pause marker index. *Journal of Speech, Language, and Hearing Research, 60,* 1153–1169.

Shriberg, L. D., Tomblin, J. B., & McSweeny. J. L. (1999). Prevalence of speech delay in 6-

years-old children and comorbidity with language impairment. *Journal of Speech, Language, and Hearing Research, 42*, 1461–1481.

Silva, P. A., Justin, C., McGee, R., & Williams, S. M. (1984). Some develop\-mental and behavioural characteristics of seven-.year-.old children with delayed speech development. *International Journal of Language & Communication Disorders, 19*, 147–154.

So, L. K., & Dodd, B.I. (1995). The acquisition of phonology by Cantonese-speaking children. *Journal of Child Language, 22*, 473–495.

Spencer, A. (1996). *Phonology*. Oxford : Blackwell.

Stackhouse, J., Wells, B. (1997). *Children's Speech and Literacy Difficulties: Psycholinguistic Framework*. London: Whurr.

Stoel-Gammon, C. (1987). Phonological skills of 2-year-olds. *Language, Speech, and Hearing Services in Schools, 18(4)*, 323–329.

Stoel-Gammon, C. (1989) Prespeech and early speech development of two late talkers, *First Language, 9*, 207–224.

Stoel-Gammon, C. (1991). Normal and disordered phonology in two-year olds. *Topic in Language Disorder, 11*, 21–32.

Stoel-Gammon, C. (1998). Sounds and words in early language acquisition : The relationship between lexical and phonological development. *Exploring the Speech-Language Connection, 8*, 25–52.

Stoel-Gammon, C., & Dunn, C. (1985). *Normal and Disordered Phonology in Children*. Baltimore, MD : University Park Press.

Stroke, T. F., & Baer, D. M. (1977). An implicit technology of generalization. *Journal of Applied Behavior Analysis, 10*, 349–367.

Tamaoka, K., & Makioka, S. (2004). Frequency of occurrence for units of phonemes, morae, and syllables appearing in a lexical corpus of a Japanese newspaper. *Behavior Research Methods, Instruments, & Computers. 26(3)*, 531–547.

Templin, M., & Darley, F. L. (1969). *Templin-Darley Test of Articulation*. Iowa City : Speech Bin.

Torgesen, J. K., Wagner, R. K., & Rashotte, C. A. (1994). Longitudinal studies of phonological processing and reading. *Journal of Learning Disabilities, 27(5)*, 276–286.

Van Riper, C.(1939). *Speech Correction : Principles and Methods*. Englewood Cliffs, NJ : Prentice-Hall.

Van Riper, C., & Emerick, L.(1996). *Speech Correction : An Introduction to Speech Pathology and*

Audi-ology(9th ed.). Englewood Cliffs, NJ : Prentice-Hall.

Vygotsky, L.(1978). *Mind in society : The Development of Higher Psychological Processes.* Cambridge, MA : Harvard University Press.

Wade, K., & Haynes, W.(1989). Dynamic assessment of spontaneous language and cue responses in adult-directed and child-directed play : A statistical and descriptive analysis. *Child Language Teaching and Therapy, 5*, 157–173.

Weiner, F., & Bankson N. W.(1978). *Speech Correction : An Introduction to Speech Pathology and Au-diology*(7th ed). Englewood Cliffs, NJ : Prentice-Hall.

Weiss, C. (1980). *Weiss Comprehensive Articulation Test* : Pro-Ed.

Wetherby, A., Cain, D. H., Yonclas, D. G., & Walker, V. G. (1988). Analysis of Intentional Communication of Normal Children from the Prelinguistic to the Multiword Stage. *Journal of Speech and Hearing Disorders, 31*, 240–252.

Williams, L. (2003). *Speech Disorders : Resource Guide for Preschool Children.* Thomson Delmar Learning : Singular.

Williams A. L.(2000a). Multiple oppositions : Case studies of variables in phonological knowledge. *Journal of Speech and Hearing Research, 34*, 722–733.

Williams A. L.(2000b). Multiple oppositions : Theretical foundation for an alternative contrastive intervention approach. *American Journal of Speech-Language Pathology*, 9, 282–288.

Winitz, H., & Darley, F. L. (1980). Comparison of male and female kindergarten children on the WISC. *The Journal of Genetic Psychology*. 99, 41–50.

Yopp, H. K. (1988). The validity and reliability of phonemic awareness tests. *Reading Research Quarterly*, 159–177.

찾아보기

ㄱ

가교 전략 270

각운인식 105

간접중재 237

간헐치료 234

감각 86

감각운동 기법 255

강화 231

강화스케줄 232

개모음 29

개방형 낱말 확인과제 160

개정자음정확도 158, 186

검사재검사 신뢰도 188

격음화 74

경구개 15, 123

경구개음 22

경음화 66, 102

경직형 126

고립 248

고설성 56

공명성 53

공명장애 123

공인타당도 189

과다운동형 126

과비성 125, 132

과소비성 125, 132

과소운동형 126

관계분석 168

교대운동 216

교차동화 202

구강음 16

구개수 15

구개수음 22

구개음화 68

구성타당도 189

구인타당도 189

구조화된 놀이 238

권설음 22

그림자음검사 205

근심교합 126

근접발달영역 187

긍정적 강화 232

기능적 조음음운장애 6

기식성 56

기식음화 199

기억 137

긴장성 56

긴장음화 199

길항운동 127

길항운동능력 216

ㄴ

난청 131

날숨소리 18

내부 모니터링 87

내용타당도 189

내파음 19

놀이 238

놀이연습 238

농 131

ㄷ

다음절 낱말수준 150

다중감각 접근법 255

다중대립자질 261

다중대립자질 접근법 263

단모음 48

단어단위 근접률 155, 157

단어단위변동 196

단어단위 정확률 155, 157

단어/음절 위치 일반화 242

대치 62

도구적 학습 240, 246

독립분석 145, 168

독립음 산출 249

동시조음 218, 250

동형검사 신뢰도 188

동화변동 102, 196, 200

두운인식 105

ㄹ

라포 236

ㅁ

마비말장애 126

마찰음 23

마찰음오류 199

마찰음화 199

말늦은아동 138

말명료도 102, 126, 159, 225

말소리 목록분석 184

말소리/변별자질 일반화 242

말소리 수정법 249

말소리 오류 115, 225

말소리장애 5, 6, 112

말소리 지체 115

말실행증 126, 128

말용인도 161

말운동장애 126

말운동 접근법 247

말운동 프로그래밍 128

말장애 5

말초적 청감각처리 114

맹관공명 125

모니터링 87

모방 130

모뿔연골 13

모색행동 129

모음연장과제 127, 215

목뿔뼈 13

목표접근 전략 233

무비성 125

무성 무기음 27

무성 유기음 27

무성음 27

무의미 음절수준 149

문맥 148

문맥검사 217

문맥분석 227

물리적 차원 3

ㅂ

바이오피드백 접근법 257

반복연습 238

반분신뢰도 188

반응 231

반응 일반화 241

반지연골 12, 13

발달성 마비말장애 126

발달적 오류 124

발성단계 89

발성유형 21

발성유형변동 199

발화의 기획 2

방출음 19

방패연골 13

변별 84, 214, 248

변별과제 84

변별자질 분석 173

변별자질 접근법 261

보상적 오류 124

보상조음 123, 125

복모음 48

분리 248

분산 192

분절대치변동 100, 195

분절적 요인 132

불완전동화 197

비누출 125

비음 23

비일관된 음운장애 118

비일관성 165, 268

비일관성 음운장애 268

비표준화검사 184

ㅅ

산출연구 84

삼중모음 48

상위언어학 104

상위음운론 104

상위음운지식 접근법 266

상향식 268

상향 이중모음 50

상황 일반화 242

생리적 바이오피드백 258

생리적 차원 2

선별검사 182

선행사건 231

설소대 단축증 123

설정성 54

설측 마찰음 23

설측음의 비음화 64

설측 접근음 23

성대 13

성도 21

성문음 22

성문폐쇄음 124

성인기 말실행증 129

성절성 53

소거 232

수용표현언어장애 동반 아동 139

수직적 접근 233

수평적 접근 233

순치음 21

순행동화 197, 202

습관화 83

시각적 방법 132

신경계 조절장애 126

신경운동장애 126

신뢰도 188

실조형 126

실행증 128

심화검사 182

심화 음운인식 수준 104

ㅇ

아동기 말실행증 126, 230

아동중심 접근법 270

양순음 21

어말종성생략 102

어중종성생략 102

어휘사전 137

언어기반 접근법 270

언어발달 138

언어발달검사 218

언어 연쇄 2, 246

언어장애 5

언어적 단위 일반화 242

언어적 차원 2

언어 특수성 146

언어학적 맥락 148

언어학적 차원 3

역동적 평가 187

역행동화 197, 202

연구개 15, 123

연구개음 22

연구개음의 전방화 102

연인두능력 124

연인두부전 123, 124

연인두폐쇄 124

연인두폐쇄부전 124

열쇠낱말 기법 254

오류 말소리의 빈도 225

오류 말소리의 일관성 225

오류패턴 173

오류패턴 분석 173

옹알이 89

옹알이 시기 89

완전동화 197

왜곡 170

외부-내부 모니터링 87

외부 모니터링 87

운동감각 134

운동 계획 115

운동기술 학습 240, 246

운동기술 학습 접근법 257

운동 실행 115

운동 프로그래밍 115

운동 프로그램 115

운율 단위 56

원순 모음 29

원순성 56

원심교합 125

원인을 모르는 말소리장애 7, 118

유기음 27

유성 무기음 27

유성 유기음 27

유성음 27

유음탈락 102

유음화 65, 199

음성적 문맥 일반화 242

음성적 치료접근 246

음성전사 32

음성학 11

음소대치변동 198

음소목록 분석 172

음소수준 148

음소재인 114

음운 11

음운론 11

음운론적 단위 56

음운변동 99, 173

음운변동 분석 173, 184, 195

음운변동 접근법 264

음운오류패턴 분석 195

음운인식 104, 105, 136

음운 자질 53

음운장애 6, 173

음운적 치료접근 246

음운지식 227

음운지체 118

음운처리 137

음운표상 114

음절 56

음절구조변동 196

음절 명료도 161

음절성 옹알이 89, 90

음절성 옹알이 단계 90

음절인식 105

음절탈락 102

음향적 바이오피드백 258

의미표상 114

의사소통 과정 3

의사소통장애 4

의사소통적 치료접근법 268

이개교합 125

이완음화 199

이완형 126

이중모음 48

이화현상 197

인두마찰음 124

인두음 22

인지 86, 137

인지능력 140

인출 86

일관된 음운장애 118

일련운동 216

일반화 241

일음절 낱말수준 149

일측상부운동신경형 126

읽기장애 141

입천장올림근 16

입체지각 134

ㅈ

자극 231, 248

자극반응도 165, 217, 225

자극 일반화 241

자기 모니터링 130, 243

자동화 243

자발화수준 151

자음성 53

자음정확도 154, 224

작업기억 137

잔존오류 257

장애음의 비음화 63

재인 114

저설성 56

전경구개음 22

전동음 23

전방성 55

전사 32

전설 모음 29

전이 241

전체단어변동 100, 195

전통적 접근 247

접근음 23

정상분포곡선 193

정적 평가 187

조음기관 구조장애 121

조음방법 21

조음방법변동 199

조음방법 자질 55

조음위치 21

조음위치변동 198

조음위치 자질 54

조음음운장애 5, 6

조음장애 6, 118

조음점 지시법 249

조음지시법 249, 251

종단연구 82

주기법 264

주기적 접근 233

준거타당도 189

중립모음화 132

중설 모음 29

중앙집중경향치 191

중앙치 191

지각 86

지각 단계 114

지각 변별검사 214

지각연구 83

지속성 55

지연 개방성 55

지체된 오류패턴 101

직접중재 237

집중치료 234

짝자극 기법 254

ㅊ

채점자 간 신뢰도 188

철자법전사 32

청각구어법 132

청각구어실제 132

청각구어중재 132

청각구어치료 132

청각 선별검사 213

청각장애 5, 130

청각적 자극 249

청각적 처리 85

청감각 85

청감각–지각 훈련 248

청지각 85

체감각 134

초기 음운패턴 101

초보 음운인식 수준 104

초분절적 요인 132

최대대립자질 261

최대대립자질 접근법 263

최대발성지속시간 215

최빈치 191

최소대립쌍 260

최소대립자질 261

최소대립자질 접근법 262

치경 15

치경음 21

치음 21

친숙도 225, 250

ㅋ

쿠잉단계 89

ㅌ

타당도 189

탄설음 23

탈락 69

탐색행동 129

통단어변동 196

통합적 방법 132

통합치료 접근법 237

특이한 오류패턴 101

특정음소 선호 200

ㅍ

파열음화 102

파찰음 23

파찰음오류 199

파찰음화 102, 199

평균발화길이 154

평균음운길이 155, 156

평균치 191

평순 모음 29

평정법 161

평정척도법 160

평폐쇄음화 62

폐모음 29

폐쇄음 23

폐쇄음화 199

폐쇄형 낱말 확인과제 160

표상 114

표준점수 194

표준편차 192

표준화검사 184, 216

표현언어장애 동반 아동 139

피드백 87

필연적 오류 124

ㅎ

하향식 268

하향 이중모음 50

학습 240

한국어 표준 그림조음음운검사 186

핵심어휘 접근법 268

행동주의적 접근 246

혼합 치료접근법 271

혼합형 126

화자의 운율적 요소 225

확인과제 84

확장단계 90

환경적 맥락 148

활음 50

활음화 102, 199

횡단연구 83

후기 음운패턴 101

후두 12

후두덮개 13

후방화 135

후설 모음 29

후설성 56

후속사건 231

후치경음 22

흡착음 19

기타

AMR 216

AOS 128

APAC 150, 158

CAS 128, 230

DDK 216

ICF-CY 213

K-SPAPT 150

KS-PAPT 186

Ling 6개음 검사 213

MLU 154

MPT 215

PCC 154, 186

PCC-R 186

PMLU 155

PROMPT 256

PWC 155, 157

PWP 157

SD-AOS 117

SD-DPI 116

SD-DYS 117

SD-GEN 116

SD-OME 116

SMST 216

SSD 118

SSD/E 139

SSD/RE 139

UTAP2 150

ZPD 187